国家社科基金后期资助项目
出版说明

后期资助项目是国家社科基金设立的一类重要项目，旨在鼓励广大社科研究者潜心治学，支持基础研究多出优秀成果。它是经过严格评审，从接近完成的科研成果中遴选立项的。为扩大后期资助项目的影响，更好地推动学术发展，促进成果转化，全国哲学社会科学工作办公室按照"统一设计、统一标识、统一版式、形成系列"的总体要求，组织出版国家社科基金后期资助项目成果。

全国哲学社会科学工作办公室

案例指导制度的
规范运行

The Normative Operation of
the Case Guidance System

孙光宁 著

图书在版编目（CIP）数据

案例指导制度的规范运行 / 孙光宁著. -- 北京：法律出版社, 2025. -- ISBN 978-7-5244-0153-7

Ⅰ. D926

中国国家版本馆 CIP 数据核字第 20255PW738 号

案例指导制度的规范运行
ANLI ZHIDAO ZHIDU DE GUIFAN YUNXING

孙光宁 著

策划编辑 朱　峰
责任编辑 苗　婕
装帧设计 李　瞻

出版发行 法律出版社	开本 710 毫米×1000 毫米 1/16
编辑统筹 辞书·融出版编辑部	印张 22.75　　字数 370 千
责任校对 王语童	版本 2025 年 8 月第 1 版
责任印制 吕亚莉	印次 2025 年 8 月第 1 次印刷
经　　销 新华书店	印刷 三河市龙大印装有限公司

地址：北京市丰台区莲花池西里 7 号（100073）

网址：www.lawpress.com.cn　　　　　　销售电话：010-83938349

投稿邮箱：info@lawpress.com.cn　　　　客服电话：010-83938350

举报盗版邮箱：jbwq@lawpress.com.cn　　咨询电话：010-63939796

版权所有·侵权必究

书号：ISBN 978-7-5244-0153-7　　　　　定价：80.00 元

凡购买本社图书，如有印装错误，我社负责退换。电话：010-83938349

基金项目
国家社会科学基金后期资助项目,项目批准号:23FFXB012

完善制定法的指导性案例如何运用

制定法是对法律规范体系以及对调整机制的拟制，使人们对法律的独立性有了更多的信任。一般来说，制定法体系能满足人们对法治理想的多种期待。然而，由制定法所支撑的法律思维的独立性是脆弱的，其存在的突出问题是说理不够充分、对案件个性关注不够。为解决这一问题，就需要打破"制定法等于法律"的观念。法律是一个整体性、体系性概念，完整的法律包括制定法体系、规范性法律解释、指导性案例以及在语境中对其他社会规范的法源拟制。我们之所以秉持广义的法律概念，是因为实际运行的法律思维是极其复杂的。单纯依据制定法的调整，会衍生出机械执法和机械司法等问题。所以，法律实施不完全是对制定法的贯彻。法律的运用包括对制定法的理解、诠释，而这些都需要关注到案例指导制度的存在。

同时，我们需要注意，指导性案例进入司法不能有违法治目标，至少有两个方面的问题需要解决：一是指导性案例入法，需要认真对待制定法，摆正制定法的位置。制定法是法律的基本内容，也是表征法律独立性的最主要规范。二是指导性案例入法需要使用法律方法，遵守法律思维规则。指导性案例的运用需要使用法律方法从案例中提炼出规则，然后才能用到当下所裁判的案件。现在存在的问题是，法律方法在案例指导制度的运用实践中不够充分。而孙光宁教授的《案例指导制度的规范运行》一书，恰恰是在这方面作出了贡献，值得重点推介。

案例指导制度是具有中国特色的重要司法案例制度，近年来受到学界的持续关注。在学界长期介绍英美法系判例制度的背景下，案例指导制度在我国司法实践中启动了在先案例正式进入司法裁判的过程。中国古代法制一直高度重视司法案例或者判例的重要作用，虽然未必以专门的案例制度命名，但是例与律、令、格、敕等并列，都属于法源的范畴。司法案例对疑难案件的启发意义是不言而喻的，先例也往往能够发挥重要的指引及评判功能。从20世纪80年代开始，学界就肯定了两大法系之间互鉴与融合的趋势，并根据法治建设的现实需要热切呼唤判例制度。过去我们对判例法和制定法存在不少的误解，比如我们常认为判例给法官留下的自由空间太大、任意性太多，不像制定法那样能够"很好地"约束法官的自由裁量权。但实际情况并不像人们想象的那样，判例法并没有为法官留下更大的自由空间,情况恰恰相反,因为在前例的拘束原则下,前后案例之间自由伸缩的空隙相当之小。所以许多人认为,很可能是制定法给法官留下的自由空间更大,判例法更加适合于法治原则的实现。

指导性案例的出现不仅借鉴了英美法系的判例运行,也沿袭了中国传统司法对法律渊源的认识和定位。在案例指导制度正式创设之后,以指导性案例为中心的讨论成为整个法学研究中的一个热点:不仅很多部门法学者从自身研究领域出发分析相应的指导性案例,而且学界对案例指导制度的运行机制及其完善的研究也涌现出大量成果。从学理上来说,案例指导制度不仅是经验指导,更应当定位于规范指导。具体来说,指导性案例应该是在规范上有所创新;如果与原来的法条规定一模一样,这样的案例并没有存在的必要。即使其在规范层面上没有突出的创新,能够进行补充完善也有重要意义。退言之,如果案例指导制度发布的指导性案例有价值导向,也能发挥指引作用。所以,我觉得指导性案例真正进入司法实践有这样三种情况、三种标准:创新、完善和指引。

在案例指导制度的运行过程中,运用案例的人如果没有能力从这个案例中抽象出规则,只是"照葫芦画瓢",指导性案例可能就失去了其指导意义。案例指导制度包括经验层面的指导,因为法官的经验和智慧都体现在案例中;当然,现在法官的部分智慧在"智慧法院"的建设过程中被一些新科学技术取代了。法学家的贡献恰恰是在案例中的说明理由部分展现出来的。说明理由部分包含了对制定法规范或限缩或扩张之完善或补充。案例指导制度的重要性就在于此。案例作为指导不是一种纯粹经验的指导;在经验的基础上概括出有用的精华才能叫作"入场",也就是真正在司法实践中发挥作用,被审判实践所认可和接受。从司法视角定位的"法律渊源"概念出发,"法律渊源"所宣告的意义内容一旦被落实,就会带来法源规定与法源现实的符应性。一旦确认"法律渊源"在意义内涵上包含指导性案例,在司法裁判中,指导性案例就会借助"法律渊源"这一法治话语所表征的宣告行为,被认为有资格提供个案的裁判规范。相应地,在法治的现实结构中,就会包含根据指导性案例进行裁判。

案例指导制度在运行过程中必然要讲方法,我们用案例时如果没有进行抽象化努力,意味着我们的法律思维水平或者方法论水平可能是欠缺的。案例指导制度之下的法律解释与一般的法律解释方法不同。狭义的法律解释是指有解释对象的活动。从这个角度来看,法律解释有两种基本形式:一是对法律规定的意义阐释,主要是对模糊语词、相互矛盾的法律规定等进行文义或体系解释。语言、逻辑和价值是确定法律的方法。二是在理解和解释清楚文本含义的基础上,赋予事实以法律意义。其实,这两种形式的差别只具有认识论上的意义,在法律思维过程中并没有严格的界限。因为在司法实践中,这两个方面的思维是相互重合的。法律解释的界限实际上就是在法律文义射程范围内解决问题,包括体系解释以及目的解释都属于广义的文义解释,超出文义解释就需要用其他方法来解决。但是,案例解释方法与这种方法不一样,它是在情境中把当前的案件放到当下与之相近的案件语境来理解讨论。这不仅是涵摄思维以及法律之间的比较,而且是案例之间的类比推论,所以显得更加细腻。在判例法制度还没有建立起来以前,案例在我国只能是补充性法律渊源。在我看来,案例指导制度只是一种权宜之计。这一制度发展到最后应该建立判例制度。目前,很多法官对于判例,尤其是最高人民法院的判例,都在法律解释、法律论证过程中加以运用,这是走向成熟的法治必然伴随的现象。案例会影响到法官的判断和思维,可以作为影响法律思维的因素,但在目前将其直接作为判案的依据恐怕时机还不成熟。这不仅是因为上述技术、法律文化和法官素质的原因,更重要的可能是我国目前的判例质量还不足以支撑判例法的实施。

孙光宁教授谙熟法律方法,这一点在《案例指导制度的规范运行》中得到较为充分的展示。该书基于法教义学的基本立场,从静态的前提基础和动态的环节运行角度,从整体上探讨了案例指导制度的定位和实践,并结合具体部门法审判领域的不同特点展开微观分析。其中部分观点带有明显的创新性。例如,该书认为指导性案例的效力不仅局限于事实层面,在《人民法院组织法》修改后,指导性案例已经具备了一定程度的法律约束力。又如,目前的主流观点认为司法解释的效力地位高于指导性案例。但是,该书经过论证之后认为二者的效力地位相当,完全能够形成有机互补和互动,更好地推动法律的统一适用。对于案例指导制度运行的重点——指导性案例的参照适用,作者认为,将与指导性案例创新规则对应的案件事实界定为关键事实,并将关键事实作为指导性案例与待决案件之间相似性比较的首要标准。这种定位方式不仅符合司法审判的内在规律,而且降低了对比门槛,有助于推动法官更加积极地参照适用指导性案例。这些集中创新观点对既有的主流观点形成了一定冲击,满足了司法审判的现实需求,有助于维护和提升案例指导制度的规范运行。

孙光宁教授是我在山东大学威海校区法学院培养的优秀学生。我担任了其硕士和博士阶段的导师,指导其顺利完成学业,并长期关注其学术成长。在博士毕业留校任教后,孙光宁很快将案例指导制度或者指导性案例作为其主攻的研究领域。从渗透方法论的个案研究到案例群研究再到制度研究,产出了大量优质学术成果,不仅在法学类的权威期刊上发表该领域的论文,而且目前已经主持了以案例指导为主题的三项国家社科基金,成长为国内法理学研究中的优秀青年学者。孙光宁教授已经出版了案例指导方面的两本独著,即《中国司法的经验与智慧:指导性案例中法律方法的运用实践》和《案例指导制度的实践经验与发展完善》。而此书是继以上两本独著之后其在案例指导研究领域的又一力作,延续了对这一司法制度创新的深度探索,提出的许多观点能够为整个司法审判实践提供有益启发,特此向关注司法案例的学界同人与实务工作者推荐。

是为序。

华东政法大学教授　陈金钊
2024 年 12 月 2 日于松江

目 录 Contents

引　言　指导性案例：案例指导的制度依托 / 1

第一编　案例指导制度规范运行的前提基础

第一章　法教义学视角下指导性案例的规范意义 / 7
第一节　指导性案例对本土法源的实践意义 / 9
　一、作为正式法源的指导性案例 / 9
　二、指导性案例呈现的多种法源 / 13
第二节　指导性案例对法律适用的现实贡献 / 16
　一、递进式与并列式 / 18
　二、显性方式与隐性方式 / 21
　三、个案式与群案式 / 23
第三节　提升指导性案例规范意义的改进方向 / 28
结语：法教义学的本土资源 / 38

第二章　指导性案例的效力定位：法律约束力与事实约束力 / 40
第一节　指导性案例兼具法律约束力和事实约束力的原因 / 41
　一、指导性案例的事实约束力及其典型表现 / 41
　二、否定指导性案例法律约束力的理由及其反思 / 43
　三、肯定指导性案例法律约束力的正式规范及其层次 / 47
第二节　指导性案例法律约束力与事实约束力之间的关联 / 51
　一、事实约束力对法律约束力的奠基作用 / 51
　二、明确的法律约束力对事实约束力的促进与提升 / 54
　三、事实约束力相比法律约束力的优先地位 / 56
第三节　指导性案例法律约束力与事实约束力的有效强化 / 58
　一、建构指导性案例法律约束力的规范体系 / 59
　二、规划增强指导性案例事实约束力的途径 / 62

结语:维持指导性案例效力的关键保障 / 66

第三章　指导性案例的效力定位:案例指导与司法解释 / 67
第一节　指导性案例效力低于司法解释的表现及其原因 / 68
第二节　指导性案例与司法解释具有同等位阶的应然理由 / 73
第三节　提升指导性案例效力位阶的短期途径与长效方式 / 79
结语:指导性案例与司法解释的共存与共进 / 85

第四章　指导性案例的功能定位:基础功能与扩展功能 / 86
第一节　指导性案例的基础功能:统一法律适用 / 87
　一、指导性案例在与司法解释的错位发展中发挥基础功能 / 88
　二、指导性案例通过提升法官素质发挥基础功能 / 91
第二节　指导性案例的扩展功能:执行公共政策 / 95
　一、指导性案例公共政策功能的原因与表现 / 95
　二、指导性案例公共政策功能的基本特征 / 99
第三节　指导性案例的扩展功能:推进道德教化 / 103
　一、指导性案例具备道德教化功能的原因 / 103
　二、指导性案例道德教化功能的类型及其表现 / 105
第四节　指导性案例的扩展功能:弘扬社会主义核心价值观 / 110
　一、适用场景:参照指导性案例的案件类型及其扩展 / 112
　二、参照对象:裁判理由部分的独特价值及其援引方式 / 118
　三、说理方法:文义解释与论理解释的融贯结合 / 122
　四、主体要求:法官在充分研习基础上的综合考量 / 128
第五节　提升指导性案例功能效果的改进方向 / 132
　一、增加指导性案例的数量和类型,改进指导性案例的发布方式 / 132
　二、在指导性案例的正式文本中进行全面细致的论证说理 / 135
　三、降低参照指导性案例的门槛要求,提供适用指导性案例的技术支持 / 137
　四、准确协调指导性案例诸多功能之间的关系,保证基本功能的首要地位 / 140
结语:最高人民法院的整体转型与指导性案例的功能发挥 / 142

第二编 案例指导制度规范运行的具体环节

第五章 案例指导制度的遴选环节：基于疑难案件实现法律拟制 / 147

第一节 指导性案例遴选中法律拟制的基础价值 / 148

第二节 已遴选指导性案例对法律拟制的规范方式 / 153

一、刑事法指导性案例 / 154

二、民商事指导性案例 / 156

三、行政法指导性案例 / 157

第三节 遴选指导性案例规范法律拟制的改进方向 / 159

结语：指导性案例中法律拟制的创造性 / 165

第六章 案例指导制度的发布环节：专题式发布的既有优势及其巩固 / 166

第一节 指导性案例专题式发布的既有实践及其优势 / 167

一、指导性案例专题式发布的实践历程 / 167

二、指导性案例专题式发布的主要优势 / 171

第二节 指导性案例专题式发布的缺陷与隐患 / 176

一、行政化色彩的强化压制指导性案例的自然生成 / 176

二、同类案例的积累削弱指导性案例的时效性 / 178

三、批次主题的比例失当难以满足多元审判的需要 / 179

四、与司法解释的加剧混同消解指导性案例的独有价值 / 181

第三节 指导性案例专题式发布优势的巩固措施 / 182

一、专题式发布与分散式发布的统筹兼顾 / 183

二、既有司法案例体系对专题遴选效率的提升 / 184

三、专题内指导性案例的相互融贯与细致说理 / 186

四、同一专题下指导性案例与司法解释的相互照应 / 188

结语：通过专题式发布增加系统化的规则供给 / 190

第七章 案例指导制度的参照环节：发挥关键事实的决定作用 / 192

第一节 指导性案例中关键事实的准确表述及其规范含义 / 193

一、正式制度对"案件事实"的规定及其缺陷 / 193

二、学界研究中对"案件事实"的现有表述及其反思 / 194

　　三、"案件事实"的本土含义:体现创新规则的重要事实 / 197

　第二节　指导性案例中关键事实在判断相似性方面的决定作用 / 200

　第三节　关键事实相似在参照指导性案例中的确定途径 / 205

　　一、法官主动检索确定案件事实相似性 / 207

　　二、庭审中回应诉求确定案件事实相似性 / 209

　　三、确定案件事实相似性的实体路径 / 212

　结语:强调持续创新的案例指导制度 / 214

第八章　案例指导制度的清理环节:针对失范表现的规范操作 / 216

　第一节　清理指导性案例工作的失范表现 / 217

　　一、清理指导性案例 9 号的依据分析 / 218

　　二、清理指导性案例 20 号的依据分析 / 221

　第二节　清理指导性案例工作的失范原因 / 223

　第三节　清理指导性案例工作的规范操作 / 228

　结语:《民法典》与案例指导制度的良性互动 / 233

第三编　案例指导制度在具体审判领域中的规范运行

第九章　指导性案例融入《民法典》的历史经验与现实路径 / 237

　第一节　指导性案例融入《民法典》的借鉴对象 / 238

　第二节　指导性案例融入《民法典》的历史经验 / 244

　第三节　指导性案例融入《民法典》的现实途径 / 251

　结语:迈向开放的新时代《民法典》/ 257

第十章　指导性案例在刑事审判中的困境及其出路 / 258

　第一节　指导性案例在刑事审判中的困境及其成因 / 258

　第二节　指导性案例在刑事审判中困境的化解路径:联合发布与细致
　　　　　编辑 / 271

　　一、联合相关部门或者同主题司法解释共同发布刑事指导性案例 / 271

　　二、对遴选成功的刑事指导性案例文本进行细致编辑 / 274

第三节 指导性案例在刑事审判中困境的化解路径:提供有效增量规则 / 278

第四节 指导性案例在刑事审判中困境的化解路径:明确效力等级 / 280

结语:从转变观念发轫提升刑事指导性案例的作用 / 284

第十一章 行政指导性案例的基本特征及其规范运行 / 285

第一节 行政指导性案例的发布及应用现状 / 285

第二节 行政指导性案例的基本特征 / 289

第三节 行政指导性案例的规范运行 / 294

一、行政指导性案例的遴选 / 294

二、行政指导性案例的发布 / 296

三、行政指导性案例的参照适用 / 297

结语:关注行政诉讼特殊性,推进案例指导制度的规范运行 / 300

第十二章 环境法指导性案例的主要优势及其扩展完善 / 301

第一节 环境法指导性案例的基本特点 / 302

一、定性方式:扩张解释规范与准确推定事实 / 303

二、定量分析:精准定量与模糊定量的有效结合 / 306

第二节 环境法指导性案例的主要优势 / 308

第三节 环境法指导性案例的扩展完善 / 313

结语:作为公共产品的指导性案例 / 319

参考文献 / 321

后　记 / 351

引言　指导性案例：案例指导的制度依托

以 2010 年年底《最高人民法院关于案例指导工作的规定》（法发〔2010〕51 号）（以下简称《关于案例指导工作的规定》）为标志，最高人民法院正式创设了案例指导制度；2011 年年底，第一批指导性案例发布，案例指导制度的运行全面进入正轨。在以上两个时间节点之间，司法实务界和法学理论界虽然对案例指导制度有所探讨，但是缺少具体的制度依托，难以真正深入和具体。缺少了指导性案例，案例指导制度无法规范和有效地实施与运行。2015 年《最高人民法院〈关于案例指导工作的规定〉实施细则》（法〔2015〕130 号）（以下简称《实施细则》）在总结前期经验的基础上进行了细化规定，持续完善了案例指导制度的规范运行。

总体而言，指导性案例是案例指导制度的具体依托，案例指导制度的规范运行都围绕着指导性案例展开。案例指导制度在十余年的运行过程中发挥了诸多积极作用，但是其运行还存在很多不规范之处，需要持续完善和改进，这些内容也都要围绕指导性案例展开。由此，对案例指导制度规范运行的研究可以分为基础前提和具体运行：前者侧重于静态的应然状态，后者还可以继续细分为案例指导制度自身运行的具体环节和案例指导制度在具体审判领域的运行。以上分析层次也构成了本书的基本架构。

本书的第一编主要研究案例指导制度规范运行的前提基础：(1)从法教义学的宏观角度来看，指导性案例对于本土的法律渊源理论和法律适用理论，都有非常重要的贡献。具体而言，指导性案例展示了中国司法实践中各种法律渊源的适用情况；同时，指导性案例自身又是一种独特的重要法源。指导性案例凝结了法官在疑难案件中针对法律适用所形成的经验与智慧；而且可以通过案例指导制度的运行对其进行扩展和延伸，形成更加积极的实践效果。当然，从法教义学的角度来说，案例指导制度的运行还存在很多缺陷和不足，需要有针对性的改进和完善。(2)指导性案例的效力定位问题，可以从内外两个方面展开。一方面，就自身的效力类型而言，现有的多数成果认为指导性案例仅具有事实约束力而不具有法律约束力。但是，从《关于案例指导工作的规定》创设案例指导制度开始，再到《人民法院组织法》的修订新增了指导性案例的单列条款，正式法律规范的明确化在一定程度上初步证成了指导性案例的法律约束力。指导性案例的事实约束力与法律约束力之间存在重要的内在关联,二者的有效强化能够推进案例指导制度的规范运行。另一方面,就与司法解释的效力位阶对比而言,案例指导与司法解释有相同的目标指向。最高人民法院的部分规范性文件暗示了司法解释的效力高于指导性案例,前者在司法审判中的认可程度也普遍高于后者。但是,由于二者有相同的制定主体、发布对象和制定程序,指导性案例与司法解释应当大致呈现相同的效力位阶。借鉴司法解释效力和实效的发展历程,指导性案例的效力位阶提升需要在短期和长期两个方面采取相应的改进措施。(3)在指导性案例的功能定位方面,统一法律适用的基础功能已经得到普遍认可。在案例指导制度的实际运行过程中,指导性案例还发挥着一些扩展功能,如执行公共政策、推进道德教化和弘扬社会主义核心价值观等。无论是基础功能还是扩展功能,都存在一些不够规范之处,需要借助案例指导制度的规范运行得以改进和提升。

  本书的第二编主要讨论了案例指导制度规范运行的具体环节:(1)在指导性案例的遴选环节中,最高人民法院垄断了指导性案例的遴选权力,地方法院只能向最高人民法院推荐备选指导性案例,带有比较明显的行政化色彩。但是,现有众多被遴选的指导性案例并未体现疑难色彩,或者重复法律法规和司法解释的现有规定,或者重复司法实务中的共识性观点。只有少数指导性案例体现了解释法律、补充法律和细化法律的因素或者特征。这种方式并没有满足法官审判疑难案件的需要。因此,指导性案例的遴选应当以疑难案件为标准,其中特别值得关注的是法律拟制的方式。在现有的部分指导性案例中,已经出现了通过法律拟制解决疑难案件的例证;同时,法律拟制也需要受到必要的规制,才能保证指导性案例的遴选质量,进而保证案例指导制度的规范运行。(2)在指导性案例的发布环节中,原有批次大多是拼盘式发布,每一批次发布的指导性案例都涵盖了多个部门法案例。这种发布方式较为随机和零散,不容易引起法官的关注。从2018年第16批指导性案例开始,绝大多数指导性案例以专题方式发布。这种方式能够集中体现"案例群"的优势,使用多个案例围绕同一主题展开全面探讨,提供特定领域的详细裁判规则。巩固这种专题式发布可以从同类指导性案例的积累、发布频次、体例格式等方面进行改进。(3)在指导性案例的参照环节中,比较指导性案例与待决案件的相似性是核心问题,具体的比较标准包括案件事实、法律适用和争议焦点。其中,能够体现指导性案例创新之处的关键事实,应当发挥决定性的作用。当指导性案例与待决案件的关键事实相似时,法官就可以判定二者足够相似,进而参照指导性案例作出判决。这种方式的优势是能够降低指导性案例的参照门槛,提高参照效率,也符合判例制度的历史经验和发展趋势。确定指导性案例的关键事实,可以从实体与程序两个方面具体展开。(4)在指导性案例的清理环节中,最高人民法院在《民法典》实施前夕首次对指导性案例进行了清理。但是,这次清理存在很多失范之处:不仅清理的依据和理由较为模糊,而且出现了以会议纪要否定指导性案例的情况。要规范指导性案例的清理,最高人民法院应当确立默示和明示两种清理方式的主次地位,在必需的明示清理方式中提供详细理由,增加并规定对指导性案例进行清理的频率,遴选出具有较长生命力的优秀案例。

本书的第三编主要分析了案例指导制度在具体审判领域中的规范运行问题:(1)在民事审判中,案例指导制度应当配合《民法典》的实施。指导性案例融入《民法典》可以明清时期律例合编为借鉴对象,实现案例与法典的有机互动。借助现代的网络信息技术,数量持续增加、类型不断丰富的指导性案例可以链接于相应的《民法典》条文,形成与时俱进的开放式、电子化、数据化法典,为民事审判提供更多便利。(2)在刑事审判中,刑事指导性案例的司法适用面临很多困难,集中表现为刑事指导性案例的发布数量与其参照数量严重不成比例。要破解刑事指导性案例在刑事审判中的困境,最高人民法院需要和最高人民检察院联合发布指导性案例,细致编辑指导性案例的正式文本,大幅度增加刑事指导性案例的数量并明确其效力等级。(3)在行政审判中,行政指导性案例发布的数量和比例一直较高,但是被裁判文书参照的情况并不理想。行政指导性案例的独有特征深受行政诉讼特点的影响,如内容较为庞杂,在解释立场上倾向于保护行政相对人,同时涉及对具体行政行为和抽象行政行为的评价,对行政立法具有重要的推动作用,等等。行政指导性案例的规范运作需要在结合以上特征的基础上确定相应的完善措施。(4)在环境审判中,环境法指导性案例具有及时性、实效性、长期性和具体性等优势,并能够从定性和定量两个角度分析复杂的环境治理问题。最高人民法院应当遴选出更多符合环境治理特点的指导性案例,并提供更多创新性的抽象规则。

案例指导制度规范运行的以上基本构成部分之间并非相互隔绝,而是有非常密切的联系。最高人民法院通过细致规定的方式细化案例指导制度的运行规则,基于各个审判领域应对疑难案件的需要,遴选出大量优质案例并且以专题方式予以发布,不仅能够引起法官的重视,而且能够推动指导性案例被裁判文书直接援引;法官乐于并善于借助指导性案例进行释法说理,更好地发挥指导性案例在统一法律适用方面的基础功能;在基础功能得以充分发挥的背景下,指导性案例在社会层面被更加广泛地认知和认可,其中包含的道德因素和社会主义核心价值观能够得到更加有效的弘扬,其中体现的公共政策也会通过参照适用得到更好的执行;各级法官在审判实践中发现优质的疑难案件并认真裁判,将蕴含司法实践经验与智慧的个案向最高人民法院推荐,提高指导性案例遴选数量和质量。以上各个部分之间的循环往复和同步运行是案例指导制度的规范运行所指向的理想状态。但是,现有的实际运行效果还距此甚远,细致全面地分析和探索相应的改进和完善措施仍然相当必要和重要;这也是本书基本的问题意识所在。

需要说明的是,本书作为国家社科基金后期资助项目,申报于2023年下半年。经过两年多的修订与结项,书中部分数据未在出版时进行更新。这主要有两方面原因:一方面,最高人民法院每年持续发布新的指导性案例,而学术专著的出版周期较长,难以实时跟进。另一方面,更为重要的是,保留原有数据可以完整呈现特定阶段的研究状态,为后续研究提供更具价值的借鉴、分析和批判对象。

第一编　案例指导制度规范运行的前提基础

第一章 法教义学视角下指导性案例的规范意义

【本章提要】司法裁判视角下的法教义学主要关注法律渊源与法律适用问题,指导性案例在这两个方面都能够展现重要的规范意义。从法源理论视角来说,指导性案例是区别于抽象规则的一种新型正式法源,而且应当与司法解释具有同等效力位阶;同时,指导性案例呈现众多非正式法源在中国司法过程中的运用实践。就法律适用而言,指导性案例通过多种方式体现了基于现有法律规范应对疑难案件的经验与智慧,包括递进式与并列式、显性方式与隐性方式、个案式与群案式等。无论是在制度设计还是在实际运行中,指导性案例都区别于域外既有的判例实践,带有明显的本土色彩。针对其现状中的缺陷和不足,要提升指导性案例对法教义学的本土意义,相应的改进可以从以下方面入手:大幅度增加指导性案例的数量与类型,体现其对法律规范的体系化意义;凸显指导性案例对疑难问题的法律适用,尤其是在裁判理由部分充分展示相应的解释方法和论证理由;降低参照指导性案例的门槛,鼓励法官以多种形式适用指导性案例;由指导性案例牵头强化重视司法案例的观念意识与制度设计。从法治实践的整体进程来看,以指导性案例为代表的法教义学本土资源有待继续深入挖掘和全面开发。

关于法教义学的研究已经成为近年来法学领域的重要主题之一,不仅包括理论法学在基础理论方面的阐释,还包括诸多部门法学以教义学为名的分析。特别是社科法学与法教义学之争,更提升了后者受到的关注程度。但是,与法教义学相关的探讨大多使用的是域外的理论资源或者经验,充分结合中国问题或者资源的成果并不丰富。"就目前而论,中国的法教义学并未发展起来。不少以法教义学为名的作品,其实主要还是对外国相关制度原理的引介、阐释和发挥。虽然从所讨论的具体问题看,似乎并不缺少中国问题意识,但是其讨论问题的理论基点,则可能是嵌入式的。"① 由此,对本土法教义学的深入探讨就成为需要继续深入挖掘的主题。

在探索本土法教义学的方向中,特别值得关注的是以指导性案例(案例指导制度)为对象的研究,个中原因包括以下几个方面。首先,所有指导性案例都源于本土司法实践,集中展现了法律适用的本土场景及其特点。根据《关于案例指导工作的规定》,所有指导性案例都是已经生效的案件。这些案件的发生和处理都存在中国本土独特的司法环境以及社会环境之中,并不会被域外的各种法学理论所左右,带有强烈的原生色彩。司法者运用其经验、智慧以及对法律的独到理解来审理这些案件,受制于国外制度和理论的程度也远远低于学界。这些条件都使指导性案例成为研究本土法教义的良好素材。其次,指导性案例由最高人民法院统一遴选、编辑和发布,体现了最高司法机关的地位、作用和意图。指导性案例的审理体现了从基层到最高人民法院的法律适用,而将特定的普通案件遴选和发布为指导性案例,则由最高人民法院直接操作。最高司法机关承担着迥异于地方法院的功能,尤其是政治功能。各国的最高司法机关的功能发挥程度与特点直接受到国家整体权力结构及其运行状态的影响,在每个国家中不一而足、各具特点。而指导性案例正是最高人民法院诸多功能的一个缩影,不仅对于本土法教义学乃至于对各种司法理论的研究而言都是有效的切入点。再次,案例指导制度吸收并结合了两大法系的特点,同时处于中国司法权力和制度的历史传统与现有框架之内,兼具"古今中外"判例制度的优势。传统意义上的两大法系各有基本特点,案例指导制度是在制定法环境中吸收判例法而形成的制度,这一定位更接近于大陆法系的发展趋势。同时,由最高司法机关统一操纵的运行方式又使案例指导制度区别于普通法系判例制度强调自然生成的特点。从这个意义上来说,指导性案例更接近于中国传统法制中的"例"(条例、断例、成例、事例等),案例指导制度也在很大程度上继承了传统法制中的判例制度。以上吸收古今中外既有判例实践的综合作用造就了指导性案例的独特之处,使其成为本土法教义学的挖掘对象。最后,现有指导性案例在数量上已经初具规模,具备了成为法教义学本土化分析的潜质。虽然数量上难以完全满足审判实践的需要,也难以与历史悠久的域外判例制度等量齐观;但最高人民法院发布的 200 余个指导性案例已经涵盖了大多数部门法,开始对审判实践产生重

---

① 谢海定:《法学研究进路的分化与合作——基于社科法学与法教义学的考察》,载《法商研究》2014 年第 5 期。

要影响,体现了法教义学的一般规律和本土特点。

总体而言,法教义学涉及立法、司法和执法的多个层面,即使在德国也难有统一界定。以功能来界定法教义学成为通行做法:法教义学通过概念、原则、制度等范畴对司法判例进行体系化,从而发挥对规范体系化、减少法律适用负担、储存法律解释可能、使法律理性化的功能,并使法律更容易被学习,法教义学与司法裁判有内在的天然联系。[①] 进言之,司法裁判视角中的法教义学主要集中于如何基于有效的法律规范形成以及证立裁判结论,其方法和功能主要包括:(1)法律渊源的识别;(2)法律方法论(主要包括法律解释和漏洞填补);(3)体系化。其中,法教义学潜在弱点的原因在于体系化,[②]而且体系化可以融入前两个方面。因此,从聚焦指导性案例的需要出发,本章立足于司法领域,主要从法律渊源和法律适用这两个视角展开分析,探讨指导性案例对法教义学的本土意义,并展望其继续改进和完善的方向。

第一节 指导性案例对本土法源的实践意义

就司法裁判的角度而言,法律渊源理论具有外部和内部双重任务:前者是划定司法裁判依据的来源范围,后者是划分不同法源的层级或者适用顺序。[③] 在指导性案例中,以上两个方面也都有所体现:就外部任务来说,指导性案例作为一种新的法源形式,在何种意义和程度上能够成为司法裁判的依据;就内部任务来说,指导性案例的审理过程、案件事实和裁判理由等部分都展现了多种法律渊源的适用关系,特别是在中国司法过程中一些独有的法律渊源类型。对这些问题的深入探讨都能够从法源理论视角展现出指导性案例对法教义学的本土意义。

一、作为正式法源的指导性案例

在案例指导制度之前,虽然各种既有案例(尤其是最高人民法院的公报案例和典型案例)已经对司法实践产生了重要影响,但是,这种影响因为缺少直接的制度支撑而只能处于"不可言说"的隐性地位,分散、零散和参差不齐的数量与质量也难以有效满足审判实践的全面需要。这些案例当然不具备正式法源的地位。但是,2010年年底的《关于案例指导工作的规

---

① 参见卜元石:《德国法学与当代中国》,北京大学出版社2021年版,第60-61页。
② 参见纪海龙:《法教义学:力量与弱点》,载《交大法学》2015年第2期。
③ 参见雷磊:《法的渊源理论:视角、性质与任务》,载《清华法学》2021年第4期。

定》正式确立了案例指导制度,也使指导性案例具备了正式的"法律约束力"而非"事实约束力"。2018年修订后的《人民法院组织法》在第18条新增规定"最高人民法院可以对属于审判工作中具体应用法律的问题进行解释。最高人民法院可以发布指导性案例"。该条款将指导性案例的合法性依据从最高人民法院的规范性文件上升到国家基本法律的层面,更加确立了指导性案例的正式地位。

从法律渊源的角度来说,司法判例原本是非正式法源,只能够作为形成裁判结论过程中的参考资料发挥作用。现有由最高人民法院统一遴选的指导性案例则在形式上具备了正式法源的地位,其中反映了既有判例在司法过程中不可忽视的作用,也符合司法运行的一般规律。在有限的制定法经常出现过于模糊、概括甚至空白的背景下,灵活多变、生动直接的既有判例能够在很大程度上帮助法官应对以上困难,至少能够带来重要启示。英美法系中普通法的悠久历史,以及大陆法系日益兴盛的判例实践,都为推动案例指导制度发挥作用提供了域外佐证。

在我国传统法制沿革中,司法判例一直受到高度重视,相关的正式制度也长期存在。"中国虽然以成文法为主,但历朝历代都非常重视案例在适应社会政治变革、经济发展、文化繁荣,弥补立法不足……'判例'并不是舶来品,不存在将它本土化的问题,存在的是如何将其重新结合现实的需要予以承继和发展的问题。"[①]特别值得关注的是,作为古代案例制度的集大成者,明清时期采取"律例合编"的做法,将源于成例的条例与律文直接合编,去除以往案例较为分散、查阅不便的弊端,不仅便于司法者处理具体案件时全面检索相应的律文和条例,而且在形式上肯定了案例和条例的地位。而且,成案(典型案例)以及在此基础上形成的条例都是由刑部具体挑选和概括的,能够保证质量。这种由最高司法机关统一遴选、编辑和发布的做法,与案例指导制度的运行方式是基本一致的。这种方式区别于英美法系中先例的自然生成,既能够提高司法案例的遴选效率,还能够借助于最高司法机关的权威和能力推动司法案例被参照的效果。[②] 从这个意义上来说,案例指导制度与中国传统法制中的案例制度可谓一脉相承,符合在中国充分发挥司法判例作用的现实需要,由此也能够肯定指导性案

---

① 贾宇:《案例指导制度的思考和选择——以刑事案件为例》,樊崇义教授70华诞庆贺文集编辑组编:《刑事诉讼法学前沿问题与司法改革研究》,中国人民公安大学出版社2010年版,第149页。

② 参见张生:《中国律例统编的传统与现代民法体系中的指导性案例》,载《中国法学》2020年第3期。

例具有正式法源的地位。

但是,目前无论是理论界还是实务界,仍然有一些观点认为指导性案例仅是非正式法源,一些学者也将指导性案例视为后案的论证理由而非法源,①还有部分裁判文书也直接明确了这种否定观点。② 以上否定指导性案例法源地位的观点,一方面,源于对司法判例的"认知惯性",因为法官已经非常习惯于适用各种形式的抽象规则,对于具体个案的适用方式比较陌生,加之言多必失的风险,法官不会、不愿甚至不敢适用指导性案例,即使在学术界也存在此种陌生与疏离。另一方面,作为同样意在统一法律适用的制度设计,司法解释已经处于明显的优势(甚至强势)地位,不仅在形式上与制定法同属于抽象规范,而且在内容上更加细致,可操作性更强,这些特点使法官已经习惯甚至依赖于司法解释而排斥指导性案例。这就明显地压缩了指导性案例的作用空间,也降低了其法源地位,甚至不承认其为法源。

无论是司法解释还是指导性案例,都是中国司法实践中带有浓厚本土色彩的制度设计,也属于本土法教义学中法律渊源的重要部分,需要细致确定其基本定位。对于后者的法源地位,即使是最高人民法院在宏观设计中也倾向于给予否定意见:"考虑到指导性案例不是我国法律渊源,因此,指导性案例不应当作为裁判文书判决部分的法律依据来援引,但指导性案例因其给法官裁判提供了参照,所以可以作为法官裁判时的重要理由引述。"③最高人民法院对全国人大和政协会议的提案或者建议进行回复时,也表达了以上观点。④ 这种定位反映了最高人民法院谨慎(甚至保守)的态度,也说明了司法判例认知惯性对案例指导制度运行所造成的巨大阻力。但无论是从制度性权威还是从规范约束力的角度来说,指导性案例都

---

① 参见刘作翔:《案例指导制度:"人民群众"都关心些什么?——关于指导性案例的问与答》,载《法学评论》2017年第2期。
② 例如,陕西省渭南市中级人民法院(2020)陕05民终1625号民事判决书、辽宁省沈阳市铁西区人民法院(2019)辽0106民初16422号民事判决书、湖北省高级人民法院(2017)鄂民申21号民事裁定书、甘肃省甘南藏族自治州中级人民法院(2020)甘30民终81号民事判决书、山东省济南市中级人民法院(2016)鲁01民终4556号民事判决书等,都明确否定了指导性案例具有正式法律渊源的地位。
③ 郭锋等:《〈〈关于案例指导工作的规定〉实施细则〉的理解与适用》,载《人民司法》2015年第17期。
④ 相关内容参见《最高人民法院对十二届全国人大四次会议第1592号建议的答复》《最高人民法院对政协十二届全国委员会第四次会议第3541号(政治法律类259号)提案的答复》《最高人民法院对政协十二届全国委员会第五次会议第0095号(政治法律类014号)提案的答复》《最高人民法院对十二届全国人大五次会议第1832号建议的答复》和《最高人民法院对十三届全国人大一次会议第2455号建议的答复》等。

具备了功能、规范和实践方面的正当性,已经成为司法裁判中基于附属的制度性权威并具有弱规范拘束力的裁判依据,具备"准法源"的地位。① 加之《关于案例指导工作的规定》《人民法院组织法》等正式规定,都肯定了指导性案例的正式法源地位。

对于指导性案例在法源谱系中的位阶,仍然需要将其与司法解释相比较。虽然最高人民法院并没有直接明确,但是很多规范性文件暗示了指导性案例位阶低于司法解释。例如,2021 年修改的《最高人民法院关于司法解释工作的规定》(法发〔2021〕20 号)第 27 条沿袭了以往效力规定:"司法解释施行后,人民法院作为裁判依据的,应当在司法文书中援引。人民法院同时引用法律和司法解释作为裁判依据的,应当先援引法律,后援引司法解释。"而《关于案例指导工作的规定》及其实施细则对于指导性案例的援引顺序没有任何规定。又如,最高人民法院《关于加强和规范裁判文书释法说理的指导意见》(法发〔2018〕10 号)第 13 条将指导性案例列为法律法规和司法解释之后其他论据类型的首位。② 这些规定中的顺位安排已经将司法解释置于指导性案例之前,同时也将指导性案例认定为属于广义的法律渊源。

即使存在以上暗示性规定,就效力位阶而言,指导性案例应当与司法解释持平,而非低于后者。与实效相区别,特定法律渊源的效力地位是由其形式规范属性所决定的,效力与实效虽然相互影响却也相对独立。具体到指导性案例与司法解释来说,二者的制定主体都是最高人民法院,在程序上都由最高人民法院审委会讨论通过,而且指导性案例的裁判要点部分与司法解释条文一样可以被裁判文书直接援引。虽然二者影响审判实践的方式、广度和力度存在区别,但是这种实际效果并不能否定指导性案例与司法解释在效力位阶上的平等或者相当地位。"指导性案例和司法解释并无本质区别,因为它们的本质都是借助于最高法院的权威来确立规则,……它们最终都体现为了真正的规则;而法官判案所参照的,本质上就

---

① 参见雷磊:《指导性案例法源地位再反思》,载《中国法学》2015 年第 1 期;孙跃:《指导性案例何以作为法律渊源?——兼反思我国法源理论与法源实践之关系》,载《南大法学》2021 年第 1 期。

② 最高人民法院《关于加强和规范裁判文书释法说理的指导意见》第 13 条规定:"除依据法律法规、司法解释的规定外,法官可以运用下列论据论证裁判理由,以提高裁判结论的正当性和可接受性:最高人民法院发布的指导性案例;最高人民法院发布的非司法解释类审判业务规范性文件;公理、情理、经验法则、交易惯例、民间规约、职业伦理;立法说明等立法材料;采取历史、体系、比较等法律解释方法时使用的材料;法理及通行学术观点;与法律、司法解释等规范性法律文件不相冲突的其他论据。"

是由此所确立的这种规则。"①在具体援引顺序上,"我的看法是,要通过司法解释明确规定:指导性案例的裁判要点像司法解释一样可以在裁判文书中引用,引用的顺序可以放在引用法律、行政法规和司法解释之后"②。中国传统法制中虽然也有律文与案例的区别,但是,"中国古人不仅没有前述大陆法系与英美法系关于制定法与判例的划分与对立的意识,也没有成文法与判例法的观念"③。质言之,指导性案例与司法解释之间的区别无须刻意强调,二者应在同一效力位阶上取长补短、相互配合。

在澄清以上诸多误解之后可以看到,指导性案例已经具备了重要的法源地位,虽然与司法解释在审判实践中的实效有所差异,但是在效力位阶上应当大致处于平等地位。这种在法律渊源体系中为指导性案例的"正名"有助于减少适用指导性案例的顾虑,进而推动其扩展和提升在审判实践中的影响。

二、指导性案例呈现的多种法源

法律渊源自身的种类和范围是非常广泛的,包括正式渊源和非正式渊源都能够在形成裁判结论的过程中发挥作用。"法律渊源的基本意义,就是能够作为法官审判时所适用的不同层次的法律依据。任何法律渊源都存在适用的问题,法律规定如果不能在法院适用,那就不是真正意义上的法律,而退化成一种精致的文献。"④具体到特定国家司法运行的状态,法律渊源及其适用又会呈现各自的特点,尤其是制定法之外的多种非正式法律渊源就存在更加明显的差异。纯粹的抽象规则不包含案件事实,也无法呈现其与法律渊源的对接或者涵摄;只有生动直接的判例才能够全面呈现以上过程,进而有效证立裁判结论。指导性案例相对于制定法与司法解释的特点和优势也正在于此。

指导性案例的文本结构中包括了案件事实和裁判理由部分,用于回顾总体案件的发展过程以及论证裁判理由,这些体例安排是制定法和司法解释都不包括的。尤其裁判理由部分全面评价并使用了多种法律渊源,为证成裁判结论提供了明确基础依据。除了无法言说和不能言说的"司法潜规则",裁判理由部分浓缩了裁判文书中理由论证的精华内容。"从指导性案例的表述方式看,如果以制定法来比喻的话,'裁判要点'大致相当于法

---

① 李红海:《案例指导制度的未来与司法治理能力》,载《中外法学》2018 年第 2 期。
② 胡云腾:《关于参照指导性案例的几个问题》,载《人民法院报》2018 年 8 月 1 日,第 5 版。
③ 张晋藩:《中国法律的传统与近代转型》,法律出版社 1997 年版,第 234 页。
④ 胡玉鸿主编:《法律原理与技术》,中国政法大学出版社 2002 年版,第 305 页。

条,是最高人民法院希望表达的规范性内容的外在表现,而这种外在表现为什么成立,则必须理解'裁判理由'中表述出的论证内容。"[1]裁判理由部分主要展示了法官论证裁判结论的诸多理由和依据,实质上是在多种与案件相关的法律渊源中进行选择和适用。在裁判理由部分中,指导性案例呈现多种法律渊源,不仅包括以制定法为代表的正式法源,还扩展到众多非正式法源。

在指导性案例的法律渊源中,制定法规范无疑是最为基础、出现频率最高的正式法源。指导性案例的文本专设了"相关法条"部分,对案件主要依据的制定法规范进行了集中展示。多数指导性案例的裁判理由部分都有对相关法条的援引和解读,有些制定法规范的解读成为整个案件的焦点。例如,指导性案例61号"马乐案"就集中于如何理解《刑法》第180条第4款规定的利用未公开信息交易罪援引法定刑的情形,并在裁判理由部分适用目的解释、文意(文义)解释和体系解释等方法,明确其与《刑法》第180条第1款规定之间的关系。文义解释方法在指导性案例中的高频出现,主要针对的就是制定法规范,不仅遵守了文义解释的优先性,而且体现了对严格依法办事的重视和提倡。[2] 作为本土司法案件的优秀代表,指导性案例同样将制定法规范置于法律渊源谱系中的顶端,最终裁判结论的得出也都以相应的制定法规范为权威依据。

值得注意的是,指导性案例文本的相关法条部分并未出现司法解释,但是,司法解释却更加频繁地出现在裁判理由部分。比较典型的例证是指导性案例75号。作为首个环境法指导性案例,指导性案例75号的相关法条部分仅列举了《环境保护法》第58条。但是,在指导性案例的点睛之笔——裁判要点部分,三个要点全部围绕最高人民法院《关于审理环境民事公益诉讼案件适用法律若干问题的解释》(法释〔2015〕1号)第4条展开,相应的裁判理由部分也主要围绕该司法解释第4条进行细化和扩展。其他指导性案例在裁判理由部分以司法解释作为主要依据的情况也屡见不鲜,在分析的细致程度上也往往超过对应的正式法条,如指导性案例54号、61号、76号、109号、125号和147号等。司法解释在指导性案例裁判理由部分的高频出现,与审判实践严重依赖司法解释的现状也是完全对应的。

除了聚焦法律和司法解释,指导性案例还展现了众多非正式法源在司

---

[1] 朱芒:《论指导性案例的内容构成》,载《中国社会科学》2017年第4期。
[2] 参见孙光宁:《法律解释方法在指导性案例中的运用及其完善》,载《中国法学》2018年第1期。

法实践中的运用。以最高人民法院《关于加强和规范裁判文书释法说理的指导意见》第13条规定为指引,大致可以将指导性案例中比较突出的非正式法源及其相应的裁判理由论述分为以下主要种类。

(1)经验法则。例如,指导性案例68号认为:"从欧宝公司和特莱维公司及其关联公司在诉讼和执行中的行为来看,与日常经验相悖。"指导性案例128号认为:"根据日常生活经验法则,被告运行LED显示屏产生的光污染势必会给原告等人的身心健康造成损害,这也为公众普遍认可。"指导性案例161号认为:"加多宝中国公司使用'全国销量领先的红罐凉茶改名加多宝'广告语的行为是否构成虚假宣传,需要结合具体案情,根据日常生活经验,以相关公众的一般注意力,判断涉案广告语是否片面、是否有歧义、是否易使相关公众产生误解。"

(2)交易习惯。在指导性案例1号中,法官否定适用原告提出的"禁止跳单"商业习惯;在指导性案例52号中,最高人民法院对二审法官关于保险行业惯例的认定进行了准确评价;指导性案例67号则主要适用涉及交易习惯的原《合同法》第60条,论证了诚信原则的适用;在指导性案例78号中,法官否定了上诉人基于交易惯例和消费惯例的主张;在指导性案例79号中,再审法官认为被告未能证明涉案的两项服务一起提供符合提供数字电视服务的交易习惯。

(3)民间规约。以相应主体为标准,可以细化为以下两类:其一,商业主体的内部规定。例如,指导性案例15号涉及销售部业务手册和二级经销协议,指导性案例18号涉及《员工绩效管理办法》,指导性案例83号涉及电子商务平台制定的投诉处理规则,指导性案例8号、10号、96号涉及公司章程。其二,非商业组织的内部规定。例如,指导性案例38号和39号涉及高校内部对授予学生学位的管理规定,指导性案例75号涉及环保公益组织的内部章程,等等。

(4)法理及通行学术观点。对于法理的适用而言,在刑事领域中,指导性案例4号和12号都体现宽严相济的刑事政策;在民事领域中,指导性案例1号、2号、30号、45号、49号、64号、95号等都体现了诚信原则的作用;在商事领域中,指导性案例17号和23号体现了倾向于保护消费者,而指导性案例18号、40号和94号则倾向于保护劳动者,它们共同体现了对弱势者的保护倾向;在行政领域中,指导性案例6号、26号、38号、39号、41号、69号和88号等从不同层面强调了未有明确规定的正当程序原则。对于通行学术观点的适用来说,也有不少指导性案例有所体现,如指导性案例24号基于侵权法上的"蛋壳脑袋"问题,指导性案例56号体现了诉讼法中的"管辖恒定原则"等。[①] 当然,与前述几种非正式法源相比,法理和通行学术观点大多以隐性的方式得以体现,需要结合特定部门法原理进行深入分析之后才能明确。

虽然非正式法源在审判过程中一直发挥着重要作用,但其适用却长久以来缺乏有效的规范。重要原因之一是非正式法源的类型多样、分散、模糊和不确定,而集中、系统、明确的法律法规和司法解释也无法通过抽象规则的规定直接实现其规范适用。与之相对,指导性案例却在正式司法制度内展示了多种非正式法源的存在及其适用情况,这种生动直接的方式有助于各级法官更加清晰直观地确定非正式法源的规范适用。从这个意义上来说,指导性案例借助对非正式法源的"正式"评价与适用,弥补了法律法规和司法解释仅包括抽象规则的不足,更加充分地展示了中国司法实践的全貌。随着社会的不断发展和日趋复杂,单一的法律法规和司法解释将更加难以全面有效地处理疑难案件,非正式法源的参考作用将越来越必要,需要司法者给予更多的重视。我国《民法典》(包括以往的《民法总则》)将"习惯"纳入法律渊源之中就是在此种背景下的顺势而为,只是指导性案例在其中的缺位则略显不足。[②] 实际上,及时、具体、生动的指导性案例能够在这一过程中发挥重要作用。

综上所述,就法律渊源的视角而言,指导性案例不同于两大法系司法实践对判例的定位,在承继了传统法制中案例运用实践的基础上,成为一种新型法源,而且已经具备了与司法解释同等的效力地位。同时,指导性案例又成为多种法律渊源(尤其是本土非正式法源)得以展示其具体适用的优秀样本,体现本土司法者应对案件所适用的丰富资料和说理依据。

第二节 指导性案例对法律适用的现实贡献

无论是自身作为法律渊源还是展示多种法律渊源,指导性案例都意在应对审判中的疑难问题。这些疑难问题往往超越现有抽象规则的意义范围,或者需要对后者进行细化。通过不断积累应对疑难问题的经验而形成成熟的潜在规则,进而可以为制定新的抽象规则提供重要备选对象;这是以指导性案例为代表的司法经验对立法的重要贡献,也是法教义学自身的

---

① 参见孙光宁:《法理在指导性案例中的实践运用及其效果提升》,载《法制与社会发展》2019年第1期。
② 参见梁慧星:《〈民法总则〉重要条文的理解与适用》,载《四川大学学报(哲学社会科学版)》2017年第4期。

目标指向。"不仅法教义学的诸多命题之生发渊源于法律生活,甚至其分析的结果也主要应用于司法裁判,故而法教义学具有格外浓郁的实践性特征……法教义学虽然承认常规案件与疑难案件的区分,但从不承认存在无解的疑难案件。"①简言之,适合中国司法实践的指导性案例应当定位于疑难案件。

在英美法系中,无论是否疑难,所有生效的案件都具备了直接成为先例的资格或者可能性,只是特定因素(如作出判决的法院层级或者法官的权威地位)会对此种先例的权威性产生不同影响。而指导性案例由最高人民法院统一遴选、重新编辑并发布,具有明确的官方正式文本。这就意味着指导性案例借助最高人民法院这种外部权威的色彩更加浓厚。从满足审判实践需要的角度来说,普通案件并不具有典型性,法官通过文义解释方法会比较容易地在案件事实与法律规范之间建立有效涵摄关系,无须借助抽象规则之外的资源。而对于适用抽象规则出现难题的特殊案件来说,法官则需要另辟蹊径,指导性案例就是其中可以诉诸的重要法教义学资源。

各国的司法实践中总会出现疑难案件,应对疑难案件也是法教义学的一般使命;指导性案例的特点和优势在于通过司法经验的积累以及法官创造性的发挥而形成潜在的新规则,并由点及面地推动广义法律规范的体系化。阿列克西认为法教义学的总体任务包括三项:(1)对显性有效法律的描述;(2)对这种法律之概念—体系的研究;(3)提出解决疑难的法律案件的建议。其中第3项属于规范—实践的维度,涉及下列这些人的经验:他们对某个规范的解释、某个新的规范或新的制度提出建议并加以证立;或者这些人对法院裁判就其实践中的缺陷进行批评,提出某个相反的建议。② 此处的"这些人"主要指向参与司法实践的主体,尤其是法官,而解决疑难案件正是法教义学的基本任务之一。因此,就法教义学的角度而言,指导性案例应当定位为疑难案件,尤其是法律适用方面存在难题的案件。

造成案件存在疑难问题的因素很多。基于事实与规范之分,案件事实难以确定的疑难案件主要需要借助证据法得以明确;而在案件事实比较清楚但在法律适用上存疑的案件,更需要借助法教义学的理论资源予以应对。具体到指导性案例来说,所有遴选成功的案件在事实认定方面都比较

---

① 白斌:《论法教义学:源流、特征及其功能》,载《环球法律评论》2010年第3期。
② 参见[德]罗伯特·阿列克西:《法律论证理论》,舒国滢译,中国法制出版社2002年版,第311—312页。

清晰准确,案件的核心焦点在于这些案件事实难以或者没有与相应的法律规范形成准确的涵摄关系,需要在法律适用方面进行答疑解惑。这一点与我国目前各级法院审级职能定位也是一致的。[①] 从基层法院到最高人民法院,在职能定位上也是从侧重于确定案件事实逐步转向侧重于法律适用,指导性案例正是最高人民法院推进统一法律适用的重要方式。通过裁判理由部分的表述,定位于疑难案件的指导性案例在解决法律适用难题方面有多种展现方式,这些展现方式体现了指导性案例对本土法教义学的重要贡献。

一、递进式与并列式

就法律适用方法的角度而言,形成最终结论需要满足特定的前提条件。在疑难案件中,这些前提之间的关系非常复杂多样,往往并非简单的司法三段论即可形成结论,从著名的图尔敏模型对司法三段论的改造中就可见一斑。要对最终裁判结论形成有效的支撑,多数情况下都需要多个融贯的前提,基于特定前提形成的结论又会成为下一个结论的前提(或者前提之一),从而在整体上形成链式或者递进式的结构。比较典型的例证是指导性案例6号的论证过程。

在该起行政诉讼中,原告无证经营网吧,并且容留未成年人上网;被告工商局作出行政处罚,没收了原告约32台电脑主机,并且没有告知原告有听证的权利。该指导性案例的裁判理由部分仅有500余字,可以分段分析如下。

段落一:"《中华人民共和国行政处罚法》第四十二条规定:'行政机关作出责令停产停业、吊销许可证或者执照、较大数额罚款等行政处罚决定之前,应当告知当事人有要求举行听证的权利'。虽然该条规定没有明确列举'没收财产',但是该条中的'等'系不完全列举,应当包括与明文列举的'责令停产停业、吊销许可证或者执照、较大数额罚款'类似的其他对相对人权益产生较大影响的行政处罚。"该案的疑难问题在于,案情所涉及的"没收较大数额财产"作为一种较为普遍的行政处罚事项,并没有直接规定在《行政处罚法》第42条的明确列举项中,是否能够被容纳到该条款的"等"字之中尚存疑问,需要细致论证才能确定。"等"字在法律规范中属

[①] 《关于完善四级法院审级职能定位改革试点的实施办法》(法〔2021〕242号)第1条规定:"……逐步实现基层人民法院重在准确查明事实、实质化解纠纷;中级人民法院重在二审有效终审、精准定分止争;高级人民法院重在再审依法纠错、统一裁判尺度;最高人民法院监督指导全国审判工作、确保法律正确统一适用……"

于比较边缘的地带,如何在司法实践中具体解释和适用,需要法官在个案中考虑相关因素后才能确定。其关键在于:没收较大数额财产与《行政处罚法》第42条明确列举的行政处罚事项之间是否具有足够的相似性？裁判理由段落一对明确列举项进行了总结概括之后认为,其中的共性在于"对相对人权益产生较大影响"。能否将没收较大数额财产纳入"等"字之中,就需要以"对相对人权益产生较大影响"为标准进行判断。这种对《行政处罚法》条文的细致语义分析,为后续的深化论证奠定了前提基础,实质上是一种类比推理的具体使用。

段落二:"为了保证行政相对人充分行使陈述权和申辩权,保障行政处罚决定的合法性和合理性,对没收较大数额财产的行政处罚,也应当根据行政处罚法第四十二条的规定适用听证程序。"承接前面的论述,这一段的分析以"为了"作开端,强调了应当从法律规范所追求的目的去理解和决定是否要将"没收较大数额财产"纳入《行政处罚法》第42条的"等"字之中,直接体现了目的解释方法的运用。该案中的原告由于被告的行政处罚(没收财产)受到巨大的损失,而被告工商局并没有告知听证权利的事实使相对人无法通过听证程序来进行陈述和申辩。在行政机关与相对人之间明显的实力对比中,缺少程序权利将进一步加剧行政相对人的弱势地位,不利于实现行政法律所追求的目标。

段落三:"关于没收较大数额的财产标准,应比照《四川省行政处罚听证程序暂行规定》第三条'本规定所称较大数额的罚款,是指对非经营活动中的违法行为处以1000元以上,对经营活动中的违法行为处以20000元以上罚款'中对罚款数额的规定。"这一段分析主要针对"较大数额"展开。该案件发生在四川省,同时涉及听证程序,无论是从上位法和下位法的关系还是涉案的主要事由,都能够实现论证逻辑上的一致,实质上是一种体系解释方法的运用。司法者不能凭空界定"较大数额"的具体标准,必须寻求特定的规范性文件作为参考;而立法性质相同的《四川省行政处罚听证程序暂行规定》就成为理想的参考对象,且后者能够辅助主要裁判结果的证立。

段落四:"因此,金堂工商局没收黄泽富等三人32台电脑主机的行政处罚决定,应属没收较大数额的财产,对黄泽富等三人的利益产生重大影响的行为,金堂工商局在作出行政处罚前应当告知被处罚人有要求听证的权利。本案中,金堂工商局在作出处罚决定前只按照行政处罚一般程序告知黄泽富等三人有陈述、申辩的权利,而没有告知听证权利,违反了法定程序,依法应予撤销。"前三段论述主要是针对法律推理中的大前提也即法律规范展开论证,虽然没有任何论述直接涉及指导性案例6号的案情,但实质上却都在暗中符合处理指导性案例6号所需要面对的模糊规定。段落四的分析回归了具体案件事实,实质上构建了演绎推理的小前提。可以说,指导性案例6号的裁判理由部分言简意赅,但是却不断构建前提和结论之间的涵摄关系,最终形成有说服力的裁判结论。这种递进的方式在形成结论的过程中融合其他既有前提,继续推演形成新结论。多个前提之间形成的融贯关系成为最终结论的有效支撑。

  与前后相继的递进式论证不同,部分指导性案例在形成裁判过程中从不同角度分别展开论证,各个前提之间是相对独立的并列关系。前文论及的指导性案例61号"马乐案"就是典型,利用多种解释方法分别强化了结论。其他采用并列论证方式的典型指导性案例为指导性案例68号,该案件主要针对的是通过虚假诉讼逃避债务、损害债权人利益的问题。虽然原告、被告之间的转账交易等行为在表面上看都是合法的,但存在大量违背商业习惯的反常做法。该指导性案例的裁判理由从高管人员和普通员工及其工作安排等角度确认了原告、被告之间为关联公司,进而从借款合意形成过程、借款时间的矛盾陈述、借款数额的前后不一、资金往来的单向流动、转款账户的循环使用、与合同约定相悖的借款用途以及关联公司在诉讼与执行中的反常行为七个方面对涉案借款关系的真实性提出疑问,在原告、被告均未给予合理回复的情况下,认定当事人之间不存在真实的借款关系,最终目的是恶意串通损害他人合法权益。[①] 与之类似的是指导性案例33号,其裁判理由也是从公司人员构成(亲属关系)、不合理的购买低价、转账用途不明以及反常股权变化等方面认定关联公司之间存在"恶意串通、损害第三人利益"的合同。虽然以《民事诉讼法》第112条和《最高人民法院关于防范和制裁虚假诉讼的指导意见》(法发〔2016〕13号)为代表的抽象规则已经对虚假诉讼有所规定,但是在虚假诉讼的识别、认定和惩戒方面仍然存在很多困难,诉辩机制在虚假诉讼识别过程中未能充分发挥作用,法律规则潜藏的对虚假诉讼中当事人作用、法官作用、案外利害关系人作用的认知矛盾与部分法官的消极态度相互掣肘。[②] 面对复杂隐蔽的虚假诉讼,法官需要借助指导性案例的具体指导,而指导性案例33号和68号裁判理由所列举的各方面内容,在反常程度上的不断叠加形成了"合

[①] 参见吴颖超、吴光侠:《〈上海欧宝生物科技有限公司诉辽宁特莱维置业发展有限公司企业借贷纠纷案〉的理解与参照——虚假民事诉讼的审查与制裁》,载《人民司法(案例)》2018年第2期。

[②] 参见韩波:《论虚假诉讼的规制方式:困扰与优化》,载《政法论丛》2020年第4期。

理怀疑"和"内心确认",为最终形成有效的裁判结论提供了有力支持。

二、显性方式与隐性方式

对于不同类型的法律渊源,指导性案例在适用方式上也存在差异:法律法规和司法解释等正式法律渊源,大多是以显性方式得以适用;非正式法律渊源则经常以隐性方式出现。

正式法律渊源的权威性和说服力较强,在规范内容上也比较确定,法官无须过多展开论述,基本上只使用文义解释方法即可形成相应结论。但是,对于指导性案例而言,疑难案件的基本定位决定了其案件事实往往与正式法律渊源无法准确对接或者涵摄,诉诸多种非正式法律渊源就成为当然的选择。例如,指导性案例4号和12号都是涉及因婚恋关系引发的故意杀人案件,二者的裁判要点都论及"化解社会矛盾"以及"社会和谐",这些表述与《关于为构建社会主义和谐社会提供司法保障的若干意见》(法发〔2007〕2号)第三部分的标题,以及《关于贯彻宽严相济刑事政策的若干意见》(法发〔2010〕9号)第22~23条的表述非常相似。以上非司法解释的规范性文件是司法政策的典型形式,是非正式法源的重要类型之一,在审判中发挥着重要的指导作用。指导性案例4号和12号都没有直接引述以上两个文件,但是在表述上却存在高度一致,实质上是司法政策(宽严相济的刑事政策)的隐性适用。

除此之外,对于法理和通行学术观点,指导性案例的适用就更加隐晦,往往需要结合裁判理由部分的背景因素才能确定具体指向。例如,指导性案例27号需要具体区分网络中的盗窃与诈骗行为,最高人民法院在遴选该案例时考察了国内外的相关刑法理论,认为处分行为是否存在是区分诈骗罪与盗窃罪的关键,在诈骗中转移财产的"处分意识不必要说"和"处分意识必要说"中选择了后者。[1] 指导性案例38号的裁判理由部分吸收了大陆法系中"国家公务法人"的概念,以确定适格的行政诉讼被告。[2] 指导性案例69号借鉴了学理上的程序行政行为的概念。[3] 指导性案例73号引

---

[1] 参见吴光侠:《〈臧进泉等盗窃、诈骗案〉的理解与参照——利用信息网络进行盗窃与诈骗的区分》,载《人民司法》2015年第12期。
[2] 参见最高人民法院案例指导工作办公室:《指导性案例38号〈田永诉北京科技大学拒绝颁发毕业证、学位证案〉的理解与参照——受教育者因学校拒发毕业证、学位证可提起行政诉讼》,载颜茂昆主编:《中国案例指导》(总第3辑),法律出版社2016年版,第126页。
[3] 参见最高人民法院案例指导工作办公室:《指导性案例69号〈王明德诉乐山市人力资源和社会保障局工伤认定案〉的理解与参照——程序性行政行为的可诉性问题》,载颜茂昆主编:《中国案例指导》(总第5辑),法律出版社2017年版,第98页。

入未被《破产法》直接规定的、已经在学理上得到充分肯定的别除权制度。[1] 指导性案例124号面对关于执行和解协议性质的诸多学说,提供了采用"一行为两性质说"的理由和依据。[2] 指导性案例142号质疑我国侵权法中的过错采用主观学说,认为司法实践中也可以考虑使用客观标准来认识过错。[3] 指导性案例175号对共同侵权行为的主观说和客观说进行了分析,并探讨了其在生态环境侵权审判中的适用。[4] 指导性案例180号解读了劳动合同中解雇理论的通说,尤其是解雇事由法定主义学说。[5] 由于学术观点的纷繁复杂和莫衷一是,指导性案例对学术观点的适用更难以直接出现在正文之中,借助最高人民法院案例指导工作办公室在《人民司法》杂志以及《中国案例指导》系列出版物中对相应指导性案例的背景解读,才能够确认相关法理和通行学术观点的隐性适用。

处理疑难案件需要诉诸非正式法源,而明确引用非正式法源又可能引起后续的质疑和争议。因此,主审法官就以"只做不说"的隐性方式将非正式法源引入裁判文书,而以裁判文书为基础形成的指导性案例裁判理由部分也沿袭了对待非正式法源的隐性方式。质言之,指导性案例之所以通过隐性方式适用非正式法源,原因在于以较低风险的方式借助非正式法源在实质上而非形式上的权威性和说服力,在裁判理由部分强化对最终裁判结论的证立。

当然,指导性案例以显性和隐性的方式援引正式法源和非正式法源并非一成不变,而是根据需要灵活掌握。例如,对于司法解释这一正式法源,也有部分指导性案例进行了隐性适用,即"没有直接出现相关抽象司法解释的具体名称与条文,但通过对其裁判理由进行分析,可以发现其所依据的主要裁判规则与发布日期在先的某些抽象司法解释之间存在密切关联

---

[1] 参见最高人民法院案例指导工作办公室:《指导性案例73号〈通州建总集团有限公司诉安徽天宇化工有限公司别除权纠纷案〉的理解与参照——破产程序中建设工程价款别除权的认定》,载颜茂昆主编:《中国案例指导》(总第5辑),法律出版社2017年版,第201页。

[2] 朱燕、马蓓蓓:《〈中国防卫科技学院与联合资源教育发展(燕郊)有限公司执行监督案〉的理解与参照——执行和解协议履行不能时可继续执行原生效裁判》,载《人民司法》2022年第11期。

[3] 朱正宏、李予霞:《〈刘明莲、郭丽丽、郭双双诉孙伟、河南兰庭物业管理有限公司信阳分公司生命权纠纷案〉的理解与参照——合理劝阻的行为人不承担被劝阻人因自身疾病发生猝死的责任》,载《人民司法》2022年第14期。

[4] 刘尚雷等:《〈江苏省泰州市人民检察院诉王小朋等59人生态破坏民事公益诉讼案〉的理解与参照——非法捕捞共同侵权行为及损害后果的认定》,载《人民司法》2022年第26期。

[5] 李迎春等:《〈孙贤锋诉淮安西区人力资源开发有限公司劳动合同纠纷案〉的理解与参照——用人单位单方解除劳动合同行为的合法性审查范围》,载《人民司法》2023年第23期。

或在实质内容方面高度相似。这一现象在民事、刑事、行政等不同类型的指导性案例中均有所体现"①。指导性案例对司法解释的隐性适用在很大程度上是前者配合后者的做法,二者共同致力于在特定时期的案件中保证法律适用的统一性。

对于部分特殊的非正式法源,指导性案例也以显性方式给予明确。例如,会议纪要并非狭义的司法解释,而是属于非司法解释类审判业务规范性文件。会议纪要经常出现在裁判文书中,具有统一裁判标准、填充法律漏洞以及执行或创制公共政策的功能。② 指导性案例34号、42号和73号都在裁判理由部分直接明确吸收了相应会议纪要的观点和意见。对于学术观点或者工具的适用,集中体现在指导性案例78号中。该案例直接引用了经济学中界定互联网相关市场和判断滥用市场支配地位的分析方法,如假定垄断者测试(HMT)。《反垄断法》的相关规定较为模糊和宏观,缺乏可操作性,指导性案例78号明确引入经济学分析工具,深层原因在于需要对该工具进行扩展和创新。"最高人民法院在判决中根据互联网领域的独特特点,对于传统反垄断法的分析方法进行了创新和发展,在全球领域内首次对互联网领域相关市场的界定方法给出了创造性的答案……该案被有关学者认为是中国法院首次在国际上创设规则、引领规则的案件,充分实现了法律效果和社会效果的高度统一。"③由此可见,指导性案例中显性和隐性适用法律的方式可以根据论证的需要有所变化,只要能够有助于支持最终裁判结论,最高人民法院可以基于生效判决的裁判文书灵活地编辑正式文本。

三、个案式与群案式

从涉及案件数量的角度来说,指导性案例适用法律的方式可以分为个案式和群案式:前者主要涉及单一案件,后者则涉及两个甚至多个关联案件。与全面系统的法律法规和司法解释相比,指导性案例能够适用的法律渊源比较有限,带有零敲碎打的特点。从文本呈现的角度来看,指导性案例都是单一个案,都有各自独立的基本案情及其对应的法律渊源。最高人

---

① 孙跃:《指导性案例与抽象司法解释的互动及其完善》,载《法学家》2020年第2期。
② 参见彭中礼:《最高人民法院会议纪要研究》,载《法律科学(西北政法大学学报)》2021年第5期。
③ 最高人民法院案例指导工作办公室:《指导性案例78号〈北京奇虎科技有限公司诉腾讯科技(深圳)有限公司、深圳市腾讯计算机系统有限公司滥用市场支配地位纠纷案〉的理解与参照——互联网领域相关市场界定及滥用市场支配地位行为的分析方法》,载姜启波主编:《中国案例指导》(总第6辑),法律出版社2017年版,第65页。

民法院从中概括的裁判要点也不尽相同。即使针对其中的疑难问题提出创新规则或者审判思路,指导性案例仍然以个案形式展现。因此,个案式成为指导性案例适用法律渊源或者法律规范的主要方式。

但是,随着数量上的不断积累,前后相继的关联指导性案例能够为少数或者同一抽象规范提供不同视角的解读,进而能够在特定领域或者方向上形成创新规则的不断积累,这种情况就是以群案的方式综合展现特定规则的适用。例如,指导性案例38号和39号都涉及高校作为行政诉讼被告的问题,具体表现为学校拒发毕业证和学位证。但二者又有一定区别:前者是因学生考试作弊而引发对校规校纪的审查问题,后者则是因学生未通过英语四级考试而未达到学术标准,主要涉及高校学术自由问题。这两个指导性案例既有联系又有区别,更加全面地展示了高校在作为行政诉讼被告时所面临的问题及其司法处理。又如,指导性案例48号和49号都涉及计算机软件的著作权纠纷。

除了以上涉及两个关联案件的情况,指导性案例以群案方式展现法律适用问题往往涉及多个案件,此种情况又可以分为同一批次和不同批次两种情形。在最初批次中,每个批次都包含多个部门法指导性案例,较为分散和凌乱。而第24批13个指导性案例全部为生态环境保护案件:在诉讼类型上,既包括私益诉讼也包括公益诉讼和生态环境损害赔偿诉讼;在责任方式上,涉及刑事责任、民事责任、行政责任以及三种责任方式的统筹适用;在保护对象上,涵摄大气、水、土壤、矿业、林业、渔业等环境要素和自然资源,覆盖污染环境、破坏生态等领域。[1] 该批次的指导性案例针对环境法审理中的疑难问题,从多个部门法的角度给出规则和方法上的指导,如损害赔偿额度的司法认定。[2] 又如,第21批指导性案例均为涉及"一带一路"建设的案件,第25批指导性案例均为弘扬社会主义核心价值观典型案件,第27批指导性案例主要涉及第三人撤销之诉和案外人执行异议之诉相关法律适用问题,第28批指导性案例均为知识产权类案件,第29批指导性案例均为企业实质合并破产案件,第30批指导性案例均为《民法典》实施后的合同法案件。这些专题批次的指导性案例集中展现了特定部门法领域所面对的疑难问题,并从不同视角或者部分提出具有创造性的规则或者思路。

与以上在同一批次内的集中展示不同,发布批次不同的关联指导性案

---

[1] 参见雷蕾:《最高法院发布第22至24批指导性案例》,载《人民司法》2020年第4期。
[2] 参见陈幸欢:《生态环境损害赔偿司法认定的规则厘定与规范进路——以第24批环境审判指导性案例为样本》,载《法学评论》2021年第1期。

例之间也能够形成类似效果：前一种方式更加刻意或者故意，后一种方式则更加带有自然选择的色彩。例如，针对正当程序原则在行政法典中缺位所造成的问题，有数个行政法指导性案例从不同角度体现这一原则：指导性案例 38 号在裁判理由部分直接增加了"正当程序"的表述，而这一表述并未在原判文书或者公报案例文本中出现。又如，指导性案例 6 号强调了程序参与，指导性案例 26 号强调了程序及时，指导性案例 41 号强调了程序中的合法形式，指导性案例 69 号强调了程序性行政行为也可以纳入行政诉讼受案范围。① 又如，劳动法指导性案例：指导性案例 18 号意在限制用人单位的单方解除劳动合同，指导性案例 28 号侧重追究拒不支付劳动报酬者的刑事责任，指导性案例 40 号、69 号和 94 号都倾向于肯定对劳动者的工伤认定。这些劳动法指导性案例都对劳动者权益作出了倾向性保护，展示了劳动法的相关法律规范在适用中的基本定位。除此之外，在互联网已经对社会生活产生深远影响的背景下，指导性案例也对网络中发生的各种纠纷给予高度关注，其中涉及网络犯罪的案件包括指导性案例 27 号、102 号、103 号、104 号、105 号、145 号和 146 号等，涉及网络中民商事纠纷的案件包括指导性案例 29 号、45 号、78 号、83 号和 143 号等。这种群案式方法在民法学中被称为"案例群方法"，通过将类似多个案件遴选为指导性案例，能够提升相应民法条文适用的规范性，并最终有可能通过立法形成法典中的制度类型。② 简言之，在不同批次中主题相近的指导性案例能够形成前后相继、此起彼伏的效果，在特定领域中不断补充和完善审判所需要的规范资源或者法律渊源。

  这种群案式的法律适用方式并非指导性案例独有，域外既有的司法实践已经提供了良好的借鉴对象。例如在德国，对于公序良俗进行统一定义是非常艰难的，描述同样类型的案例群来辅助认定对公序良俗的违反，是更可取的。③ 又如，鉴于德国《基本法》第 6 条有保护婚姻和家庭的价值理念，司法实务围绕家庭利益形成一组一般人格权精神损害赔偿的案例群。④ 即使在强调罪刑法定的刑事领域，司法裁判构建的案例群也发挥着重要作用。再如，以"着手"作为起点界定犯罪实行行为几乎是不可能的，通过建立案例群来说明预备行为与实行行为界限的主张，成为德国刑法学

---

① 参见孙光宁：《正当程序：行政法指导性案例的基本指向》，载《行政论坛》2018 年第 2 期。
② 参见刘亚东：《民法案例群方法适用的中国模式》，载《环球法律评论》2021 年第 1 期。
③ 参见[德]梅迪库斯：《德国民法总论》，邵建东译，法律出版社 2013 年版，第 514 页。
④ 参见朱晓喆：《第三人惊吓损害的法教义学分析——基于德国民法理论与实务的比较法考察》，载《华东政法大学学报》2012 年第 3 期。

界的通识。① 对于遵循先例的普通法而言，各种类型的案例群就更加多样丰富。"普通法法官在审理案件的时候，并不一定仅仅以某一个判例为依据，而常常是对多个相关的判例进行综合的分析与比较，并在此基础上根据社会现实对原有普通法规则做变通的解释和适用……这也表明普通法本身实际上构成一个法的体系，而不是一些彼此无关联的判例的集合。"②

无论采取以上何种适用法律的方式，定位于疑难案件的指导性案例都应在裁判理由部分展开充分论证，特别是应当针对难点提供带有创新性的规则或者思路。随着数量上的不断积累，指导性案例也将更加明显地呈现"案例群"的特征，在特定部门法领域中细化、补充和完善法律规范（广义法律渊源）的体系，这也是法教义学的重要内容。"法教义学的特定方法，就是从真实案例出发，在本国实定法秩序的体系限度内，寻找和解释适合于司法裁判的法规范。法教义学是对由本国立法条文和司法案例中的法规范构成的实定法秩序做出体系化解释的法学方法。"③指导性案例的不断积累以及适时清理将有助于推动法律规范体系更加丰富和完善，特别是其中的创新规则、审判思路和方法的具体展现是其实践意义的集中体现。

除了以上在规范层面中发挥体系化作用，指导性案例对法律适用的展现还能够传递和强化审判实践中法教义学的价值理念。在抽象规则存在适用疑难时，诉诸更加抽象的原则和价值是重要的解决方案以及创造新规则的依据。其中的价值理念既包括具体部门法理念（如众多行政法指导性案例所指向的正当程序），也包括更为普遍化的价值理念（如第25批指导性案例强调的社会主义核心价值观）。虽然疑难的原因和程度各异，但是指导性案例对疑难案件的解决在很大程度上都体现了价值理念对具体案件裁判的指导作用。这个过程在实质上是一个体现法教义学的价值衡量功能的过程。"法教义学有助于减轻裁判者价值衡量的负担，而使裁判者直接得出契合法律背后基本价值选择的结论……在遇到实际案例时，可以熟练地运用法教义学迅速找出裁量时需要考察的要点，并得出妥当的结论。"④指导性案例已经进行的价值衡量以正式文本的制度化方式得以保持和传播，其中包含的新规则凝聚、概括和积累了价值理念，成为后续类似案件的裁判参考或者依据。"法教义学可以将判例当中所发展出来的理由

---

① 参见郑延谱：《刑法规范的阐释与改造》，中国人民公安大学出版社2015年版，第184页。
② 金振豹：《法律适用模式的比较考察——以德国和美国为例》，载舒国滢主编：《法学方法论论丛》第1卷，中国法制出版社2012年版，第106页。
③ 凌斌：《什么是法教义学：一个法哲学追问》，载《中外法学》2015年第1期。
④ 许德风：《法教义学的应用》，载《中外法学》2013年第5期。

和标准储存下来,形成'知识记忆',即价值判断的知识化……这种'知识储存'的功能,不同于价值判断的推理过程,而是将已形成的价值判断固定下来。"① 在反复参照适用指导性案例的过程中,案例中蕴含的价值理念能够更加充分地灌输到司法者的意识之中,从而提升其审判业务素质和能力,即使将来面对新的疑难案件或者法条的变化,也能够真正做到依"法"裁判。

与指导性案例相比,域外判例在展示法律适用方面有明显不同的特点。在英美法系中,法官所适用的法律以先例或者判例为主。其中司法案例基本上都是围绕是否以及如何遵循先例展开,其体例结构中的"事实概要"(summary of the facts)和"判决理由"(court's reasoning)部分集中展示了法律适用问题。前者主要由法官归纳关键事实,是法庭断案的关键依据。后者则更进一步分为判决理由和附带意见:前一术语是判决的理由和依据,直接决定了最终结果;后一术语则是边缘性陈述,不具备法律约束力。此外,普通法案例的结构中还可能包括"判决所产生的法律规则"(rule emerging from the decision)和"后续诉讼程序指示"(procedural decision)等附加部分。由于是否遵循先例在很大程度上由关键事实部分决定,因此,普通法判例中特别关注适用区别技术或者辨析技术对关键事实展开分析。② 待决案件可能涉及多个先例,法官在适用法律方面还需要结合多个先例展开对比分析。③ 与之相比,大陆法系中,德国司法实践在裁判文书中援引判例非常普遍,但大多数情况下只是指明援引了哪些判例,而不对其进行详细探讨。④ 这一点与我国案例指导制度的运行现状非常相似。

简言之,基于多种正式法源和非正式法源,指导性案例展示了不同类型的法律适用方式,并在其中凝练了创新性规则。从法教义学的角度来看,指导性案例展示法律适用的贡献,一方面在于推进了法律规范的体系化,使与时俱进的新规则充实到已有的规范体系之中,解决部分规范的模糊、疏漏和空白等问题,提升了后案法官解决类似疑难问题的效率;另一方面在于传递和弘扬了更深层次的法治价值理念,以不变应万变的方式提升

---

① 李忠夏:《功能取向的法教义学:传统与反思》,载《环球法律评论》2020年第5期。
② 参见何主宇编著:《英美法案例研读全程指南》,法律出版社2007年版,第191页。
③ 例如,在美国 Robinson v. Lindsay 侵权案中,裁判文书就涉及 Vaughan v. Menlove、Roth v. UnionDepotCo、Dellwo v. Pearson 和 Daniels v. Evans 等案件,并梳理了这些案件关键论述之间的关系,再结合部分制定法作出裁判。参见王军、高建学:《美国侵权法》(英文版),对外经济贸易大学出版社2012年版,第80-83页。
④ 参见高尚:《德国判例使用方法研究》,法律出版社2019年版,第160页。

法官应对疑难问题的能力。以上两个方面各自侧重短期效果和长期效果，都能够充分明确指导性案例对本土法教义学的重要贡献。

第三节 提升指导性案例规范意义的改进方向

无论是从法律渊源的角度，还是从法律适用的角度，指导性案例已经初步展示了其对于本土法教义学的规范意义。但是，这种意义主要体现在指导性案例的遴选和编辑阶段，而对于指导性案例发挥实践作用的关键环节——参照适用阶段，从司法实践的反馈来看，这种"初步"意义还非常有限。其中的主要问题是指导性案例尚未被司法实务工作者普遍认知和接受，法官在审理案件过程中还没有形成主动检索、对比和适用指导性案例的工作习惯。这一问题集中表现在裁判文书以明示的方式直接援引指导性案例的数量明显偏少。数据统计结果显示，虽然裁判文书援引指导性案例的数量总体上呈现出明显的上升趋势，[1]但是，相较裁判文书的总量而言，援引指导性案例的裁判文书仍然寥寥无几。而且，法官主动援引指导性案例的积极性也低于当事人及其代理人。[2] 甚至在司法实践中出现了隐性适用——在实质意义上参照了指导性案例的观点，但是并没有在裁判文书正文中直接明示。[3] 这种援引方式并没有彰显指导性案例的实践功能。可以说，参照适用的效果直接体现了指导性案例所具备的法教义学意义，在这个方面仍然存在很多不足与缺陷。这些问题与其之前的遴选环节和文本编辑环节也都有内在联系。结合案例指导制度运行的整体过程，从法教义学的角度来说，有效提升指导性案例的规范意义，至少可从以下几个方向进行强化和改进。

第一，大幅度增加指导性案例的数量与类型，体现其对法律规范的体系化意义，提升其法源地位，为参照适用提供有效对象。

从判例制度发展的历史经验来看，没有相当数量的案例积累，司法实务工作者就不会形成适用判例的路径依赖。虽然两大法系的判例制度在历史存续和重视程度方面有差异，但是，二者无不因极其丰富多样的案例数量积累才形成现有的规模状态。只有满足相当数量的积累，才能形成多种多样的案件类型，才能有效应对更加丰富多样的现实案件。"尽管即便

---

[1] 参见郭叶、孙妹：《最高人民法院指导性案例司法应用年度比较分析报告——以2011—2018年应用案例为研究对象》，载《上海政法学院学报（法治论丛）》2019年第6期。
[2] 参见彭中礼：《司法判决中的指导性案例》，载《中国法学》2017年第6期。
[3] 参见孙海波：《指导性案例的隐性适用及其矫正》，载《环球法律评论》2018年第2期。

在德国,对法教义学的认知仍有纷争,但我们仍可认为:法教义学乃以实在法规范为前提,借助解释和体系化法律以揭示其真意,并凭借体系化的法律构想进行富有理性的逻辑思考,以寻求个案法律适用的规范性科学。"① 从法教义学所具备的体系化功能来看,要为整个法律规范体系的完善做出贡献,就必须有较多数量和类型的案例供批判、比较和总结。由此形成的具体法律规范才能经得起考验,才能有效融入法律规范体系,成为后续法律适用的有效对象。在这个方面,部分指导性案例也有所体现。例如,指导性案例 26 号和 101 号关于政府信息公开的创新规则就被修订后的《政府信息公开条例》所吸收。② 前述群案式展示法律适用也属于此种情况,有助于在局部领域中推进法律规范的体系化。

但是,总体而言,现有指导性案例的数量和类型远无法满足司法实践的需要。众多司法实践中的难题无法借助指导性案例得以解决,这就必然导致指导性案例难以被普遍适用,也难以体现其法教义学的实践意义。相比纷繁复杂的司法实践,现有指导性案例能够涉及的问题范围过小,类型也较为单一。在指导性案例已经成为一种重要法律渊源的前提下,保证基础数量的持续增长是维持并提升其法源地位的基本途径。在初始阶段,司法解释在正式法律规定中也没有明确的效力地位;随着最高人民法院持续制定司法解释并被各地法院所接受,司法解释的法源地位逐渐被认可并有了正式文件上的依据。指导性案例要提升其法源地位也完全可以借鉴以上发展历程,通过数量和类型的不断增加而获得更广泛的认可、接受与适用。

要大幅度地提升指导性案例的数量供给,也就是要提升遴选成功的指导性案例数量,主要从遴选的"入口"和"出口"两个方面入手:一方面增加推荐备选案例的数量,扩大遴选的对象范围,使更多备选案件通过入口进入遴选程序。根据《关于案例指导工作的规定》及其实施细则的规定,备选指导性案例的推荐分为法院内部途径和社会途径两种。对于前者,地方高级人民法院可以将推荐特定数量的备选指导性案例纳入对法院和法官的奖励或者激励考评内容,提高专业法官推荐指导性案例的积极性,进而经过层报向最高人民法院推荐。从现有成功遴选的案件来说,社会较为关注同时能够解决一定法律适用疑难的案件被遴选成功的可能性较大,如"马乐案"(指导性案例 61 号)、"3Q 大战案"(指导性案例 78 号)、"于欢

---

① 张牧遥:《法教义学的法律思维与司法形式主义》,载《天府新论》2015 年第 2 期。
② 参见孙光宁:《指导性案例对完善政府信息公开的探索及其优势》,载《行政论坛》2020 年第 2 期。

案"(指导性案例93号)、"王力军非法经营再审改判无罪案"(指导性案例97号)、"狼牙山五壮士名誉权案"(指导性案例99号)、"乔丹案"(指导性案例113号)、"私采杨梅案"(指导性案例140号)和"王老吉诉加多宝案"(指导性案例161号)等,地方法院应当重点关注并推荐此类案件。同时,社会力量也有权推荐指导性案例,尤其是法学专家或者法律院校,在司法实践中发现疑难案件时应当及时推荐。另一方面,简化遴选程序,降低遴选的门槛,提高遴选程序的运作效率。与司法解释一样,指导性案例需要经过最高人民法院审委会的讨论通过才能最终确定遴选成功。与司法解释的讨论不同的是,最高人民法院审委会委员需要对具体案件进行全部审视,而司法解释经过最高人民法院内部审判机构和研究室的长期酝酿已经比较成熟,讨论并成功通过的效率明显高于指导性案例。由此可以看到的结果是系统完整的司法解释层出不穷,而篇幅较小的指导性案例却屈指可数。相应的重要改进措施则是由最高人民法院的审判机构联合研究室共同提出备选案例供讨论,并提前将相应的材料呈送审委会委员。而且,根据《最高人民法院关于完善统一法律适用标准工作机制的意见》(法发〔2020〕35号)第5条的规定,最高人民法院也在探索将自身裁判转化为指导性案例的工作机制,完善这种简化的快速遴选程序是提高指导性案例数量的有力措施。

第二,凸显指导性案例对疑难问题的法律适用,在裁判理由部分充分展示相应的解释方法和论证理由,推动指导性案例成为优质法源。

数量和类型的丰富是基础,指导性案例的法源地位也需要依赖自身的质量——针对疑难问题。多数普通的常规案件或者简单案件并不具有法教义学上的实践意义。"在那些大量为一般性法条所涵盖的案件中——它们的数量随着法条一般性程度的增大而增多——除了空洞的文字和用黑色油墨打印的纸张之外,绝对不会再有别的什么东西了,没有立法者、没有权力、没有意志,甚至没有那种神秘的'制定法意志',总而言之,完全没有现实性。"[①]法教义学应当也能够解决疑难案件,而定位于疑难案件的指导性案例正是这种实践意义的制度表达,这一点对于中国本土法教义学的发展而言尤为重要。"真正制约中国本土化法教义学理论发展的因素,并不是简单的案例供应匮乏问题,而是合格案例供应匮乏的问题。而合格案例供应匮乏问题的解决,不能光从供应渠道建设的角度来着手,而应同时考

---

① [德]赫尔曼·康特洛维茨:《为法学而斗争 法的定义》,雷磊译,中国法制出版社2011年版,第34页。

虑合格案例之生产机制与标准的贯彻。"①疑难案件就是这种"合格案例"的主要类型。从《民法典》实施后出现的大量司法解释和非司法解释类的规范性文件（如会议纪要）就能够看到，司法实践对解决疑难问题的需要并未减少，甚至在数量和程度上更胜以往，迫切需要包括指导性案例在内的资源供给。而越是能够针对司法实践中的疑难问题，指导性案例就越是受欢迎。例如，指导性案例24号是目前被援引次数最多的指导性案例，②其涉及的"蛋壳脑袋"问题在侵权法上一直是难题之一，从原《侵权责任法》到《民法典》对此都没有直接规定。这种填补立法漏洞的指导性案例获得了法官"用脚投票"的充分肯定，也凸显了其在法教义学上的本土意义。从体例结构上来说，指导性案例解决疑难案件的直接参照对象是正文中的裁判要点，这也是其本土特征的集中体现。根据《实施细则》第9条和第11条的规定，法官参照并在裁判文书中直接援引的对象仅有指导性案例的裁判要点。这些内容与域外判例制度的运作有明显不同。裁判要点为裁判文书的直接援引提供了形式上的依据，但是，其表述的抽象规则与司法解释的单调条款过于形似，这种特征无法凸显指导性案例的独特性，甚至在一定程度上降低了指导性案例存在的实践意义。从解决疑难案件的角度来说，仅关注裁判要点将在很大程度上忽视解决疑难问题的方法与理由，更难以长期提供解决疑难案件的智识贡献。

  与裁判要点相对，指导性案例裁判理由部分应当受到更多的关注。裁判理由部分主要从原判生效文书中的"法院认为"部分编辑而来，是对裁判要点的扩展、细化和说明。更重要的是，裁判理由具体展示了案件事实与相关法条如何对接与涵摄，这一点是指导性案例区别于法律规范和司法解释等抽象规则的独特之处，而法律适用中的各种解释方法与论证理由也是在裁判理由部分向后案法官传达的。前文已经分析了指导性案例展示解决疑难问题的论述方式，包括递进式与并列式、显性方式与隐性方式、个案式与群案式等，其都是以裁判理由部分为载体的。一方面，就解释方法而言，指导性案例中蕴含着各种法律解释方法的实践运用，包括文义解释、体系解释、历史解释和目的解释等。在多数普通案件只需要运用文义解释方法的背景下，定位于疑难案件的指导性案例能够凸显其他解释方法的存在及其运用。另一方面，就论证理由而言，如前所述，指导性案例的裁判理由部分将众多非正式法源作为形成裁判的参考理由，在形成融贯关系的基

---

① 泮伟江：《中国本土化法教义学理论发展的反思与展望》，载《法商研究》2018年第6期。
② 参见郭叶、孙妹：《最高人民法院指导性案例2020年度司法应用报告》，载《中国应用法学》2021年第5期。

础上支持最终的裁判结论。结合解释方法与论证理由的裁判理由部分是针对疑难问题法律适用的集中体现,值得后案法官细致研读并学习其中所体现的经验与智慧,这也是提升法官处理疑难案件能力的重要方式之一,从中也体现了法教义学对司法实践人力资源方面的贡献。

基于裁判理由部分的重要性,对其进行改进和完善就成为指导性案例文本编辑环节的重点。已经有不少指导性案例的文本在此方面成为范例,如前文重点分析的指导性案例6号、61号、78号和113号等,都在裁判理由部分进行了比较详细的阐释。但是,仍然有一些指导性案例的裁判理由部分论述过于简略,无法满足后案法官了解相应法律适用的需要,如指导性案例14号、63号和97号等,裁判理由部分的篇幅明显过少,论证和说理都很不充分,被援引的次数也非常少。虽然篇幅并非决定论证质量的唯一因素,但是过于简略的论述仍然需要引起最高人民法院的注意,不仅在遴选阶段注意备选案例对解决疑难问题的法律适用,在文本编辑阶段也应当有效展示疑难问题的解决过程和论证理由。

当然,大幅度提升指导性案例的数量供给与凸显其对疑难问题的关注可能会存在一定的紧张关系。简单地增加数量有可能造成把关不严、质量低下的现象,难以有效应对疑难案件,反而影响了指导性案例对法律规范体系化的贡献;单纯强调寻求解决疑难问题的最佳案例,又有可能因过于谨慎而减少了备选案例的遴选数量。要解决这种潜在矛盾,最高人民法院既要坚持以疑难案件为指导性案例的基本定位,还需要继续完善遴选程序。例如,增加法院系统内部公示程序,吸收包括原审法官、推荐法院和案例指导工作专家委员会委员的意见,经过这一内部公示筛选之后的案件再提交最高人民法院审委会讨论。这种方式能够博采众长,把握和聚焦核心疑难问题,保证指导性案例的遴选质量。

在数量与质量的矛盾中,提升指导性案例成功遴选的数量是居于优先地位的。这不仅是维持案例指导制度有效运行的基本前提,也为最高人民法院的遴选和各级法院的适用提供了现实机会,在不断积累经验中提升制度的运行效果。而且,对于质量存在问题或者没有与时俱进的指导性案例,最高人民法院也可以进行及时清理,这种退出机制已经通过《最高人民法院关于部分指导性案例不再参照的通知》(法〔2020〕343号)得到首次运用,指导性案例9号和20号由此不再具有指导作用。进言之,疑难案件的处理在质量上难以尽善尽美、获得普遍认可,甚至长期存在多种并存方案,但是对此提供及时统一的规则却是次优选择,至少在疑难问题上形成了一致结论从而实现同案同判。例如,指导性案例24号所提供的规则只是解决"蛋壳脑袋"问题的一种方案,①但是却因针对疑难问题所在的法律空白而受到审判实务的欢迎,由此成为被援引次数最多的指导性案例。

第三,降低参照指导性案例的门槛,鼓励法官以多种形式适用指导性案例。

无论是在何种案例制度或判例制度中,确定在先案例(先例)与待决案件之间的相似性都是参照适用的基本前提,也是司法实践中的难题。因为任何案件之间在绝对意义上都是不相似或者不相同的,其间相似点的确定只能是相对的,很大程度上由法官运用自由裁量来确定。虽然学者们从很多视角设计了众多理论框架,但是,相似点的比较问题在司法实践中仍然没有(在很大程度上也不可能)得到终极解决。② 具体到案例指导制度的运行来说,《实施细则》第 9 条确定了案件事实与法律适用都相似的双重比较标准,虽然这一表述较《关于案例指导工作的规定》第 7 条更加明确,但对于意图参照适用指导性案例的法官而言仍然过于宽泛和疏漏,没有提供具体的比较方式。加之言多必失的担心以及指导性案例数量过少,缺乏研习样本,法官不会也不愿直接参照指导性案例,尤其是以明示的方式。这种情况是造成裁判文书显性援引比例过低以及存在隐性参照的主要原因。可以说,在《实施细则》第 9 条确立了"基本案情"与"法律适用"这两个方面的相似性之后,参照适用指导性案例的门槛过高,影响了裁判文书援引的比例。

与此对应的改进措施则是降低参照适用的门槛,在实质意义上减少或者弱化相似性的比较点。就司法裁判结论的形成而言,虽然案件事实与法律适用是两个基本方面,但是原本处于静态的后者从本质上是由前者触发的,特定的个案事实启动了法官找法的过程,进而出现了其与被发现和确定的法律规范相结合,也即法律适用的过程。"小前提是神经,它能使在制定法及在法律大前提中包含的一般法律思想引向具体的小前提,并因此使合乎制定法的判断成为可能。"③不同的案件事实决定了案件争议点的不同,也决定了法律适用的不同;反之,类似的案件事实需要援引类似的法律规范来解决类似的案件争议。因此,只要有效关注了案件事实方面的相似性,即可确认相似性的存在,进而进行参照适用。案例指导制度可以吸收

---

① 参见程啸:《受害人特殊体质与损害赔偿责任的减轻——最高人民法院第 24 号指导案例评析》,载《法学研究》2018 年第 1 期。
② 参见雷槟硕:《指导性案例适用的阿基米德支点——事实要点相似性判断研究》,载《法制与社会发展》2018 年第 2 期。
③ [德]卡尔·恩吉施:《法律思维导论》,郑永流译,法律出版社 2004 年版,第 70 页。

以上分析,在日后的改革中以案件事实为主确定待决案件与指导性案例之间的相似性。同时,将"基本案情"的表述改为"关键事实",这种表述无须对前后案件事实进行整体比较,只需要关注指导性案例针对疑难问题提供的规则或者思路,减轻法官展开全面对比的负担。

在降低了参照适用的门槛之后,法官可以在明确援引指导性案例的基础上,采取多种形式适用指导性案例。除了直接引述裁判要点作为说理理由,结合前述裁判理由部分的重要地位,法官可以充分吸收甚至模仿裁判理由部分的论述,并将其融入裁判文书的论述之中。在这个方面已经有部分法官开始了探索,如指导性案例24号的裁判理由部分曾经论及"我国交强险立法并未规定在确定交强险责任时应依据受害人体质状况对损害后果的影响作相应扣减"等内容,是对该指导性案例裁判要点的扩展说明。已经有相当数量的裁判文书将此论述几乎全文吸收。[1] 无论这些裁判文书是否明确援引了指导性案例24号,借鉴或者模仿裁判理由部分的成熟论述有助于提升说理的针对性和有效性。此外,指导性案例还可以用于判前调解、判后答疑和以案释法等多种场合。"法律学者或法教义学的重要工作就是在案件裁判前为法官做好理论准备,在裁判后总结案件的裁判法理,辅助法官司法审判。"[2]对于面对疑难问题的法官而言,解决方案自身的质量是否无懈可击并非首要考虑的问题;出于依"法"裁判的职业伦理,能否基于明确具体的参考依据获得统一的经得起检验的裁判结论更有现实意义。作为一种具有较高权威性的新型法律渊源,指导性案例能够在广义司法过程中成为形成结论的重要说理依据或者参考,多种形式的适用反过来也有助于提升对指导性案例的认知与接受的程度。强化适用指导性案例的直接效果是援引裁判要点解决疑难案件,其深层效果则是扩展或者推广来自司法实践的经验与智慧。

第四,由指导性案例牵头,强化重视司法案例的观念意识与制度设计。

无论是否正式建立相应的制度,司法案例都是法教义学的重要内容,也体现了法教义学的实践意义,与由抽象法条构成的法典之间是并行不悖、相得益彰的。《民法典》已经实施,一些其他部门法法典也开始酝酿。

---

[1] 相关裁判文书包括福建省龙岩市中级人民法院(2019)闽08民终348号民事判决书、天津市红桥区人民法院(2018)津0106民初2340号民事判决书、吉林省长春市中级人民法院(2018)吉01民终945号民事判决书、江苏省南通市中级人民法院(2016)苏06民终2197号民事判决书、内蒙古自治区呼和浩特市中级人民法院(2016)内01民终3268号民事判决书、上海市浦东新区人民法院(2015)浦民六(商)初字第4301号民事裁定书、湖南省长沙市中级人民法院(2021)湘01民终135号民事判决书等。

[2] 朱晓喆:《比较民法与判例研究的立场和使命》,载《华东政法大学学报》2015年第2期。

在这种背景下,司法案例的地位不会因此而降低,反而会随着系统法典的实施而更加凸显,因为法典与时俱进地有效实施有赖于司法案例的更新。我国现有的司法案例以法源属性为标准可以分为三类:作为约束性法源的指导性案例,其功能主要体现为丰富司法规范体系结构,完善司法规范体系;作为引导性法源的示范性案例,其功能主要设定于重构司法见解控制体系,保障法律适用统一;作为智识性法源的一般性判例,其功能应定位于推动司法经验与智慧的共享。① 根据形成依据、功能定位和实际作用等方面,还可以分为规范性案例(指导性案例)、研讨性案例和宣教性案例。② 虽然目前尚未形成完整规范的统一体系,但是我国已有的判例类型已经非常丰富全面,指导性案例无疑是其中具备完整形式权威和最高效力的案例。要有效提升指导性案例的法教义学意义,不仅需要案例指导制度自身的完善作为统领,还需要在法治实践中形成重视司法案例的观念意识以及由此而确立的制度设计。

在司法领域除了案例指导制度,类案与关联案件检索机制(以下简称类案检索机制)已经开始运作并显示了相当的活力。在地方法院探索和经验积累之后,最高人民法院发布了《关于统一法律适用加强类案检索的指导意见(试行)》(法发〔2020〕24号);这是第一个全国层面正式确立类案检索机制的文件,其中涉及指导性案例的就有第4、9、10条,明显突出了指导性案例的特殊地位。类案检索机制以各类司法案例数据库的大规模建设以及人工智能技术的兴起为背景,通过对数量众多的类似关联案件进行统计分析而获取裁判参考。③ 这与围绕带有疑难色彩的指导性案例的案例指导制度能够实现有机结合,因为二者分别强调了参考既有案例的质量和数量。类案检索机制有助于弥补指导性案例的数量不足,而且其量化分析的方式吸收了众多普通法官的共同倾向,这种新的司法案例制度能够为推进法教义学实践意义的本土化做出特殊贡献。此外,最高人民法院还不定期发布各种主题的典型案例,地方高级人民法院也发布了不少类型的参考性案例,能够为相应领域的司法裁判提供重要参考。

值得关注的是,在最高人民法院发布指导性案例之后,又有多个国家机关推出了其他类型的指导性案例。例如,最高人民检察院长期发布检察机关指导性案例;2021年8月,中央纪委国家监委发布了第一批4个执纪执法指导性案例;包括国家知识产权局、国家税务总局、国家文物局、农业

---

① 参见顾培东:《我国成文法体制下不同属性判例的功能定位》,载《中国法学》2021年第4期。
② 参见石磊:《人民法院司法案例体系与类型》,载《法律适用(司法案例)》2018年第6期。
③ 参见刘树德、孙海波主编:《类案检索实用指南》,北京大学出版社2021年版,第122页。

农村部等行政机关也发布了各自的行政执法指导性案例。《法治政府建设实施纲要(2021—2025年)》直接明确:"建立行政执法案例指导制度,国务院有关部门和省级政府要定期发布指导案例。"这些法院系统之外的指导性案例不断发布,说明对案例的重视已经得到普遍认可,其相应的制度运作将有助于推动形成强化重视案例的环境氛围。

就法院系统而言,在指导性案例出现之前,最高人民法院发布的公报案例就已经成为业务学习的重要素材,虽然无法直接援引却已经受到法官们的高度关注。在法典化方兴未艾的背景下,推动法典与案例的有机互动能够实现相互促进、相辅相成的最优效果,也能够更加充分地体现法教义学的本土意义。例如,第30批6个指导性案例在每个案例的相关法条部分都提及了裁判依据的原先法条与现行《民法典》具体条款之间的对应关系,体现了贯彻执行《民法典》的意图。在法教义学主导下的各种司法论证及其结论要同时受到制定法和先例的约束。① 但是,目前各类司法案例制度仍然不够完善,即使运行时间最长的案例指导制度也是步履维艰、亟待更新。类案检索机制也存在一些不足,表现在类案智慧判断、类案检索方式、类案的归纳排序和检索服务等方面。② 在观念意识上继续强化重视司法案例有助于破除对司法案例的偏见与误解(如指导性案例的效力低于司法解释),也能够与完善案例制度相互促进。观念上的重视能够成为继续推进制度设计的基础,在案例指导制度已经作出表率的前提下,其他关于指导性案例的制度也应当以满足司法实践的需要为目标提高精细化和实用性,在个案与制度的互动中获得更优的实际效果。尤其是最高人民法院从2023年开始启动人民法院案例库建设工作,就是持续重视既有司法案例的重要体现。建设人民法院案例库是人民法院深入贯彻习近平法治思想,全面落实审判公开和司法责任制,实现案例指导和类案同判,不断提升司法质效,保证审判权正确行使,展示司法自信和向更高水平公平正义迈进的重要举措,其重要意义在于推进裁判统一、促进司法公正、提升司法公信力、规范审判管理和增强社会监督等。③ 人民法院案例库的建设能够在很大程度上弥补指导性案例数量不足的缺陷,增加审判实践可供参考的司法案例的类型和数量,加之原有的中国裁判文书网和全国法院裁判文书

---

① 参见雷磊:《什么是法教义学?——基于19世纪以后德国学说史的简要考察》,载《法制与社会发展》2018年第4期。
② 参见王肃之:《规范指导视域下类案检索的智慧化》,载《法律适用》2021年第9期。
③ 参见党振兴:《用好人民法院案例库 实现更高水平公平正义》,载《人民法院报》2024年1月6日,第2版。

库,既有司法案例在审判中的作用将进一步加强。

在重视案例已经蔚然成风的基础上,结合最高人民法院在案例指导制度方面积累的十多年经验,要发挥指导性案例的统领作用,强化相应的制度设计可以从以下两个方面展开:一方面,在形式上,各种类型的司法案例应当充分借鉴指导性案例的体例结构和编辑方式。指导性案例的现有体例结构已经比较全面和成熟,尤其是裁判要点和裁判理由部分值得特别关注。前者是裁判文书的直接援引对象,同时为索引或者检索提供了便利;后者则能够带来具体的论证方法和思路。现有其他类型的司法案例,如典型案例和参考性案例,在体例结构和论述详细程度上存在明显不足,以指导性案例为借鉴对象至少应当设置裁判要点和裁判理由部分。这种借鉴不仅符合最高人民法院的倾向性意见,[①]而且有利于提高推荐备选指导性案例的效率。另一方面,就实体角度而言,各级法院收集和汇编的司法案例也应当定位于疑难问题。这种定位有利于发现更多备选指导性案例,也能够兼顾地方法院处理本地疑难案件的需要,如涉及特定风俗习惯的案件。而且,相较最高人民法院,地方法官选编的案件更接地气,更能体现案件审理的亲历性,充分吸纳主审法官的真实意图和具体操作。司法案例之外的其他类型指导性案例也可以吸收借鉴最高人民法院指导性案例的以上制度设计,逐步完善自身的体例结构和内容编排,探索构建和而不同的案例指导制度体系。

就长效机制而言,在法学教育中(尤其是本科阶段)提升案例分析的比重也是强调案例意识和分析能力的重要手段。从诊所式法学教育到请求权基础分析方法、鉴定式案例分析方法,这些案例分析方法的引入在不断强化司法案例的重要性。特别是鉴定式案例分析方法,贯彻了普遍的思维法则以及实体法和法教义学作出的结构性预设,精简得当地展开分析论证,而且分析框架和分析结构比较成熟,尤其值得关注。[②] 法教义学的不同功能需要对应的案例教学类型,包括确认法教义学概念体系的以案说法型、强化法教义学体系的以法释案型、延展法教义学体系的规范抽取型以及旨在重整法教义学体系的体系反思型,由此决定了相应的配套制度也不尽相同。[③] 这些强调司法案例的重要性及其分析方法的法学教育改革措

---

① 参见《最高人民法院关于规范高级人民法院制定审判业务文件编发参考性案例工作的通知》(法〔2020〕311号)第4条第2款规定:"高级人民法院编发的参考性案例可以参照最高人民法院指导性案例的体例。"
② 参见[德]德特勒夫·雷讷:《鉴定式案例分析法的基础与技术》,黄卉编译,载《法律适用》2021年第6期。
③ 参见章程:《继受法域的案例教学:为何而又如何?》,载《南大法学》2020年第4期。

施可以改变单纯抽象法条和原理的灌输,推动法科学生的学习向司法案例分析与运用实践的转变,有助于实现司法案例意识的入脑入心,在其将来的实务工作中发挥长远影响。

简言之,指导性案例的出现及其法教义学意义的发挥基于对司法案例的重视,其影响力的不断提升又能够继续强化对司法案例的关注和运用。以指导性案例为牵头的司法案例体系在法典化时代将发挥更大作用。"未来以'同案同判'原理为基础的本土化判例机制建立起来后,通过学说与判例的大量互动,中国本土化的法教义学研究最终将凝结出具有中国本土特色的、科学的核心概念与原理。本土化的法学研究必然是通过学说与司法判例的频繁互动、互相促进才能够实现。"①当查询、检索、比较和参照适用特定案例已经成为法官群体(甚至整个法律职业群体)自觉的路径依赖而没有过多顾忌时,司法案例的观念意识与制度设计才达到比较成熟的阶段,这一目标有赖于从法学教育到法治实践的综合改革与进步才能逐渐实现。

结语:法教义学的本土资源

依法裁判的司法过程必然诉诸法教义学,或者都可以从法教义学的视角展开分析,法教义学自身体系的内容丰富且有基础共识。"尽管即便在德国也没有一个统一的定义,但毫无疑问,法教义学通常被认为至少需要具备如下这些特征:坚定确信现行法秩序的合理性、旨在将法律素材体系化和强调面向司法个案提供建议与答案。"②同时,每个国家特殊的司法系统又有其各自权力架构和运行特点,其中当然也包括法教义学的本土资源。在终极意义上,法教义学具有普遍性,但其本土资源源于社会,同时能够借助正式制度的运行推进社会发展。"法教义学必然地参与到包括立法与司法在内的法律实践之中,相应地,法律实践也必然并必须地预设和运用法教义学的知识、概念与原理。与立法、司法一样,法教义学作为法律的社会动力之一而存在。"③其中的关键在于寻找、确定并充分利用法教义学的本土资源。

---

① 泮伟江:《法教义学与法学研究的本土化》,载《江汉论坛》2019年第1期。
② 尤陈俊:《不在场的在场:社科法学和法教义学之争的背后》,载《光明日报》2014年8月13日,第16版。
③ 王夏昊:《从法教义学到法理学——兼论法理学的特性、作用与功能局限》,载《华东政法大学学报》2019年第3期。

除了指导性案例,中国法治还有众多独特的法教义学资源,如司法解释、情理、经验法则、法理学说、乡规民约和交易习惯等。这些资源区别于移植而来的域外制度和理念,植根于中国社会的历史与现实,带有明显的中国特征并适合中国的法治实践。法教义学早已打破了传统的封闭体系观念而向社会实践开放。[1] 虽然前述资源并非如制定法那样成为法教义学的核心对象,但对于纷繁复杂的司法实践而言却不可或缺,对于丰富和完善本土法教义学的知识体系也有重要意义,指导性案例是其中新出现的资源类型。这些法教义学本土资源的应然价值已经得到充分肯定,而且也出现部分研究成果和正式制度。但是,从指导性案例的处境来看,以上法教义学的本土资源仍然有待继续深入挖掘、吸收和改进,需要借助更为恰当和妥当的方式进入法治实践,特别是借助完善的制度设计。从这个意义上来说,对指导性案例作为法教义学本土资源的全面开发,还需要持续推进和展开。

---

[1] 参见焦宝乾:《法教义学的观念及其演变》,载《法商研究》2006年第4期。

第二章 指导性案例的效力定位：法律约束力与事实约束力

【本章提要】 指导性案例的约束力是案例指导制度的基础问题之一，现有多数观点认为指导性案例仅具有事实约束力而不具有法律约束力。但无论是基于法源标准还是法系标准，否定法律约束力的观点都难以完全成立。特别是在《人民法院组织法》新增指导性案例单独条款之后，法律层面已经初步确立了指导性案例的法律约束力。加之最高人民法院和地方法院的司法文件，明确指导性案例法律约束力的正式规范已经初具体系。指导性案例兼具事实约束力和法律约束力，前者为后者奠基，后者有助于继续提升前者；在二者的互动中，事实约束力具有优先地位。继续强化指导性案例的法律约束力，需要从法律层面上在基本诉讼法中增设指导性案例条款，也需要各级法院出台更多规定展开探索。继续强化指导性案例的事实约束力需要以主动规划的方式，由最高人民法院遴选出更多高质量的指导性案例满足裁判疑难案件的现实需求，这是维持指导性案例效力的源头活水；法官也应更加积极地参与到案例指导制度运行全程之中。

转型社会的高速发展催生了更多疑难的新类型案件，对法治建设提出了更多挑战。虽然法典的系统编纂能够在一定程度上应对这种挑战，但漫长的编纂过程、追求稳定的总体倾向以及法条的抽象晦涩等特征使其难以及时提供有效对策，人工智能带来的冲击就是典型代表。与之相对，融合司法实践经验和智慧的判例或者案例制度则能够在这个方面发挥更大作用，大陆法系国家普遍重视既有案例并在实质上强化相应的案例制度就是明显的例证。虽然我国司法实践一直高度重视既有案例的作用，但直到2010年年底，最高人民法院发布《关于案例指导工作的规定》，具有中国特色的案例指导制度才正式开始运行。2018年修订的《人民法院组织法》第18条则首次在法律层面确定了"指导性案例"的存在。经过了十余年的实践，案例指导制度在司法实践中的影响力与日俱增，裁判文书引述指导性案例的数量不断攀升，法学研究的相关成果也持续涌现。

但是，案例指导制度的运行仍然面临不少问题，如指导性案例的数量供给严重不足；很多案例缺乏创新性，难以解决审判中的疑难问题；制度的细致规定付诸阙如,尤其是如何对比指导性案例与待决案件相似性问题等。这些问题造成法官不会、不愿、不敢直接参照指导性案例,案例指导制度的实际效果相当有限。其中,前置性或者前提性的核心问题之一就是指导性案例的效力定位问题。更高的正式效力定位有助于提高法官的重视程度,为指导性案例提供更多的适用机会,案例指导制度由此也可以获得更多认可和接受。关于指导性案例效力的研究,现有成果大多侧重于从总体上研判这一问题,大致包括法源说、非法源说、准法源说等观点。[①]

除了这一宏观层面的研究,更加细致的微观研究主要围绕指导性案例的法律约束力和事实约束力展开。其中多数观点认为,指导性案例仅具有事实上的约束力,并不具备法律上的约束力。但是,这种效力定位明显偏低,并不利于提高指导性案例被接受和认可的程度,进而影响案例指导制度的功能发挥。更重要的是,通过反思性分析可以看到,指导性案例同时具备法律上的约束力和事实上的约束力,二者有非常密切的内在关联逻辑,强化指导性案例的法律约束力和事实约束力需要从多个方面展开,最终有利于案例指导制度在司法实践中发挥更加积极的作用。

第一节 指导性案例兼具法律约束力和事实约束力的原因

一、指导性案例的事实约束力及其典型表现

在先案例具有效力,意味着后案法官受到相应的约束,应当尊重甚至遵循这些案例中所包含的重要内容,无论基于何种原因。关于在先案例的研究成果普遍地将其效力区分为法律约束力和事实约束力,前者源于法律规范的正式规定,后者的含义则更加复杂。就指导性案例而言,事实约束力主要指的是各级法院应当充分关注并顾及指导性案例,且在背离指导性案例裁决案件时要及时报告,充分阐明理由。只有法官适用了指导性案例,该指导性案例才真正体现出事实上的拘束力,其来源包括基于正确性和正当性所产生的说服力、基于司法的独立性和终局性所产生的确定力、基于裁判者的人员构成和裁判的形成过程所产生的影响力等。[②] 但在现有的司法实践中,事实约束力的以上应然定位也没有完全满足或者体现。

广言之,任何在先案例都能够对后案法官有一定影响,只是影响力度

---

① 参见雷磊:《指导性案例法源地位再反思》,载《中国法学》2015年第1期。
② 参见陈树森:《我国案例指导制度研究》,上海人民出版社2017年版,第16页。

存在差异。换言之,所有在先案例都具有一定的事实约束力,这种约束力源于同案同判的司法追求。无论是普通案件还是疑难案件,在前后案件之间实现同案同判或者类案类判,都能够体现"类似情况类似对待"的朴素正义观念。部分在先案例具有更强的知名度和认可度,对后案法官的影响力或者约束力也更强;同时,后案法官的不断遵守和援引也继续增强了此类在先案例的权威性。在制定法缺失的背景之下,部分在先案例的权威性和约束力形成过程更加明显和迅速,这也是传统英美法系审判活动的典型表现。与之相对,大陆法系在传统上对制定法的推崇很大程度消解了以上过程,使其下的在先案例事实约束力更低,即使是源于最高司法机关的判例。王泽鉴先生分析了一般法院尊重最高法院判决的主要理由:目的性理由是下级法院尊重最高法院经过深思熟虑的判决,有利于节省司法资源;法律上的理由则是有助于法律体系内的判决统一。[1] 即使如此,由于同案同判更多的是一种"可被凌驾的道德要求",[2]其衍生出的事实约束力自然也更弱。因而,最高人民法院的判决或者其发布的指导性案例在事实约束力方面也并不强,较为直接的表现是指导性案例被裁判文书直接援引的数量和比例都明显偏低。

当然,被援引数量的不断增加也从侧面证明了指导性案例事实约束力的存在且不断增强的事实,另一种事实约束力存在的典型表现则是指导性案例的隐性适用。在形式上,隐性适用表现为法官已经了解与待决案件相关的指导性案例(如当事人的证据或者诉求中涉及指导性案例),而且裁判结果与相应的指导性案例相同或相似,但是法官在裁判文书的理由部分并未提及指导性案例。换言之,法官对指导性案例的实体性参照适用并没有直接体现在裁判文书之中。隐性适用对案例指导制度而言存在不少消极影响:不仅有违案例指导制度的初衷,也与形式公正和法治背道而驰。[3]但是,深究该现象出现的原因,可以看到法官的两难选择:一方面,案例指导制度的规定较为疏漏,自身也缺乏适用指导性案例的有效经验,更会在个案裁判中面临言多必失的风险;另一方面,指导性案例已经获得了最高人民法院的权威加持,且特定个案的确能够对审理待决案件大有裨益。在风险和收益之间,隐性适用是一种风险较低而且可以保证收益的实践理性选择。在隐性适用中,与最高人民法院外在行政化权威相比,指导性案例自身的质量及其与待决案件的契合度是法官决定参照的决定性因素;因为

---

[1] 参见王泽鉴:《民法学说与判例研究》(第1册),中国政法大学出版社2005年版,第259页。
[2] 参见陈景辉:《同案同判:法律义务还是道德要求》,载《中国法学》2013年第3期。
[3] 参见孙海波:《指导性案例的隐性适用及其矫正》,载《环球法律评论》2018年第2期。

指导性案例并未在裁判理由中出现,就无法体现最高人民法院的外在权威推动。质言之,隐性适用的收益部分意味着指导性案例对法官形成了一种事实上的约束力:法官认同指导性案例所体现的法律规则(尤其是创新性规则),对待决案件的审判就应当遵循指导性案例的指引;更重要的是,待决案件的法官也认为其他法官群体(尤其是上级法院的法官)持有相同立场,前者基于指导性案例所作出的判决结论能够经得起后者的检验。

二、否定指导性案例法律约束力的理由及其反思

指导性案例的事实约束力已经获得了普遍肯定,在审判实践中也有典型表现,但对于其法律约束力则存在明显争议。多数观点并不认同指导性案例具有法律约束力,并且提供了诸多理由,需要细致分析和反思。

(一)法律渊源标准

否定指导性案例法律约束力的首要理由是法律渊源标准。审判过程和结论需要法律渊源,正式法律渊源和非正式法律渊源是其基本类型。"前者即成文法规定的法律规范,对法官具有法律约束力;后者乃不具有法律规范地位的规范性文件确定的规则以及其他非成文的原理或者规则,其可能或可以具有事实的约束力,对法官裁判案件产生事实上的影响。"[①]指导性案例仅具有非正式法源地位,这是目前占据优势的倾向性观点:因为指导性案例不具有正式的法律效力,不属于正式的法律渊源,对于法官在处理同类案件时不仅只是参考作用,应具有事实上的约束力。[②] 这种主流观点的界定有一定道理。因为传统意义上的正式法源仅包括制定法或者其认可的相关论据,而各种司法案例都以个案形式存在,并不属于提供抽象规则的制定法,只能属于非正式法源,难以具有严格的法律效力和约束力。

但是,以法源类型为标准否定指导性案例具有法律约束力,难以经得起细致推敲。一方面,法律渊源仅是一个学术用语,并非严格的法律概念,不仅范围上并不确定,而且正式与非正式法源之分还存在内在缺陷。"可否名之为'法源',则取决于对法源的理解。如果对法的创设、发展有影响的所有因素都算是法源的话,法学本身也是法源了。反之,如果认为有规范性拘束力的法规范之发生根源才是法源,则内国法秩序中只有立法行为以及基于一般法确信的惯行(作为习惯法的根源)才能算是法源。"[③]换言

[①] 孔祥俊:《法律规范冲突的选择适用与漏洞填补》,人民法院出版社2004年版,第22页。
[②] 参见江勇、陈增宝:《应赋予指导性案例参照的效力》,载《人民法院报》2008年1月16日,第5版。
[③] [德]卡尔·拉伦茨:《法学方法论》,陈爱娥译,商务印书馆2003年版,第302页。

之,法源范围并非固定不变,而是随着对法治实践的认知有所变更,并非如制定法规则那样明确、精细和固定。例如,在法国,判例在其民法典之后经历了从彻底否定到充分肯定的发展演变。① 更重要的是,正式与非正式法源的划分存在内在疏漏和缺陷,难以真正承担区分效力地位的作用。二者的经典界定如下:"所谓正式渊源,我们意指那些可以从体现为权威性法律文件的明确文本形式中得到的渊源……所谓非正式渊源,我们是指那些具有法律意义的资料和值得考虑的材料,而这些资料和值得考虑的材料尚未在正式法律文件中得到权威性的或至少是明文的阐述与体现。"② 在以上区分中,"权威性法律文件"是决定性标准,但是如何准确界定"权威性"则是一个见仁见智且不断变化的问题。

另一方面,具体到指导性案例,非正式法源的现有主流定位并不能全面否定其法律约束力。如果坚持以"权威性法律文件"为标准来划分正式法源与非正式法源的话,那么,指导性案例在很大程度上应当被划分为正式法源,因为所有指导性案例都经过了最高人民法院审委会的讨论并通过,而且以最高人民法院规范性文件的方式向社会公开。这种最高司法机关正式官方文件的形式具有明显的权威性,因而指导性案例应当被认定为正式法源,这一定位与目前的主流观点正好相反。与之可以形成对照的是司法解释:同样经过了最高人民法院审委会的讨论通过,也同样以最高人民法院规范性文件的形式公开,司法解释却被普遍认为是正式法源。在目前关于法律渊源的国内主流观点中,正式与非正式法源的区别标准是"法的效力形式",指导性案例被列入非正式法源之中。③ 但这一标准同样无法否定指导性案例的法律约束力,因为各种法律渊源的效力更多是一种程度和等级上的大致划分,并非绝对严格和固定,正式与非正式法源之分过于简单,对于处于中间效力层级的指导性案例仍然有很大的探讨空间。尤其是在《人民法院组织法》第18条新增了关于指导性案例的规定之后,指导性案例的正式效力等级和权威程度在法律层面上得到了更高的肯定,将其界定为非正式法源的观点越发不妥,指导性案例正式的法律约束力更值得引起关注。

从比较的视野来说,在德国,关于判例的学术讨论会涉及法律约束力

---

① [法]菲利普·热斯塔茨、[法]克里斯托弗·雅曼:《作为一种法律渊源的学说:法国法学的历程》,朱明哲译,中国政法大学出版社2020年版,第130—136页。
② [美]E.博登海默:《法理学:法律哲学与法律方法》,邓正来译,中国政法大学出版社2004年版,第429—430页。
③ 张文显主编:《法理学》(第5版),高等教育出版社、北京大学出版社2018年版,第87—91页。

和事实约束力,但是实务中的司法意见并不严格区分二者。"在消极意义上使用'事实约束力'是指判例并不具有像制定法或者其他正式法律渊源那样的约束力,但在积极意义上能够表明判例享有一种低于严格的正式约束力的某种力量。当然,这种解释也容易被误解,因为法律上的约束力并非只能是严格的正式约束力,较弱的或者柔性的约束力也可以是法律约束力。而且,在法律实践的参与者看来,判例的较弱约束力也可以被视为具有规范性质的,而不仅仅是一种经验上的规律。"①换言之,普通的德国判决都具有一定的规范性质,更高层级法院的判例具有更强的规范性质,也接近于具有更强的法律约束力。以此为鉴,就广义而言,指导性案例也应当兼具事实约束力和法律约束力,虽然后者的程度较低且未被广泛认可,但却不能完全否定。

从以上分析可以看到,目前多数观点以非正式法源的定位来否定指导性案例的法律约束力,这种倾向越发难以成立。其深层缺陷不仅在于法源类型在不断演进变化,而且其对法源类型的性质理解存在偏差。正式与非正式法源的类型划分并非一开始就出现的建构性范畴,而是根据法治实践进行的经验总结。换言之,二者的区别带有明显的描述性质而非规范性质,与法律约束力和事实约束力之间并没有明确的对应关系,不能直接决定某一具体法源的效力性质,指导性案例就是其中之一。

(二) 法系标准

与法源标准相关,法系也经常成为否定指导性案例具有正式法律约束力的重要标准。比较典型的论述是:我国是大陆法系国家,强调成文法,判例或者指导性案例不是正式法源,其效力或者影响力明显偏低,最多具有事实约束力而不具有法律约束力。"我国属于传统的大陆法系国家,因此对成文法的重视程度会明显高于判例,产生了指导性案例数量较少、非指导性案例缺乏权威性的困境。"②以法系为标准否定指导性案例正式约束力的原因在于:一方面,在长期的司法实践中,大陆法系法官已经形成了对制定法规则的依赖心理;另一方面,更重要的是由大陆法系各国"三权分立"的政治制度所决定的,判例具有拘束力会违反禁止法官立法的原则。③这种以法系为标准否定指导性案例法律约束力的理由,与前述法源理由有

---

① [德]罗伯特·阿列克西、[德]拉尔夫·德莱尔:《德国法中的判例》,高尚译,载《中国应用法学》2018年第2期。
② 赵雨迪、孟鸿志:《类案同判的证成逻辑与进路》,载《盐城师范学院学报(人文社会科学版)》2023年第1期。
③ 参见刘作翔:《我之法学观:刘作翔文章选》,湘潭大学出版社2008年版,第164页。

直接关联和相似之处,其核心缺陷都是以简单的二分法直接对应法律约束力和事实约束力。

具体来说,首先,在前提条件方面,"中国是大陆法系国家"这种观点并不严谨:虽然目前我国的立法和司法包含与大陆法系传统高度相似的因素,但在历史传统和现实状态上并不能直接套用大陆法系的特点。这一点在案例指导制度上尤其明显:案例指导制度吸收了大陆法系和英美法系在判例制度方面的特点和优势,而且充分结合了我国目前的司法体制及其改革的现状,有自身独有的特点,并不能由此否定指导性案例的法律约束力。即使在大陆法系内部,如德国和法国在尊重既有判例的具体做法上也各有特点,①应当充分结合相应国家具体司法实践展开分析和研判。其次,当代的大陆法系国家已经在判例方面采取了更加开放的态度,通过诉讼法方面的规定,直接承认了部分判例的法律约束力。例如,根据德国《宪法法院法》第 31 条的规定,联邦宪法法院的判决对联邦所有宪法机关、州以及所有法院和机构有效;在重大案件特别是法院判决法律规定无效的案件中,以上判决具有与制定法同等的效力。从这个意义上来说,联邦宪法法院的判决对于下级法院具有严格的拘束力:如果下级法院不遵从联邦宪法法院的判决,前者的判决就是非法的,也应当在上诉中被推翻。② 另外,根据德国《法院组织法》《民事诉讼法》《行政法院法》《劳动法院法》的相关规定,同一等级的各个最高法院及其各个审判庭之间的判决也存在正式的约束力,在出现可能背离的情况时必须将法律问题呈交"大审判庭"、全体法官大会或者联合审判庭。③ 这些制定法正式规定的判例效力,都有相应的明确条款予以保证,属于法律约束力而非事实约束力。"判例在民法法系国家扮演重要的作用。20 世纪后期,尽管仍有重大差别,但两个法系的接近已经是一个显著而突出的事实。这种全球一体化的趋势也进一步提醒我们,要警惕在比较法中对民法法系与普通法法系的二分法做苛刻的理解。"④最后,通过以上大陆法系的司法实践可以看到,即使赋予特定判例以法律约束力,也并不会动摇其本国内立法与司法的分工。这一点在中国现有的权力结构中更不成为问题。因为案例指导制度只是对制定法或者司法解释的查缺补漏,是最高人民法院解释和细化的一种具体表现,而且

---

① 参见[德]K. 茨威格特、[德]H. 克茨:《比较法总论》,潘汉典等译,中国法制出版社 2017 年版,第 470-473 页。
② 参见雷磊等:《德国判例制度研究》,法律出版社 2023 年版,第 36 页。
③ 参见[德]托马斯·M. J. 默勒斯:《法学方法论》(第 4 版),杜志浩译,北京大学出版社 2022 年版,第 149 页。
④ 高尚:《德国判例使用方法研究》,法律出版社 2019 年版,第 55-56 页。

仅针对法律适用中的具体问题。从以上三个方面可以看到,以法系作为标准来否定指导性案例的法律约束力,难以成立。

三、肯定指导性案例法律约束力的正式规范及其层次

从上文的分析可以看到,法源和法系都不能成为区别法律约束力和事实约束力的有效标准。从德国司法体制及其运行经验可以看出,基于明确的制定法依据,联邦宪法法院的判决具有最高的正式法律约束力;其他最高司法机关的判例虽然并没有这种效力地位,但是在出现可能背离这些判例的结果时,有后续的正式程序来组织集体决策,从而尽量保障各自判例的前后一致。其他法院的判例则并没有前述操作的直接依据,也没有相应程度的影响力,只是作为后案法官的参考内容,也即事实约束力。由此可见,是否有确切的制定法的直接规定及其保障,是能够对判例的法律约束力和事实约束力作出形式区分的有效标准。尽管指导性案例并非严格意义上的判例,但是对其法律约束力和事实约束力的区别可以借鉴这一标准。

虽然2010年年底最高人民法院《关于案例指导工作的规定》创制了案例指导制度,使指导性案例具备了一定的正式效力依据。但这种规定仍然没有完全确立指导性案例的效力地位:一方面,在整体效力地位上,《关于案例指导工作的规定》毕竟只是最高人民法院自身发布的规范性文件,在整个制定法体系中还缺少直接的依据,其对指导性案例的效力界定至多以法院系统为限,导致指导性案例的法律约束力存在一定缺陷。其他发布各自指导性案例的机关,如最高人民检察院、中央纪委国家监委等,也面临类似的问题。另一方面,在具体条款上,《关于案例指导工作的规定》第7条确立指导性案例的效力为"应当参照",这种规定也存在不少模糊之处,[①]2015年《实施细则》在第9条也延续了"应当参照"的效力界定。这种界定难以达到纲举目张和名正言顺的效果,无法激励法官积极参照适用指导性案例,形成事实上的约束力。因此,《关于案例指导工作的规定》在确立指导性案例效力地位(尤其是法律约束力)方面已经迈出了值得肯定的一步,但是还没有完全达到预期的理想效果。

与之相比,《人民法院组织法》的修订为正式确立指导性案例的法律约束力提供了决定性的依据。在经历了近20年的运行之后,案例指导制度的实践价值得到了充分肯定。由此,2018年修订后的《人民法院组织

[①] 参见谢晖:《"应当参照"否议》,载《现代法学》2014年第2期。

法》第 18 条规定："最高人民法院可以对属于审判工作中具体应用法律的问题进行解释。最高人民法院可以发布指导性案例。"其中，较以往条文表述，第 1 款规定在措辞上略有变化，①以司法解释为典型代表；新增的第 2 款则是首次明确规定了"指导性案例"。《人民法院组织法》是由全国人大制定、全国人大常委会修订的基本法律，而且属于《立法法》第 11 条第 2 项规定的"只能制定法律"的情况。无论是制定者、效力层级还是重要性，《人民法院组织法》都明显高于《关于案例指导工作的规定》，是确定指导性案例法律约束力的权威依据。质言之，《人民法院组织法》的修订在国家法律层面上直接规定了指导性案例，使指导性案例具备了权威合法的形式依据，因而也具备了法律上的约束力。

值得注意的是，《人民法院组织法》在修订过程中，同时肯定了指导性案例兼具法律约束力和事实约束力。《人民法院组织法（修订草案）》最初并没有关于指导性案例的单列条款，只是在第 14 条和第 37 条中将发布指导性案例作为最高人民法院的职权内容。《全国人民代表大会宪法和法律委员会关于〈中华人民共和国人民法院组织法（修订草案）〉修改情况的汇报》第 3 条认为："最高人民法院发布典型案例，有利于审判工作中正确适用法律，维护司法公正。宪法和法律委员会经研究，为了进一步明确指导性案例的性质和功能，建议将发布指导性案例单作一款，规定：'最高人民法院可以发布指导性案例，供法官在审判案件时参考。'"②这一立法资料说明，指导性案例具备了事实上的约束力，能够推动法官参照案例中的规定体现实践价值；而且，将指导性案例新增为单列条款，是将事实约束力以制定法法条的形式予以肯定和固定，形成了法律上的约束力。

在后续的立法进程中，2018 年 10 月 22 日，第十三届全国人大常委会第六次会议对《人民法院组织法（修订草案）》第三次审议时删除了条款后半句"供法官在审判案件时参考"的规定，并将此表述保留到最终版本。删除的理由是"如果仅规定为'参考'，不利于此项制度功能的发挥，且在我国法律法规规章中基本上使用'参照'一词"③。在确定新增指导性案例的规定确立其法律约束力的前提下，《人民法院组织法》的修订对待指导

---

① 从 1979 年到 2006 年，《人民法院组织法》在该条款的表述一直是："最高人民法院对于在审判过程中如何具体应用法律、法令的问题，进行解释。"
② 《全国人民代表大会宪法和法律委员会关于〈中华人民共和国人民法院组织法（修订草案）〉修改情况的汇报》，载全国人大网，http://www.npc.gov.cn/zgrdw/npc/xinwen/2018-10/26/content_2064492.htm。
③ 杨万明主编：《〈中华人民共和国人民法院组织法〉条文理解与适用》，人民法院出版社 2019 年版，第 139 页。

性案例并不限于"参考",更加关注"制度功能的发挥",也就是提升指导性案例的事实约束力。以德国判例实践为借鉴,充分肯定指导性案例的法律约束力还需要诸多诉讼法的修订,《人民法院组织法》的修订已经从宏观上确立了指导性案例的法律约束力,相关的配套制度应当陆续完善。对此,最高人民法院也具有了基本立场:最高人民法院重申了"应当参照"的性质,就是参考遵守,对于类似案件要遵照指导性案例的裁判尺度,应当参照而未参照时应当说明理由,否则导致司法不公就应当追责,当事人有权提起上诉和申诉。[1]

可以说,在案例指导制度运行的过程中,指导性案例逐渐具备了事实上的影响力,法官开始接受参照指导性案例对待决案件进行裁判,这种不断的参照形成了事实上的约束力。在长期良好的事实约束力的基础上,《人民法院组织法》的新增规定直接肯定了指导性案例的法律约束力,实现了从事实约束力到兼顾法律约束力的"艰难一跃"。当然,《人民法院组织法》的修订是在宏观上初步明确了指导性案例的法律约束力,其具体内容还需要继续充实、细化和完善。例如,如何识别和认定类似案件,如何引述指导性案例,如何在可能背离指导性案例的情况下提供报告等问题。实际上,很多地方法院早已开始制定适用于本辖区内的案例指导文件,为后续最高人民法院继续完善案例指导制度的规定进行了有益探索。[2] 简言之,地方性司法文件(地方法院)、《关于案例指导工作的规定》及其实施细则(最高人民法院)和《人民法院组织法》(全国人大),形成了确定指导性案例法律约束力的不同层次的正式规范。这些规定不断汇总集合,既有利于确立和巩固其正式效力(法律约束力),也有利于提高案例指导制度的功能发挥(事实约束力)。

除了肯定指导性案例法律约束力的各种正式规范具备多种层次,从更加细致的角度来说,指导性案例正式文本的各个部分在法律约束力和事实约束力方面也各有差异,不能笼统地认为指导性案例的所有部分都具有法律约束力。借鉴普通法系的先例构成可以看到,案件的判决理由(holding 或者 ratio decidendi)与法官附带意见(obiter dictum)之间,存在约束力上的差别:前者会成为有拘束力的权威渊源,后者则具有说服力和参考价值,

---

[1] 参见姜启波等:《人民法院组织法修改的解读》,载《人民司法》2019年第1期。
[2] 例如,《河南省高级人民法院关于进一步加强和规范案例指导工作的规定》《宁夏回族自治区高级人民法院关于在全区法院建立案例指导平台的通知》《江苏省高级人民法院关于加强案例指导工作的实施意见》《青海省高级人民法院关于加强案例指导工作的实施意见》和《辽宁省沈阳市中级人民法院关于进一步加强案例指导工作的意见》等。

并不会对法院产生约束力。① 与之类似,德国的判例结构从内容和功能上也可以分为"支撑性判决理由"和"非支撑性判决理由"。② 因此,对指导性案例主要组成部分各自的约束力也需要更加详尽地分析。

　　基于现有的正式规定,指导性案例的裁判要点具有法律约束力,而其他部分只具有事实上的约束力。具体来说,标题、关键词、裁判要点、相关法条、基本案情、裁判结果、裁判理由以及包括生效裁判审判人员姓名的附注等是指导性案例正式文本的基本体例构成,其中特别值得关注的是裁判要点部分。根据《实施细则》第9条和第11条、《关于推进案例指导工作高质量发展的若干意见》第8条、《人民法院民事裁判文书制作规范》(法〔2016〕221号)"正文""理由"部分第7条等规定,指导性案例的裁判要点是唯一可以被裁判文书直接援引的部分,类似案件的法官应当参照裁判要点对后案作出裁判。指导性案例的其他部分并没有被各类文件直接规定。从这个意义上来说,裁判要点具有正式的法律约束力,是法官援引指导性案例时必须明确适用的部分;而指导性案例文本的其他部分仅具有事实上的约束力,只具有参考作用。

　　在这些具有事实约束力的部分,特别值得关注的是裁判理由部分。裁判要点和裁判理由具有不同的特点和优势:前者较为简洁明确,提供了直接的抽象规则,便于裁判文书的直接援引;后者则更加详细丰富,全面展示了法律规范与案件事实的结合过程,也是释法说理的集中体现。特别是就指导性案例的疑难案件定位来说,裁判理由部分能够充分展示法官在面对疑难问题时所寻求解决方法的过程,是指导性案例区别于司法解释的独有部分,有助于从长远角度提升法官的业务素质和能力。而且,对裁判要点的高度重视可能会遮蔽裁判理由部分的作用。因此,裁判理由部分在指导性案例的组成部分中具有特别重要的地位和作用,应当在将来修改关于案例指导制度的规定时予以专门强调和明确,通过赋予其正式法律约束力的方式使其发挥更加积极的作用。

　　综上可见,在事实约束力已经得到充分肯定的前提下,简单地以法源或者法系为标准,都不能否认指导性案例的法律约束力。以地方法院和最高人民法院的司法文件为基础,以《人民法院组织法》修订为标志,指导性案例的法律约束力获得了不同层次的正式承认和权威肯定。指导性案例已经兼具法律约束力和事实约束力,如何细致梳理和妥善处理二者之间的

---

① 参见[美]艾伦·法恩思沃斯:《美国法律体系》(第4版),李明倩译,上海人民出版社2018年版,第47页。
② 雷磊:《论德国判例的运用方式》,载《国家检察官学院学报》2022年第3期。

关系,则是需要继续挖掘和分析的问题。

第二节　指导性案例法律约束力与事实约束力之间的关联

从上文的分析中可以看到,指导性案例的法律约束力和事实约束力在性质和定位上存在明显差异,二者的区分主要是基于法律规范的明确规定。法律约束力由正式法律规范予以规定和保障,虽然法律规范的层次不同决定了法律约束力的层次也有所不同,但是,在面对待决案件与指导性案例相似的情况时,参照指导性案例总是会成为法官履行裁判职责应当遵守的"强义务"。与之相对,事实约束力意味着指导性案例只是审判类似案件的参考资料,基于法律统一适用的原理、指导性案例自身的质量以及降低发改率等原因,法官才会参照适用指导性案例。从这个意义上来说,事实约束力是法官的一种"弱义务",缺少有效的正式规范(尤其是程序规范)予以保障,当事人(尤其是败诉方)很难以事实约束力为理由对判决有效质疑。同时,法律约束力和事实约束力大致分别对应指导性案例的效力与实效,二者还有非常密切的关联。

在宏观背景方面,普通法系国家普遍承认判例兼具法律约束力和事实约束力,而且以前者优先;而大陆法系的传统强调制定法,特定判例的约束力问题往往存在制定法占据优势的国家。换言之,在现代法治背景下,判例的约束力之所以能够成为引人关注的问题,在于制定法的缺陷和不足越来越被认知和认可,而判例所发挥的作用也越来越明显,在纷繁复杂的社会纠纷以案件的形式涌向法院时,法官基于有限的制定法无法应对无限丰富的案件(尤其是疑难案件),向既有的在先类似案例寻求帮助,吸收其中的经验与智慧,就成为有效的解决途径。判例或者在先案例的约束力问题,在本质上反映了特定法治国家对案例的定位,反映了立法与司法之间的关系。开放包容的现代立法,不断吸收以案例形式表现的司法经验(通常表现为前后一致的审判实践,即事实约束力),并在立法留白之处允许司法者的尝试和探索,直接表现为明确肯定特定判例的法律约束力,从前述德国诉讼法规定中就可见一斑。除了在宏观背景上的密切关联,指导性案例的法律约束力和事实约束力的关联逻辑还有很多具体表现。

一、事实约束力对法律约束力的奠基作用

任何裁判对个人都会产生一定的事实影响力,只是影响对象和影响范

围有所差异。部分案件,特别是能够为裁判类似后案带来启示或者规则的案件,则能够获得法律职业共同体的认可,在一定程度上要求法官依据或者参考这些在先案例处理类似案件,这就是先例或者判例的事实约束力。多数普通案件只需要基于既定规则即可形成合法判决,无须过多参考在先案例。而法律规范与案件事实难以准确对接或者形成涵摄关系的少数情况给审判活动带来了挑战,法官需要吸收同行的经验来应对这些疑难问题。在"隔空对话"中参考在先案例,对后案法官形成事实上的约束力,显示了职业共同体内部的商谈共识。这也意味着具有较大影响力或者事实约束力的案件只能是少数。

在审判个案时借鉴在先案例,至少有两种主要的寻找途径:一种是法官个人层面,具体还可以分为主动检索和回应当事人两种具体方式;另一种则是法院层面,直接提供具有影响力或者约束力的案例及其汇编。后一种方式在判例制度中已经有比较成功的经验积累,例如,英国法院判决中仅有很小比例可以被编入案例汇编中,这些汇编案件都是可以提出法律关键点以及被认为具有先例价值的案件;案例汇编多是由法院出版,为遵循先例原则提供了基础资料。[①] 作出判决的法院等级越高,其汇编案例的影响力越大,对下级法院的约束力也越强。与之相比,德国的司法审判以遵循制定法的具体规定为主,但是对判例的高度重视和不断实践也最终促成了联邦宪法法院判决的正式法律约束力。如果说普通法系司法裁判一直认可先例的事实约束力和法律约束力,那么,大陆法系的司法裁判则是在判例获得明显认可和高度依赖的背景下明确承认了部分判例的法律约束力。

借鉴以上判例制度的经验,作为目前正式效力最高的司法案例,指导性案例由我国最高司法机关统一遴选和发布,并在实践中日益显现其实践价值。在《关于案例指导工作的规定》开始实施,尤其是第一批指导性案例发布并逐渐被裁判文书引述之后,指导性案例的事实约束力逐步显现,其直接表现是对特定指导性案例的不断参照。实证研究表明,被援引的指导性案例数量、引述指导性案例的裁判文书数量以及援引指导性案例的法院数量,都呈现连年攀升的趋势,指导性案例24号成为被援引次数最多的指导性案例。[②] 在法律约束力未被普遍认可、缺乏配套监管规定的背景下,不断攀升的援引次数在很大程度上肯定了指导性案例的事实约束力。

[①] 参见杨桢:《英美法入门:法学资料与研究方法》,北京大学出版社2008年版,第20-22页。
[②] 参见郭叶、孙妹:《最高人民法院指导性案例2021年度司法应用报告》,载《中国应用法学》2022年第4期。

最高人民法院也一直将案例指导制度作为统一法律适用、实现司法公正的重要举措。[①] 可以说,在司法审判领域,指导性案例的事实约束力已经得到非常普遍的认可,为其后续获得明确的法律约束力奠定了良好基础。

除了司法审判领域,指导性案例的事实约束力还存在一定的"溢出效应",体现为立法者对司法者探索的直接肯定。由于指导性案例定位于疑难案件,而疑难案件的发生往往源于现有制定法的缺陷,这也是立法者需要修订之处。因此,指导性案例的存在及其适用(事实约束力)为特定立法修改积累了实践经验,其中部分内容被吸收至最终的立法修改之中。例如,指导性案例6号的裁判要点是:"行政机关做出没收较大数额涉案财产的行政处罚决定时,未告知当事人有要求举行听证的权利或者未依法举行听证的,人民法院应当依法认定该行政处罚违反法定程序。"法官通过对原《行政处罚法》第42条中的"等"字进行解释,将"没收较大数额财产"纳入该条款中,使其成为应当告知行政相对人听证权利的行政处罚事项。[②] 与之相应,2021年修订后的《行政处罚法》第63条新增"没收较大数额违法所得、没收较大价值非法财物"作为应告知听证权利的行政处罚事项。又如,指导性案例99号的裁判要点1肯定了英烈亲属有权针对英烈人格权益提起诉讼,该案件对《英雄烈士保护法》以及《民法典》第994条(新增死者近亲属拥有基于死者权益的诉权)都有积极的探索意义。具有事实约束力的指导性案例汇集了来自司法者的经验与智慧,为立法者的修订工作提供了有益参考,其事实层面上的积极意义不断获得立法者的肯定,正式明确其法律约束力自然也是"水到渠成",最终以《人民法院组织法》修订的方式得以展现。

无论是在司法审判层面,还是在立法与司法的良性互动层面,指导性案例具备普遍承认且不断积累的事实约束力,是其获得法律约束力的前提和基础。指导性案例的事实约束力并非凭空产生,而是指导性案例承续原有公报案例、典型案例等非正式案例类型的结果。在各种案例类型产生事实约束力的基础上,《关于案例指导工作的规定》创设的指导性案例继续发挥着在先案例的积极作用,巩固并强化了自身的事实约束力。在这种事实约束力获得立法和司法的普遍认可、足够强大时,才能通过正式规定明

[①] 参见周强:《最高人民法院关于知识产权法院工作情况的报告》,载《人民法院报》2017年9月2日,第2版;周强:《最高人民法院关于加强刑事审判工作情况的报告》,载《人民法院报》2019年10月27日,第1版;周强:《最高人民法院关于人民法院加强民事审判工作依法服务保障经济社会持续健康发展情况的报告》,载《人民法院报》2020年10月18日,第1版;等等。

[②] 参见孙光宁:《法律规范的意义边缘及其解释方法——以指导性案例6号为例》,载《法制与社会发展》2013年第4期。

确其法律约束力。

二、明确的法律约束力对事实约束力的促进与提升

基于自身的事实约束力,指导性案例借助《人民法院组织法》的修订实现了法律约束力的法定化。由于《人民法院组织法》第18条的单列条款只是明确了发布指导性案例是最高人民法院的职权之一,没有全面细致地规定相关配套机制,所以指导性案例只是获得了比较初步的、宏观的法律约束力。即使如此,获得明确的法律约束力对于继续巩固和提升指导性案例的事实约束力还是能够发挥积极作用的。

在宏观层面上,指导性案例获得法律约束力符合"凡重大改革必须于法有据"的要求,是持续推进和完善案例指导制度的合法性基础。司法解释的特点是对制定法规则进行细化和完善,而案例指导制度强调对指导性案例的参照和遵循。相比而言,习惯于直接使用抽象规则的法官更容易接受前者而排斥后者,指导性案例事实约束力的形成与积累面临更多的困难。在司法改革的过程中,缺少合法性底线的探索容易导致无序和混乱。作为其中的重大制度创新,案例指导制度应当具备相应的合法性基础,才能符合"凡重大改革必须于法有据"的要求,达到"名正言顺"的效果,也就是提升指导性案例的事实约束力。虽然《关于案例指导工作的规定》创设了案例指导制度,也在一定程度上明确了指导性案例的法律约束力,有助于提升指导性案例的事实约束力,但是,该文件仍然是最高人民法院自行发布的司法文件,作为指导性案例的合法依据在权威性上仍有欠缺。修订后的《人民法院组织法》则是更高位阶的合法依据,更加符合"于法有据"的要求。

在微观层面上,明确的法律约束力有助于提高法官对指导性案例的重视程度和自觉运用的程度,在整体上形成对类案的路径依赖。由于指导性案例的数量偏少,解决的疑难问题非常有限,法官尚没有完全形成对指导性案例的路径依赖,对其重视和运用的程度较低。这种情况容易形成恶性循环,导致法官更不愿意适用指导性案例,《人民法院组织法》的修订成为重申指导性案例法律约束力的良好契机。在这次修订之后,最高人民法院明显增加了发布指导性案例的频率、类型和数量,越来越多的指导性案例进入审判实践,对于提升指导性案例的事实约束力是大有裨益的。司法改革中的其他制度也蕴含着对指导性案例的需求,如员额制的推进保留了具备较高业务素质的法官,其更愿意关注解决疑难问题的指导性案例;司法责任制则要求法官对其审理案件终身负责,基于这种外在要求,法官必须尽量寻找权威依据作出经得起检验的裁判结论,指导性案例就是可靠的权威依据之一。基于以上需求,结合《人民法院组织法》的修订契机,法官应当更加重视指导性案例。以此为起点,法官才有更强的动力去研究、学习指导性案例,进而在审判实践中更多参照适用指导性案例,提升其事实约束力。

例如,《人民法院组织法》修订后,最高人民法院出台的重要司法规范性文件中,包含大量涉及指导性案例的规定。比较典型的条款包括最高人民法院发布的《关于统一法律适用加强类案检索的指导意见(试行)》第4、9、10条,《关于完善统一法律适用标准工作机制的意见》第4、8、19条,《统一法律适用工作实施办法》(法〔2021〕289号)第5、6、9、10条等。诸如裁判文书释法说理、类案检索、统一法律适用机制和法律适用分歧解决机制等,都涉及指导性案例和相关的类案裁判问题。这些由最高人民法院制定的规定能够进一步凸显指导性案例的作用,地方法院也有结合本辖区现实情况的更加具体的规定。各级法院的细致规定是对《人民法院组织法》新增第18条的细化和落实,能够推动法官重视以指导性案例为代表的各种案例,形成研习和适用案例的良好氛围。

对指导性案例而言,明确的法律约束力能够促进和提升事实约束力,这一点可以从司法解释的发展历程获得借鉴。1955年《全国人民代表大会常务委员会关于解释法律问题的决议》明确"凡关于审判过程中如何具体应用法律、法令的问题,由最高人民法院审判委员会进行解释"。这一规定在一定程度上赋予了司法解释以法律约束力,但是其后相当长时间内,最高人民法院发布的司法解释并不多,对司法审判的影响力十分有限。1981年《全国人大常委会关于加强法律解释工作的决议》中规定:"凡属于法院审判工作中具体应用法律、法令的问题,由最高人民法院进行解释。"该规定是司法解释制度发展过程中的里程碑,是该制度走向合法化、正当性的关键法律依据,也被其后的《人民法院组织法》所吸收。可以说,全国人大常委会的一系列立法活动直接肯定了司法解释的合法性,使后续各个具体的司法解释有了比较明确的法律约束力。基于明确的法律约束力,1978年之后,立法和社会关系快速变动,催生了大量的司法解释,以解释法律为主、创制法律为辅,为立法的发展提供了有利条件。由于这一时期是立法的蓬勃发展时期,也是司法解释活跃的时期,司法解释创制法律的色彩更浓。而且在已有法律的情况下,司法解释还对其不适应之处进行修改,并对存在的漏洞进行补充,为20世纪90年代后立法和法律的完善创造了条件。① 与指导性案例法律约束力依赖的效力文件顺序不同,司法解释是先有全国人大常委会的立法,再由最高人民法院进行细化规定。1997年最高人民法院第一次颁布专门的司法解释工作规定,使司法解释进入规范化、程序化、科学化运行的新阶段。司法解释弥补了立法的不足,解决了各级法院审判工作中的法律适用问题,促使人民法院在维护秩序、定分止争方面发挥了积极作用;尤其是司法解释能够弥补立法可能存在的不足,法律不完备的事实和法官不得拒绝裁判的职责使司法解释成为必然。② 从各级立法或者规范性文件来看,司法解释是具有法律约束力的,有明确的法律效力,但是,其效力是与法律等同还是与行政法规等同抑或其他,在法律上始终没有得到明确。③ 即使存在这种情况,明确的法律约束力仍然为后续的事实约束力提供了有力的合法性基础。

三、事实约束力相比法律约束力的优先地位

从良性互动的角度来说,具备一定事实约束力的指导性案例在审判实践中产生了积极效果,获得了司法者和立法者的普遍认可,进而通过正式规定的方式明确其法律约束力。有了明确法律约束力的指导性案例被法官给予更多重视,进而拥有了更多适用于个案裁判的机会,在司法实践中形成关注指导性案例的习惯和氛围,也产生了更强的事实约束力。当然,也会存在相反的情况:指导性案例在数量和质量上都无法满足司法审判的要求,参与司法审判的各方主体都忽视其存在,指导性案例的事实约束力日趋式微;涉及指导性案例的各级法院规定逐渐减少或者消失,原有确定法律约束力的规定也逐渐被架空或者沦为"僵尸条款",在这种消极情况中,事实约束力和法律约束力之间就出现了恶性循环。《人民法院组织法》的新增规定完成了从事实约束力到法律约束力的阶段,二者后续的良性互动还需要更多质量更高的指导性案例不断被遴选和适用。

相较而言,判例的事实约束力优先于法律约束力,前者具有更加明显的优先地位。事实约束力是法律约束力的基础,没有足够强大的事实约束力,立法者不会重视判例,更不会通过正式规定确立其法律约束力;而以正式规定形式表现的法律约束力,是为了以名正言顺的方式推动判例形成更有效的事实约束力。这点对于指导性案例而言也不例外。在适用成文法成为主流审判依据的背景下,指导性案例被普遍接受和认可的难度更大,

---

① 参见董皞:《司法解释论》,中国政法大学出版社1999年版,第99-101页。
② 参见孙佑海等:《司法解释的理论与实践研究》,中国法制出版社2019年版,第19-25页。
③ 参见苗炎:《司法解释制度之法理反思与结构优化》,载《法制与社会发展》2019年第2期。

没有多年事实约束力形成的积极效果,《人民法院组织法》的修订几乎不可能直接将其吸收为独立条款。后续各级法院的细化规定也有利于继续强化和巩固指导性案例的事实约束力。

事实约束力的优先地位源于司法实践的独有特征。立法活动创设的法律规范及其体系,主要关注具体规范的效力等级及其静态意义上的相互关系。而司法实践则需要直面纷繁复杂的各类纠纷,以成文法为主的各类裁判依据或者裁判理由都是法官形成判断的材料,而"判断权"则是司法权的本质。① 但是,法官并非只是简单机械地适用成文法而不顾其后果,尤其在成文法出现缺陷和不足的情况时,更需要从既往判例中寻求启发或者解决办法,由此也形成了判例的事实约束力。可以说,关注动态实效而非静态效力,是司法实践中判例的事实约束力具有优先地位的主要原因。

既往判例参与或者影响当下裁判,未必需要以正式名义或者显性方式。在指导性案例出现之前,公报案例成为各级法官研习的良好素材。在缺乏明确规定的情况下,公报案例不能直接出现在裁判文书中,只能以隐性方式成为裁判待决案件的依据或者理由。在中国古代司法审判中,判例的地位整体上呈现螺旋式上升的趋势,偶尔出现倒退的情况,判例在秦汉时初现法的性质,在后世朝代中多有细致记录和汇编,最后在清代迎来巅峰。② 在多数情况下,判例都以辅助成文法的形式出现,"以例辅律"是主流,判例的事实约束力获得普遍承认,而正式直接规定的法律约束力并不详细和明确。"中国古代成文法典下判例法的运作机制和作用是受制于法典的,它的作用与功能永远是对法典的补充与具体化,而不能构成对成文法典的整体否定。"③即使个别时期出现了"以例破律"或者"引例破法"的情况,那也正是说明判例的事实约束力已经足够强大,在相当程度上可以弥补成文法的缺陷和不足。甚至在中国古代个别时期禁止使用判例,最终仍然无法完全遏制司法实践不断援引判例的趋势,这也说明了判例的事实约束力一直存在并发挥作用,无论是否以明文方式确立其法律约束力。

司法实践关注实效的特性决定了判例事实约束力具有优先地位,在当前审判活动中也有所表现,比较典型的是正当防卫条款的司法适用。虽然正当防卫条款一直规定在刑法中,但是,长期以来被确认为正当防卫的案

---

① 参见孙笑侠:《司法的特性》,法律出版社2016年版,第3—7页。
② 参见何勤华等:《中华法系之精神》,上海人民出版社2022年版,第339页。
③ 胡兴东:《中国古代判例法运作机制研究:以元朝和清朝为比较的考察》,北京大学出版社2010年版,第313页。

件数量极少,该条款甚至被称为"僵尸条款",很少发挥其积极作用。[①] 以"于欢案""于海明案"为代表的热点案件,重新引发了社会对正当防卫条款的关注,促使了理论界和实务界的反思。除了联合最高人民检察院和公安部发布《关于依法适用正当防卫制度的指导意见》(法发〔2020〕31号),最高人民法院还发布了配套的典型案例,并且直接将"于欢案"遴选为指导性案例93号,其后又发布了涉及正当防卫的指导性案例144号。前一指导性案例"既坚守了法律底线,也理性回应了公众期待,充分兼顾了对被害人和被告人合法权益的保护,获得了主流舆论和法学专家的高度好评,也得到了社会公众的普遍认可"[②];后一指导性案例"有效激活了正当防卫制度,在认定防卫过当、特殊防卫等方面具有指导意义"[③]。最高人民检察院也发布了以正当防卫为主题的第12批4个检察机关指导性案例(含"于海明案")。将抽象规则与具体案例配合公布,类似于明清时期的律例合编,能够综合二者的优势。在正当防卫条款的效力和规定维持不变的前提下,通过发布和适用具有最高效力的司法案例能够推动该条款取得更加积极的实际效果。

总体而言,指导性案例的事实约束力与法律约束力存在内在有机关联,二者能够形成良性互动,共同展现案例指导制度的实践价值。体现司法特征的事实约束力具有优先地位,法律约束力以事实约束力为前提和基础,并服务于提升事实约束力的效果。古今中外的既有判例经验和案例指导制度的运行现实能够支持以上结论,如何进一步强化二者及其良性互动是案例指导制度继续完善的基本方向。

第三节 指导性案例法律约束力与事实约束力的有效强化

虽然案例指导制度在司法实践中的影响力有限,但是,该制度仍然被寄予厚望,存在多种应然价值。同时,既有判例制度的成功经验也能够为

[①] 参见陈兴良:《正当防卫如何才能避免沦为僵尸条款——以于欢故意伤害案一审判决为例的刑法教义学分析》,载《法学家》2017年第5期;梁根林:《防卫过当不法判断的立场、标准与逻辑》,载《法学》2019年第2期。
[②] 周加海等:《〈于欢故意伤害案〉的理解与参照——正当防卫、防卫过当的认定》,载《人民司法》2021年第17期。
[③] 路诚、马蓓蓓:《〈张那木拉正当防卫案〉的理解与参照——使用致命性凶器攻击他人要害部位严重危及人身安全的行为应认定为特殊防卫》,载《人民司法》2022年第14期。

完善案例指导制度提供方向和经验。指导性案例的效力问题是案例指导制度规范运行的基本前提之一,对该制度在微观层面的完善具有纲举目张的地位和作用,需要根据事实约束力和法律约束力的各自特点,确定相应的强化策略。

一、建构指导性案例法律约束力的规范体系

指导性案例的法律约束力取决于特定法律规范的直接规定,更丰富、更多层次的法律规范直接涉及指导性案例,将为法律约束力提供更加全面的依据体系。从这个角度来说,指导性案例法律约束力的强化措施较为明晰,即为指导性案例增加各种层次的细致规定。如前所述,确立指导性案例法律约束力的首创文件依据是《关于案例指导工作的规定》,法律层面的标志性依据是《人民法院组织法》新增规定,后续的细化措施则分散于最高人民法院和地方各级法院的规范性文件之中。这是明确指导性案例法律约束力的现有规范体系。在此基础上,建构更加细致全面的法律约束力规范体系,按照层次的不同可以从以下几个方面继续丰富和完善。

在宏观层面上,以《人民法院组织法》为开端,立法者应当在更多相关法律中增设直接涉及指导性案例的条款。《人民法院组织法》第18条的新增规定将发布指导性案例作为最高人民法院的职权之一,其他更加细致的规定则付诸阙如,这对于强化其法律约束力还远远不够。在法律层面上,仅有《人民法院组织法》和《人民检察院组织法》直接规定了关于指导性案例的条款,而与指导性案例直接密切相关的各类基本诉讼法也应当明确指导性案例的地位和作用,真正贯彻《人民法院组织法》和《人民检察院组织法》的修订意图。例如,审判实践中,众多当事人将指导性案例作为证据提交法庭,这是对指导性案例效力地位的误解,背后的原因则是诉讼法缺失了对指导性案例的细致规定。指导性案例法律约束力的直接表现是在违背或者可能违背指导性案例的情况下,由法定的后续程序予以处理,法官需要承担背离指导性案例所产生的风险,这种风险集中表现为上级法院的发回重审或直接改判。德国相关判例制度的实践已经对此有所规定。例如,如果作为某案件的终审法院的州高等法院要偏离其他州高等法院的判决,该法院就有义务将案件事实提交给联邦法院备案。又如,二审法院或者财税法院要偏离各自的最高法院或者最高法院的联合审判委员会的判决,就必须允许当事人上诉。[①] 具体到案例指导制度来说,基本诉讼法的

---

① 参见王莉君:《比较法学基础》,群众出版社2009年版,第176页。

修改可以考虑明确将应当适用而未适用指导性案例的情况作为法律适用错误的情形之一,进而成为当事人提出上诉或再审的理由,也是上级法院发回重审或改判的理由。这种来自上级法院的判断是强化案例指导制度的关键节点,从法律规定层面上明确将十分有助于提升法院对指导性案例的重视程度。"大陆虽然确实没有先例拘束原则,但实际上,无论是法国还是德国,下级法院都遵从上级法院的判例,否则,下级法院作出的判决就必然在上级审时被撤销。况且,在存在法官升任制度的情况下,有敢于反抗上级审之勇气的人,实属罕见。"①此外,由于《立法法》第119条规定了司法解释应当及时报全国人大常委会备案,这种方式肯定了司法解释的正式效力。而指导性案例在广义上也属于"具体应用法律的解释",最高人民法院将指导性案例向全国人大常委会备案,有助于确认指导性案例的法律约束力。综上可见,在法律层面上,《立法法》《人民法院组织法》以及主要诉讼法都应当增加或者细化关于指导性案例的规定,形成明确指导性案例法律约束力的法律体系。

在中观层面上,最高人民法院和地方法院应当出台更加细化案例指导制度的规定,继续增加指导性案例法律约束力的规范依据。在最高人民法院的规范性文件中,《关于案例指导工作的规定》及其实施细则分别发布于2010年和2015年,相较不断推进的司法改革和审判工作的现实需求,这两个构建案例指导制度的基础性文件已经显现出明显的滞后和不足。尤其是指导性案例的法律约束力在具体表述上较为模糊,难以引起法官的足够重视,需要结合地方法院在这个方面的探索进行修订。一方面,早在《关于案例指导工作的规定》出台之前,已经有地方法院就指导性案例的效力问题进行了规定。如2007年《辽宁省沈阳市中级人民法院关于进一步加强案例指导工作的意见》第6条第2项规定:"指导性案例包括最高人民法院《公报》案例,其指导性来源于案例正确适用法律具有的说服力,不具有司法解释的效力,不能直接援引。"由于当时最高人民法院尚未发布第一批指导性案例,该规定将公报案例纳入指导性案例的范围;更重要的是,这一规定以"案例正确适用法律具有的说服力"作为其效力来源,实际上是充分认可了其事实约束力。另一方面,在最高人民法院正式规定了指导性案例的法律约束力之后,随着案例指导制度的不断运行和经验积累,地方法院的细致规定更加明确和丰富了指导性案例的法律约束力。例如,2012年《江苏省高级人民法院关于加强案例指导工作的实施意见》第23

---

① [日]大木雅夫:《比较法》,范愉译,法律出版社1999年版,第126页。

条、2015年《河南省高级人民法院关于进一步加强和规范案例指导工作的规定》第27条和2016年《青海省高级人民法院关于加强案例指导工作的实施意见》第6条都规定,在下级法院违背指导性案例及其确立规则或者法律依据时,上级法院在审理过程中应当发回重审或者直接改判。这些规定实质上确立了指导性案例的背离报告程序,强化了上级法院对下级法院适用指导性案例的审查,对于全面完善指导性案例的法律约束力是十分有利的。另外,以上地方高级人民法院的司法文件还对本院的参考性案例赋予了"参照"的效力,低于指导性案例的"应当参照"效力,二者也有助于形成更加丰富的司法案例体系。由此可见,无论是最高人民法院还是地方高级人民法院,都可以通过司法文件丰富指导性案例的法律约束力,而后者的试错成本更低,为前者修订案例指导制度的全国规定提供了有益的经验积累。

在微观层面上,案例指导制度应当确立指导性案例体例中裁判理由部分的法律约束力。如前所述,裁判要点在现有案例指导制度的规定中是唯一可以被裁判文书直接援引的部分,是整个指导性案例正式文本的点睛之笔。裁判要点不仅在位置上非常靠前,而且受到理论界和实务界的高度关注。虽然设置裁判要点在德国也是通行做法,但是裁判要点提供了直接的抽象规则,在形式上很难与法条或者司法解释相区分,对裁判要点的过分关注容易忽略其后的裁判理由部分。而裁判理由部分集中分析了法律规范的适用,尤其是在疑难案件中对案件事实的处理,是指导性案例独有的部分。如果过于重视裁判要点而忽视裁判理由部分,那么,可能的消极影响是降低了指导性案例的独特价值或者存在的必要性,会使指导性案例沦为零散发布的司法解释。换言之,虽然裁判要点的法律约束力已经得到充分肯定,但是从长期推进案例指导制度的角度来说,裁判理由部分也应被赋予重要的法律约束力,其法律约束力可以低于裁判要点,但不能完全被忽略。裁判要点的法律约束力是"应当参照",而裁判理由部分的法律约束力则可以定位于"充分结合"。在充分关注和吸收裁判理由部分的基础上,法官才能更加透彻地理解裁判要点,进而准确参照裁判要点。

对应于本章第一部分中明确指导性案例法律约束力的多层次正式规范,以上从宏观到微观的强化措施有助于继续构建指导性案例法律约束力的完整规范体系,进而继续发挥其对事实约束力的推动作用。在这个过程中,地方法院的积极探索是指导性案例法律约束力继续提升的根本来源,不断发布的指导性案例得到反复参照,才能持续保持案例指导制度的实际运行,也是在多个层面上明确指导性案例法律约束力的源头活水。这里也再次体现了事实约束力对法律约束力的奠基作用。

二、规划增强指导性案例事实约束力的途径

在判例法制度的既往实践中,源于疑难案件的权威案例主要经过法官的反复参照而获得事实约束力,这是一条"自然选择"的路径,往往需要较长时间的沉淀和积累,而且受限于法官或者其他诉讼参与者的认知范围,能够进入个案裁判视野的先例范围相当有限,数量偏少。但是,案例指导制度面临前所未有的特殊时代背景,可以通过强化主动规划的方式迅速提升指导性案例的事实约束力。

具体来说,在信息时代,各种案件信息能够及时地以便捷方式获得广泛传播,结合人工智能和大数据的加持,类似案件或者相似案件能够被及时检索和发现,尤其是其中效力最高的指导性案例,这是当前类案检索机制运行的基本原理。如果说类案检索机制侧重于获取类似案件的数量,那么,案例指导制度则侧重于提供效力最高的类似案件(指导性案例),层层推荐和遴选的程序也能够保证其质量。由此,兼具数量和质量的类似案件为待决案件提供了全面的参考,一旦在类案检索结果中出现了指导性案例,就出现了数量和质量的结合点,参照相应的指导性案例就成为法官应当履行的义务,体现了指导性案例的法律约束力。时代的高速发展为司法审判带来了众多疑难案件,也为解决这些疑难案件提供了可资参考的多种途径。在这种特殊的时代背景下,案例指导制度完全可以吸收传统判例制度的精华(如区别技术)而无须如传统判例法那样经历长时间积累,这种明显的后发优势能够通过主动规划的方式强化提升指导性案例的事实约束力。由于事实约束力主要体现为法官反复参照指导性案例,相应的强化措施就可以从指导性案例和法官两个层面展开。

(一)指导性案例层面

在指导性案例自身的层面上,数量和质量的大幅度提升是强化事实约束力的基本途径。一方面,从判例制度运行的历史经验来看,数量的积累是保持和扩大事实影响力的必备条件,而指导性案例的数量太少已经成为严重制约案例指导制度有效运行的明显缺陷。从2011年第一批指导性案例发布以来,12年的时间仅出现了200余个指导性案例,相较每年千万级数量的司法案件来说,现有数量级别的指导性案例远远无法满足解决其中疑难案件的需要。这也导致了法官没有形成查询和参照指导性案例的工作习惯,仍然将法律法规和司法解释作为主要审判依据,不敢、不会、不愿使用指导性案例成为常态,严重影响了其事实约束力,各级法院都应当为指导性案例数量上的广泛"开源"贡献力量。(1)就最高人民法院来说,虽然《实施细则》第4条和第5条分别规定了法院内部和社会公众两种推荐指导性案例的渠道,但是现有所有指导性案例都是通过法院内部推荐渠道得以遴选成功的,而且总体推荐数量并不多,这说明最高人民法院通过案例指导工作办公室被动接受推荐备选案例的方式难说成功,主动规划更多渠道应当成为更有效的途径。《关于推进案例指导工作高质量发展的若干意见》第4条的规定已经初露端倪:"对于在案件审理、执行中发现的具有典型性、示范性、指导性的案件,要注意加强裁判文书说理,及时总结提炼裁判规则,形成备选指导性案例予以推荐。"以往的遴选对象都是已经审结的案件,缺少主动培育的意识,加之裁判文书说理不足,难以为后续的遴选程序提供基础素材。以上规定意味着最高人民法院开始重视尚未审结的案件,从优中选优寻找潜在案例。这一规定有助于推动法官增强培育指导性案例的意识,在重点案件中充分释法说理,提高遴选的成功率。此外,由于公报案例、典型案例和全国法院优秀分析案例等都已经过了一定的筛选,从中选取备选案例,也有助于增加指导性案例的遴选数量。将来还可以探索将最高人民法院的判决通过简易程序直接转化为指导性案例的渠道,这种方式符合最高人民法院的职能定位,[1]对于增加备选案例的数量来说相当有效。此外,2024年2月27日,人民法院案例库正式上线,最高人民法院和地方各级法院对于入库案例层层把关,跟进法律、司法解释"立改废"进程,及时补充、更新案例,确保入库案例始终具有指导性、权威性、典型性和时效性。[2] 人民法院案例库属于广义上的案例指导,入库案例也有数量上的明显优势,是大幅提升指导性案例数量的优质潜在数据库,应当引起最高人民法院的高度重视。(2)就地方高级人民法院来说,它们具有广泛收集和直接推荐指导性案例的职权,发挥着承上启下的重要作用,可以通过制定地方司法文件的方式向本辖区法院提出更多具体要求。虽然这种规定带有一定的行政色彩,但对于启动推荐指导性案例的良性循环还是相当必要的,也体现了指导性案例的法律约束力对事实约束力的推动作用。特别是在类案检索机制不断推进的前提下,类案检索报告中包含众多优秀案例,完全可以成为向最高人民法院推荐的备选案例。另外,根据《最高人民法院关于法律适用问题请示答复的规定》(法〔2023〕88号)第19条的规定,针对最高人民法院答复具有普遍指导意义的情况,提出请示

---

[1] 参见何帆:《积厚成势:中国司法的制度逻辑》,中国民主法制出版社2023年版,第369页。
[2] 参见王丽丽:《完善中国特色案例制度 促进法律正确统一适用——人民法院案例库建设工作新闻发布会答记者问》,载《人民法院报》2024年2月28日,第3版。

的地方高级人民法院可以编写并制作备选指导性案例,这是二者联手主动增加指导性案例的又一新渠道。

另一方面,在增加遴选数量的基础上,以解决法律适用上的疑难问题作为提高指导性案例质量的主要方向。根据《关于完善四级法院审级职能定位改革试点的实施办法》第1条的规定,最高人民法院主要承担监督职能,保证法律统一适用,发布指导性案例正是其职权定位内容之一。这就意味着,虽然指导性案例最初都是普通案例,但是在经过层层遴选之后,案件的事实部分已经非常清晰明了,法律适用部分成为更为关键的问题,解决法律适用的难题就成为指导性案例的主要目标定位。法官面对的多数普通案件在案件事实和法律适用方面都比较清晰,无须借助指导性案例便可以形成判决结论。在少数疑难案件中,事实不清的部分可以借助证据法规定、自由裁量和自由心证等方式得到解决,而法律适用方面的疑难往往来源法律规范的模糊、概括、残缺或矛盾,指导性案例能够在这个方面对制定法发挥查缺补漏的作用。依据创造性程度的不同,指导性案例的类型可以分为宣法型、释法型和造法型,[①]其中,造法型指导性案例最能够满足审判疑难案件的需要,应当成为比例最高的指导性案例类型。在单点突破的个案方式基础上,指导性案例还可以专题批次的方式,针对某一领域的疑难问题集中进行全面分析和解决。最初批次的指导性案例是拼盘式发布,每一批次包含若干部门法类型的案件。随着案例指导制度运行的不断深入,最高人民法院更多以专题方式发布特定批次指导性案例,如第29~32批指导性案例的主题分别为企业实质合并破产、民事合同、生物多样性保护和保护劳动者合法权益。这种专题发布的方式也是最高人民法院主动规划的结果,需要在积累一定数量相关案例的基础之上适时发布。如果说个别指导性案例侧重于零敲碎打,那么,在同一批次中包含针对特定问题的若干案例则能够对该领域的问题进行更加全面丰富的解读,不仅有助于法官全面了解该领域内诸多疑难问题的解决方案,也容易引起各界的重视,是值得继续推进的发布方式。

(二)法官层面

在法官层面上,主动参与案例指导制度的全程运行能够更好地发挥主体作用。基于裁判文书的实证研究表明,法官很少主动直接参照适用指导性案例,同时,一旦法官主动适用指导性案例,最终的裁判结果往往与指导

---

① 参见资琳:《指导性案例同质化处理的困境及突破》,载《法学》2017年第1期。

性案例相当一致,即指导性案例获得了肯定的参照使用。① 这种情况意味着,法官在参照指导性案例过程中优势地位相当明显。相比抽象的法律规范,法官拥有更多的自由裁量权去决定是否以及如何参照指导性案例,而且,《关于案例指导工作的规定》及其实施细则并未规定相应的责任条款,在一定程度上放松了对法官的参照要求,这也是指导性案例法律约束力的重要缺失。从整个法官群体的角度来说,高质量的指导性案例凝结了实践中的反思、经验和智慧,甚至是整个法律职业共同体形成的共识。对于裁决类似后案的法官来说,尊重和遵守这些共识不仅是解决待决案件的需要,更是长期保持职业共同体身份的需要,这也是指导性案例事实约束力的来源和体现。"法院先前作出的与待决案件类似的判决,代表了其他法官,包括上级法院的法官对某一法律问题的认识和判断,如果做出与之相反的个人见解,即使是有充分的理由(只有在社会形势发生重大变更等特殊情况下才认为是有充分理由的),也会引起较大的争议。在此情况下,当事人必然会提出上诉。如果这样的情况经常出现,该法官将可能失去威望,因此,任何不遵循判例的新判决,法官都将慎之又慎。"②

因此,法官应当更加主动地参与案例指导制度的全程运行:在审判工作中及时发现和培育优质案例,并在裁判文书中细致地释法说理,增加指导性案例的遴选范围;在业务学习中全面充分地了解本审判领域的所有指导性案例,包括裁判要点和裁判理由部分,明确其中包含的抽象规则和法律适用方法;在涉及特定指导性案例的案件中主动检索,或者在面对当事人参照指导性案例的申请时,对是否参照给出结果和有效理由;在制作提交的类案检索报告中,详细说明涉及指导性案例的适用情况;在裁判文书中使用援引指导性案例的规范形式,明示指导性案例发挥的说理作用;尽可能援引指导性案例积累参照经验,尤其是在判断指导性案例和待决案件是否相似问题上;对于低质量或者应当清理的指导性案例,通过否定参照或者默示存在的方式给予回应。此外,在个案审理过程中,法官还可以借助律师的力量:律师是"判例自发运用"③的积极倡导者,包括将指导性案例作为证据提交或提出适用指导性案例的申请,有助于提醒法官相关指导性案例的存在,进而提高指导性案例适用的可能性。德国判例的实践也对律师了解、掌握判例提出了更高要求。④ 结合其他法律职业共同体的力

---

① 参见彭中礼:《司法判决中的指导性案例》,载《中国法学》2017年第6期。
② 于同志:《刑法案例指导:理论·制度·实践》,中国人民公安大学出版社2011年版,第344页。
③ 顾培东:《判例自发性运用现象的生成与效应》,载《法学研究》2018年第2期。
④ 参见雷磊:《德国判例的法源地位考察》,载《社会科学研究》2022年第3期。

量,能够形成关注和适用指导性案例的良好氛围。

简言之,在案例指导制度运行的各个环节中,法官都可以主动发挥积极作用,以实际行动提升指导性案例的事实约束力。从主体角度提升指导性案例的事实约束力绝非一日之功,需要各级法院长期不断的微观努力,在启动阶段尤其需要借助多层次正式规范确定的法律约束力,通过引起法官重视案例、提升案例意识的方式推进法律约束力与事实约束力之间的良性循环。法治进程的全面深入需要高质量的司法审判,应时代要求、借时代便利出现的案例指导制度能够有效助推这一进程,法官群体在其中大有可为,应当积极参与,通过个案审判实践强化指导性案例的事实约束力。

结语:维持指导性案例效力的关键保障

案例指导制度在出台之前被赋予了重要的应然价值,但是,该制度真正运行之后的实然效果却远不理想,在应然与实然之间出现了明显的断裂。从效力角度来说,两大法系判例制度运行的成功经验、公报案例对司法裁判产生的积极影响以及审判疑难案件的现实需要,都成为推动案例指导制度出台的重要因素。换言之,以往案例类型的事实约束力成为确立指导性案例法律约束力的坚实基础。从《关于案例指导工作的规定》初步确立指导性案例的法律约束力开始,其事实约束力与法律约束力的相互影响就一直存在。传统案例法的基本特征是遵循经验主义的道路,依靠时间积累筛选出经典先例并反复参照,而案例指导制度的特殊之处在于最高人民法院垄断了指导性案例遴选和发布的权力,由此也决定了指导性案例的遴选质量是维持其法律约束力和事实约束力的关键保障。在不断扩大遴选范围的基础上,最高人民法院应当遴选出更多质量更高的指导性案例,而不是仅依靠不断提升法律约束力来推动指导性案例被援引。由于没有绝对相同的案件,法官在是否以及如何参照指导性案例问题上享有很大的自由裁量权,指导性案例自身的质量成为其中具有决定意义的因素。能够解决疑难问题的造法型指导性案例更能够满足司法审判的需要,这一类型的指导性案例数量上的不断增加,是维持指导性案例事实约束力和法律约束力的源头活水。

第三章　指导性案例的效力定位：
案例指导与司法解释

【本章提要】 指导性案例与司法解释的效力关系是影响案例指导制度运行效果的重要问题,学界对此有不同回答,多数意见认为司法解释的效力更高。近年来,最高人民法院的部分规范性文件也间接地认可了这一意见。将指导性案例界定于较低的效力位阶虽然有一定理由,但是却影响了案例指导制度的规范运行。指导性案例与司法解释应当具有同等的效力,顶层设计、制定主体、制定依据、制定程序以及裁判要点、具体内容和实践效果上的相互吸收与借鉴等方面的理由,都可以支持以上结论。要提升指导性案例的效力位阶,可以借鉴司法解释的发展历程,直接修改规定的短期途径并不足取,应当注重通过指导性案例产生广泛认可的实效来引领其效力位阶的提升:宏观上明确与司法解释的错位发展,微观上聚焦推动裁判要点的转型,同时倡导诉讼参与人的有效介入。指导性案例与司法解释完全可以各取所长,在统一法律适用过程中长期共存与共进。

案例指导制度已经运行十余年,指导性案例的影响力虽然与日俱增,却还远远没有达到理想的预期效果:不仅在裁判文书中很少看到直接引述指导性案例的情况,还存在大量隐性适用;对于应当回应当事人援引请求的法定义务,法官也很少实际履行。在此过程中,指导性案例与司法解释之间错综复杂的关系是重要的影响因素:在顶层设计中,二者都被赋予"统一法律适用"的目标指向,在理论层面上是统一的、一体的;[1]在具体运作时二者又是相互"区隔"[2]、影响、借鉴的,甚至是部分重复、混同和替代的;在未来趋势方面,指导性案例是对司法解释的变更与改造,甚至是司法解释的"最佳掘墓人"[3]。在司法解释在多方面仍然处于明显优势地位的背景下,如何厘清指导性案例与司法解释之间的关系,是充分形成二者合力尤其是完善案例指导制度的重要内容。

---

[1] 参见刘作翔:《案例指导制度:"人民群众"都关心些什么?——关于指导性案例的问与答》,载《法学评论》2017年第2期。
[2] 陈兴良:《案例指导制度的规范考察》,载《法学评论》2012年第3期。
[3] 宋晓:《裁判摘要的性质追问》,载《法学》2010年第2期。

本章从效力定位的静态视角探讨指导性案例与司法解释的关系,主要基于以下理由。(1)从理论研究的方面来说,法律效力是产生实效的前提条件,虽然其理论上取决于形式合法性,但学者对于指导性案例的效力位阶(及其与司法解释之间的效力关系)并未达成广泛共识,各种相左的观点也屡见不鲜,需要细致梳理和辨析。(2)从制度实践的方面来说,作为指导性案例和司法解释的制定者与发布者,最高人民法院虽然并未直接明确二者的效力关系,却在不少规范性文件中不断"暗示"司法解释的优先地位。相比学者的探讨,最高人民法院对审判实践的影响更为直接、深入和广泛,但其界定的效力关系也存在不少问题,不乏自相矛盾之处,更需要解释与澄清。(3)在反思前两个方面观点的基础上,可以确认指导性案例与司法解释的具体效力关系,并探讨进一步提升指导性案例效力位阶的短期途径与长效方式。以上几个方面的理由也构成本章的基本思路。但是,对效力关系的探讨并非终点,如何通过为指导性案例的效力"正名"而继续推进案例指导制度的实效,才是最终落脚点。

第一节　指导性案例效力低于司法解释的表现及其原因

案例指导制度经过理论界的长期呼唤而得以出现,对于这一新生制度,学者们对指导性案例的定性提出了很多不同观点。具体到指导性案例与司法解释的关系来说,就有补充说、取代说和并行说等观点。[①] 这些基本观点又派生出若干具体观点,如将指导性案例认为是司法解释的一种形式,[②]或者界定为介于司法解释与司法政策之间并具有判例功能的特殊司法先例,[③]或者"准司法解释"[④]等。这方面的学术总结已经比较丰富,虽未达成绝对共识,但多数意见认为,指导性案例并非正式法律渊源,司法解释作为正式法律渊源,效力明显高于指导性案例。

相较学界的探讨,正式的制度规定对司法解释和指导性案例有决定性

[①] 参见姜远亮:《指导性案例与司法解释的关系定位及互动路径——以刑事审判为视角》,载《法律适用》2019年第8期。

[②] 参见陆幸福:《最高人民法院指导性案例法律效力之证成》,载《法学》2014年第9期;刘士国:《科学的自然法规与民法解释》,复旦大学出版社2011年版,第82页;张妮、蒲亦菲:《计算法学导论》,四川大学出版社2015年版,第155页;杨力:《法律思维与法学经典阅读:以哈特〈法律的概念〉为样本》,上海交通大学出版社、北京大学出版社2012年版,第246页。

[③] 参见姚小林:《法律的逻辑与方法研究》,中国政法大学出版社2015年版,第128—129页。

[④] 孙海龙、吴雨亭:《指导案例的功能、效力及其制度实现》,载《人民司法》2012年第13期。

的影响,是更值得关注的对象。然而,无论是《立法法》《人民法院组织法》等国家层面的正式法律,还是最高人民法院,都没有正式的规范性文件直接界定二者的效力关系,这也是引起学界不同认识的重要原因之一。学者们对指导性案例与司法解释的效力关系表达观点大多是基于理论上的分析,而最高人民法院的态度则能够终结这一问题的混乱状态。虽然没有相关规范性文件的直接界定,但是最高人民法院在近几年发布的一些文件中间接地或者含蓄地赞同了学界中的多数意见,比较隐晦地认为指导性案例的效力位阶低于司法解释,比较有代表性的规定主要体现在以下条款之中。

(1)从指导性案例的文件来源来看,创设案例指导工作的基本文件是《关于案例指导工作的规定》;而根据最高人民法院《关于司法解释工作的规定》(法发〔2021〕20号)第6条的规定,"规定"是司法解释的四种基本形式之一。在案例指导制度建构的讨论中,最高人民法院原本想将指导性案例作为司法解释的一种新形式,即"用案例解释法律",后来的正式文件虽然删去了这一条,但也等于是回避了二者的效力关系问题。[1] 从这个意义上来说,案例指导工作是以司法解释的形式创立的,指导性案例又是案例指导工作中的基本因素之一,二者之间形成了类似"依据"与"结果"之间的关系,暗示了司法解释具有更高的效力位阶。

(2)从指导性案例的地位来看,《关于案例指导工作的规定》第7条中"应当参照"的效力界定非常含混,甚至饱受质疑。[2] 当时比较权威的官方意见认为,裁判文书可以摘选指导性案例中的论述性语言,但鉴于《关于案例指导工作的规定》对指导性案例效力的规定,法官不能在裁判文书中直接援引指导性案例作为裁判依据。[3] 这一观点在《实施细则》中得到进一步明确,其第10条规定,指导性案例在裁判文书中只能作为裁判理由引述,不能作为裁判依据。而《关于司法解释工作的规定》第5条却直接确认司法解释"具有法律效力",同时该规定第27条进一步明确作为裁判依据的司法解释"应当在司法文书中援引"。与之相关的规定则是最高人民法院《关于裁判文书引用法律、法规等规范性法律文件的规定》(法释〔2009〕14号)第2条,司法解释可以排列在法律及法律解释、行政法规、地方性法规、自治条例或者单行条例之后,直接出现在裁判理由部分。简言之,

---

[1] 参见刘作翔:《"法源"的误用——关于法律渊源的理性思考》,载《法律科学(西北政法大学学报)》2019年第3期。
[2] 参见谢晖:《"应当参照"否议》,载《现代法学》2014年第2期。
[3] 参见胡云腾等:《〈关于案例指导工作的规定〉的理解与适用》,载《人民司法》2011年第3期。

指导性案例不能作为裁判依据,而司法解释则可以,由此推断二者的效力高下。

(3)从指导性案例的适用顺序来看,《关于加强和规范裁判文书释法说理的指导意见》第13条规定:"除依据法律法规、司法解释的规定外,法官可以运用下列论据论证裁判理由,以提高裁判结论的正当性和可接受性:最高人民法院发布的指导性案例……"由此可见,裁判文书释法说理的首要辅助性理由就是指导性案例。指导性案例能够在裁判文书的释法说理中发挥重要作用,"尽管指导性案例不具备强制的约束力,但因发布机关的权威性和指导性案例本身的示范作用,在类似的案件中引用指导性案例进行说理时,由于裁判结果的相同或大体的一致,可以使人们对司法公正和正义产生合理的信赖"[1]。即便如此,前述规定仍然将法律法规和司法解释列为主要或者主导裁判依据,将指导性案例列为辅助性论据,二者在适用顺序上的差别也能够提示相应的效力位阶。

(4)从指导性案例的退出机制来看,《实施细则》第12条规定了指导性案例不再具有指导作用的两种情况:与新的法律、行政法规或者司法解释相冲突的;为新的指导性案例所取代的。从规范性文件的立法原理来看,第二种情况体现了"新法优于旧法"的原理,在同一效力位阶上的新法要取代旧法的地位和作用空间,在出现针对同一问题的新指导性案例之后,原先相应的指导性案例就不应继续适用。更为关键的是第一种情况,该情况更多地体现了"上位法优于下位法"的原理。背后的理由则是"指导性案例是一种非正式的、辅助性的法律渊源,而法律原则、法律、行政法规以及司法解释均为正式性法律渊源,指导性案例的参照要求自然会被后一种更强的权威性理由所凌驾"[2]。很明显,司法解释也属于上位法的范围之内,作为下位法的指导性案例需要根据上位法及时进行调整、退出和废止。以上两种指导性案例的退出情况,在最高人民法院《关于统一法律适用加强类案检索的指导意见(试行)》第9条被重复强调。

总结以上新近文件的规定可以看到,最高人民法院在整体上仍然倾向于认为指导性案例的效力位阶低于司法解释,这一点与目前学界的多数观点也是一致的。形成这一结论的背后原因是非常复杂的,至少应当包括以下几个相互交织的方面。

(1)司法解释与抽象立法的一脉相承。从清末变法以来,我国的司法

---

[1] 胡仕浩、刘树德:《裁判文书释法说理:规范支撑与技术增效——〈关于加强和规范裁判文书释法说理的指导意见〉的理解与适用(下)》,载《人民司法(应用)》2018年第31期。

[2] 孙海波:《指导性案例退出机制初探》,载《中国法律评论》2019年第4期。

实践大多承袭了大陆法系传统,崇尚抽象规则的普遍性。具有"准立法"性质的司法解释与该传统一脉相承,获得了广泛认可。相比而言,虽然判例也曾经在中国封建时代的司法实践中发挥重要作用,但是经过近代社会发展进程的割裂之后却难以接续。对于需要长时间缓慢积累形成传统的判例法,动荡社会形势下的司法实践的确无暇顾及。抽象立法的光芒也投射到与之形神兼备的司法解释之上,对判例的轻视就显得自然而然。

(2) 根深蒂固的法源分类。虽然法律渊源仅是一个学术用语,从未出现在正式立法之中,但是,包括指导性案例和司法解释相关的众多规定背后都有法源及其分类的身影。例如,对于指导性案例的地位,最高人民法院的代表性观点就认为:"考虑到指导性案例不是我国法律渊源,因此,指导性案例不应当作为裁判文书判决部分的法律依据来援引,但指导性案例因其给法官裁判提供了参照,所以可以作为法官裁判时的重要理由引述。"[1]换言之,是否属于法源,或者正式法源与非正式法源的分类,成为影响指导性案例与司法解释效力地位的重要因素。例如,《关于加强和规范裁判文书释法说理的指导意见》第13条将指导性案例界定为辅助性论据,其实质就是非正式法源。这种二分法的优势在于直接而明确,却在很大程度上过度简化了形成司法裁判所适用的诸多资料和依据,更容易将后来出现的、更为"另类"的指导性案例排除在正式法源之外而降低其效力等级。针对这种在学术界和实务界根深蒂固的法源分类,有学者提出三分法甚至四分法,将指导性案例界定为"准法源"[2]。这种界定倾向实际上在努力提升指导性案例的效力地位,但是仍然无法与司法解释等量齐观。

(3) 司法解释强大的现实优势。面对转型社会的大国治理,国家层面上的立法必然带有抽象、宏观和整体的特征,这同时意味着对具体问题的规定仍然有待细化,司法解释正是在抽象与具体之间的联系纽带。在总结地方法院经验和教训的基础上,最高人民法院出台的司法解释具有相当的针对性、可操作性,受到了法官的接受和认可。加之审判系统中的浓厚行政化色彩、审级制度和司法责任制,以上诸多因素的相互渗透和裹挟都不断强化了司法解释的优势地位。由此,在功能定位上非常类似的指导性案例自然无法与之争锋。

(4) 法律职业共同体既有的路径依赖。在司法解释被普遍接受和适用的背景下,法律职业共同体在司法实践中也以抽象规定为主要判断依

---

[1] 郭锋等:《〈〈关于案例指导工作的规定〉实施细则〉的理解与适用》,载《人民司法》2015年第17期。
[2] 雷磊:《指导性案例法源地位再反思》,载《中国法学》2015年第1期。

据,相应地就会轻视判例的正式效力。这种实践中的路径依赖甚至延伸到判例文本之中,指导性案例的官方正式文本中专设了"裁判要点"。根据《实施细则》第9条、第11条的规定,裁判要点是法官参照指导性案例的主要对象,也是能够直接在裁判文书中引述的唯一内容。而现有指导性案例的裁判要点,无论是在形式上还是在内容上都与司法解释高度雷同,二者的区别仅在于是否系统和全面。裁判要点的这种风格和设置方式,反映出法律职业群体对以司法解释为代表的抽象规则仍然更容易接受和使用,也相应地给予更高的效力定位。法律职业的路径依赖所形成的惯性也有域外的例证:借助独有的判例法传统以及学徒制的法学教育等因素,英国法律职业群体就在很长一段时间内成功抵制了以抽象规则为特征的罗马法在英国的蔓延。[1] 从这个意义上来说,在目前案例指导制度仍然处于初级阶段的节点上,立刻承认指导性案例具有较高的效力位阶,也有悖于法律职业群体的"惯习"和"共识"。

以上诸多原因形成了学界与最高人民法院认为指导性案例效力低下的共同观点,直接体现在前述列举的诸多规范性文件之中。从法律效力与法律实效的一般原理来看,虽然后者并不完全由前者决定,但是,对于诸如案例指导制度这样仍然处于初级阶段的制度来说,启动的效果受到效力位阶的明显影响,正所谓"名不正则言不顺"。"指导性案例不能作为裁判依据,只能作为进行说理和论证的理由,而且没有直接规定违反指导性案例的后果。这一效力界定明显过低,影响了法官参照指导性案例及其解释方法的积极性。"[2]在司法解释已然在实效方面具有巨大优势的背景下,效力过低的指导性案例难以引起承办法官的高度重视,也降低了其研习和参照的积极性,基于"马太效应"容易形成恶性循环。有数据统计表明,在审理过程中提出参照适用指导性案例的主体绝大多数都是当事人(及其律师),法官主动参照适用指导性案例的情况非常少。[3] 同时,隐性适用指导性案例的情况也经常发生,[4]这在很大程度上说明,即使承办法官认可了指导性案例的实体内容,对其效力位阶和相应后果仍然存有疑虑。虽然案例指导制度的实效欠佳不能完全归结于指导性案例的效力层次低下,但在对抽象规则及其效力层次已经形成职业习惯的背景下,承办法官肯定会对

---

[1] 参见尹超:《法律文化视域中的法学教育比较研究:以德、日、英、美为例》,中国政法大学出版社2012年版,第123页。
[2] 孙光宁:《法律解释方法在指导性案例中的运用及其完善》,载《中国法学》2018年第1期。
[3] 参见彭中礼:《司法判决中的指导性案例》,载《中国法学》2017年第6期。
[4] 参见北大法律信息网:《最高人民法院指导性案例司法应用研究报告》(第2版),北京大学出版社2019年版,第9页。

高效力等级的指导性案例另眼相待,给予相应的更多重视。

第二节 指导性案例与司法解释具有同等位阶的应然理由

虽然最高人民法院已经暗示了指导性案例的效力低于司法解释,但并不意味着以上定位必然是准确的。即使在案例指导制度出台之前做了若干准备,甚至组织了对域外案例制度的专门考察,①最高人民法院在谋划设计如何对待和处理指导性案例的问题上,仍然欠缺有效经验,尤其是面对司法解释这一极具中国本土法治特点的独有现象。出于稳妥和保守的考虑,案例指导制度的初创时期将指导性案例的效力认定为低于司法解释是可以理解的。但是,长期而言,指导性案例的效力低下将会对案例指导制度产生诸多不利影响。而且,指导性案例本应与司法解释处于同一效力位阶,支持这一结论的理由至少包括以下几个方面。

首先,在顶层设计中,指导性案例与司法解释是具有相同直接目标指向的并列措施。《关于全面推进依法治国若干重大问题的决定》明确:"加强和规范司法解释和案例指导,统一法律适用标准。"这一顶层设计不仅为指导性案例和司法解释确定了直接的目标,而且将二者等量齐观,其在效力上也应当具有同等地位。在司法解释已经长期大行其道的背景下,新增指导性案例作为统一法律适用的标准,带有"和而不同"的意味。此外,《关于进一步把社会主义核心价值观融入法治建设的指导意见》也规定:"完善司法政策,加强司法解释,强化案例指导。"作为具体落实文件,最高人民法院在《关于在人民法院工作中培育和践行社会主义核心价值观的若干意见》(法发〔2015〕14号)也规定:"要充分发挥司法在促进法治国家建设和法治社会发展中的重要作用,审判执行各类案件,制定司法政策,出台司法解释,发布指导性案例等司法活动,都必须忠于宪法法律的内容和精神……"这些规定都将指导性案例和司法解释置于同等重要的地位,二者应当具有相同等级的效力。背后的原因则是发挥其各自的优势与特点:司法解释比较全面和系统,比法律法规更具有可操作性和实用性,但同时也带有抽象规则内含的滞后性等缺陷;相反,指导性案例则具有及时性、明确性和针对性强的特点。"司法解释是法院在审判工作中具体应用法律问题

---

① 参见《最高人民法院研究室"案例指导制度"专题考察团赴德国、葡萄牙考察报告》,载胡云腾主编:《中国案例指导》(总第1辑),法律出版社2015年版,第355-360页。

的解释,是在成文法范围内的展开……判例很可能面对的是新类型案件,是成文法尚未触及的领域,法官基于'不得拒绝裁判'的职责必须作出判决,其阐释的裁判规则带有一定创设性。"① 换言之,指导性案例能够以零敲碎打的方式处理审判实践中的疑难问题,如指导性案例2号就填补了法律和司法解释的空白。② 这一点与司法解释擅长处理常规案件更是形成了有效互补。从这个意义上来说,"指导性案例是弥补司法解释的不足,并配合司法解释发挥作用的重要措施"③。进言之,基于顶层设计的整体定位,指导性案例与司法解释应当在法律渊源体系内给予同等效力待遇。特别是在《民法典》实施后,新类型的各种疑难案件亟须创造性司法规则,在来不及进行立法解释的情形下,可以考虑由指导性案例对这类新问题、新内容进行规范,实质上就是将司法解释的价值和功能部分地"让渡"给指导性案例。④ 民法法源应当明确增加司法解释和指导性案例,⑤这种更加开放的姿态,与制定开放的《民法典》理念是一致的。⑥ 从严格法源层次上来说,法律是唯一的论证起点,司法解释和指导性案例都是"辅助性的规范性法源",都代表着最高人民法院统一法律见解的立场。⑦ 将指导性案例与司法解释同等纳入正式法源,法官可以不再仅引用抽象裁判规则,而是可以附带指导性案例,增强了裁判文书的说理性。⑧ "在正式意义上的法律渊源如制定法缺位、模糊或者相互冲突的时候要求法院'应当参照'指导性案例审判案件是要发挥指导性案例作为非正式法律渊源的辅助作用,这是完全符合我国法律渊源的法理的。"⑨从以上分析可以看到,顶层设计及其决定的法源体系,都确定了指导性案例与司法解释具有相同的效力位阶,目标则是各自发挥特点和优势,以扬长避短的方式推动法律的统一适用。

其次,指导性案例与司法解释具有相同的制定主体、依据和程序,这决

---

① 胡嘉金、胡媛:《论指导性案例的效力证成与完善》,载《中国应用法学》2017年第4期。
② 参见赵钢主编:《民事诉讼法学:制度·学说·案例》,武汉大学出版社2013年版,第9页。
③ 王利明:《我国案例指导制度若干问题研究》,载《法学》2012年第1期。
④ 参见赵万一、石娟:《后民法典时代司法解释对立法的因应及其制度完善》,载《现代法学》2018年第4期。
⑤ 参见梁慧星:《〈民法总则〉重要条文的理解与适用》,载《四川大学学报(哲学社会科学版)》2017年第4期。
⑥ 参见江平:《〈民法总则〉评议》,载《浙江工商大学学报》2017年第3期。
⑦ 参见章程:《论指导性案例的法源地位与参照方式——从司法权核心功能与法系方法的融合出发》,载《交大法学》2018年第3期。
⑧ 参见王琳:《论我国指导性案例的效力——基于实践诠释方法论的思考》,载《四川师范大学学报(社会科学版)》2016年第6期。
⑨ 张骐:《论类似案件应当类似审判》,载《环球法律评论》2014年第3期。

定了二者具有等同的效力地位。在一般法学原理中,法律效力是由相应法律的形式合法性决定的,主要标准是制定主体、制定依据和制定程序。

(1)制定主体及其依据:虽然2010年《关于案例指导工作的规定》已经以最高人民法院的名义发布在审判系统内部得到肯定,但2018年《人民法院组织法》的修订才是真正第一次在法律层面上确认了指导性案例的地位,该法第18条规定:"最高人民法院可以对属于审判工作中具体应用法律的问题进行解释。最高人民法院可以发布指导性案例。"很明显,该修订的条款同样是将司法解释与指导性案例并列,二者应当具备等同的效力,法律地位是相同的。① 需要继续澄清的问题是,在《关于案例指导工作的规定》发布之后到《人民法院组织法》修改之前,指导性案例是否也具有与司法解释相同的效力?答案是肯定的。一般认为,司法解释的授权依据原来是1981年《全国人民代表大会常务委员会关于加强法律解释工作的决议》第2点("凡属于法院审判工作中具体应用法律、法令的问题,由最高人民法院进行解释……");后来则是2015年《立法法》第104条第1款("最高人民法院、最高人民检察院作出的属于审判、检察工作中具体应用法律的解释,应当主要针对具体的法律条文,并符合立法的目的、原则和原意……")。以上条文中"具体应用法律的解释"是否包括指导性案例,成为指导性案例是否具有授权依据的决定因素。从文义的角度来看,"具体应用法律的解释"既可以包括抽象的条文方式,也可以包括具体的案例方式,两种都属于应用法律的具体过程。尤其是后一种在个案中对法律进行解释的方式非常值得肯定,②是近代以来司法解释行使的基本方式之一。③例如,根据《关于司法解释工作的规定》第6条的规定,司法解释的形式之一——"批复"就是针对具体应用法律问题的请示而制定,主要形式就是结合个案展开的。当然,这种结合个案的批复类司法解释已经与指导性案例高度雷同,在竞争力上不断下降,④甚至应当被取代。⑤ 可以说,指导性案例与司法解释具备相同的制定主体和制定依据,应当具有相同的法律效力。

(2)制定程序:通过正当合法的程序制定的法律规范,应当具有相应

---

① 参见张骐:《论裁判规则的规范性》,载《比较法研究》2020年第4期。
② 参见张建伟:《"指导性案例"的功能定位与判例化前景》,载《光明日报》2014年1月29日,第16版。
③ 参见李相森:《当前案例指导制度存在的若干问题及其完善——以民国判例制度为参照》,载《东方法学》2016年第1期。
④ 参见侯学宾:《司法批复衰落的制度竞争逻辑》,载《法商研究》2016年第3期。
⑤ 参见刘风景:《司法解释权限的界定与行使》,载《中国法学》2016年第3期。

的法律效力。对于指导性案例和司法解释而言,由最高人民法院最终通过与发布是具有决定意义的。根据《关于司法解释工作的规定》第23~25条、《关于案例指导工作的规定》第6条和《实施细则》第8条的规定,司法解释和指导性案例都是由最高人民法院审委会讨论并决定的,这一关键程序意味着二者具有同等效力。这一点也得到来自最高人民法院新近观点的肯定:"既然指导性案例是最高人民法院审判委员会讨论确定的,裁判要点是最高人民法院审判委员会总结出来的审判经验,因此,可以视为与司法解释具有相似的效力。"[1]通过以上正式程序制定和发布的指导性案例,代表了最高人民法院对相关法律问题的官方意见,与司法解释也是完全等同的。当然,就全面的制定程序而言,还需要扩展讨论的问题是:司法解释需要报送全国人大常委会备案,而现有的案例指导制度对此尚未规定,这是否意味着司法解释效力地位高于指导性案例?《关于司法解释工作的规定》第26条第1款明确:"司法解释应当自发布之日起三十日内报全国人民代表大会常务委员会备案。"《关于案例指导工作的规定》和《实施细则》都没有关于指导性案例备案的规定。以上规定的对比似乎意味着司法解释得到了全国人大常委会的肯定而具有更高效力,但这一观点难以成立。《关于司法解释工作的规定》第26条源于《立法法》(2015年)第104条第2款和《各级人民代表大会常务委员会监督法》(2006年)第31条,后两者的原文都是"最高人民法院、最高人民检察院作出的属于审判、检察工作中具体应用法律的解释,应当自公布之日起三十日内报全国人民代表大会常务委员会备案"。从时间上来说,《立法法》和《各级人民代表大会常务委员会监督法》都早于修订后的《人民法院组织法》,前两者当时的规定只能是针对司法解释而无法顾及指导性案例。就条文文义而言,如前所述,"具体应用法律的解释"既包括司法解释也包括指导性案例,二者都应当经过备案程序。就程序效果而言,备案环节是为了方便全国人大常委会对最高人民法院的工作进行监督,但是并没有改变司法解释的制定主体、制定依据和适用范围,司法解释的效力地位并没有因此而发生变化。由此可见,备案环节并不意味着司法解释的效力高于指导性案例,而指导性案例作为"具体应用法律的解释"的形式之一也应当进行报备,这应当是案例指导制度将来修订时需要吸收的内容。

再次,裁判要点与司法解释在内容、形式和作用上都非常类似,意味着指导性案例与司法解释具有相同的法律效力。裁判要点是整个指导性案

---

[1] 胡云腾:《打造指导性案例的参照系》,载《法律适用(司法案例)》2018年第4期。

例的点睛之笔和集中体现,也是裁判文书可以引述和"应当参照"指导性案例的唯一内容,代表着指导性案例的效力地位。裁判要点源于案件事实及其相应的裁判理由,提供了具有普遍意义的抽象规则,反映了最高人民法院的意图,后两个特点与司法解释非常相似。"指导性案例所具有的'应当参照'的法律效力,可以合理地定位于准权威性依据的级别,类似于司法解释,而不同于其他司法案例。"[①]《实施细则》第10条强调指导性案例只能作为裁判理由而不能作为裁判依据,而司法解释已经被肯定可以作为裁判依据。从裁判理由与裁判依据的分野中,能否判断指导性案例与司法解释的效力高下？答案是否定的。在裁判理由层面上,二者已经具有相同的效力地位,关键问题是指导性案例能否作为裁判依据。司法解释较为全面、系统和细致,但也存在挂一漏万、模糊、含混甚至是空白之处,同样会在疑难案件中束手无策。此时,指导性案例可以借助一线法官的经验、智慧甚至是教训来应对疑难问题,并通过裁判要点的方式为类案提供直接规则或者审理思路,实际上就是发挥着裁判依据的作用。从这个意义上来说,针对不同问题所拟定的不同裁判要点类型,决定着指导性案例能否成为裁判依据。如果裁判要点属于对现有规则的细化或者明确,那么,此时指导性案例只能是作为论证最终裁判结论的理由之一,司法解释也可以发挥同等的效用,只是在最终裁判依据部分不能直接列举指导性案例。但是,如果裁判要点是对现有规则漏洞的补充或者造法型解释,那么,裁判要点就能够作为最终裁判结论的实质性规范理由而发挥决定性作用。[②] 如果案例指导制度继续完善,最高人民法院遴选出更多的疑难案件作为指导性案例,以裁判要点为集中代表的指导性案例将更多地扮演裁判依据的角色。源于最高人民法院的权威观点也对此表示赞同:"我的看法是,要通过司法解释明确规定:指导性案例的裁判要点像司法解释一样可以在裁判文书中引用,引用的顺序可以放在引用法律、行政法规和司法解释之后。"[③] 从以上分析可以看到,司法解释与通过裁判要点所表现的指导性案例都能够成为裁判理由和裁判依据,二者也因此具有同等的效力。

最后,指导性案例与司法解释在内容上相互借鉴,并在追求的效果上多有重合。指导性案例以裁判要点为集中体现,与司法解释都提供了形式上非常相似的抽象规则。从指导性案例的效力来源上看,裁判要点作为一

---

① 张志铭:《司法判例制度构建的法理基础》,载《清华法学》2013年第6期。
② 参见刘树德:《"裁判依据"与"裁判理由"的法理之辨及其实践样态——以裁判效力为中心的考察》,载《法治现代化研究》2020年第3期。
③ 胡云腾:《关于参照指导性案例的几个问题》,载《人民法院报》2018年8月1日,第5版。

般性司法规范被参照适用,在性质上应等同于最高人民法院的司法解释。① 更重要的是,二者在内容上也是相互借鉴的。例如,司法解释有限吸收指导性案例裁判规则的情况,主要包括指导性案例3号、5号、10号、74号等。② 反之,指导性案例在裁判要点中重复、吸收相关司法解释的规定也很常见,如指导性案例12号、14号、28号、62号等。③ 两相比较,后一种情况在数量上占据明显优势,尤其是在前几批刑事法指导性案例中表现得尤为突出,④行政法指导性案例也有类似情况。⑤ 即便如此,指导性案例与司法解释在内容上的相互借鉴也说明二者具有类似的效力地位,都属于最高人民法院形成新规则的具体方式。⑥ "指导性案例和司法解释并无本质区别,因为它们的本质都是借助于最高法院的权威来确立规则……它们最终都体现为了真正的规则;而法官判案所参照的,本质上就是由此所确立的这种规则。"⑦指导性案例和司法解释所形成的新规则,同时为后续的立法积累经验,二者的很多内容都被其后的正式立法修正所吸收。例如,原《民法总则》中有大量的法律条文源于司法解释,包括直接沿袭型、补充完善型、重新创设型和实质改动型等;⑧而指导性案例26号和101号的裁判要点也被《政府信息公开条例》的修订所吸收。⑨ 甚至《民法典》第965条关于"跳单"的规定是吸收了指导性案例1号的部分内容。质言之,司法解释和指导性案例都属于通过司法完善法律体系的方式,前者是从一般到一般的路径,后者是从个别到个别的路径。⑩ 二者不但能够为后续立法积累经验,形成的规则还能够产生类似的效果。除了统一法律适用,指导性案例和司法解释都属于最高人民法院的司法治理方式,⑪也都具有创设公

---

① 参见杨知文:《指导性案例裁判要点的法理及编撰方法》,载《政法论坛》2020年第3期。
② 参见孙跃:《指导性案例与抽象司法解释的互动及其完善》,载《法学家》2020年第2期。
③ 参见乔文进、沈起:《案例指导制度与司法解释制度功能区分刍议》,载《行政与法》2019年第4期。
④ 参见林维:《刑事案例指导制度:价值、困境与完善》,载《中外法学》2013年第3期。
⑤ 参见王东伟:《行政诉讼指导性案例研究》,载《行政法学研究》2018年第1期。
⑥ 参见陈兴良:《案例指导制度的法理考察》,载《法制与社会发展》2012年第3期。
⑦ 李红海:《案例指导制度的未来与司法治理能力》,载《中外法学》2018年第2期。
⑧ 参见赵一单:《民法总则对司法解释的吸纳:实证分析与法理反思》,载《法治研究》2017年第6期。
⑨ 参见孙光宁:《指导性案例对完善政府信息公开的探索及其优势》,载《行政论坛》2020年第2期。
⑩ 参见江必新:《司法对法律体系的完善》,载《法学研究》2012年第1期。
⑪ 参见彭宁:《最高人民法院司法治理模式之反思》,载《法商研究》2019年第1期。

共政策的功能。① 以内容上的相互借鉴和吸收为前提,指导性案例和司法解释能够形成多种共有和重合的实际效果。虽然法律规范的效力地位取决于应然的形式合法性,但是没有任何实然效果的法律规范也失去了其效力意义,而类似的内容和实际效果大致对应类似的效力地位。从这个意义上来说,指导性案例与司法解释应当具有类似或者等同的效力位阶。

第三节 提升指导性案例效力位阶的短期途径与长效方式

虽然指导性案例与司法解释具有同等效力位阶有多种应然理由,但是,正如本章第一部分所列举的规定,最高人民法院仍然间接地认定司法解释的效力高于指导性案例。这种实然的结果与应然的指向之间存在一定的紧张关系。在历史上,律例结合一直是中国法律制度中的重要传统。"古代律典和近代民法典均采取了'简约化'的编纂理念,古代的条例、近代的判例都通过'成文化'的规范技术与律典或法典统编为一体,律例统编体系在功能上实现了稳定性与灵活性的均衡统一。"②在清代司法实践中存在"因案修例"的现象,是通过某一特定司法案件对《大清律例》中的相关规定进行修改。③ 这意味着案例的效力甚至高于法律。案例指导制度承续了律例结合的传统,在当今社会转型时期具有非常重要的实践意义和价值。而指导性案例效力较低的情况没有做到"名正言顺",并不利于实现案例指导制度的预设价值。如何有效提升指导性案例的效力位阶,是一个需要引起关注并细致探讨的问题。

作为案例指导制度的顶层设计者之一,最高人民法院需要提升对指导性案例的重视程度,这是提升指导性案例效力位阶的启动措施。在现有每年司法案件数量早已超过 2000 万的背景之下,最高人民法院在案例指导制度运行十多年的时间里仅公布了 200 余个指导性案例,在数量上远远无法满足审判疑难问题的需要。这种遴选和发布数量上的缺陷,说明最高人

---

① 参见张友连:《论最高人民法院公共政策创制的形式及选择》,载《法律科学(西北政法大学学报)》2010 年第 1 期。
② 张生:《中国律例统编的传统与现代民法体系中的指导性案例》,载《中国法学》2020 年第 3 期。
③ 黄雄义:《清代因案修例的现象还原与性质界定——兼论其对完善案例指导制度的启示》,载《政治与法律》2020 年第 2 期。

民法院在推进案例指导制度运行方面比较保守、犹豫或者无暇顾及,重视程度不足。在目前案例指导制度运行的初级阶段,行政化的启动和推动还是非常必要和有效的,最高人民法院在这个过程中责无旁贷,应当树立整体全面的法源观念,有意识地提升指导性案例的效力位阶。

从短期的具体措施来说,最高人民法院可以直接通过规范性文件的方式确定指导性案例与司法解释具有相同效力等级。对《实施细则》中相应的条款进行修改就可以达到这一效果。例如,仿效《关于司法解释工作的规定》第5条,可以规定"指导性案例具有法律效力"。又如,将《实施细则》第10条中"不作为裁判依据引用"的规定修改为指导性案例可以作为裁判依据使用,顺序在法律规范、司法解释之后,同时可以规定指导性案例不得单独作为裁判依据使用。这种方式既能够确定指导性案例的正式效力,也比较稳妥。[1] 当然,随之还需要对部分司法解释进行修改,特别是《关于裁判文书引用法律、法规等规范性法律文件的规定》等。另外还可以取消"批复"类型的司法解释。以上短期措施的优势是比较明显的:无须对《立法法》和《人民法院组织法》等法律进行修改,也无须对《关于司法解释工作的规定》、《关于案例指导工作的规定》以及《实施细则》等文件进行大规模修改,能够以较小的变动成本来实现指导性案例效力位阶的有效提升。

但是,这些对最高人民法院规范性文件直接修改的短期措施也有固有的缺陷。即使以上条款修改已经完成,也不可能具体到为每一个案件提供是否参照以及如何参照指导性案例的现成答案。指导性案例在官方文本(尤其是裁判要点)的编辑上仍然存在一定不足。[2] 更重要的是,在指导性案例数量较少、被认可和接受的程度明显不足的背景下,单纯依靠行政化外在强制力量的推动,很可能欲速则不达,甚至适得其反。现有承办法官在短时间内很难完全掌握运用指导性案例的技术和方法。如果以规定修改后确定的强制效力要求法官参照指导性案例,那么,这种勉为其难的做法可能导致法官"用脚投票",采取各种方式架空指导性案例。基于现有"应当参照"的效力就已经出现了众多隐性参照的情况,[3] 而且法官还能够

---

[1] 参见孙光宁:《反思指导性案例的援引方式——以〈《关于案例指导工作的规定》实施细则〉为分析对象》,载《法制与社会发展》2016年第4期。
[2] 参见吴建斌:《指导性案例裁判要点不能背离原案事实——对最高人民法院指导案例67号的评论与展望》,载《政治与法律》2017年第10期。
[3] 参见孙海波:《指导性案例的隐性适用及其矫正》,载《环球法律评论》2018年第2期。

以诸多理由或者借口来否定参照指导性案例。① 从我国台湾地区"刑事司法"实践来看,多部相关规定中就刑事判例的编辑、变更、适用和效力等事项给予特别明确的规定,使刑事判例具有较强的拘束力,但是由此也产生了不少弊端,需要引以为戒。② 可以说,仅以正式规定上的修改作为提升指导性案例效力的方式,远远无法实现案例指导制度的实质效果。如果仅有较高的效力定位而缺乏实效,案例指导制度将沦为空中楼阁,我们需要寻求提升指导性案例效力地位的更加稳妥的长效方式。

由于指导性案例与司法解释有非常密切的关系,而且在内容上也有不少相似之处,而司法解释无论是在效力上还是在实效中都已经获得了长足的肯定。因此,指导性案例可以借鉴司法解释的发展历程来获得发挥长效的启示。从沿革角度来说,司法解释也经历了一个从无到有、逐渐获得广泛认可的过程。新中国成立初期的革命法制具有非司法的特性,法院的工作具有极强的政策性,推动了抽象性司法解释的启动;其后相当一段时期,立法工作的缺位导致司法解释工作的必要;改革开放以后,立法的高速发展导致了粗糙的特点,继续强化了制定司法解释的必要性。③ 其中明确法律规定的具体含义是最常见的情况。④ 即使在大规模立法之后,司法解释仍然因为能够与时俱进而继续普遍存在并获得认可。例如,刑事司法解释的修改、补充和废止工作更加明晰,清理工作成效显著,以法律适用问题为导向,填补和决疑功能日益凸显。⑤ 从以上历史回顾中可见,司法解释能够获得现在普遍认可的正式效力,是以与时俱进发展、调整所取得的实效为基础的,通过国家立法层面确立效力便是合情合理、水到渠成。很明显,指导性案例还远远没有达到司法解释已经取得的实效,仅通过外在行政化手段设置若干强制性职业义务,虽能够发挥一定的启动作用,但是很难在短时期内立刻改变司法实务工作者的职业习惯。

鉴于案例指导制度的诸多应然价值,以及两大法系不断融合的宏观趋势,还是有必要继续推进指导性案例的效力提升,其长效方式是使指导性

---

① 参见孙光宁:《区别技术在参照指导性案例之司法实践中的应用及其改进——以指导性案例第24号为分析对象》,载《法学家》2019年第4期。
② 参见刘传稿:《台湾地区刑事判例制度对大陆刑事案例指导制度的启发》,载《南京社会科学》2015年第8期。
③ 参见胡岩:《司法解释的前生后世》,载《政法论坛》2015年第3期;黄亚英:《构建中国案例指导制度的若干问题初探》,载《比较法研究》2012年第2期。
④ 参见苗炎:《司法解释制度之法理反思与结构优化》,载《法制与社会发展》2019年第2期。
⑤ 参见牛克乾:《1997年刑法修订以来规范性刑法解释状况述评》,载《法律适用》2015年第4期。

案例切实获得广泛认可和接受的实效,成为司法过程中常见、常用并且常新的资源。这种长效方式在宏观上表现为应当继续细化指导性案例的准确定位,实现与司法解释的错位发展。从司法解释的发展历史中可见,在立法规定的疏漏和滞后之处,司法解释可以继续细化和澄清,从而获得司法实务的认可。而司法解释本身在面对具体案件(尤其是疑难案件)时,也面临"再解释"的困境,甚至引发更加棘手的问题。① 此时,指导性案例就可以进一步细化与澄清,还可以针对具体局部的漏洞进行适当补充。② 司法解释适用于更抽象性的案件,案例指导制度适用于更具体性的案件,在具体使用时并无优先性问题而只有适当性选择的问题。③ 指导性案例可以针对司法解释进行"再解释",形成二者的合力。这里的关键就是指导性案例自身的质量:论证说理的充分程度,针对审判中的疑难问题,满足审判实践的需要。"对判例的运用重在其效用而不是效力,尊重的是判例中所内含的司法理念、司法经验、司法智慧乃至司法方式和司法技巧;运用判例的目的在于通过好的判例,彰显并利用判例中所蕴含的这些理念、经验、智慧等。"④

对于多数普通案件来说,承办法官并不需要参照指导性案例,法律法规和司法解释就足以应对常规案件。换言之,承办法官所需要的是能够为疑难案件提供借鉴方案或者方法的指导性案例。针对抽象规则中都没有或者难以解决的问题,指导性案例所提供的规则、方法、技巧或者思路能够发挥重大作用,十分有助于解决同类案件,实现同案同判或者同案类判。这一类特定案件的审理就会高度依赖指导性案例。"案例是否具有指导性,主要看案例及其裁判要点所涉法律问题是否具有争议性、新颖性及其解决问题的方案是否具有创新性贡献。"⑤指导性案例24号在裁判文书中被援引的情况就是例证。该指导性案例针对的是受害人的特殊体质对侵权者赔偿范围的影响,即"蛋壳脑袋"问题,原《侵权责任法》及其司法解释(包括系统编纂的《民法典》)对此都没有规定。指导性案例24号针对此种法律空白所确立的规则,受到司法实务的普遍欢迎,成为被援引次数最高的指导性案例。这也为指导性案例的遴选确立了良好标准。"以指导性

---

① 参见黄金兰:《我国司法解释的合法性困境及其应对建议》,载《法商研究》2020年第3期。
② 参见杨楠:《指导性案例与规范性司法解释关系的实证考察——以刑事司法为例》,载《华中科技大学学报(社会科学版)》2019年第2期。
③ 参见侯欢:《司法解释与案例指导制度关系之辨》,载《北方法学》2019年第3期。
④ 顾培东、李振贤:《当前我国判例运用若干问题的思考》,载《四川大学学报(哲学社会科学版)》2020年第2期。
⑤ 胡云腾、吴光侠:《指导性案例的编选标准》,载《人民司法》2015年第15期。

案例的面目出现的案件,必须尽可能具有类型性、疑难性,通过对一个案例的编选和公布,能够解决相类似的一大批案件。"① 此外,围绕裁判要点结论所展开的论证说理也是指导性案例独有的内容,主要体现在其体例中的裁判理由部分。这个部分的内容是对裁判要点的扩展和延伸,使承办法官"知其然也知其所以然",包含形成裁判结论的诸多理由。"只有把指导性案例本身具有的'正确的决定性判决理由'建立在理性共识的基础上,才能使指导性案例真正得到理性的权威。"② 只有还原指导性案例的司法裁判本质,才能合理期待指导性案例能够比司法解释更好地发挥统一法律适用、保障司法公正的独立功能,③ 也体现了案例指导制度对审判功能的回归。④ 简言之,在宏观上,指导性案例应当具有更加清晰准确的定位,通过结论和理由所展现的质量是指导性案例获得长效的坚实基础。

除此之外,在微观层面上,指导性案例也有很多需要改进的方面,核心问题之一是裁判要点的转型。裁判要点是指导性案例的精华,又与司法解释高度相似,是二者类似之处的集中体现。现阶段裁判要点的问题是与司法解释过于相像,容易丧失指导性案例的独特性,沦为僵化的教条。⑤ 长此以往,案例指导制度就会逐渐丧失其独立性。⑥ 因此,要提升对司法实务的实际影响,指导性案例应当推动裁判要点的分化和转型,这一点也是借鉴德国判例的结论。德国判例的裁判要点可以分为若干类型,包括规范型、技术型、信息提示型等,各自发挥着不同的功能。例如,信息提示型仅是对主要案件事实的凝练和概括。⑦ 质言之,裁判要点不应局限于概括抽象规则,应当有更多形态和内容,尤其是向概括案件主要事实信息的方向进行转型,这有助于减少与司法解释的雷同,并通过对指导性案例其他部分的重视而展现其独特价值,尤其值得关注的是裁判理由部分。"与一般直接适用成文法条不同,'裁判要点'为什么形成这样的内容,为什么应该具有规范属性,需要从支撑其成立的'裁判理由'部分,有时乃至需要从'基本案情'的案件事实部分中寻找出其背后支撑的逻辑框架。"⑧ 而且,由

---

① 周光权:《刑事案例指导制度:难题与前景》,载《中外法学》2013年第3期。
② 张骐:《再论指导性案例效力的性质与保证》,载《法制与社会发展》2013年第1期。
③ 参见牟绿叶:《论指导性案例的效力》,载《当代法学》2014年第1期。
④ 参见刘作翔:《中国案例指导制度的最新进展及其问题》,载《东方法学》2015年第3期。
⑤ 参见吴英姿:《谨防案例指导制度可能的"瓶颈"》,载《法学》2011年第9期。
⑥ 参见秦宗文:《案例指导制度的特色、难题与前景》,载《法制与社会发展》2012年第1期。
⑦ 参见高尚:《德国判例结构特征对中国指导性案例的启示》,载《社会科学研究》2015年第5期。
⑧ 朱芒:《论指导性案例的内容构成》,载《中国社会科学》2017年第4期。

于最高人民法院可以随时发布指导性案例,裁判要点的风格和内容由此可以随时调整,避免了传统经典案例随机而缓慢的缺陷。① 简言之,以裁判要点的转型为契机,指导性案例可以区别于司法解释而显示独特价值,虽然由此产生的实效需要一定时间的积累,但这一转型有助于提升指导性案例的质量,并且符合与司法解释错位发展的宏观定位,产生纲举目张的积极效果。

以上宏观和微观方面的改进方向都是发生在法院系统内部的,要使指导性案例发挥长效,充分调动法院系统之外的社会力量(尤其是诉讼参与人)也是重要方式之一。前文述及,在主动提出适用指导性案例方面,诉讼参与人的积极性要远高于承办法官。这表明指导性案例受到诉讼参与人的高度重视和欢迎。在诉讼过程中,代理律师将检索到的指导性案例作为证据或者证明材料提交给法庭的情况屡见不鲜,这是一种"判例自发性运用现象":案例指导制度为诉讼主体自发运用判例提供了重要启示,社会各方由此得知判例不同程度地对司法具有指导和示范效力,诉讼主体会在法律法规及法律解释之外寻求第三种规则,最终使诉讼主体重视并广泛运用各种判例。② 较之司法解释,指导性案例更加生动具体,更容易被社会公众所了解和认知,在涉及自身纠纷时也更容易作为论证材料使用。这种情况间接地形成一种"倒逼机制":通过诉讼参与人提出适用指导性案例的申请,法官不得不谨慎审视相应的指导性案例,这对扩大指导性案例的影响也是重要的助推力量。"如果法院、政府官员以及一般公民,在援引其所含标准以识别法律时,已经将指导性案例考虑在内,并对指导性案例表现出较为一致的肯定态度,就说明指导性案例是具有规范性的。"③从这个意义上来说,当法律职业群体和社会公众都给予充分肯定的时候,指导性案例就获得了良好而普遍的实效,其效力提升也是顺理成章的。这种从"源头"做起的方式值得特别关注。④ 当然,指导性案例在社会公众中影响力的提升也需要时间的积累,不仅需要最高人民法院发布更多数量和类型的指导性案例,还需要注重宣传和推广。

---

① 参见汤文平:《中国特色判例制度之系统发动》,载《法学家》2018年第6期。
② 参见顾培东:《判例自发性运用现象的生成与效应》,载《法学研究》2018年第2期。
③ 熊静波:《由内在态度决定的权威——对指导性案例规范性的再评估》,载《法学评论》2016年第6期。
④ 参见方乐:《指导性案例司法适用的困境及其破解》,载《四川大学学报(哲学社会科学版)》2020年第2期。

结语:指导性案例与司法解释的共存与共进

在效力层面上,指导性案例与司法解释存在错综复杂的关系,二者应然的同等地位并没有在实然层面上得以展现和落实。同时,不仅功能可以部分相互补充,又共享着最高人民法院及其行政化力量的推动;指导性案例更能够体现司法的特性却有待时间积累,司法解释更接近于立法却经历了时间的考验而得到广泛认可。"权力主导的案例指导制度,与现行司法解释制度,都是司法外的政策制定行为,只不过前者或许能部分替代后者的功能,从而抑制最高人民法院发布抽象司法解释的欲望。当然,权力指导的案例指导制度虽然应受批评,但较之抽象司法解释更接近司法的本质,相对来说也是一种进步。"[1]对于效力有待继续提高的指导性案例而言,自身的数量和质量是根本因素,应当尽快实现从"权力输出型"到"权威生成型"的转变,[2]通过实际效果和影响力的提升来获得更高效力位阶的认可程度。

在这个需要时间积累的过程中,指导性案例还会与司法解释长期共存,甚至在特定案件中会出现二者之间的竞争。这种竞争意味着承办法官有更多的资源可以参考和适用,能够丰富司法过程及其结论,尤其是诉讼参与人举出的指导性案例。在分工明确的顶层设计下,指导性案例与司法解释不仅会长期共存,而且会以各司其职的方式共同进步,推动统一法律适用乃至于司法公正和效率的不断提升。

---

[1] 宋晓:《判例生成与中国案例指导制度》,载《法学研究》2011 年第 4 期。
[2] 参见刘树德:《最高人民法院司法规则的供给模式——兼论案例指导制度的完善》,载《清华法学》2015 年第 4 期。

第四章　指导性案例的功能定位：
基础功能与扩展功能

【本章提要】随着影响力的不断提升,指导性案例具备了多种功能,大致包括直接针对审判实践的基础功能和间接影响社会的扩展功能。在发挥统一法律适用的基础功能过程中,指导性案例需要与司法解释在提供抽象规则方面形成错位发展,还需要关注通过案例研习提升法官素质的长期效果。指导性案例的扩展功能主要表现为公共政策功能和道德教化功能。指导性案例的公共政策功能集中体现在诸多案例对弱者的倾向性保护,同时这一功能还有独特之处,如仅存在法律漏洞或者模糊之处,需要多个案例共同体现,以及涉及三方关系(最高人民法院、地方法院和指导性案例)处理等。指导性案例的道德教化功能主要是通过生动直接的案例引导民众在社会公德和私人道德方面积极向善,传播主流价值观念。特别是指导性案例在弘扬社会主义核心价值观的功能方面有独特的优势。现有指导性案例的各种功能还需要在效果上进一步提升,具体改进方向包括增加案例的数量、类型和发布方式,在正式文本中加强论证说理,降低参照适用的门槛要求,提供更加丰富细致的技术支持,以及准确协调各种功能之间的关系,等等。指导性案例的功能提升不仅有赖于最高人民法院的整体转型,同时其也是加速这一转型的方式与动力,需要认真对待。

在经过了理论界和实务界的长期呼唤之后,案例指导制度在2010年年底正式开始运行,最高人民法院至今发布了200余个指导性案例,2019年开始实施的新《人民法院组织法》也正式吸收了指导性案例的相关内容。但是,指导性案例并没有实现预期中的理想效果,不仅法官对其认知度较低,而且在裁判文书中直接援引的情况也比较少见。近几年这种情况已经有所改变,指导性案例的援引数量呈现上升趋势。面对指导性案例影响力逐渐上升的情况,已经运行了十多年时间的案例指导制度也到了进行阶段性总结的时刻。就制度效果评估的角度而言,对指导性案例应当发挥的功能和实际发挥的功能进行全面梳理,能够更好地为该制度的后续运行和完善提供更加准确的方向。

任何司法制度都不是在真空中运行的,除了作用于审判活动,也会与特定时期的法治进程和社会现实产生相互影响。因此,对特定司法制度功能的评价可以从规范效果和社会效果两个方面展开,案例指导制度也不例外。具体而言,规范效果需要考察指导性案例是否以及如何在审判活动中推进法律的统一适用;社会效果则需要考察指导性案例的发布和适用产生了何种审判活动之外的间接作用或者影响。这两个方面分别对应指导性案例的基本功能和扩展功能。就实际运行的角度而言,指导性案例已经突破了原初预设的基本功能,其扩展功能集中体现在公共政策功能和道德教化功能这两个方面。虽然学界尚未明确区分以上功能类型,但相关的研究实际上已经展开:对于基本功能,无论是制度的顶层设计还是理论研究,已经基本达成共识;同时,最高人民法院的公共政策功能决定了指导性案例的类似功能,已经引起学界的关注;指导性案例的道德教化功能虽然尚未被各方高度关注,却也开始初露峥嵘。

基于以上的功能类型,本章将首先分析指导性案例在统一法律适用中的基本功能,尤其关注其与发挥类似功能的司法解释之间的关系,特别强调指导性案例在基本功能方面有关注长久效果的独特之处。其次,本章将在描述相关实例的基础上,概括出指导性案例在发挥公共政策功能方面的特点。再次,本章将分公德和私德两个层面来解读指导性案例的道德教化功能。最后,本章将针对改进指导性案例功能效果提出综合意见。指导性案例的诸多功能发挥程度和效果不一而同,在全面细致描述的基础上概括出完善措施,这种阶段性总结能够成为案例指导制度继续和扩大发挥积极效果的理论参考。

第一节 指导性案例的基础功能:统一法律适用

党的十八届四中全会《中共中央关于全面推进依法治国若干重大问题的决定》明确:"加强和规范司法解释和案例指导,统一法律适用标准。"这一表述确定了指导性案例的基本功能为"统一法律适用",这一点也在最高人民法院《关于案例指导工作的规定》及其实施细则中再次得到肯定。指导性案例推动法律适用的方式主要是直接提供抽象的裁判规则,这些规则集中体现在其正式文本的裁判要点部分。虽然裁判要点的内容可以涉及法律适用规则、裁判方法和司法理念等方面的内容,[1]但是,从现有的

---

[1] 参见胡云腾、吴光侠:《〈关于编写报送指导性案例体例的意见〉的理解与适用》,载《人民司法》2012年第9期。

200余个指导性案例正式文本来看,表述具体法律规则成为裁判要点的主要内容,不仅是为了满足审判实践的需要,也是贯彻统一法律适用的表现。"案例指导相对于司法解释,具有更强的灵活性,可以更为及时地适应社会关系调整对于法律规则的需求,而且具有更突出的生动性,指导案例可以说是'活的'法,通过具体案例引申出裁判、处理规则,更便于理解并参照审理、处理类似案件,维护法制的统一。"①在司法制度的顶层设计中,司法解释同样具有推动法律统一适用的功能,而且在司法实践中更受欢迎,甚至在一定程度上阻碍了指导性案例被法官所接受。如何权衡二者之间的竞争关系,尚未达成普遍共识。在司法解释已经长期存在并被法官普遍接受的背景下,指导性案例要实现其基本功能,就必然需要妥善处理其与司法解释的关系。

一、指导性案例在与司法解释的错位发展中发挥基础功能

作为受到最高人民法院直接肯定的正式法律渊源,司法解释的优势是十分明显的。面对立法的简约与概括,司法解释以集中、大量和系统的方式提供了更为细化的抽象规则,②这种可操作性较强的特点受到司法实践的普遍欢迎。在形式上,司法解释遵循成文法条文的普遍意义,强调对立法原意的确认和深化;③在内容上,司法解释不仅明确了部分法律规定的具体含义,为法律制定后出现的新情况明确适用法律的依据,还将有关政策明确为裁判依据,甚至还在创制规则填补法律漏洞。④ 但无论是在既有的法律体系内部,还是在实体内容的制定和执行上,司法解释仍然存在一定缺陷。其中有一些突出的表现,如司法解释与其所解释的法律就同样事项作出了截然不同的规定;根据上位法作出的司法解释与下位法就同样事项作出了不同的规定;后制定的上位法与依据先制定的下位法作出的司法

---

① 《党的十八届四中全会〈决定〉学习辅导百问》编写组编:《党的十八届四中全会〈决定〉学习辅导百问》,学习出版社、党建读物出版社2014年版,第97页。
② 根据《关于司法解释工作的规定》第6条的规定,司法解释的形式包括"解释"、"规定"、"规则"、"批复"和"决定"五种。其中的"批复"也是针对个案具体应用法律问题的请示作出的解释,与指导性案例有类似之处(参见孙笑侠、褚国建:《论司法批复的解释论功能及其局限》,载《浙江大学学报(人文社会科学版)》2009年第6期),并应当逐渐被指导性案例所取代(参见刘风景:《司法解释权限的界定与行使》,载《中国法学》2016年第3期)。出于与指导性案例进行对比研究的需要,本章中的司法解释仅指"解释"、"规定"、"规则"和"决定"四种。
③ 参见陈春龙:《中国司法解释的地位与功能》,载《中国法学》2003年第1期。
④ 参见苗炎:《司法解释制度之法理反思与结构优化》,载《法制与社会发展》2019年第2期。

解释之间的冲突等。① 在司法解释已然大行其道的背景下,基于上述缺陷就贸然废止显得过于草率,对司法解释进行部分改造成了主流观点。

相比而言,在现有的审判实践中,法官对司法解释的路径依赖远远大于指导性案例所带来的少量个案规则,这种状况决定了指导性案例不能与司法解释形成直接的竞争关系,而应当强调"错位发展",通过扬长避短的方式来实现统一法律适用的基础功能。在最高人民法院发布指导性案例的历程中,以上定位经历了从模糊到清晰的发展过程。在最初几批指导性案例中,裁判要点部分基本上是既有法律或者司法解释的重复,如指导性案例3号,其四个裁判要点都已经被各类司法解释所规定,这些裁判要点不仅没有超越既有的司法解释内容,甚至连对既有解释的深入阐释都谈不上。② 又如,指导性案例8号和9号都属于公司法案件,审理类似案件的法官只需要查询和援引相应的公司法司法解释就可以形成妥当的裁判结论,这些案件所使用法律解释方法的技术含量也相应地缺少启发意义。③ 出于谨慎决策的考虑,最高人民法院在早期批次的指导性案例中重复司法解释是可以理解的。但是,这种定位和相应的消极效果并不应当维持长久,更应当转向与司法解释的错位发展。随着相关经验的逐渐积累,最高人民法院也发布了一些具有创新性的指导性案例,为类似案件的审理提供了直接规则。例如,指导性案例20号针对的是专利临时保护期内制造的被诉专利侵权产品的销售、使用等后续行为是否构成侵害专利权的问题,而该问题在《专利法》中并没有规定,最高人民法院"解释"了相应的裁判规则。④ 又如,指导性案例24号针对被害人的特殊体质对侵权范围影响的问题,原《侵权责任法》及其司法解释都没有相应规定,最高人民法院在该指导性案例中确立了填补法律漏洞、具有统一法律适用效果的规则,甚至有将这一规则上升为侵权法一般规则的倾向。⑤ 再如,在指导性案例35号中,《关于人民法院民事执行中拍卖、变卖财产的规定》(法释〔2004〕16号)只规定在拍卖开始前,如果发生拍卖机构与竞买人恶意串通的情形,法院应当撤回拍卖委托,但是对拍卖开始后发现的竞买人妨害拍卖的情况如

---

① 参见王成:《最高法院司法解释效力研究》,载《中外法学》2016年第1期。
② 参见林维:《刑事案例指导制度:价值、困境与完善》,载《中外法学》2013年第3期。
③ 参见邹海林:《指导性案例的规范性研究——以涉商事指导性案例为例》,载《清华法学》2017年第6期。
④ 郎贵梅、吴光侠:《〈深圳市斯瑞曼精细化工有限公司诉深圳市坑梓自来水有限公司、深圳市康泰蓝水处理设备有限公司侵害发明专利权纠纷案〉的理解与参照》,载《人民司法》2014年第6期。
⑤ 参见孙鹏:《"蛋壳脑袋"规则之反思与解构》,载《中国法学》2017年第1期。

何处理没有规定,法官确定不存在拍卖后宣布拍卖无效或撤销拍卖结果的问题。① 指导性案例125号涉及网络拍卖问题,当时《民事诉讼法》及相关司法解释均没有规定司法拍卖成交后必须签订成交确认书,法院据此认定了申诉人主张的效力。②

虽然司法解释和指导性案例都在通过提供抽象法律规则的方式推动法律的统一适用,但二者还是各有侧重和优势的。司法解释的明显优势在于集中和全面,不仅能够为普通案件提供细化规则,还能够为疑难案件提供创新规则;其缺陷则在于及时性较差,而这一点恰恰是指导性案例的优势。由于个案的随机性和独立性,最高人民法院可以根据审判实践的需要随时发布相应的指导性案例,提供细化或者创新规则,并且借助案例指导制度的影响力来解决审判中遇到的疑难问题。需要进一步说明的是,司法解释更擅长提供全面的细化规则,尤其是与量化数额相关的指标;③而单一的指导性案例很难做到这一点,其更适合在疑难案件中以定性的方式提供创新规则。

当然,指导性案例在裁判要点中提供的创新规则也会面临一些质疑。例如,指导性案例24号所涉及的核心问题有非常多样和复杂的具体类型,远非该指导性案例提供的单一规则所能概括。④ 但是,审判中的疑难问题本身经常包含多种答案,而且在这些答案之间并未有绝对的高下之分。甚至有的疑难问题自立法之时起就悬而未决,即使立法者知晓问题的存在却也难以作出抉择,这种情况就属于所谓的"自始的法律漏洞"⑤。指导性案例只是在众多备选方案中确定一种作为正式的规则予以推行,虽然存在忽视其他方案合理性的可能性,但是这种艰难的选择却能够终结相关审判活动中的混乱状态或者不必要的争论,更有利于推动法律的统一适用,发挥自身的基本功能。指导性案例24号的后续援引情况也证实了以上结论:

---

① 参见黄金龙、杨春、李兵:《〈广东龙正投资发展有限公司与广东景茂拍卖行有限公司委托拍卖执行复议案〉的理解与参照——恶意串通的拍卖无效》,载《人民司法》2015年第18期。
② 参见万会峰、邵夏虹、马蓓蓓:《〈陈载果与刘荣坤、广东省汕头渔业用品进出口公司等申请撤销拍卖执行监督案〉的理解与参照——网络司法拍卖属于强制执行措施,应适用民事诉讼法及司法解释》,载《人民司法》2022年第11期。
③ 如最高人民法院、最高人民检察院《关于办理妨害信用卡管理刑事案件具体应用法律若干问题的解释》(法释〔2018〕19号)第1条用具体数量的方式明确了《刑法》第177条中的"情节严重"和"情节特别严重";第2条则用明确的数额说明了《刑法》第177条中的"数量较大"与"数量巨大"。这种通过具体的数量来确认"情节严重"、"情节特别严重"、"情节极其严重"与"数量较大"、"数量巨大"的方式在刑事司法解释中尤为常见。
④ 参见程啸:《受害人特殊体质与损害赔偿责任的减轻——最高人民法院第24号指导案例评析》,载《法学研究》2018年第1期。
⑤ 黄茂荣:《法学方法与现代民法》,中国政法大学出版社2001年版,第337页。

该案例已经成为被裁判文书直接援引次数最多的指导性案例,而且法官明确回应当事人的适用请求并以明示的方式引述该案裁判要点的比例也非常高,以往类似案件中法律适用混乱的情况得到明显改观。① 就自身定位角度而言,指导性案例并非普通案件,否则其指导作用根本无从发挥;指导性案例必然带有一定的疑难色彩,需要在既有的规则框架内对实体内容或者适用方法进行创新,甚至可以说创制规则就是指导性案例的使命。② 在进行创新的过程中必然面临诸多风险,甚至是以部分地牺牲全面性和综合性为代价;而创新最终仍然是为了在处理审判中的疑难问题时实现统一法律适用的基本功能。

从以上分析可以看到,指导性案例与司法解释在推动法律统一适用方面各有优势,扬长避短的错位运行方式能够实现二者合力的最大化。进言之,对于指导性案例而言,在实现其基本功能的过程中,即使与司法解释形成比较完善的错位发展,其在提供直接的抽象规则方面仍然只是零敲碎打,并不系统和完整,难以引起法官足够的重视。如何摆脱亦步亦趋甚至"寄人篱下"的窘境,实现指导性案例自身的长久稳定发展,从而显示出案例指导制度的独特意义和价值就需要另辟蹊径,历史的经验能够对此带来重要启示。

二、指导性案例通过提升法官素质发挥基础功能

案例指导制度主要借鉴了英美法系的先例制度,后者经历了漫长的发展仍然保持着生机和活力,甚至大陆法系的判例制度也深受其影响,积累了非常丰富的实践经验。在普通法运行的初期,英国基本上没有全国通行的统一制定法规则,而是依靠衡平法对普通法进行修正和完善,进而在很大程度上实现统一规则的主体——具有丰富阅历和实践理性的大法官们。他们通过拟制、规避和解释等多种方式,推动了判例的不断积累、融合和权威性的提升,逐渐实现了全国的统一规则,进而有效地推进了法治进程。"普通法思想是将理性运用于经验的理论……在经验中获得的这样一种理论,不仅是法律规则的解释与适用,在很大程度上也必须由法官受过训练的推理来处理过的规则来发现。"③在没有现成规则的背景下对案件进行解释、推理和论证,这种艰难的工作无疑锻炼和提升了法官的素质。例如,

---

① 参见北大法律信息网组织编写:《最高人民法院指导性案例司法应用研究报告(2017)》,北京大学出版社 2018 年版,第 173-181 页。
② 参见陈兴良:《案例指导制度的规范考察》,载《法学评论》2012 年第 3 期。
③ [美]罗斯科·庞德:《普通法的精神》,曹相见译,上海三联书店 2016 年版,第 97 页。

法官的解释对于普通法发展有重大影响,反映了法官在整个法律生活中所起的核心作用。[1] 简言之,在英美法系中,法官实际上发挥着立法、司法以及法学的三重作用,因此,英美法制度下对法官专业素质的要求更为严格。[2] 同时,具备较高素质的法官反过来又能够保障规则适用的一致性。特别是经过了亨利二世改革之后,巡回法庭在英格兰各地审判的基础上,回伦敦之后通过交流心得而形成了统一处理案件的标准,这些经过去芜存菁之后的习惯法逐渐统称为"统一适用于英格兰全境的法律"[3]。虽然普通法中法官素质的提升并非只依靠先例,但遵循先例与提升法官素质的确已经形成一种相互促进的良性循环。

就我国法治进程而言,虽然指导性案例的参照比率仍然有待提升,但通过研习指导性案例也是提升法官素质(尤其是其法律思维水平)的重要方式之一。以往的公报案例被审判实务部门视为重要的学习材料,其事实上的影响力甚至约束力已经成为不言而喻的司法"潜规则"。现在的指导性案例不仅有正式效力,而且在规范性和严谨性上更胜一筹,就更应当成为各地法官研习的重要对象。指导性案例针对审判活动中的疑难问题,能够准确地把握法律规范与案件事实之间的关系,特别是二者并不准确对接的关系,体现了来自本土司法实践的经验与智慧,包含着具有普遍性的法律适用方法乃至于司法运行规律。对这样的指导性案例进行长期的细致认真研习,十分有助于提升法官甚至整个法律职业群体的素质。"案例指导制度的目标不应只是通过指导性案例来确立司法政策或解释法律,并让法官参照之作出裁判以求得司法统一;而要从提高法官司法能力的高度出发,使之成为疑难案件判决书说理的典范和样板,并鼓励法官遵从、模仿、学习之,以提高司法判决的理性化程度,提升司法公信力,提高我国的司法治理能力。"[4]

当然,这种研习的效果也非立竿见影,并非仅通过审理类似的疑难案件就有所展现,而是在更加长远的时间内推动整个法律职业群体素质的提升,通过影响主观思维的方式来达到统一法律适用的效果。这种方式与抽象规则的直接灌输并非决然对立,而是相得益彰。审判活动的复杂和多样对法官的业务素质提出不少挑战,在统一法律适用的基本指向之下,法官

---

[1] 参见李红海:《普通法的历史解读——从梅特兰开始》,清华大学出版社2003年版,第321页。
[2] 参见米健:《比较法学导论》,商务印书馆2013年版,第272-273页。
[3] 泮伟江:《一个普通法的故事:英格兰政体的奥秘》,广西师范大学出版社2015年版,第35-36页。
[4] 李红海:《案例指导制度的未来与司法治理能力》,载《中外法学》2018年第2期。

既需要了解抽象规则的演绎,也需要借助具体案例的归纳和类比,二者各自所具备的优势和特点是不能相互取代的。"从当前司法实践中指导性案例所发挥的作用看,它不仅可以培养司法人员正确统一的法律思维方式和裁判方法,而且能够对自由裁量权予以必要的规制,促进法律适用标准在辖区内甚至全国范围内的规范、统一。"①随着各类案例体系以及相关研究的不断扩展,参考、借鉴甚至适用相关案例有可能也应当逐渐成为法官在审判活动中另一种主要的路径依赖,指导性案例自然也是其中首要的参考对象。

指导性案例的以上发展趋势不仅是一种理论上的呼唤,而且已经在部分制度中成为实践要求。例如,员额制"是要通过优化人员结构、科学分类管理和精确划分职能,使广大法官从繁冗、琐碎的程序性事务或非审判事务中解脱出来,专心致志行使判断权"②。虽然这一带有明显精英化和专业化的制度设计在现实中不可避免地存在一定缺陷,③但要求法官具备较高的业务素质和能力却是员额制内在的必然要求,无论是研习指导性案例还是参照适用指导性案例,都是这一要求的具体体现。又如,司法责任制要求"让审理者裁判,由裁判者负责",这种职责要求法官需要充分利用现有的各种法律资源来证立其裁判结果和过程,具备正式效力的指导性案例自然也属于其中。这种要求具体规定在《关于加强和规范裁判文书释法说理的指导意见》第13条,法官可以运用多种论据来论证裁判理由,以提高裁判结论的正当性和可接受性,指导性案例正是首要的论据类型。"在类似的案件中引用指导性案例进行说理时,由于裁判结果的相同或大体的一致,可以使人民对司法公正和正义产生合理的信赖。同时,指导性案例说理较为充分,法院在参照指导性案例裁决类似案件时,可以减轻法院的说理义务。"④在面对疑难案件时,员额制下的法官能否有效参照相应的指导性案例并在裁判文书中详细地说理论证,是展示其审判业务水平的重要表现。与此过程相关的、直接体现对案例指导制度要求的,是类案与关联案件检索机制。

类案检索机制是近几年最高人民法院在司法责任制背景下探索的新

---

① 于同志:《案例指导研究:理论与应用》,法律出版社2018年版,第75页。
② 最高人民法院司法改革领导小组办公室编写:《〈最高人民法院关于全面深化人民法院改革的意见〉读本》,人民法院出版社2015年版,第260页。
③ 参见宋远升:《精英化与专业化的迷失——法官员额制的困境与出路》,载《政法论坛》2017年第2期。
④ 最高人民法院司法改革领导小组办公室编:《最高人民法院关于加强和规范裁判文书释法说理的指导意见理解与适用》,中国法制出版社2018年版,第209页。

型审判机制。2015年9月《关于完善人民法院司法责任制的若干意见》（法发〔2015〕13号）中确定："建立审判业务法律研讨机制，通过类案参考、案例评析等方式统一裁判尺度。"2017年4月《关于落实司法责任制完善审判监督管理机制的意见（试行）》（法发〔2017〕11号）第6条中规定："在完善类案参考、裁判指引等工作机制基础上，建立类案及关联案件强制检索机制。"2017年7月《司法责任制实施意见（试行）》（法发〔2017〕20号）直接将"类案与关联案件检索"作为整个审判流程中的一个必要组成部分，专门进行了细化规定。2018年12月《关于进一步全面落实司法责任制的实施意见》和2019年2月《最高人民法院关于深化人民法院司法体制综合配套改革的意见——人民法院第五个五年改革纲要（2019—2023）》明确了其性质为"强制检索报告工作机制"。2020年7月，最高人民法院发布《关于统一法律适用加强类案检索的指导意见（试行）》，这是首个由最高司法机关颁布的类案检索专门文件，对于类案的界定，类案检索的情形、范围、方法及其相关报告的制作都提出了具体要求，有效推动了类案检索机制在全国范围内的推广和普及。类案检索机制是借助人工智能和大数据技术，对检索到的类案中所包含的共性结果指向进行确认，并作为形成待决案件裁判结果的参考；当待决案件可能与类案裁判结果出现背离时，主审法官要专门进行说明。从整体目标上来看，类案检索机制有助于在类似案件之间形成裁判结果上的一致性，这与指导性案例所追求的统一法律适用的目标是完全一致的；从具体运行上看，虽然类案检索机制仍然需要细化和精致的制度设计，[1]但是，无论针对何种数据库采用何种检索技术或者算法，指导性案例都应当是类案检索结果中具有最高优先级的参考对象，应当在强制检索的基础上获得强制适用。[2] 从长远的角度来看，类案检索机制植根于信息时代提供的便利技术条件，很有希望成为审判业务中的必备环节，甚至将来也存在需要公开的可能。当逐渐习惯于运用该机制时，法官就能更加便捷地在具体指导性案例的类案中实现类判；这种运用反过来又能够强化和推动法官形成类案检索的习惯和意识，其中也包含对指导性案例的研习和理解，最终形成的良性循环在实体意义上有

---

[1] 参见左卫民：《如何通过人工智能实现类案类判》，载《中国法律评论》2018年第2期。
[2] 《关于统一法律适用加强类案检索的指导意见（试行）》第4条将指导性案例列为首要的类案检索范围，其第9条第1款规定："检索到的类案为指导性案例的，人民法院应当参照作出裁判，但与新的法律、行政法规、司法解释冲突或者为新的指导性案例所取代的除外。"第10条规定："公诉机关、案件当事人及其辩护人、诉讼代理人等提交指导性案例作为控（诉）辩理由的，人民法院应当在裁判文书说理中回应是否参照并说明理由；提交其他类案作为控（诉）辩理由的，人民法院可以通过释明等方式予以回应。"

助于实现法律的统一适用。

从以上的分析可以看到,要发挥推动法律统一适用的基本功能,指导性案例面对短期和长期两种效果考量的视角。在短期效果的考量中,指导性案例需要注意在提供直接的抽象规则方面与司法解释形成错位发展,特别需要在疑难案件中提供具有创新性的规则或者审判思路,还需要借助类案检索等机制要求来加强法官的重视;在长期效果的考量中,指导性案例应当更加注重培养法官研习和适用案例的习惯,将案例的作用渗透到审判活动的全过程,侧重对法官进行思维层面上的影响和引导。在以上两种时期的效果考量中,后者更为坚实和全面,也能够凸显指导性案例的独特之处,应当成为完善案例指导制度的基本立场。相比普通法的漫长发展历史,指导性案例的运行时间还不长,尤其是面对适用抽象规则的路径依赖,实现对法官思维的影响,显现长期效果都需要特定时间的积累。基于这种长期考量也可以更加理性地面对案例指导制度在运行初期的缺陷和不足,尤其是裁判文书援引比例过低的问题。当然,以上两种效果考量的视角并非对立,短期内的良好效果能够加速长期效果的显现,二者完全可以共同推进指导性案例实现其基本功能。

第二节 指导性案例的扩展功能:执行公共政策

指导性案例实现基本功能的主要方式是各地法官在审理与指导性案例相类似的案件时参照其裁判要点形成一致的裁判结果。当类似案件在不同法院都能够获得比较一致的处理(类案类判)时,作为整体的法院就是在向社会传达对待特定问题的一致态度,社会成员也会根据这种态度来安排自己的行为。正如醉驾入刑有效减少了酒后驾车的情形一样,指导性案例在发挥基本功能的时候也会产生特定的社会影响和效果。这种间接影响实质上是指导性案例发挥基本功能时产生的扩展功能,其中重要的表现方式之一就是指导性案例的公共政策功能。

一、指导性案例公共政策功能的原因与表现

与司法解释类似,指导性案例也负载着执行政策的制度目标,比较典型的就是司法政策,主要方式是在指导性案例中融入一定的司法政策来对法律规则和立法政策进行引导和调整,旨在对未来类似的案件提供指导和

引导。① 在普通法的发展历程中,将政策融入司法判决也是经常发生的现象,包括主张让事物的状态对社会整体福利有利的政策、在适当的方法论基础上可以受到社会充分支持的政策、从这种政策中推导出来的政策,以及看上去似乎已经得到这种支持的政策。② 除了司法政策,指导性案例中还包含非常丰富的公共政策内容或者因素,背后的首要原因就在于最高人民法院的政治功能。

随着现代社会的日益复杂,立法者的预见性逐渐出现更多力有不逮的情况,需要司法者相机而动、灵活应变的情况也更加频繁地发生。各国最高司法机关则在其中扮演主要角色,我国的最高人民法院也不例外,其政治属性也越发明显。经验表明,最高人民法院的批复或规则,绝大多数是基于审判实务中的事实和问题而产生的。其中,抽象规则形式的司法解释往往既来源实际个案,又超越实际个案。最高人民法院就是以司法解释为主来履行各国最高层级司法机构都要负担的通过解释发展法律的政治功能的。③ 在适用法律进行个案裁判中扮演公共政策制定和实施的角色,是法院政治功能的核心表现之一。④ 在案例指导制度出台之后,指导性案例成为最高人民法院展现其政治性、推行公共政策的重要方式,这也符合各国最高法院的通行做法。⑤ 虽然最高人民法院从未宣称其具有规则治理的功能,但实际上已经成为参与公共政策制定的机关,而且其多年以格式化与成文化的技术手段进行着抽象的立法活动,已受到诸多指责。⑥ 改进的重要方向之一就是提升指导性案例的正式地位和实际作用,回归最高人民法院的"司法"属性。

指导性案例具备公共政策功能,除了在宏观上源于最高人民法院自身的地位,在微观层面上,最高人民法院也直接肯定了指导性案例中蕴含的具有公共政策色彩的导向和意图。例如,《关于发布第一批指导性案例的通知》直接明确,指导性案例1号既保护中介公司合法权益,维护市场交易诚信,又促进其公平竞争,提高服务质量;指导性案例4号则旨在贯彻宽严

---

① 参见王绍喜:《指导性案例的政策引导功能》,载《华东政法大学学报》2018年第5期。
② 参见[美]迈尔文·艾隆·艾森伯格:《普通法的本质》,张曙光等译,法律出版社2004年版,第37页。
③ 参见沈岿:《司法解释的"民主化"和最高法院的政治功能》,载《中国社会科学》2008年第1期。
④ 参见黄韬:《公共政策法院:中国金融法制变迁的司法维度》,法律出版社2013年版,第26页。
⑤ 参见陈林林、许杨勇:《司法解释立法化问题三论》,载《浙江社会科学》2010年第6期。
⑥ 参见安晨曦:《最高人民法院如何统一法律适用——非正规释法技艺的考察》,载《法律科学(西北政法大学学报)》2016年第3期。

相济的刑事政策,最大限度地减少不和谐因素,促进和谐社会建设。这些关于发布指导性案例的通知规定中就直接明确了最高人民法院遴选这些案件的主要目标,带有明显的公共政策色彩。此外,在目前以专题方式发布指导性案例的实践中,相应专题也在很大程度上体现了最高人民法院的公共政策功能,如保护知识产权、保护劳动者权益、保护自然环境等。可以说,指导性案例包含的公共政策功能,既是最高人民法院自身定位使然,又是其有意为之的结果。

以上是指导性案例包含公共政策功能的应然原因,实际上,很多指导性案例也直接体现了公共政策的因素,其中比较突出的就是对社会中的弱者进行倾向性保护的公共政策。虽然不同学科对于社会中的弱者或者弱势者的概念界定并不完全相同,但是其指向的范围和群体相差并不大。特别是在司法领域中,保护弱者已经成为一种在法律规则之外影响裁判结果的公共政策。[1] 就现有的200余个指导性案例而言,这一公共政策针对的弱势群体主要包括劳动者、消费者、行政相对人等。例如,现有的所有涉及劳动者的指导性案例都作出了对劳动者有利的判决:指导性案例18号运用多种解释方法认定"末位不等同于淘汰";指导性案例28号通过拒不支付劳动报酬罪给相关单位和个人以警示;指导性案例40号扩展了"因工作原因"和"工作场所"的概念范围,推动了对劳动者的工伤认定;指导性案例94号则明确了见义勇为属于工伤的认定范围。这些案件的集合已经充分表明了最高人民法院对劳动者进行倾向性保护的态度。尤其是2022年7月发布的第32批指导性案例,直接以保护劳动者合法权益为主题,包括反对就业歧视、用人单位反性骚扰义务、竞业限制期限的计算、离职职工的待遇等案件类型,体现了对劳动者合法权益的全方位维护。又如,对消费者的保护:指导性案例1号强调通过中介购房的消费者享有充分的知情权;指导性案例17号明确消费者购买的汽车适用《消费者权益保护法》,且购车受欺诈应获得相应赔偿;指导性案例23号确认消费者购买食品无须明知不符合安全标准,都可以获得赔偿;指导性案例46号、47号、58号和82号在分析商标侵权时将消费者的识别作为重点考虑标准,这一标准也在指导性案例85号判断外观设计专利时被再次强调;指导性案例64号对电信服务合同中的格式条款作出了对消费者有利的解释;指导性案例79号则否定了经营者利用市场支配地位对消费者进行捆绑销售的行为,保护

---

[1] 参见张友连、陈信勇:《论侵权案件裁判中的公共政策因素——以〈最高人民法院公报〉侵权案例为分析对象》,载《浙江大学学报(人文社会科学版)》2013年第1期。

了消费者的选择权。这些不同批次的指导性案例从多个角度形成了对消费者的全面保护。

另外,在行政诉讼中,行政相对人处于比较弱势的地位,在指导性案例中也获得了更加有利的裁判结果;指导性案例6号在兜底条款的"等"字中增加了内容,保护了行政相对人的听证权利;指导性案例22号将特殊的内部行政行为、指导性案例69号将特定的程序性行政行为都纳入受案范围之中;指导性案例41号否定了未引用具体法律条款的具体行政行为;指导性案例77号否定了行政机关的告知性答复的地位。以上这些案例在已有的指导性案例中占据了明显优势的篇幅比例,充分表明了最高人民法院在推行保护弱者的公共政策中所能够发挥的作用及其方式。"在当前形势下,面向某些社会阶层强调以公共政策为载体的实质正义,可以有针对性地解决相对剥夺感和不公正感所产生的危机,提供疏导和释放不满的有效渠道。作为一种创新社会管理方式的重要途径,案例指导工作对于实现'要努力让人民群众在每一个司法案件中都感受到公平正义'的目标意义重大。"[1]进言之,虽然保护弱者的公共政策不能机械地在每一个相关案件中进行适用,但是,在细致研习指导性案例之后,审理类似案件的法官就应当有意识地在裁判理由和结论中贯彻这一公共政策,从而与最高人民法院所追求的目标保持一致,实质上就可以同时实现指导性案例的基本功能和公共政策功能。

除了以上集中表现,指导性案例中的公共政策还有其他零散表现。例如,指导性案例3号和11号都属于用新形式和新手段受贿、贪污的情形,最高人民法院意图通过这两个案例来实现一般预防的功能,表达国家的基本立场以及反腐败的公共政策,从而具有政策功能。[2] 又如,指导性案例75号是基于立法目的而对相关规范的文字局限进行扩张解释,实际效果是降低了环境公益诉讼中原告资格的门槛,有利于最大限度保证环境民事公益诉讼制度的功能,[3]也是推动环境保护公共政策的表现。更重要的是,基于公共政策的利益导向,不少指导性案例在裁判要点和裁判理由部分也重点强调了"社会利益"或者"公共利益",能够成为其发挥公共政策功能的表现。指导性案例7号、65号、86号、88号、89号、94号、98号都是

---

[1] 张友连:《论指导性案例中的公共政策因素——以弱者保护为例》,载《法学论坛》2018年第5期。
[2] 参见周光权:《判决充分说理与刑事指导案例制度》,载《法律适用》2014年第6期。
[3] 参见王旭光等:《〈中国生物多样性保护与绿色发展基金会诉宁夏瑞泰科技股份有限公司环境污染公益诉讼案〉的理解与参照——社会组织是否具备环境民事公益诉讼原告主体资格的认定》,载《人民司法(案例)》2018年第23期。

如此,特别是指导性案例99号,将"狼牙山五壮士"的精神价值纳入公共利益之中,相对其他案件较多地关注公共利益的物质层面或者经济层面而言,更是一种突破。

二、指导性案例公共政策功能的基本特征

以上所有包含公共政策因素的案件,在被最高人民法院遴选为指导性案例之前在效力层级上都是普通案件。即使在普通案件中也都包含若干公共政策的色彩,无论是地方政策、国家政策还是党的政策,都能够在其裁判文书中获得不少例证。[①] 当被层报至最高人民法院并最终被遴选为指导性案例时,最初普通案件所包含的公共政策因素就会借助案例指导制度的运行而被放大和扩展,真正形成政策的普遍效果。要全面考察指导性案例的公共政策功能,不仅要注意其来源和具体表现,更应当注意概括其主要特征,进而为后续的完善措施指明方向。根据对前述相关案件的整理,指导性案例公共政策功能的基本特征大致包括以下几个方面。

首先,只有在抽象法律规则出现模糊或者漏洞时,公共政策才能够在指导性案例中存在适用空间。在法律规则比较明确的案件中,直接依据这些规则进行裁判,可以保证案件的裁判结果符合形式合法性的底线要求,此时公共政策不能任意渗透到案件之中。"公共政策在司法裁判中的适用力只能限于填补法律漏洞的需要。必须是在缺乏相关法律规定或法律规定本身模棱两可的情况下,始得适用公共政策。在法律有明文规定的领域内,没有公共政策存在的合法基础。"[②]而指导性案例恰恰多是出现在抽象法律规则适用的模糊或者漏洞地带,也特别需要引入包括公共政策在内的多种辅助性资料来形成裁判结论。"出于维护法律的稳定性以及政策调整的考虑,特定的优秀案件被选为指导性案例,不仅能够打消地方法院在补充法律漏洞时可能产生的僭越立法的隐患,还能够借助于最高人民法院扩大裁判规则的适用范围。"[③]从这个意义上来说,指导性案例与公共政策功能之间是相互需要、内在契合的,这种密切关系也为最高人民法院继续遴选指导性案例提供了重要的目标指向。需要注意的是,从形式上来看,即使指导性案例针对法律模糊或者漏洞引入公共政策,也未必在其正文中出

---

① 参见李友根:《司法裁判中政策运用的调查报告——基于含"政策"字样裁判文书的整理》,载《南京大学学报(哲学·人文科学·社会科学)》2011年第1期。
② 袁明圣:《公共政策在司法裁判中的定位与适用》,载《法律科学(西北政法大学学报)》2005年第1期。
③ 宋亚辉:《经济政策对法院裁判思路的影响研究——以涉外贴牌生产案件为素材》,载《法制与社会发展》2013年第5期。

现"政策"的具体表述。例如,在前述指导性案例75号中,就从未直接出现与环保公共政策直接相关的字样。这一形式特点背后的原因在于,公共政策带有一定的灵活性和暂时性,这种非正式法源还没有得到直接的认可。即使在《关于加强和规范裁判文书释法说理的指导意见》所列举的多种辅助性裁判理由中,也没有出现关于"政策"的规定。从这个意义上来说,公共政策经常是以隐性的方式参与指导性案例的理由论证和目标指向之中的。即使指导性案例所体现的特定公共政策是"分析"出来的,也并不影响其公共政策功能的发挥。

其次,公共政策需要在多个指导性案例的共同指向中才能够得到充分表现。与同样承载一定公共政策功能的司法解释相比,单个指导性案例只是个案,覆盖范围有限,能够体现的公共政策因素也十分有限。但是,正如前文论及众多指导性案例侧重于保护弱者,特定的公共政策需要多个指导性案例共同体现和反复强调,才能够得到充分和明显的突出。这一特征与普通法的发展有类似之处,"普通法裁决的渐进主义性质意味着,没有一个单独的法官可以全然改变法律,诸多法官能做的仅仅是随着时间的推移,回应变化了的实践和人们变化了的态度"[①]。案件数量和运行实践的积累是指导性案例执行公共政策的必要前提条件。虽然表面上只是零敲碎打,但是,随着数量和影响力的提升以及对特定公共政策的强调,指导性案例会在司法裁判的不断参照援引中获得直接执行公共政策的积极效果。因为法官会在研习和引述指导性案例的过程中强化对特定公共政策的认识,不仅在类似后案中执行这一政策,甚至也会在其他普通案件中贯彻特定公共政策或者其精神。而且,由于具备了及时性的特点,指导性案例能够迅速吸收特定公共政策的最新具体表现,并提示类案法官进行参照和援引,这也是具有一定滞后性的司法解释所不具备的优势。

再次,在指导性案例中体现公共政策对最高人民法院和地方法院都提出了较高的要求。一方面,就最高人民法院而言,公共政策涉及相应领域中的广泛社会群体利益,其决策和贯彻都需要细致、谨慎、全面和科学。即使指导性案例所涉及的公共政策因素只是体现在类似个案的局部之中,也必须在通盘考虑的基础上作出决策,这无疑对最高人民法院提出了一定挑战。虽然最高人民法院在制定司法解释过程中,在推行公共政策方面积累了一定经验,但面对指导性案例这一新方式,必要的探索甚至是决策的失

[①] [美]盖多·卡拉布雷西:《制定法时代的普通法》,周林刚等译,北京大学出版社2006年版,第7页。

误几乎都是不可避免的。更重要的是,最高人民法院在人员储备、知识结构、社会资源、权力范围、功能定位以及预见能力等方面,与公共政策法院的目标还存在一定距离,①能否以及在多大程度上在指导性案例中充分推行特定公共政策,也相应地存在一定疑问。即使是推行公共政策的良好出发点,也未必就能够通过指导性案例来获得实际的积极效果。例如,指导性案例18号专门强调了对劳动者的倾向性保护,但是《劳动合同法》实施后地方法院的一系列审判实践已经作了提示,一味地强调以上倾向并不能广泛地成功解决劳资纠纷,甚至还可能引发其他问题。② 这种事与愿违的结果表明,最高人民法院自身在制定和执行公共政策过程中的特定局限会扩展到指导性案例之中,最高人民法院应当更加谨慎地遴选体现公共政策功能的指导性案例。另一方面,对于地方法院而言,法官对于案例指导制度并不熟悉,相关配套规定比较概括,以区别技术为代表的技术支持也缺位,以此基础来面对带有公共政策功能的指导性案例,在真正地执行和贯彻方面存在不少困难。虽然很多地方法院审理的案件中也都带有公共政策因素,但是其影响力非常有限;加之公共政策具有灵活性和模糊性特点,以及其在指导性案例中的隐性存在方式,都为地方法院的法官在具体案件中的适用带来不少挑战。

最后,指导性案例发挥公共政策的功能总体上比较粗糙,尤其是后果难以准确评估。虽然指导性案例是由最高人民法院遴选和发布的,但最终的贯彻落实环节仍然依赖于地方法院,尤其是主审法官。这就决定了指导性案例的公共政策功能取决于三种直接的影响因素:最高人民法院、地方法院(法官)和指导性案例自身。在以上三者中,指导性案例的正式文本在最高人民法院和地方法院之间发挥了中介的作用。"提炼新文本的过程与解决个案纠纷为目的的一般司法活动不同,是以为今后审理同类案件制作规范为目的的过程,是以司法的方式面向未来裁判活动表达最高人民法院的观点主张的活动……指导性案例是用'要件—效果'的表现方式实现'目的—手段'的政策形成作用。"③但是,案例指导制度仍然属于探索时期,很多规定比较疏漏和模糊;指导性案例本身就是疑难案件,法官享有较大的自由裁量权;最高人民法院还有可能在遴选方面有所偏差。这些不确

---

① 参见苏力:《司法解释、公共政策和最高法院——从最高法院有关"奸淫幼女"的司法解释切入》,载《法学》2003年第8期。
② 参见孙光宁:《"末位淘汰"的司法应对——以指导性案例18号为分析对象》,载《法学家》2014年第4期。
③ 朱芒:《论指导性案例的内容构成》,载《中国社会科学》2017年第4期。

定性的因素导致指导性案例的公共政策功能在确定和执行过程中也呈现相当的不确定性。行政机关在制定、预测和执行公共政策方面的经验最为丰富，但是最高人民法院并不具备这种条件。"每一项立法都会出现公共政策的意外后果……即便在这些成功的例子里，执行法律的过程中仍有意外的或事先估计不足的不良后果。"[1]专业的立法者尚且如此，遑论资源有限的最高人民法院。以司法解释为载体，公共政策进入裁判过程的绩效预测，包括成本分析（包括实施成本和相应后果）、引发的对策行为以及对宏观经济的影响等几个方面。[2] 指导性案例发挥公共政策的功能也比较类似，实际后果由多种绩效因素共同决定。例如，在对策行为方面，指导性案例9号混淆了过错程度不同的股东的清算责任，很可能产生激励逆向选择的不良效果。[3] 对公共政策的后果或者绩效进行评估存在多种模式或者标准，如效果模式框架、经济模式框架和职业化模式框架等；[4]公共政策的评估标准包括结果标准、效率标准和公平标准等。[5] 由于前述三方的不确定因素，对指导性案例的公共政策功能进行评估，至多是比较模糊的定性分析，还难以达到准确的定量分析的程度。《最高人民法院关于深化人民法院司法体制综合配套改革的意见——人民法院第五个五年改革纲要（2019—2023）》确定："完善指导性案例制度，健全案例报送、筛选、发布、评估和应用机制。"这一规定既为准确评估指导性案例及其公共政策功能指明了方向，也说明了相关的评估机制仍然缺位的现状。

从以上分析可以看到，指导性案例的公共政策功能仍然处于初步探索阶段，其优势和缺陷也逐渐显现。最高人民法院还需要在这个方面继续积累经验，才能够更大限度地发挥这一功能。与统一法律适用的基本功能类似，指导性案例与司法解释也都在发挥公共政策的功能。如果说在发挥统一法律适用的基本功能上，指导性案例与司法解释应当注意错位发展，那么，二者在公共政策功能上则是共性表现得更为突出。比较典型的就是公共政策功能的后果评估问题：最高人民法院《关于司法解释工作的规定》对司法解释的施行只规定了起始时间，对其效果评估并未有所规定。2015

---

[1] ［美］罗格·I.鲁茨：《法律的"乌龙"：公共政策的意外后果》，刘呈芸译，载《经济社会体制比较》2005年第2期。
[2] 参见宋亚辉：《公共政策如何进入裁判过程——以最高人民法院的司法解释为例》，载《法商研究》2009年第6期。
[3] 参见吴建斌：《公司纠纷指导性案例的效力定位》，载《法学》2015年第6期。
[4] 参见赵莉晓：《创新政策评估理论方法研究——基于公共政策评估逻辑框架的视角》，载《科学学研究》2014年第2期。
[5] 参见胡宁生编著：《公共政策学：研究、分析和管理》，南京大学出版社2016年版，第242页。

年年底《最高人民检察院司法解释工作规定》(高检发研字〔2015〕13号)第23条对司法解释的执行情况和施行效果进行评估的规定相当概括,相关的研究成果也比较少见。至于如何在发挥公共政策功能方面准确协调指导性案例与司法解释之间的关系,有待于更多指导性案例的出现并发挥作用,才能够形成更有说服力和实践价值的结论。

第三节 指导性案例的扩展功能:推进道德教化

一、指导性案例具备道德教化功能的原因

在发挥基本功能的基础上,指导性案例在社会中产生了普遍的间接影响,公共政策功能就是这种扩展功能的重要表现。如果说指导性案例的公共政策功能侧重于对社会成员在物质层面(尤其是经济利益层面)产生一定影响的话,那么,其对社会成员在观念层面的影响主要表现为道德教化功能。在一般意义上,法律规范吸收了特定的主流道德观念,并通过法律的实施效果来对社会公众进行间接道德教化,这种道德法律化的典型代表就是婚姻家庭法律以及在民事活动中推崇的诚信原则。

具体到案例指导制度而言,指导性案例自身独有的特征使其具备了对公众进行道德教化的优势。"案例指导制度有利于弘扬社会主义法治精神和社会主义核心价值观。案例是法制宣传教育的'活教材'。通过定期公布典型案例,可以增强全民的法治意识,使公众从案例中直观领悟法律的原则和精神……从而推动社会主义核心价值观建设,促进形成良好道德风尚和正确价值导向。"[①]相比抽象的立法和司法解释,指导性案例具有生动活泼、直接具体的优势,更容易被非法律职业群体的社会公众所了解、认知和接受,自然也包括其中传播的道德观念。"一个案例胜过一打文件"。与发挥基本功能的机制类似,当带有一定道德色彩的指导性案例被反复参照和援引时,这种道德观念就会对社会公众起到一定的指向作用。因此,指导性案例可以说是司法领域中进行道德教化的新形式。

一般而言,道德教化功能主要指的是引导社会公众普遍向善,使各个社会群体的道德观念更加集中于主流的积极价值观念,推动社会整体道德水平的提升。虽然近代以来,法律和道德的分离命题已经被学界普遍承认,但是,社会的高度复杂使法律和道德又存在极其复杂的联系,二者虽有

---

① 周强:《充分发挥案例指导作用 促进法律统一正确实施》,载胡云腾主编:《中国案例指导》(总第1辑),法律出版社2015年版,第3页。

差异,但都是基本的社会规范。法律也从来不是在真空中运行的,特别是那些具有广泛影响力、受到普遍关注的案件,经常会对社会中的一般成员在道德观念上产生影响。如"彭宇案"就是一个反面例证,司法裁判结果对案件事实的推定对原有助人为乐的观念产生了消极影响,在舆论中催生了面对摔倒老人"扶不扶"的争议,甚至多人见危不救的"小悦悦事件"也在一定程度上受到此案影响。这类情况被称为道义救助危机,体现了道德规范的隐退。[1] 虽然社会舆论并不会特别关注司法个案中的技术问题,也难以全面掌握其中的法律规范,但是,影响性个案所具有的道德教化功能是不容忽视的。

通过个案提升社会成员的道德观念,是古今中外法治进程中普遍存在的现象。例如,"辛普森案"所受到的巨大关注,使之成为极具影响力的司法个案,社会公众通过全程关注获知了"疑罪从无"的理念,并且反思了该案中所涉及的种族问题。中国古代案件中对相关法律的解释,也是以追求"善"为首要目标。"实践中的善,以司法实践为例,却往往是在一个案子中就有一个相关的善……中国古代法律解释中的趋善抑真恰恰就是对实践之善的趋向和对法定之善(真)的抑制。正是这样一种法律解释的价值追求,才使得法律即使自身不能很好地实现德礼教化的功能,也能通过一定的法律解释而通达教化的境地。"[2] 换言之,无论是中国古代还是国外的相关司法实践中,借助于个案进行道德教化的例子屡见不鲜,这一点对于今天的法治进程也有非常重要的借鉴意义。虽然法治进程的启动和设计是由精英阶层来操作的,但社会公众才是推动法治发展的根本动力,后者的道德观念和法律理念有深远影响力。

作为目前唯一具有正式法律效力的案件,指导性案例能够在各级法院审理类似案件中被反复参照适用,完全可以借助其广泛影响力而发挥道德教化的功能。虽然当前也有很多社会普遍关注的案件对社会成员的道德观念有所影响,但这些影响性诉讼案件存在不少内在缺陷。例如,此类案件的发生及其影响力的传播都带有很大的随机色彩,自身的质量无法准确保证。更重要的是,影响性诉讼案件往往伴随媒体对大众舆论的影响甚至是操控,加之目前自媒体的数量急速增加,社会关注的特定案件在事实认定方面都存在很大疑问,遑论细致深入的法律专业分析。近几年出现的影响性诉讼案件往往以触痛大众的道德软肋作为卖点,多数侧重于揭露阴暗

---

[1] 参见周建达:《道义救助危机的过程叙事、实践反思及制度重构——基于延伸个案的分析进路》,载《法律科学(西北政法大学学报)》2016年第3期。
[2] 谢晖:《古典中国法律解释的哲学智慧》,载《法律科学(西北政法大学学报)》2004年第6期。

面而非传播正能量,容易在普通公众中产生以偏概全的误解,其进行正面道德教化的功能十分有限,甚至有不少误导之嫌。

指导性案例则能够克服以上缺陷,成为道德教化的优质案例。指导性案例的正式文本由最高人民法院统一发布,蕴含最高人民法院的特定价值指向,而且集中于法律适用问题,减少甚至消除了在事实认定上的莫衷一是。在指导性案例的过程和结果分析中,法律规范的作用得以充分张扬,道德层面上的"善有善报、恶有恶报"在指导性案例中得到充分展示,有效发挥了正面积极引导的作用。而且,针对社会中不断出现的具体价值观问题,最高人民法院可以随时发布相应的指导性案例进行道德教化,这种及时且可控的特征是指导性案例所独有的。质言之,指导性案例的道德教化功能源于最高人民法院的社会责任和政治功能。这一点也与其公共政策功能存在类似之处。虽然道德教化并非指导性案例的首要功能,但是随着指导性案例数量的不断增加,其对社会成员进行道德教化方面的功能也会愈加明显,现在已经有若干案例在这个方面有所体现。

由于道德的层次和分类繁多,结合现有的相关指导性案例,以面向的不同对象为标准可以将其划分为主要体现公德教化的指导性案例和主要体现私德教化的指导性案例。公德(公共道德)强调在社会公共生活和交往中形成的普遍性行为准则和道德规范,私德(私人道德)则主要协调以血缘为纽带的家庭内部成员之间的关系。[①] 公德和私德虽然绝非泾渭分明,但是这一分类分别面向陌生人和家庭成员,有利于对指导性案例的道德教化功能进行类型化描述和分析。

二、指导性案例道德教化功能的类型及其表现

(一)指导性案例推进公共道德的作用表现

总体而言,社会成员在进行一般交往时秉持的是公共道德,由于绝大多数社会成员都有自身从事的工作,可以此为标准将公共道德细分为职业道德和社会公德两个方面。在职业道德的诸多内容中,讲究诚信是法律特别强调的,居于核心地位。无论是在民法还是商法中,诚信原则是任何职业都应当追求和推崇的原则,也一直是我国从古至今法律中推崇的基本规范。在市场经济竞争中,出于单纯追求物质利益的动机,一些社会成员放弃了诚信原则,依靠投机取巧等方式获得非法利益,这一点是法律需要专门解决的问题,其实质是通过建立和适用法律规范的方式推动社会中诚信

[①] 参见张晓东:《中国现代化进程中的道德重建》,贵州人民出版社2002年版,第150页。

水平的整体提升。① 指导性案例在这个方面有非常普遍的表现。

在案例指导制度的开篇之作——第一批指导性案例中，指导性案例1号和2号就直接涉及诚信原则，前者肯定了从不同渠道获得购房信息并按照低价购入房屋的行为并非违反诚信原则；后者则是直接将败诉方违反原初协议的行为认定为违背诚信原则。最高人民法院对指导性案例2号的解读也认为："该指导案例的发布，有利于依法维护当事人合法权益，维护人民法院生效裁判的权威，同时，向当事人和社会宣传了合约应当自觉遵守和忠实履行的重要意义，有利于倡导自觉守法、诚实信用的良好社会风尚。"②由此可见，最高人民法院意在通过指导性案例的发布和参照，强化诚信原则在市场竞争中的重要地位，这一点对于其他社会成员也有警示作用。在已有的指导性案例中，诚信原则的"出镜率"非常高。在指导性案例的正式文本中直接出现"诚信原则"的案件占所有民商事指导性案例近半数。例如，指导性案例30号针对不正当竞争问题，在裁判理由中认为："市场竞争中的经营者，应当遵循诚实信用原则，遵守公认的商业道德，尊重他人的市场劳动成果，登记企业名称时，理应负有对同行业在先字号予以避让的义务。"通过仿冒等"抱大腿"或者蹭热点的方式，部分企业获得了不当利益，这种不讲究诚信的行为应当受到法律的否定评价，在指导性案例中的集中展示正是对诚信原则的积极推动。除了直接援引诚信原则，还有一些指导性案例涉及虚假诉讼，是从侧面强化了诚信原则。例如，在指导性案例68号中，法院经过细致综合地分析之后，认定相关公司之间的诉讼为虚假诉讼，最终目的是转移和逃避相关债务，有可能损害债权人的利益。这种虚假诉讼隐蔽性很强，往往以合法形式掩盖非法目的，本质上是违背诚信原则的表现。又如，指导性案例15号中分析的三个公司之间出现的人格混同，也与此有高度类似的情况。指导性案例113号的裁判理由认为："商标评审委员会、乔丹公司主张的市场秩序或者商业成功并不完全是乔丹公司诚信经营的合法成果，而是一定程度上建立于相关公众误认的基础之上。"指导性案例166号的裁判理由认为："隆昌贸易公司与城建重工公司在诉讼期间签订了协议书，该协议书均系双方的真实意思表示，不违反法律法规强制性规定，合法有效，双方应诚信履行。"指导性案例189号的裁判理由认为："当事人主张约定的违约金过高请求予以适当减少的，应当以实际损失为基础，兼顾合同的履行情况、当事人的过错程度以

---

① 参见刘李明、冯云翔：《法律诚信与道德诚信辨析》，载《学术交流》2003年第7期。
② 李兵：《指导案例2号〈吴梅诉四川省眉山西城纸业有限公司买卖合同纠纷案〉的理解与参照》，载《人民司法》2012年第7期。

及预期利益等综合因素,根据公平原则和诚实信用原则予以衡量。对于公平、诚信原则的适用尺度,与因违约所受损失的准确界定,应当充分考虑网络直播这一新兴行业的特点。"指导性案例 190 号在裁判理由的结尾处强调:"王山在今后履行竞业限制协议时,应恪守约定义务,诚信履行协议。"指导性案例 220 号的裁判理由认为:"王某集团公司等被诉侵权人非法获取并持续、大量使用商业价值较高的涉案技术秘密,手段恶劣,具有侵权恶意,其行为冲击香兰素全球市场,且王某集团公司等被诉侵权人存在举证妨碍、不诚信诉讼等情节……"

特别值得注意的是,指导性案例 76 号为行政法指导性案例,其裁判理由也专门提及:"亚鹏公司作为土地受让方按约支付了全部价款,市国土局要求亚鹏公司如若变更土地用途则应补交土地出让金,缺乏事实依据和法律依据,且有违诚实信用原则。"这一裁判理由专门针对行政机关不遵循诚信原则的问题,对于扩展社会成员对诚信原则的认知有非常重要的作用。从积极行政的角度来说,法律规定的职权事项,行政机关不能不作为,而且要依据法律规范认真作为、诚信作为,目前行政诉讼中行政机关败诉的主要原因之一就是不诚信作为。现实中经常存在的问题是,在无法定理由的情况下,政府随意撤销已经作出的行政许可、废止已经签订的行政合同、变更已经公布的行政规划等。[①] 以往行政法治观念不强的时候,讲究诚信往往只是针对社会公众提出的要求。以指导性案例 76 号为代表的行政诉讼案件使社会公众认识到行政机关也应当讲究诚信,这对于在全社会范围内形成讲究诚信的氛围,具有十分重要的推动作用。

除了在职业道德中讲究诚信,社会普通成员之间以陌生人身份交往时,还存在一般社会公德,案例指导制度对此也有所关注。指导性案例 24 号的裁判理由中论及:"机动车应当遵守文明行车、礼让行人的一般交通规则和社会公德。"指导性案例 90 号的裁判要点明确:"礼让行人是文明安全驾驶的基本要求。"由于指导性案例 24 号主要针对的是受害方特殊体质对侵权责任范围的影响问题,并未对礼让行人的社会公德进行展开分析。相比而言,指导性案例 90 号在该问题上的论述就要更加丰富和全面,其裁判理由部分不仅分析了机动车应当礼让行人的多种原因,并且强调了行政机关有正当权力处罚那些违背此项道德要求的行为。该案被称为全国首例"斑马线之罚"案,受到社会舆论的普遍关注。最高人民法院将其遴选为

[①] 参见郝铁川:《论法治:中国依法治国的难点、重点和特点》,上海人民出版社 2015 年版,第 74 页。

具有正式效力的指导性案例,对于推动"礼让行人"的社会公德有重要意义。① 典型、及时、专业、可控等指导性案例在道德教化功能方面所具备的优势特征,在该案件中都能够得到体现和彰显。除了关注礼让行人的社会公德,指导性案例还特别推崇见义勇为的公德行为。指导性案例94号将见义勇为行为视同工伤,指导性案例98号则认定了追赶交通肇事者的见义勇为行为不承担法律责任。这两个指导性案例彰显了司法对有公德心的公民给予充分肯定的态度。

指导性案例对社会公德的教化和引导作用更加集中地体现在指导性案例99号之中。该案为备受关注的"狼牙山五壮士名誉权案",其裁判要点中强调:"人民法院审理侵害英雄烈士名誉、荣誉等案件,不仅要依法保护相关个人权益,还应发挥司法彰显公共价值功能,维护社会公共利益。"社会公众的基本道德观念也是公共利益的一部分,指导性案例99号除了显示维护公共利益的公共政策功能,更加突出地表现了对公众观念的引领作用。该案的裁判理由部分认为:"在和平年代,'狼牙山五壮士'的精神,仍然是我国公众树立不畏艰辛、不怕困难、为国为民奋斗终身的精神指引。"这种精神指引是指导性案例以及最高人民法院对社会公众极力推崇的内容。《最高人民法院关于深化人民法院司法体制综合配套改革的意见——人民法院第五个五年改革纲要(2019—2023)》中也提出要"完善推动社会主义核心价值观深度融入审判执行工作的配套机制,确保人民法院的司法解释、司法政策、裁判规则发挥价值引领功能"。"狼牙山五壮士名誉权案"不仅引起了社会的广泛关注,而且是原《民法总则》第185条英烈条款和《英雄烈士保护法》立法的重要背景。② 该案不仅在2016年年底入选了人民法院依法保护"狼牙山五壮士"等英雄人物人格权益典型案例,更被遴选为指导性案例,突出了最高人民法院一以贯之的价值导向。

(二)指导性案例推进私人道德的作用表现

与社会公德相对的是处理家庭成员关系的私人道德,在现代社会中主要由伦理规则所调整,法律只能涉及其中基础性问题的解决。在中国古代社会中,国法和家法分别侧重于公德和私德,二者的结合共同发挥对民众的教化功能。③ 就私人道德教化方面的功能而言,现有的指导性案例较少

---

① 参见薛玮、杨奕:《人行横道前机动车礼让义务的认定——贝某诉海宁市公安局交警大队行政处罚案》,载《中国法律评论》2016年第3期。
② 参见刘颖:《〈民法总则〉中英雄烈士条款的解释论研究》,载《法律科学(西北政法大学学报)》2018年第2期。
③ 参见冯尔康:《国法、家法、教化——以清朝为例》,载《南京大学法律评论》2006年第2期。

直接涉及家庭成员之间的普通关系,主要集中于婚姻关系和亲子关系的处理。

指导性案例66号是第一个婚姻法指导性案例,涉及离婚时转移财产的处理问题。在社会转型期离婚率不断升高的背景下,公众在该案中关注的焦点具体到如何对待离婚问题上。在离婚时故意隐瞒或者转移财产会损害原配偶的合法权益,也有违"好聚好散"的观念,在私德中应当受到否定性评价。指导性案例66号对此在法律上进行了重述和确认,能够给那些潜在的违背私德的行为带来警示。除了直接的婚姻关系,案例指导制度还涉及准婚姻关系——恋爱关系。指导性案例4号和12号都是由恋爱关系引发的感情矛盾,最终造成故意杀人案件,其中还包含手段特别残忍、未获得受害人家属谅解等从重情节。最高人民法院对待此类案件是基于宽严相济的刑事政策,与那些有意图有预谋的故意杀人案件有所区别,最终都是为了有效化解社会矛盾,恢复和谐秩序。[①] 案件的肇事者和受害者都是处于恋爱关系之中的青年人,由于感情冲动等原因酿成惨剧,能够给处于类似情况中的年轻人及其长辈有所启示。

在私德中,除了婚姻关系,亲子关系也是基本内容之一。比较典型的亲子关系大多由道德伦理观念来进行调整,法律仅在比较突出的问题上发挥作用。指导性案例50号就专门针对人工授精子女的法律地位问题进行了规定,最高人民法院对该案件的解读认为,如果丈夫一方要反悔否认胎儿的地位,应取得妻子一方的同意,丈夫一方不得擅自变更或者解除。[②] 指导性案例50号实质上借助"禁止反言"的原则,禁止夫妻单方擅自反悔,实质上强调了父母对借助人工授精技术所生子女所应当承担的高强度义务和责任,能够更好地保护未成年子女的权益,维持家庭关系的稳定性。[③] 这些也都是家庭伦理道德观念中所特别推崇和关注的内容。这一案例能够提示意图通过人工授精方式获得子女的夫妻,应当谨慎对待该技术所带来的复杂伦理问题和相应的义务与责任。这种保护未成年人利益的倾向在指导性案例89号中也有所体现。该案裁判理由中强调:"在父姓和母姓之外选取姓氏的行为,主要存在于实际抚养关系发生变动、有利于未成年人身心健康、维护个人人格尊严等情形。"在该案中,虽然父母为新生儿创

---

① 参见孙光宁:《"两高"指导性案例的差异倾向及其原因——基于裁判结果变动的分析》,载《东方法学》2015年第2期。
② 参见丁伟利、李兵:《〈李某、郭某阳诉郭某和、童某某继承纠纷案〉的理解与参照——双方同意人工授精所生子女视为婚生子女》,载《人民司法(案例)》2016年第26期。
③ 参见刘向宁、梁丽娜:《未成年人保护视域下的异质授精之亲子关系——兼评最高人民法院第50号指导性案例》,载《青少年研究与实践》2016年第3期。

设姓氏的意图是表达个人喜好和良好祝福,但这与选取第三方姓氏的通常情况并不相符,更难以维护未成年子女的身心健康,有可能在其成长过程中造成不必要的诸多麻烦。

相比公共政策功能,指导性案例的道德教化功能只是初露端倪,涉及的内容仍然比较分散和有限。但是,这些指导性案例中所蕴含的潜在影响力还是值得肯定和期待的。当指导性案例中所推崇的道德观念获得广泛的认可和接受时,社会公众对于司法就会给予更高的评价,司法的权威也会得到提升。身兼多职的最高人民法院需要获得社会公众的肯定,通过发布有效的进行道德教化的指导性案例,有助于提高最高人民法院的社会评价。在指导性案例的独特优势更贴近民众的特点和需求时,最高人民法院应当更加注重遴选和传播那些融合了道德教化功能的指导性案例。

第四节　指导性案例的扩展功能:弘扬社会主义核心价值观

就广义而言,社会主义核心价值观属于主流社会观念,弘扬社会主义核心价值观属于道德教化的内容之一。在社会主义核心价值观已经入宪且不断入法的背景下,越来越多的裁判文书援引社会主义核心价值观作为说理内容。社会主义核心价值观是法治建设的灵魂,从普通案件中遴选的指导性案例具有广泛的影响力,在弘扬社会主义核心价值观方面也责无旁贷。裁判文书释法说理的目标之一就是弘扬社会主义核心价值观,而案例指导制度在这个方面有独特的价值和优势。裁判文书援引指导性案例是能够有效弘扬社会主义核心价值观的重要方式。《关于深入推进社会主义核心价值观融入裁判文书释法说理的指导意见》(法〔2021〕21号)对此进行了专门规定。结合该指导意见,裁判文书援引指导性案例弘扬社会主义核心价值观,其实际效果的提升需要从多个方面入手:在案件类型方面,对于那些集中体现和弘扬社会主义核心价值观的指导性案例,法官应当给予重点关注;就援引对象而言,法官在裁判文书中应当更加重视指导性案例的裁判理由部分,并进行充分借鉴和吸收;就具体方法来说,将文义解释与论理解释充分融合,能够在援引指导性案例的过程中强化适用社会主义核心价值观的说理效果。

在案例指导制度的运行过程中,参照适用指导性案例是案例指导制度的应然价值向实然效果转化的关键,也是该制度实践意义的集中展现,一直受到司法实务和法学理论的高度重视。最高人民法院发布的第25批指导性案例为弘扬社会主义核心价值观的专题批次,其他众多指导性案例中也包含丰富的社会主义核心价值观因素。2016年《关于进一步把社会主义核心价值观融入法治建设的指导意见》明确:"完善案例指导制度,及时选择对司法办案有普遍指导意义、对培育和弘扬社会主义核心价值观有示范作用的案例,作为指导性案例发布,通过个案解释法律和统一法律适用标准。"这一表述为案例指导制度的整体运行确定了基本的价值导向。通过指导性案例弘扬社会主义核心价值观有独特的优势和价值,如指导性案例生动灵活,便于"群众在每一个司法案件中感受到公平正义";指导性案例的及时性能有效反映社会主义核心价值观的最新实践;指导性案例还具有针对性强的特点,可以准确突出社会主义核心价值观的具体内容等。[①]除了从制度角度探讨,从弘扬社会主义核心价值观的角度重新审视案例指导制度,尤其是其中指导性案例的适用环节,具有非常重要的实践意义。

在司法活动的全程中,裁判文书集中体现了指导性案例的参照适用,从中也可以展现案例指导制度弘扬社会主义核心价值观的效果。诉讼活动的进行为各方参与者提供了表达观点及其理由的充分机会,法官也会对这些观点和理由进行评价,这些内容最终都由裁判文书进行总结概括。除了回顾以上内容,裁判文书还要为形成最终的结论提供各种理由。社会主义核心价值观能够成为其中的重要组成部分:在多数普通案件中,在使用明确法律规范之后,法官可以结合社会主义核心价值观进行更加充分地说理;对复杂疑难的案件,社会主义核心价值观更是能够成为补充法律规则模糊、宏观甚至空白的参考。从这个意义上来说,社会主义核心价值观完全可以、也应当普遍地运用到裁判文书说理论证之中。借助裁判文书的说理,社会主义核心价值观能够在具体个案中得到有效弘扬,当事人能够在明确裁判结果及其理由的同时,受到社会主义核心价值观的教育,并逐渐自觉地将社会主义核心价值观作为自身在社会交往中的行为指南和价值导向。这种个案效果的不断积累有助于在整个社会范围内形成学习和践行社会主义核心价值观的良好氛围,真正将社会主义核心价值观落到实处。

基于以上背景,最高人民法院出台了相应的规范性文件进行强化。对于一般裁判文书写作,《关于加强和规范裁判文书释法说理的指导意见》第1条确定:"裁判文书释法说理的目的是通过阐明裁判结论的形成过程

---

① 参见孙光宁:《案例指导制度在弘扬社会主义核心价值观中的独特优势》,载《光明日报》2020年2月11日,第16版。

和正当性理由……发挥裁判的定分止争和价值引领作用,弘扬社会主义核心价值观,努力让人民群众在每一个司法案件中感受到公平正义,切实维护诉讼当事人合法权益,促进社会和谐稳定。"第3条规定:"裁判文书释法说理,要立场正确、内容合法、程序正当,符合社会主义核心价值观的精神和要求……"这些条款明确将社会主义核心价值观作为各种裁判文书说理的总体目标追求和价值导向。对于弘扬社会主义核心价值观的具体规定,则集中体现在《关于深入推进社会主义核心价值观融入裁判文书释法说理的指导意见》中。

作为一种重要的法律渊源,指导性案例能够成为裁判文书说理的重要依据。《关于加强和规范裁判文书释法说理的指导意见》第13条规定:"除依据法律法规、司法解释的规定外,法官可以运用下列论据论证裁判理由,以提高裁判结论的正当性和可接受性:最高人民法院发布的指导性案例……"结合前述案例指导制度在弘扬社会主义核心价值观方面的独特优势可以看到,在裁判文书中参照适用指导性案例也是弘扬社会主义核心价值观的重要方式。这一点在裁判文书援引刑事指导性案例中表现得尤为突出:一方面,最高人民法院发布的指导性案例具有制定上和适用上的权威性,各级人民法院审判应当参照执行,这为司法者援引社会主义核心价值观进行裁判说理提供了制度支持、具体规则、适用进路和基本经验,有利于法官转变裁判说理思维,促进社会主义核心价值观在司法实践中的适用;另一方面,最高人民法院通过发布社会主义核心价值观刑事指导性案例,将公共政策纳入各级法院具体的司法实务中,体现司法对公共政策的回应,有利于实现政策教育与刑事个案的有机结合,达到向社会公众宣传社会主义核心价值观的目的。[①] 结合《关于深入推进社会主义核心价值观融入裁判文书释法说理的指导意见》的规定,裁判文书参照适用指导性案例实现对社会主义核心价值观地有效弘扬,可以从适用场景、参照的直接对象以及具体说理的方法等层面具体展开分析。

一、适用场景:参照指导性案例的案件类型及其扩展

从抽象意义上来说,所有案件的裁判文书都在一定程度上体现了社会主义核心价值观,但是特定类型的案件能够更加集中凸显社会主义核心价值观被裁判文书引述的实践意义。在《关于深入推进社会主义核心价值观

[①] 参见杨彩霞、张立波:《社会主义核心价值观融入刑事裁判文书的适用研究——基于2014—2019年刑事裁判文书的实证分析》,载《法律适用》2020年第16期。

融入裁判文书释法说理的指导意见》出台之前,已经有不少案件的裁判文书援引了社会主义核心价值观,或者将其中部分内容作为说理论证的参考,部分案件更是凸显了社会主义核心价值观的集中运用。"通过发布指导性案例,并在指导性案例中载明案例指导价值的方式,不仅需要通过裁判要旨来确定一些基本的规则,弥补法律的不足,而且这些指导性案例本身也传递了一定的价值。这些价值通常具有普遍的指导意义,它不仅能指导法官遵循这些价值,而且也是向社会公众传达正确的法治观念,能够使社会公众从中直接领悟和理解法律的原则和精神,从而起到良好的普法效果。"[1]在总结上述相关案件及其裁判文书实践经验的基础上,《关于深入推进社会主义核心价值观融入裁判文书释法说理的指导意见》第4条规定了应当强化运用社会主义核心价值观释法说理的主要案件类型。[2] 这些案件类型往往难以通过法律规则的简单适用来解决,需要更加重视法律规则之外的因素(如道德和政策等)才能够实现法律效果与社会效果的统一。例如,在刑事案件的裁判文书说理中运用道德话语,就具有十分重要的功能和意义,包括为犯罪构成要件定型,解释犯罪本质,评价犯罪构成要件事实之外的社会危害性或者人身危险性,评价案件事实等。[3]《关于深入推进社会主义核心价值观融入裁判文书释法说理的指导意见》第4条使用了"应当"一词,表明对主审法官提出了带有强制性的职责要求,也表明对这些案件类型的强调与重视。

具体到案例指导制度的运行来说,已有遴选成功并发布的指导性案例涵盖了以上应当强化运用社会主义核心价值观释法说理的多数案件类型,为后续类似案件的裁判文书进行参照提供了坚实前提和明确对象。根据《关于深入推进社会主义核心价值观融入裁判文书释法说理的指导意见》第4条所列举的案件类型,可以将相应的指导性案例分类如表4-1所示。

---

[1] 王利明:《裁判说理论——以民事法为视角》,人民法院出版社2021年版,第238页。
[2] 《关于深入推进社会主义核心价值观融入裁判文书释法说理的指导意见》第4条规定:"下列案件的裁判文书,应当强化运用社会主义核心价值观释法说理:(一)涉及国家利益、重大公共利益,社会广泛关注的案件;(二)涉及疫情防控、抢险救灾、英烈保护、见义勇为、正当防卫、紧急避险、助人为乐等,可能引发社会道德评价的案件;(三)涉及老年人、妇女、儿童、残疾人等弱势群体以及特殊群体保护,诉讼各方存在较大争议且可能引发社会广泛关注的案件;(四)涉及公序良俗、风俗习惯、权利平等、民族宗教等,诉讼各方存在较大争议且可能引发社会广泛关注的案件;(五)涉及新情况、新问题,需要对法律规定、司法政策等进行深入阐释,引领社会风尚、树立价值导向的案件;(六)其他应当强化运用社会主义核心价值观释法说理的案件。"
[3] 参见刘树德:《无理不成"书":裁判文书说理23讲》,中国检察出版社2020年版,第169-170页。

表 4-1　典型指导性案例与应当强化运用社会主义核心价值观释法说理案件类型的对应关系

案件类型	典型指导性案例编号	案件类型	典型指导性案例编号
国家利益	21号（人民防空的国家安全） 86号（国家粮食安全） 147号（国家名胜古迹） 176号（非法采砂造成国家资源损失，有损国家利益） 178号（国家海岸线安全）	弱势群体保护	17号、64号、79号（消费者） 18号、28号、40号、69号、179～185号、191号（劳动者）
公共利益	32号（危险驾驶） 59号（消防安全） 60号（食品安全） 65号（维护业主公共利益的专项维修资金） 75号（环境保护） 88号（社会公共利益的行政决定） 127～138号（环境保护） 164号（试生产对于企业复工复产有社会价值） 170号（危房损害社会公共利益） 172～176号（环境公益诉讼） 186号（黑社会组织有社会危害性，降低群众安全感，破坏经济、社会生活秩序） 192号、195号（侵犯公民个人信息） 194号（非法获取公民个人信息扰乱社会公共秩序，具有极大的社会危害性） 199号（裁定撤销违背社会公共利益的仲裁裁决） 202～211号（环境公益诉讼） 212～216号（长江流域生态环境保护） 217号（确定是否依申请采取恢复链接行为保全措施时，考虑是否会损害社会公共利益）	公序良俗、风俗习惯	29号、30号、35号、45号、46号、47号、58号、68号、78号、79号、82号、166号、190号、222号（商业道德/诚信） 89号（姓名权的限制） 113号（公众对外国人"乔丹"的称谓习惯） 170号（危房租赁） 181号（性骚扰有违公序良俗）

续表

案件类型	典型指导性案例编号	案件类型	典型指导性案例编号
抢险救灾	110号(海难救助)	权利平等	34号(权利承受人与原权利人的权利平等) 50号(人工授精子女与普通婚生子女平等) 66号(夫妻对共同财产的处分权利平等) 76号(行政协议双方平等) 108号(运输合同中托运人和承运人平等) 185号(平等就业权) 191号("包工头"参加工伤保险的平等权利)
英烈保护	99号(英烈名誉权维护)	民族宗教	80号(民族传统蜡染图案及衍生品的著作权)
见义勇为	94号、98号(见义勇为视为工伤)	司法政策	4号、12号(宽严相济的司法政策) 173号(保护优先、预防为主) 174号(节约资源、环境保护是基本国策;保护优先、预防为主) 第39批(强化知识产权全面保护)
正当防卫	93号、144号(准确认定正当防卫)	引领社会风尚、树立价值导向	24号、90号(文明行车、礼让行人) 164号(破产保护理念;公司重整需考虑公平和效率理念) 170号(确立正确的社会价值导向) 208号(引导社会公众树立正确的生态文明观) 209号(恢复性司法理念) 174号、204号、214号(绿色发展理念)

115

需要说明的是,以上案件分类与典型指导性案例之间只是大致对应,并非按照绝对一致的标准进行非此即彼的区分,特定的指导性案例往往涉及两种类别。例如,指导性案例50号强调通过人工授精的方式所生子女,与其他婚生子女具有平等的法律地位,属于体现"权利平等"的案件类型。同时,该案件也是由人工辅助生殖技术的发展所带来的新问题,属于"涉及新情况、新问题,需要对法律规定、司法政策等进行深入阐释,引领社会风尚、树立价值导向的案件"。又如,指导性案例76号主要涉及行政协议的审判难题,这一协议既涉及行政机关需要维护的公共利益,也涉及行政相对人的平等权利保护问题。造成这种情况的原因在很大程度上缘于社会主义核心价值观的包容性和综合性。因为社会主义核心价值观包含的内容非常多,从这些价值出发可以延伸出很多法律原则,进而指导相应的法律规则及其适用。与法律规则适用的"全有或全无"结果不同,法律原则适用的特点之一就是在特定案件中可以并存,一个案件完全可以体现多个法律价值,进而也属于社会主义核心价值观的具体践行。当然,这些法律原则之间还可能存在相互冲突的情况,需要进行权衡。

从裁判文书参照指导性案例来说,最高人民法院在案例指导制度运行十多年以来仅发布了200余个指导性案例,在总体数量供给方面明显不足,但即使就目前有限的指导性案例而言,也存在多种能够凸显社会主义核心价值观的案件,上述表格的列举已经比较充分地说明了这一点。这些指导性案例能够为裁判文书的具体参照提供前提和对象。例如,指导性案例24号的裁判理由部分认为:"受害人荣宝英对于损害的发生或者扩大没有过错,不存在减轻或者免除加害人赔偿责任的法定情形。同时,机动车应当遵守文明行车、礼让行人的一般交通规则和社会公德。"前一句论述强调了以法律规定作为评判行为的标准,体现了社会主义核心价值观中的"法治"价值,后一句则更多地体现了"文明"价值,这些价值因素使指导性案例24号成为"引领社会风尚、树立价值导向"的案件类型。虽然该指导性案例获得较高援引是基于多种原因,但这种情况从总体上有助于弘扬社会主义核心价值观中的法治和文明等价值,是非常值得肯定的。随着指导性案例被司法实践认可的程度以及实际影响力的不断提升,将有更多裁判文书直接援引指导性案例作为论证理由,进而会更加有效地弘扬这些指导性案例中所包含的社会主义核心价值观。

除了《关于深入推进社会主义核心价值观融入裁判文书释法说理的指导意见》的明确列举,还有一些其他的案件类型也能够集中体现和弘扬社会主义核心价值观,应列入应当强化运用社会主义核心价值观释法说理的主要案件类型。从宏观上划分,集中体现社会主义核心价值观运用的案件,一种是较为稳定的常态类型,另一种则是较为灵活、能够与时俱进的动态类型。前一种以家事案件为代表,如涉及婚姻、家庭、继承和公序良俗等,后一种则更多地与特定时期的重大事件或者政策密切相关。对于后者,《关于深入推进社会主义核心价值观融入裁判文书释法说理的指导意见》第4条也有所体现,如"疫情防控、抢险救灾、英烈保护、见义勇为、正当防卫、紧急避险、助人为乐等"类型。

如果结合最近一段时期公众关切的热点问题以及既有指导性案例涉及的问题,可以继续对以上应当强化运用社会主义核心价值观释法说理的主要案件类型进行扩展,比较重点的案件类型可以增加:涉及个人信息保护的案件、涉及食品药品安全的案件、涉及扫黑除恶专项斗争的案件、涉及规范互联网环境的案件等。这些案件类型在现有的指导性案例中也有所个别表现。

例如,指导性案例23号针对食品药品安全问题,以《食品安全法》为依据,其裁判要点认为:"消费者购买到不符合食品安全标准的食品,要求销售者或者生产者依照食品安全法规定支付价款十倍赔偿金或者依照法律规定的其他赔偿标准赔偿的,不论其购买时是否明知食品不符合安全标准,人民法院都应予支持。"这种姿态在很大程度上意味着对知假买假者进行倾向性保护,有助于打击食品药品领域中的造假现象,维护人民群众的食品药品安全。"一方面能够强化对消费者权益的法律保护,激发消费者的维权意识,鼓励食品消费者积极与食品违法行为作斗争,投诉、举报生产经营假冒伪劣食品行为,从而有利于社会公众监督食品安全,净化食品市场环境;另一方面能够对食品违法经营者起到威慑作用,促使生产经营者加强管理,诚信经营,把食品安全和质量永远放在第一位,确保食品安全,从而防范和减少食品纠纷的发生。"①

又如,在互联网深入影响社会生活的背景下,如何有效规范和净化互联网环境成为对社会公众产生直接影响的普遍问题。无论是刑事还是民事案件,都需要应对不少由互联网发展产生的新问题。一方面,就刑事案件来说,指导性案例27号针对的是使用虚拟技术实施的网络盗窃行为;而指导性案例105号和106号是专门针对利用微信群设立网上赌场的犯罪活动。后两个案例都扩展了对赌场的范围界定,从传统意义上的现实空间

---

① 吴光侠:《〈孙银山诉欧尚超市有限公司江宁店买卖合同纠纷案〉的理解与参照——消费者明知食品不符合安全标准而购买可十倍索赔》,载《人民司法》2015年第12期。

扩展到互联网的虚拟空间。这种扩张解释将更多带有严重社会危害性的网上行为纳入刑法处理范围。最高人民法院发布的第 20 批指导性案例以及指导性案例 145 号和 146 号都是涉及网络或者计算机犯罪的案件，展现了网络犯罪的多样性及其法律规制方式。另一方面，就民事案件来说，有众多指导性案例直接涉及互联网。在财产权益方面的典型代表是指导性案例 29 号和 45 号，二者都是针对网络空间内的不正当竞争，利用网络技术误导网民的流量指向或者强制弹出链接窗口都受到司法者的否定评价。涉及人身权益的典型代表是指导性案例 143 号，该案件明确在微信群中侮辱、诽谤、污蔑或者严重贬损他人的言论会构成名誉权侵权。以上指导性案例都说明互联网不是法外空间，网络中的各种人际交往方式虽然与传统实体物理空间相比有所不同，但同样需要受到法律的有效规制和管控。能够为规范互联网环境提供成熟规则或者审判思路的案件也包含弘扬社会主义核心价值观的重要法治因素和内容，属于应当强化运用社会主义核心价值观释法说理的案件类型。

值得注意的是，除了以抽象规则的准确定性为基础的强化论证，社会主义核心价值观还可以直接通过指导性案例纠正抽象法律规则适用的误区。社会主义核心价值观作为先进的主流价值观念，对于特定影响或者干扰依法裁判的观念能够起到明确的纠偏作用，本质上是法律原则对适用法律规则的有效引导。例如，在司法裁判中存在一些简单机械的结果主义倾向，"死（伤）者为大""谁闹谁有理""谁弱谁有理"就是典型代表。这种倾向即使在抽象规则非常明确的情况下，在某些案件中也影响了规则的公正适用。对此，以 93 号和 144 号为代表的刑事指导性案例对正当防卫的限度范围进行了准确定性，以 140 号、141 号和 142 号为代表的民事指导性案例则强化了证据标准和责任认定的法定性，对超越合理合法范围导致的自身损害以及无因果关系的劝阻善举导致的损害，都给予了否定评价。这种纠偏的方式更加突出了社会主义核心价值观通过指导性案例的形式所发挥的法源作用。

二、参照对象：裁判理由部分的独特价值及其援引方式

在应当强化运用社会主义核心价值观释法说理的待决案件中，法官应当注意检索是否存在类似的指导性案例，并积极参照特定的指导性案例及其包含的社会主义核心价值观论述。在确定了基本案件类型之后，参照指导性案例正文的哪些具体部分就成为后续操作的问题。根据《实施细则》第 9 条和第 11 条的规定，案例指导制度现有的规定将"裁判要点"确定为可以被裁判文书明确援引的唯一对象。

从弘扬社会主义核心价值观的角度来说,以上援引对象的优先范围规定难以充分发挥案例指导制度的功能。社会主义核心价值观的内容十分丰富,在具体司法案件中如何运用和弘扬社会主义核心价值观需要比较详细的分析和论述。《关于案例指导工作的规定》及其实施细则明确,指导性案例由最高人民法院统一发布正式文本,主要由标题(含编号)、关键词、裁判要点、相关法条、基本案情、裁判结果和裁判理由等部分构成。在这些部分中,裁判要点主要是对整个案件中涉及的法律问题进行高度抽象概括,直接提供了抽象的法律规则。而裁判理由部分则是结合基本案情对相关法律适用问题展开论证。这两个部分是整个指导性案例中最重要的部分,为审理类似案件的后案法官提供了借鉴和参照的对象。指导性案例的每个裁判要点都非常简洁,一般只有一句;而裁判理由的内容则较为丰富,能够围绕案件的核心问题及其争议提供全面分析。虽然裁判要点概括了整个指导性案例的精华内容,提供了能够被裁判文书直接援引的抽象规则,是指导性案例的"点睛之笔";但是,这种概括的抽象规则在文字表述上过于凝练,无法全面展示社会主义核心价值观的体现和运用。更重要的是,如果过分重视裁判要点就很容易忽视指导性案例的其他部分,那么指导性案例与法律法规和司法解释就没有多少区别,无法显示其在弘扬社会主义核心价值观方面的独有价值和优势。

与裁判要点相比,裁判理由部分在分析、论述和弘扬社会主义核心价值观方面能够发挥更重要的作用。作为一种包含丰富道德因素的价值观念,社会主义核心价值观比抽象规则更需要法官的理解和掌握,才能在个案裁判过程中发挥作用。这一点对于裁判文书援引指导性案例而言同样适用。裁判理由部分可以连通基本案情和裁判要点,能够挖掘和发现基本案情中所蕴含的法律适用问题,也包括其隐含的社会主义核心价值观,并用比较充分的篇幅进行详细论述,这一点是裁判要点所无法比拟的。从普通法系中先例制度的经验来看,在没有直接明确的裁判要点背景下,很多裁判理由的论述直接被重述或者概括成为适用于后案的规则,这种类似于裁判要点或者裁判要旨的规则被称为"判决理据":"判决理据是指鉴于案件的决定性事实,或者以案件的决定性事实为背景,决定案件判决结果的关于法律规则的认定"[①]。对于现有抽象法律规则的运用,多数法官是比

---

① [英]迈克尔·赞德:《英国法:议会立法、法条解释、先例原则及法律改革》,江辉译,中国法制出版社2014年版,第445页。

较熟悉的。但是,对于如何在个案裁判过程中有效融入和弘扬社会主义核心价值观,还没有形成统一的规则或者经验性做法。由此,法官迫切需要借助生动直接的指导性案例来巩固和扩展其对社会主义核心价值观的理解与掌握,并参照指导性案例来运用和贯彻社会主义核心价值观。在指导性案例的各个体例构成中,比较理想的研习和借鉴对象就是裁判理由部分。

当然,强调裁判理由部分与援引裁判要点并不矛盾。重视裁判理由能够更准确地适用裁判要点,进而推动整个指导性案例发挥积极作用。"从指导性案例的表述方式看,如果以制定法来比喻的话,'裁判要点'大致相当于法条,是最高人民法院希望表达的规范性内容的外在表现,而这种外在表现为什么成立,则必须理解'裁判理由'中表述出的论证内容。"① 裁判要点所提供的抽象规则,是基于主要案情并从裁判理由中概括出来的。换言之,内容和篇幅更加全面和丰富的裁判理由是对裁判要点的详细论证和展开。通过了解和分析裁判理由部分,能够更好地理解并适用裁判要点,同时可以在很大程度上避免因过度重视裁判要点所产生的误解。只有细致研习裁判理由部分,才能够确定得出裁判要点的正当原因。质言之,裁判要点是"只见树木不见森林",是授人以"鱼"而非授人以"渔"。而通过细致分析裁判理由部分,则能够明确其与裁判要点之间的源流关系和纽带。长此以往,法官通过研习裁判理由,能够获得审判能力和业务素质的提升,其中当然也包括对社会主义核心价值观的理解与弘扬。

虽然指导性案例的裁判理由部分在弘扬社会主义核心价值观方面有独特优势,但是,在现有案例指导制度的正式规定没有改变的情况下,法官在裁判文书的写作中并不能直接将裁判理由部分作为援引的直接对象。要在适用指导性案例的过程中更好地参照裁判理由部分,需要有更加多样的方式与技巧,其中值得注意的是参考裁判理由部分较为重要的表述,在借鉴之后围绕裁判要点展开论述。

由于裁判要点与裁判理由部分之间的密切联系以及最高人民法院的有效裁剪,裁判理由部分的论述已经比较丰富、全面和凝练,为后续类案裁判文书的参照提供了很好的对象。主审法官在参照指导性案例时可以将这些集中体现社会主义核心价值观的论述转移应用到待决案件的裁判文书写作之中。相较裁判要点的显性援引,以上方式是对裁判理由部分的隐性援引。具体来说,法官无须大段直接引用裁判理由部分的全文,只需要

---

① 朱芒:《论指导性案例的内容构成》,载《中国社会科学》2017年第4期。

选择其中与社会主义核心价值观联系较为密切的重点论述作为借鉴对象。这种方式既能够遵守案例指导制度的正式规定，又能够充分发挥裁判理由部分在弘扬社会主义核心价值观方面的优势，值得受到更高程度的关注。

在现有的部分裁判文书中，已经出现了自发运用裁判理由部分进行论证说理的情况。例如，在指导性案例23号的正式文本中，除了裁判要点，裁判理由部分比较关键的论述是"关于被告欧尚超市江宁店提出原告明知食品过期而购买，希望利用其错误谋求利益，不应予以十倍赔偿的主张，因前述法律规定消费者有权获得支付价款十倍的赔偿金，因该赔偿获得的利益属于法律应当保护的利益，且法律并未对消费者的主观购物动机作出限制性规定，故对其该项主张不予支持"。此处关于消费者主观购物动机的论述表明了最高人民法院的倾向性观点，与该案的裁判要点有内在一致之处。两相比较，裁判理由部分的"动机"在范围上要大于裁判要点中的"明知"。由于消费行为的普遍与多样，知假买假行为仍然频繁出现，各地法院尚未形成统一意见和做法，借助指导性案例23号裁判理由部分的论述则可以在一定程度上推动统一意见的形成。例如，深圳市中级人民法院(2019)粤03民终6248号民事判决书就有这种表述："国某公司上诉称韩某安属'职业打假'且已提出多起类似诉讼，本院认为，现行法律、司法解释尚未对食品购买者的主观购物动机作出限制规定……"这里使用了"主观购物动机"而非"明知"，即更加关注指导性案例23号裁判理由部分的论述而非裁判要点。

又如，指导性案例15号主要针对公司人格混同问题，其裁判理由部分援引了原《公司法》的具体规定之后认为"上述行为违背了法人制度设立的宗旨，违背了诚实信用原则"。该内容并没有在指导性案例15号的裁判要点中直接体现。但是，一些援引该指导性案例的裁判文书却有与裁判理由部分非常相似的论述。广东省江门市中级人民法院(2021)粤07民终271号民事判决书认为："锦某公司与大某公司构成实质的人格混同，违背了法人制度设立的宗旨，违反了诚实信用原则，现大某公司因已注销已无责任财产，严重损害了债权人梁某昌利益。"北京市大兴区人民法院(2018)京0115民初17622号民事判决书认为："加某宝中国公司对四川加某宝公司的债务承担连带责任，不仅需要两公司构成人格混同，而且两公司的人格混同在结果上违背诚实信用原则，严重损害债权人利益。"其他援引该指导性案例的判决书也有相似的表述，如山东省淄博市周村区人民法院(2016)鲁0306民初2017号民事判决书、江西省安福县人民法院(2016)赣0829民初1853号民事判决书、山东省威海市中级人民法院(2017)鲁10

民终1023号民事判决书、海南省海口市龙华区人民法院(2018)琼0106民初9294号民事判决书和河北省衡水市桃城区人民法院(2018)冀1102民初1645号民事判决书等。

从以上裁判文书的部分论述可以看到,在确定援引相应的指导性案例之后,一些法官已经开始研习并借鉴这些指导性案例中裁判理由部分的论述。这种方式能够将抽象法律规范、指导性案例的裁判要点和裁判理由进行统合,形成更有力的论证效果,也包括弘扬社会主义核心价值观的论证效果。进言之,在将来修改完善案例指导制度的时刻,建议除了肯定裁判文书应当援引裁判要点,还应当要求法官注意参考裁判理由部分的论述,不仅将裁判理由是否相似作为确定待决案件援引指导性案例的基础理由,还可以从文字表述上借鉴相应的细致论述。

三、说理方法:文义解释与论理解释的融贯结合

明确具体的参照或参考对象为援引指导性案例提供了直接前提,要将指导性案例作为论证待决案件裁判结论的权威性理由,同时有效弘扬社会主义核心价值观,还需要与案件事实有效连接,通过在裁判文书中进行细致全面的说理才能实现。从可操作性的角度来说,法律解释学的研究已经提供了比较成熟的解释方法体系,能够有效推动前述目标的实现,而且指导性案例自身就已经大量使用了多种解释方法来形成和论证裁判结论。[1]"对于已经转换为法律规范的社会主义核心价值观,应当直接适用体现该核心价值观的法律规范,这是最主要的方式。对于没有转化为法律规范的社会主义核心价值观,但实际上已经被公共政策、司法政策、指导性案例等吸收的,应当在适用时对此类转化后的方式进行具体而详细的说明。除此之外的社会主义核心价值观,可以作为解释法律的方法或资源,以确定法律概念、揭示立法目的或弥补法律漏洞。"[2]《关于深入推进社会主义核心价值观融入裁判文书释法说理的指导意见》第9条专门明确了深入推进社会主义核心价值观融入裁判文书释法说理应当正确运用的多种解释方法,是在吸收法律解释学研究成果的基础上形成的正式规定,为具体适用指导性案例并弘扬社会主义核心价值观提供了细致指引。

(一)文义解释方法

文义解释方法在整个法律方法的适用序列中具有优先性,能够解决多

---

[1] 参见孙光宁:《法律解释方法在指导性案例中的运用及其完善》,载《中国法学》2018年第1期。
[2] 陈为:《法理知识智理——将社会主义核心价值观融入知识产权裁判文书释法说理》,载《人民法院报》2021年4月30日,第5版。

数普通案件,裁判文书的多数说理都应当从法律规范的通常含义出发。当然,对于这种案件事实和法律规范能够形成有效涵摄关系或者包容关系的情况,也可以通过上升说理层次而实现与社会主义核心价值观的结合。《关于深入推进社会主义核心价值观融入裁判文书释法说理的指导意见》第9条第1项对文义解释方法的定位是:"运用文义解释的方法,准确解读法律规定所蕴含的社会主义核心价值观的精神内涵,充分说明社会主义核心价值观在个案中的内在要求和具体语境。"这种定位与文义解释的优先性是完全一致的:只有理解了法律规范所体现的社会主义核心价值观,才能够为后续的挖掘和阐释提供前提条件,才能够为后续其他法律解释方法的运用确定合法性的范围。"充分说明社会主义核心价值观在个案中的内在要求和具体语境"则是指向前述应当强化适用社会主义核心价值观进行说理的案件类型。在这些案件类型所构成的"具体语境"之中,法官需要格外重视利用社会主义核心价值观进行说理。

但是,文义解释方法也有自身的局限性,因为该解释方法主要适用解决普通案件,对于那些法律规范与案件事实不完全对应的案件,如出现了法律规范的空白、模糊、过于概括或者相互矛盾,就难以有效适用,需要其他论理解释方法发挥作用。鉴于案例指导制度的定位与功能,最高人民法院发布的指导性案例并不是普通案件,应当是带有一定疑难色彩的案件。因为多数法官的日常工作就是处理简单案件,无须过多指导,只是需要在满足合法性要求的基础上结合社会主义核心价值观进行阐释和教育,就能够发挥弘扬社会主义核心价值观的效果。定位于疑难案件的指导性案例能够为处理疑难案件提供抽象规则或者审理思路。

具体到通过适用指导性案例弘扬社会主义核心价值观来说,当处理疑难案件遇到法律规范缺位或者相互冲突的情况,就特别需要借助包含社会主义核心价值观的指导性案例形成有效判决。《关于深入推进社会主义核心价值观融入裁判文书释法说理的指导意见》第6条和第7条就分别针对以上两种疑难情况。① 这就意味着,单独依靠强调法律规范基本含义的文义解释方法并不能充分有效地解决疑难案件,而指导性案例所提供的抽象

---

① 《关于深入推进社会主义核心价值观融入裁判文书释法说理的指导意见》第6条规定:"民商事案件无规范性法律文件作为裁判直接依据的,除了可以适用习惯以外,法官还应当以社会主义核心价值观为指引,以最相类似的法律规定作为裁判依据;如无最相类似的法律规定,法官应当根据立法精神、立法目的和法律原则等作出司法裁判,并在裁判文书中充分运用社会主义核心价值观阐述裁判依据和裁判理由。"第7条规定:"案件涉及多种价值取向的,法官应当依据立法精神、法律原则、法律规定以及社会主义核心价值观进行判断、权衡和选择,确定适用于个案的价值取向,并在裁判文书中详细阐明依据及其理由。"

规则或者审理思路有助于结合社会主义核心价值观推动疑难情况的处理和解决。

(二)体系解释方法

体系解释方法的核心要义是将具体法律规范置于整个法律规范所构成的体系中,通过各种相互关联的法律规范之间的对比或者参照来实现对特定法律规范的全面理解与解释。由于体系解释借助现行有效的法律规范整体,在运作方式上比较接近文义解释,只是将视野不仅局限在个别法律规范之中而有所扩展。《关于深入推进社会主义核心价值观融入裁判文书释法说理的指导意见》第9条第2项强调:"运用体系解释的方法,将法律规定与中国特色社会主义法律体系、社会主义核心价值体系联系起来,全面系统分析法律规定的内涵,正确理解和适用法律。"对体系解释方法的以上定位至少可以从两个方面细致展开。

一方面,社会主义核心价值观能够成为总览各种法律规定的整体引导和指南。在社会主义核心价值观的引导之下,法官应当综合形成对案件中各种法律规范之间关系的有效处理,选择最为合适的法律规范作为形成裁判结果的法律依据。例如,针对《关于深入推进社会主义核心价值观融入裁判文书释法说理的指导意见》第7条所提及的价值冲突案件,就能够在社会主义核心价值观的指引下对相互冲突的价值取向进行比较和权衡,从而形成优质裁判结论。由于自身具有宏观指引的特点与定位,社会主义核心价值观能够帮助法官更好地理解法律规定,无论是具体规定还是概括规定,从而更好地把握法律规范的整体。这是在裁判文书中细致说理的重要前提条件之一。

另一方面,在裁判文书援引指导性案例弘扬社会主义核心价值观的过程中,指导性案例的裁判要点是可以被正式明确援引的对象,构成现有法律体系中的重要内容。司法解释与指导性案例都能够为司法裁判的说理提供法律依据,前者有整体、全面和系统的特点,后者则有针对性较强的优势,二者相互配合能够取长补短,推进法律的统一适用。由于社会主义核心价值观带有明显的价值和道德因素,且内容较为宏观和概括,在裁判文书中往往与具体明确的法律规范联合使用,并不合适单独作为裁判依据。正因如此,社会主义核心价值观在裁判文书中的出现,往往是在具体的法律规定之后,二者形成更为综合的说理效果。其中,法律规定包括法律法规、司法解释以及弘扬社会主义核心价值观的指导性案例(裁判要点)。从前述对一些裁判文书援引指导性案例裁判理由部分的解读也可以看出这一点。可以说,以上几种法律依据与社会主义核心价值观形成了功能和特点互补的裁判依据体系,在这种体系性思维方式的整体观照之下,法院借助援引弘扬社会主义核心价值观的指导性案例,不仅能够准确理解和适用相互关联的法律规则,还能够阐释这些规则适用背后的价值指向,从而为当事人以及社会公众树立明确的价值观念,发挥社会主义核心价值观所具有的行为指南和价值导向作用。

(三)目的解释方法

法律规范的背后总有相应目的的支持,这种目的往往表现为立法目的、法律原则和法律价值等,也会分为若干层级。目的解释方法就是通过探究法律规范背后的目的来确定如何解释和适用法律规范。目的解释方法在指导性案例中有非常多的表现。例如,指导性案例 21 号的裁判理由认为:"免缴防空地下室易地建设费有关规定适用的对象不应包括违法建设行为,否则就会造成违法成本小于守法成本的情形,违反立法目的,不利于维护国防安全和人民群众的根本利益。"这里的表述实质上运用了目的性限缩的方法,将违法建设行为排除在免缴防空地下室易地建设费之外。"若法官按照《关于解决城市低收入家庭住房困难的若干意见》第 16 条判决免除原告易地建设费后,将会导致自本案开始的经济适用住房项目的建设者出于利益的考虑均以地质、地形等不宜修建为由拒绝修建防空地下室,并不缴纳易地建设费的后果。"[1]指导性案例 37 号的裁判理由认为:"《纽约公约》的目的在于便利仲裁裁决在各缔约国得到顺利执行,因此并不禁止当事人向多个公约成员国申请相关仲裁裁决的承认与执行。"指导性案例 40 号裁判理由认为:"如果将职工个人主观上的过失作为认定工伤的排除条件,违反工伤保险'无过失补偿'的基本原则,不符合《工伤保险条例》保障劳动者合法权益的立法目的。"指导性案例 46 号的裁判理由认为:"保护商标权的目的,就是防止对商品及服务的来源产生混淆。"指导性案例 61 号的裁判理由专门将"刑法的立法目的"作为形成裁判结论的主要理由之一。指导性案例 64 号的裁判理由认为:"电信业务的经营者作为提供电信服务合同格式条款的一方,应当遵循公平原则确定与电信用户的权利义务内容,权利义务的内容必须符合维护电信用户和电信业务经营者的合法权益、促进电信业的健康发展的立法目的,并有效告知对方注意免除或者限制其责任的条款并向其释明。"指导性案例 71 号、72 号、74 号、78 号、80 号等也都结合法律规范的目的展开了相应的分析。

---

[1] 黄锴:《"目的性限缩"在行政审判中的适用规则——基于最高人民法院指导案例 21 号的分析》,载《华东政法大学学报》2014 年第 6 期。

《关于深入推进社会主义核心价值观融入裁判文书释法说理的指导意见》第9条第3项明确:"运用目的解释的方法,以社会发展方向及立法目的为出发点,发挥目的解释的价值作用,使释法说理与立法目的、法律精神保持一致。"借助指导性案例中广泛存在的对法律目的的强调,法官在援引相应的指导性案例时就能够直观地看到结合案件事实对法律目的的具体分析。这种分析能够透过法律规定的文义,挖掘和阐释背后的立法目的,基于对法律目的的把握才能够更加准确地适用具体的法律规定,也能够在相互冲突的法律规定之间作出妥当选择,并把以上所有情况写入裁判文书之中。如果涉及相应指导性案例的援引,裁判文书就更需要将法律目的作为论证的依据之一。结合前文中对待指导性案例裁判理由部分的援引方式,裁判文书的具体撰写完全可以参照指导性案例裁判理由对法律目的的分析语句,再结合待决案件的具体案情展开全面有效地论证。

这里需要特别指出的是,社会主义核心价值观已经越来越普遍地成为诸多部门法法典的"立法目的"。根据对中央和地方立法文件的统计,已经直接表述"社会主义核心价值观"的法律法规多数将其规定在前六条,而且规定在第1条的比例非常高,这表明了将弘扬社会主义核心价值观作为立法目的的立法趋势。[1] 社会主义核心价值观在立法活动中得到日益明显的肯定,这些直接规定社会主义核心价值观的条文及其在整部法律中的位置表明社会主义核心价值观在很大程度上已经成为基本法律原则,而弘扬社会主义核心价值观也相应地被列入立法目的之中。如《民法典》第1条将弘扬社会主义核心价值观确定为基本立法目的之一。基于弘扬社会主义核心价值观越来越普遍地被确立为立法目的,在运用目的解释进行裁判说理时,也应当将此种情况考虑在内。

(四)历史解释方法(社会学解释方法)

在法律解释的方法体系中,历史解释侧重通过对历史上各种立法资料的收集和分析,还原立法者制定法律时的意图,进而站在立法者的立场上对法律规范的含义作出解释。但是,《关于深入推进社会主义核心价值观融入裁判文书释法说理的指导意见》第9条第4项对此给出了不同理解:"运用历史解释的方法,结合现阶段社会发展水平,合理判断、有效平衡司法裁判的政治效果、法律效果和社会效果,推动社会稳定、可持续发展。"这一规定与传统学理上的定位并不相同,而是同时包容历史与现实的"大历

---

[1] 参见杨炼:《社会主义核心价值观如何入法——基于168部法律的实证研究》,载《湖南行政学院学报》2021年第1期。

史"或者"整体历史",且特别侧重强调"社会现实"。从这个意义上来说,《关于深入推进社会主义核心价值观融入裁判文书释法说理的指导意见》对历史解释方法的解读更接近于社会学解释方法。

社会学解释方法是以判决产生的社会影响与社会效果作为标准和依据对法律规范的含义作出解释,法官应当尽量选择能够产生积极社会效果的解释结论。这一定位与《关于深入推进社会主义核心价值观融入裁判文书释法说理的指导意见》第9条中的"平衡司法裁判的政治效果、法律效果和社会效果,推动社会稳定、可持续发展"保持高度一致,都是强调通过司法裁判弘扬社会主义核心价值观,进而产生良好的社会效果。前几种解释方法主要是通过阐发既有法律规定中包含的社会主义核心价值观的因素来弘扬社会主义核心价值观,而《关于深入推进社会主义核心价值观融入裁判文书释法说理的指导意见》第9条中包含的"历史解释方法"则是直接以弘扬社会主义核心价值观作为判决产生的社会效果的重要部分。

任何司法判决都不是在真空中存在的,都会在不同程度和范围内产生社会影响。那些应当强化适用社会主义核心价值观进行论证说理的案件,往往引起社会的广泛关注,其判决结论和理由也相应地会产生广泛的社会影响。法官在进行法律解释时,应当重点考虑或者预测解释结论产生的社会效果,力图使判决结论获得社会的广泛认可与接受,同时推动社会主义核心价值观的传播,提升社会公众对于社会主义核心价值观的认同与践行。

具体到裁判文书援引指导性案例而言,多数指导性案例都包含社会主义核心价值观的重要内容,也特别重视社会效果或者社会影响。例如,指导性案例7号的裁判理由认为:"如果再审期间当事人达成和解并履行完毕,或者撤回申诉,且不损害国家利益、社会公共利益的,为了尊重和保障当事人在法定范围内对本人合法权利的自由处分权,实现诉讼法律效果与社会效果的统一,促进社会和谐,人民法院应当……"指导性案例88号的裁判理由认为:"……如果判决撤销被诉行政行为,将会给行政管理秩序和社会公共利益带来明显不利影响。"指导性案例99号的裁判理由认为:"案涉文章通过刊物发行和网络传播,在全国范围内产生了较大影响,不仅损害了葛振林的个人名誉和荣誉,损害了葛长生的个人感情,也在一定范围和程度上伤害了社会公众的民族和历史情感。"这些弘扬社会主义核心价值观的指导性案例已经高度重视社会影响和社会效果,这种重视也会提示和推动法官在裁判文书说理时关注相应的内容。在具体展开说理的过程中,裁判文书援引指导性案例时,不应仅笼统地提及社会影响和社会效果,而应当说明对当事人行为的影响以及法律评判会具体地产生何种社会影响和社会效果,并充分肯定积极的社会效果。这需要与在个案中具体阐释社会主义核心价值观的内容相结合。目前多数相关裁判文书还没有做到这一点,需要法官注意进行改进和完善,地方法院也可以制定细化规定和标准,并提供适合本地区的优秀裁判文书样本供法官学习和借鉴。

"法官在司法审判过程中,总要对法律进行解释,并通过准确解释和适用法律,实现文本上的法律与实践中的案件之间的有效衔接。与最高人民法院制定司法解释类似,法官在审判实践中具体解释和适用法律,也应当遵循立法目的和法律精神,使释法说理与立法目的、法律精神保持一致。"①在裁判文书适用指导性案例弘扬社会主义核心价值观的论证说理过程中,以上多种法律解释方法并非孤立和割裂的,而是可以联合使用,最终实现融贯的目标效果。这些用于说理的解释方法各有特点、侧重和适合的领域或者案件类型,法官既可以选择以其中某一解释方法为主,也可以同时使用多种解释方法从不同角度解读案件,并在援引指导性案例的过程中阐释其与社会主义核心价值观的内在联系,或者将社会主义核心价值观作为运用各种解释方法的价值导向。当多种法律解释方法的运用都能够指向体现社会主义核心价值观的同一解释结论时,这种融贯效果意味着裁判结论得到了充分的论证,能够经受法律和社会的考验,也有助于弘扬社会主义核心价值观。

四、主体要求:法官在充分研习基础上的综合考量

从适用场景到参照对象再到具体的说理方法,这些从宏观到微观的层次组合构成了通过适用指导性案例弘扬社会主义核心价值观的整体。在更为宏观的视角下,将社会主义核心价值观融入法治建设也是一个系统工程,诸多法治建设的具体构成部分或者制度在相互联系中共同推进社会主义核心价值观的实践效果。《关于进一步把社会主义核心价值观融入法治建设的指导意见》作出的各种规划就已经表明了这一点。

就案例指导制度来说,要有效地完成弘扬和践行社会主义核心价值观的目标,一方面,需要完善自身的规定和运行:遴选出更多凸显社会主义核心价值观的案件作为指导性案例;降低适用指导性案例的门槛,通过更新正式规定来减少法官的顾虑,集中借鉴指导性案例的裁判理由部分,在整

---

① 刘静坤:《通过裁判释法说理践行司法公正的核心价值》,载《人民法院报》2021年3月17日,第2版。

个裁判文书中展开与社会主义核心价值观相关内容的分析。另一方面,案例指导制度也需要与其他司法制度相互配合,如类案检索、以案释法和司法责任制等,其中与司法解释的互补关系尤其值得重视。"要有效化解立法缺失、模糊与同案不同判、法官恣意间的矛盾,由最高人民法院进行统一的司法解释就是一个相对合理的方案……由于司法解释相较指导性案例的'立法成本'更高,故在需要紧急协调某类重要争议问题时,通过指导性案例来统一裁判亦有其现实价值。"[1]在弘扬和践行社会主义核心价值观的系统工程中,案例指导制度有独特的不可替代的价值和优势,在裁判文书中有效援引指导性案例是其核心与关键。在目前指导性案例在裁判文书中的参照比例仍然有待提升的背景下,应当从宏观到微观的诸多层次持续展开强化和改进,这不仅是实现案例指导制度预期目标的需要,更是在法治建设中贯彻和落实社会主义核心价值观的现实需要。

当然,借助指导性案例弘扬社会主义核心价值观离不开法官素质的提升。适用明确直接的法律规则是对法官职业的硬性要求,直接决定着相应的司法裁判是否满足了合法性底线。而明显带有柔性特征的社会主义核心价值观目前还难以与法律规则等量齐观,更依赖于法官的主观能动性才能有效发挥作用。

一方面,法官应当全面掌握社会主义核心价值观的宏观主旨与微观内涵,并不断积极尝试在审判实践中运用。社会主义核心价值观是一个带有丰富内涵的价值体系,对其有深入而全面的了解与掌握才能为后续的援引与适用奠定坚实基础。那些仅表述了"社会主义核心价值观"而没有细致论述的裁判文书,反映了主审法官对社会主义核心价值观缺乏准确到位的理解。在员额制背景下,法官需要处理大量普通简单案件和少数疑难复杂案件,而社会主义核心价值观在这两类案件中都有用武之地,尤其是在后一种中。要更好地应对各种案件类型,法官需要借助法律规则之外的多种法律渊源。作为一般法律原则,社会主义核心价值观不仅能够成为直接被援引的对象,而且还能够成为选择和协调其他类型法律渊源的指引。从以上需求出发,法官也应当积极主动地全面学习和掌握社会主义核心价值观。由于需要处理不同社会观点和观念所产生的矛盾纠纷,法官的学习和掌握标准应当高于普通公众。[2] 除了常规的业务培训,法官还应当"边干边学",不断积极尝试将社会主义核心价值观与裁判文书释法说理相结合,

---

[1] 黄忠:《论民法典后司法解释之命运》,载《中国法学》2020年第6期。
[2] 参见河南省高级人民法院课题组:《司法裁判弘扬社会主义核心价值观研究》,人民法院出版社2020年版,第52页。

从案件事实中挖掘与社会主义核心价值观相符的内容作为起点,不断有意识地在裁判文书中加入社会主义核心价值观的论述,从而探索出其主审的具体案件类型与社会主义核心价值观结合的经验路径。由于社会主义核心价值观并非唯一的裁判依据,也不是审级管理上的硬性要求,法官由此拥有自由援引的操作空间,无须过分担心其中的风险,应大胆探索。在正式制度框架下,法律适用方法也是以往审判经验的抽象总结,同样需要在具体案件中转化和实践。而且,在个人经验总结的基础上,与社会主义核心价值观相结合的部门法裁判文书写作经验也会不断积累,加之弘扬社会主义核心价值观优秀裁判文书评选工作的组织,以上个人经验将更有效地逐渐转化为集体经验。

在提升审判主体适用社会主义核心价值观的能力和水平问题上,特别值得关注的是司法案例体系的作用。与制定法规则的抽象灌输不同,司法案例能够更加具体地展示社会主义核心价值观如何融入个案,如何评价涉案行为以及如何引导公众观念。作为正式法源,社会主义核心价值观在适用中迫切需要有针对性的指导和示范,司法案例体系能够大有作为。司法案例体系包括最高人民法院的指导性案例、高级人民法院的参考性或者参阅性案例以及其他研讨性、宣教性案例等,[1]这些不同类型的案例在司法实践中发挥着不同功能。[2] 除了案例指导制度,现有的司法案例体系在结构上还非常松散和凌乱,但在内容上非常完备全面。特别是在以中国裁判文书网为代表的司法公开方式与程度不断扩展和提高的背景下,这些向社会公开以及向法院系统内部公开的各种类型的案例包含了适用社会主义核心价值观的丰富内容,而且部分省、市的很多地方法院也都公布了不少弘扬社会主义核心价值观的专题典型案例,有的甚至针对司法裁判中弘扬社会主义核心价值观的具体方式制定了本辖区内的细则规定。对现有司法案例体系进行细致挖掘和研习,不仅有助于提升法官审理常规案件的业务素质,也是推动发挥社会主义核心价值观法源作用的重要途径。

另一方面,司法者还应当尊重当事人以及社会公众的反馈,有效回应其关于社会主义核心价值观的诉求。在发挥社会主义核心价值观的法源作用方面,除了"苦练内功",法官还需要"借助外力",注意倾听来自当事人的相关意见。在已有的司法实践中,有部分诉讼参与者将社会主义核心价值观作为诉辩理由。对此,《关于深入推进社会主义核心价值观融入裁

---

[1] 参见石磊:《人民法院司法案例体系与类型》,载《法律适用(司法案例)》2018年第6期。
[2] 参见顾培东:《我国成文法体制下不同属性判例的功能定位》,载《中国法学》2021年第4期。

判文书释法说理的指导意见》第 8 条明确,法官应当以口头反馈或者庭审释明的方式予以回应,对于应当运用社会主义核心价值观的重点案件,还应当在裁判文书中明确回应。从以上实践和规定可以看到,社会主义核心价值观在司法过程中的运用也完全能够成为各方论证说理的重要内容,是诸多诉讼参与者都可以使用的共同法律渊源。而且,当事人与法官之间的有效交流和沟通能够起到"兼听则明"的效果,在一定程度上避免了仅由法官论述所可能产生的偏差与局限。以上对诉讼参与者回应义务的强调,也出现在《实施细则》第 11 条和《关于统一法律适用加强类案检索的指导意见》第 10 条等的规定之中。这些回应义务不仅是对当事人意见的尊重,符合现代司法对公开和交互的强调,而且有助于提升裁判过程和结果的可接受性。当然,对于当事人背离社会主义核心价值观的做法与观点,法官也应当在回应中及时给予否定评价,通过纠偏的方式维护社会主义核心价值观的法源作用。除了当事人,社会公众对于司法过程运用社会主义核心价值观进行论证说理的意见也需要被尊重和吸收。《关于深入推进社会主义核心价值观融入裁判文书释法说理的指导意见》第 15 条规定,人民法院应当通过多种途径收集和倾听社会公众对裁判文书的意见建议,运用大数据分析其反馈意见。社会主义核心价值观兼具法源性质和道德因素,社会公众能够在司法案件中直观感受其运用,而且以中国裁判文书网为代表的司法公开途径也为此提供了便捷手段。恰当地发挥社会主义核心价值观的法源作用,能够推动社会公众对主流价值观念的认知和践行,与"让人民群众在每一个司法案件中感受到公平正义"的目标也是内在一致的。对于有效发挥社会主义核心价值观法源作用并获得社会公众积极反馈的案件,应当及时将其纳入司法案例体系之中,以便扩展其积极效果的影响范围。从法律修辞的角度来说,当事人和社会公众都是审理过程和裁判文书的"听众"(受众),司法者的裁判理由和结果都应当尽可能地获得听众的接受。[①] 裁判理由内含的权威经由论证说理而延伸和传导至裁判结果之中,推动听众接受裁判结果。为此,司法者需要尽可能地累积和论证各类具有权威性的裁判理由。对于我国的司法实践而言,在宪法层面以及各个法律层面上的直接规定,已经充分肯定了社会主义核心价值观的法源地位及其权威性,加之法律规则确定的合法性基础,裁判理由综合以上多种法律渊源就能够形成更有说服力的裁判结果。而吸收当事人以及社会公众的反

---

① 参见焦宝乾:《逻辑与修辞:一对法学范式的区分与关联》,载《法制与社会发展》2015 年第 2 期。

馈意见,将进一步增强社会主义核心价值观的法源作用与践行效果。

第五节 提升指导性案例功能效果的改进方向

除了统一法律适用功能、公共政策功能和道德教化功能,指导性案例还有一些其他扩展功能,如指导性案例可以增加法学教育中的案例教学内容,还能够为法学研究提供源于中国本土司法实践的素材等。在以上诸多功能之中,所有的扩展功能都是围绕基本功能展开的,处于核心地位的基础功能决定着其他扩展功能的影响范围和力度;同时,扩展功能的提升也有助于基本功能的改进。

但是,指导性案例的基本功能在司法实践中表现得并不理想,距离案例指导制度所预设的效果仍然存在不小的距离,这一点突出表现在裁判文书直接援引指导性案例作为裁判理由的情况比较少见。即使将更为常见的隐性援引都包括在内,[1]指导性案例的援引率还是非常低。这种情况在很大程度上说明,法官并没有将指导性案例充分地考虑在法律适用的环节之中,指导性案例在统一法律适用方面的功能并没有得到广泛体现。从英美法系的历史经验和转型时期审判活动的现实需要中,都能够发现指导性案例所蕴含的重要价值。虽然指导性案例诸多功能的发挥效果有赖于特定时间的积累,但是更加合理的完善措施或者改进方向则能够加速以上进程,如何将指导性案例预设的应然价值转换为实践中的诸多功能效果,也成为案例指导制度推进过程中需要重视的基础问题。基于现有的功能状态和相关经验总结,提升指导性案例的各种功能效果可以从以下几个主要方面入手。

一、增加指导性案例的数量和类型,改进指导性案例的发布方式

任何司法制度的运行都需要一定数量的积累才能真正被实践者所认知、认可和接受,从而发挥实际功效。例如,司法解释之所以能够被法官所广泛接受,重要的先发优势之一就是长期积累形成的巨大数量。虽然不能排除其他方面的原因(如对立法的细化以满足审判实践需要等),但经过数量的积累而形成的规模效应是法官对司法解释形成路径依赖的必备条件之一。相比而言,案例指导制度的运行时间不长,最高人民法院所发布的案例数量也非常有限。从2011年年底第一批指导性案例开始,最高人

---

[1] 参见孙海波:《指导性案例的隐性适用及其矫正》,载《环球法律评论》2018年第2期。

民法院每年发布3~4批指导性案例,每批数量为4~6个。从现有的数据统计来看,发布指导性案例最多的年份当年也只发布了22个,平均每年发布数量约为13个。相比审判活动中的实际需要而言,这种数量上的明显缺陷已经严重影响司法实践对指导性案例的认知和适用。从普通法的发展历程来看,上百年间积累的数量巨大的先例提供了极其多样的裁判依据和裁判理由,已经成为后案法官裁判的丰富数据库。这种传统既构成法律职业的高门槛,也有效地训练和保证了法律职业群体的能力、素质和经验。以此为鉴,没有相应数量上的积累,指导性案例的诸多功能几乎无从谈起。提升指导性案例数量的措施也有不少,如在法院内部系统中改变逐层报送推荐的方式,深入基层一线选取备选案例;主动追踪相关请示案件,同时吸收信息化技术手段进行主动抓取和选编相关案例;在社会推荐模式中,积极动员多方主体推荐潜在的指导性案例;等等。[1]

指导性案例的数量直接影响其类型的丰富程度。出于发挥多种功能的需要,指导性案例的类型有待实现进一步多样化,不同的功能也需要与其相对应的完善类型。就统一法律适用的基本功能而言,指导性案例应当与司法解释实现错位发展,针对审判活动中的疑难问题提供直接规则或者解决办法,这就要求指导性案例的疑难色彩比较明显和突出。以创造性程度为标准可以将指导性案例的类型分为宣法型、释法型和造法型,[2]针对疑难问题对规则及其运用的创造性程度逐级加深。指导性案例在这种类型划分中存在的问题在于后两种比例偏低,无法有效满足司法实践的需要。审判活动中迫切需要能够解决普遍疑难问题的指导性案例,无论是对现有规则的细化、明晰、补充或是创新,都能够在不同程度上满足以上需要,目前被裁判文书援引次数最多的指导性案例24号就是非常典型的正面例证,[3]也为指导性案例的类型提供了重要的完善方向。

在实现公共政策功能方面,指导性案例也应当及时与最新的社会发展形势以及国家政策相结合。例如,最高人民法院在2019年年初发布的第21批指导性案例涉及"一带一路"建设专题,包括海上货物运输、海难救助、海事赔偿和国际货物买卖等案例。这种以专题方式发布的指导性案例,对于原有类型有补充和丰富的作用,而且紧跟国家政策的前沿,在保证法律规则适用合法性底线的基础上,对相关模糊问题进行澄清甚至是创

---

[1] 参见詹王镇:《完善我国案例指导制度的对策》,载《甘肃日报》2019年2月27日,第9版。
[2] 参见资琳:《指导性案例同质化处理的困境及突破》,载《法学》2017年第1期。
[3] 参见孙光宁:《司法实践需要何种指导性案例——以指导性案例24号为分析对象》,载《法律科学(西北政法大学学报)》2018年第4期。

造。"在具体的纠纷解决中,法院发布的指导性案例能够进一步为今后同类案件的司法裁判提供指导,也可以说是一种国家意志的表达。因而,我国法院执行公共政策,也是在表达国家的意志,具有'政治性'的特点,承担着'政治性'的功能。"[1]当然,在发挥公共政策功能的过程中,不能忽视法律适用自身的特点。"由于受行政化逻辑支配,最高人民法院在遴选指导性案例时往往会从限制法院和法官自由裁量权的角度出发,突出自己公共政策的执行功能,致使其发布的指导性案例具有较强的政治色彩,而忽视了法院自身的技术治理优势。"[2]指导性案例的公共政策功能始终是兼顾而非主要,即使在突出公共政策功能的类型中,也要注意充分结合法律适用的规律,使后案法官在参照适用时能够实现法律效果和社会效果的充分结合。在道德教化功能方面,目前相关的指导性案例数量比较少,类型也比较单一。虽然司法并不擅长解决道德领域中的问题,但是最高人民法院应当对此有所关注,特别是在涉及通过案例方式弘扬和传播公共道德方面。以指导性案例99号为代表的指导性案例已经作出提示,可以将带有正能量的部分社会热点案件遴选为指导性案例,强调其中包含的社会公德对公众价值观念的引领。

与指导性案例数量提升直接相关的问题是改进其发布方式。目前最高人民法院发布指导性案例的方式比较随机,《关于案例指导工作的规定》及其实施细则都没有确定发布指导性案例的固定频率,这就导致指导性案例的发布带有零碎、松散、可预测性不强的缺陷。而且,每一批次发布的指导性案例也经常涉及多个部门法,没有突出相应批次的特点。鉴于以上缺陷,指导性案例发布方式的改进措施可以分为两个方面的内容:就程序方面来说,最高人民法院应当确定并大幅度提高发布指导性案例的准确频率,同时可以在遴选过程中增加法院系统的内部公示环节,这样不仅可以提升整个遴选和发布过程的民主性和透明度,还可以在一定程度上保证指导性案例的质量,对法官形成可预期的工作习惯。就内容方面来说,最高人民法院可以继续完善以专题方式发布指导性案例,集中明确突出特定功能;还可以与最高人民检察院联合发布刑事指导性案例,[3]共同扩大指

---

[1] 孟融:《我国法院执行公共政策的机制分析——以法院为"一带一路"建设提供保障的文件为分析对象》,载《政治与法律》2017年第3期。
[2] 郑智航:《中国指导性案例生成的行政化逻辑——以最高人民法院发布的指导性案例为分析对象》,载《当代法学》2015年第4期。
[3] 参见赵丽、蔡颖:《分立抑或统一:"两高"刑事指导性案例的比较研究——兼论"两高"指导性案例同类联合发布模式》,载贺荣主编:《尊重司法规律与刑事法律适用研究(上)———全国法院第27届学术讨论会获奖论文集》,人民法院出版社2016年版,第358页。

导性案例在司法实践中的影响范围和力度。

二、在指导性案例的正式文本中进行全面细致的论证说理

如前所述,指导性案例在最高人民法院和地方法院之间扮演了中介的角色,其各项功能的发挥有赖于正式文本所传递的信息,这表明指导性案例的正式文本在其功能发挥过程中的重要性。从普通法的历史经验来看,多数具有创新性的先例都有相应的较长篇幅,而且需要单独从中提取和概括出专门的"裁判理由"(ratio decidendi)。借助这种形式,各种支持最终裁判结果的理由才能够得到充分阐释和说明,体现了先例强调与案件事实结合进行法律适用的特点。就案例指导制度来说,在指导性案例统一官方文本的体例结构中,裁判要点、基本案情和裁判理由三个部分是最为关键的。根据《实施细则》第9条的规定,裁判文书直接引述的对象仅限于裁判要点,裁判理由是对裁判要点的扩展和详细阐释,也是将基本事实和相关法律规范进行对接的内容,具有更加丰富的论证说理成分。立法和司法解释只直接提供抽象规则,而指导性案例的以上三个部分则凸显了其结合案件事实进行论证说理的独特性,也是指导性案例实现与司法解释错位发展的集中体现。要充分发挥各项功能,最高人民法院必须重视在指导性案例的正式文本中进行全面细致地论证说理。

在实现基本功能方面,最高人民法院已经比较充分地认识到在指导性案例中论证说理的重要性,尤其是在裁判理由部分。裁判理由的篇幅较长,可以更加充分地容纳裁判要点中所没有细致分析的法律适用问题,也是论证说理集中的部分。裁判理由的说理应当达到准确、精当、透彻的要求,与叙述的基本案情前后照应,逻辑严密,并紧密结合指导性案例的社会背景;说理的根据是案件事实、法律、司法解释、政策精神和法学理论通说,要从法理、事理、情理等方面,针对裁判要点并结合具体案情,详细阐述法院裁判的正确性和公正性。[①] 现有的指导性案例中已经有不少成功的例证。例如,指导性案例61号"马乐案"的裁判理由部分,使用了刑法的立法目的、法条的文意和援引法定刑立法技术这三个标准,对案件的核心问题——《刑法》第180条第4款援引第1款量刑情节的理解进行了阐释。指导性案例89号"北雁云依案"的裁判理由包含了社会管理和发展、公序良俗、姓名权行使限制这三个方面的内容,有效地支持了最终判决结论,对

[①] 参见胡云腾、吴光侠:《〈关于编写报送指导性案例体例的意见〉的理解与适用》,载《人民司法》2012年第9期。

给未成年人创设姓氏的随意行为进行了否定评价。更为详细的论证说理出现在指导性案例93号"于欢案"中,针对的焦点问题包括捅刺行为的性质以及定罪量刑;其中,前者细分为捅刺行为具有防卫性、捅刺行为不属于特殊防卫和捅刺行为属于防卫过当三个部分。而且,针对社会舆论高度关注的"辱母情节",裁判理由部分将其概括为"严重违法、亵渎人伦",并将其加入量刑的考量因素之中,有效回应了社会舆论的关切。当然,还有一些指导性案例的正式文本在论证说理方面存在一定缺陷,如同样受到社会关注的指导性案例97号"王力军非法经营再审改判无罪案",裁判理由部分的论述非常简略,对于案件的焦点问题——社会危害性、刑事违法性和刑事处罚必要性如何在案件中形成准确判断,几乎没有展开论证,直接给出最终裁判结果。这种过于简略的论证说理无法给后案法官提供相应的指导,自然也难以实现指导性案例在统一法律适用方面的基本功能。以上正反两方面的例证都已经说明,指导性案例的正式文本是实现其基本功能的主要直接依据,应当运用多种解释方法(尤其是诸多论理解释方法)凸显其造法性质,①尽可能对其中的焦点问题展开分析论证,甚至提供进行规则创新的充分理由,以便审理类似案件的法官进行参照和适用。从指导性案例的疑难案件定位来看,不断突出创造性是维持案例指导制度有效运行的源头活水。

就实现公共政策功能而言,指导性案例需要针对法律规范的模糊与漏洞之处提出相应的创新规则或者审判思路,这就更需要详尽的理由论述。适用政策进行裁判的指导性案例应在以下几个方面予以明确:对适用政策合法性、正当性予以论证;对适用政策的方式予以论证,特别是就政策作为填补法律漏洞的依据、解释法律的依据还是利益衡量的考虑因素进行论证;对政策介入后对裁判的结论的影响效果进行必要的说明。② 只有在结合公共政策时进行充分的论证和解释,才能够使法官裁判类似案件时能够准确把握其价值取向,真正实现指导性案例的公共政策功能。③ 现有的指导性案例主要直接针对统一法律适用的基本功能,正式文本中还没有特别明显地对公共政策及其后果进行详尽说明,第21批涉"一带一路"专题指导性案例对此已经有所涉及,但毕竟还没有扩展到审判实践更加常见的国

---

① 参见孙光宁:《法律解释方法在指导性案例中的运用及其完善》,载《中国法学》2018年第1期。
② 参见刘思萱:《论政策的司法回应——以1979年以来我国企业改革政策为例》,载《社会科学》2012年第4期。
③ 参见李超:《指导性案例:公共政策的一种表达方式》,载《法律适用》2014年第6期。

内纠纷处理问题,最高人民法院仍然需要在这个方面进行更加充分的准备。

至于在正式文本中展现道德教化功能,一贯细致严谨的指导性案例很难在这个方面作出特别突出的贡献。严肃的司法过程多是以理服人而非以情感人,以纯粹的道德话语进行说教对指导性案例文本编纂而言是有些强人所难的。《关于加强和规范裁判文书释法说理的指导意见》第15条规定:"裁判文书行文应当规范、准确、清楚、朴实、庄重、凝炼……应当避免使用主观臆断的表达方式、不恰当的修辞方法和学术化的写作风格,不得使用贬损人格尊严、具有强烈感情色彩、明显有违常识常理常情的用语……"在一般的裁判文书写作过程中都应当如此,对于篇幅更小、用语更加凝练的指导性案例文本来说,就更加难以做到使用"强烈感情色彩"的语句进行道德说教了。比较现实的选择是在确定某一指导性案例侧重道德教化功能的前提下,借助主流价值观念,对社会公德部分进行有节制的说教。例如,指导性案例99号就涉及英雄事迹、民族精神、共同记忆、国家和社会利益等社会公众已经广泛接受的观念,并以此为基础论证了裁判结论。这种道德教化功能决定了指导性案例文本的语言及其修辞不能局限于法言法语,而应当更加通俗易懂,便于向社会公众传播。尤其是将来出现越来越多涉及婚姻家庭的指导性案例,更需要注意这一行文方式。

三、降低参照指导性案例的门槛要求,提供适用指导性案例的技术支持

指导性案例各种功能的发挥,在很大程度上依赖于地方法院在类似案件中的反复参照,这与司法解释中的抽象规则得以适用具有相同的运作方式。即使遴选、发布和文本编辑的环节再完善和成熟,所有功能的实际效果的实现仍然最终都要体现和归结于指导性案例在类案中的参照适用。虽然指导性案例发挥各种功能有注重长效的特点,但也不能忽视其短期效果的持续积累,也就是要重视指导性案例的参照适用问题。

司法制度的设计需要考虑其运行的成本和收益,对于案例指导制度而言,如何能够更便捷地推动法官在裁判文书中参照指导性案例,需要考虑参照指导性案例的前提条件。《关于案例指导工作的规定》第7条中仅规定了法官在审判活动中发现"类似案件"时应当参照,《实施细则》第9条则将这一条件细化为"基本案情"和"法律适用"两个方面都相似,二者同时作为参照适用指导性案例的门槛条件。但是,这一规定条件给法官参照指导性案例增加了过重的论证负担,指导性案例援引率偏低也与此不无关系。

案件之间相似性的判断本来就十分困难,从终极意义上来说,任何两

个案件之间总有相似之处和不同之处,关键在于法官判断何者更为关键、重要和具有决定意义。众多学说也从未就相似性判断问题形成一致意见。① 具体到案例指导制度,要求基本案情和法律适用这两个方面同时达到相似的程度无疑是雪上加霜。虽然表面上更加稳妥,但是这种求全责备的方式却大大增加了法官参照指导性案例的困难。就便于参照适用的角度而言,应当尽量减少适用指导性案例的门槛条件,聚焦于案件事实具有相似性。在审判实践中,法律规范在适用之前都处于备用的静态,需要由不同的案件事实进行激活;案件事实的不同决定了法律适用的不同,而类似的案件事实也同样决定了类似的法律适用。从这个意义上来说,案件之间的比较在事实层面上更具有决定意义,法律适用层面上的比较更多的是一种重复或者巩固。当待决案件(系争案件)的事实已经确定与既有判例相似时,类似的法律适用就会自然出现,所谓参照判例(先例)的裁判结果形成待决案件的裁判结论,只不过是类似法律适用的最终表现形式。

这种聚焦于案件事实层面上的相似性,也得到了普通法实践经验的肯定。遵循先例的基本要求是确定先例与待决案件之间的相似性,要将这一过程细化为类比推理的运用过程,就需要首先确定个案之间的相似之处,然后总结出先例中的相关法则,最后将该法则运用到个案裁判之中。② 在这个过程中,对先例中裁判规则的总结发生在确定相似性之后,这意味着相似性的比较是在案件事实这个层面上展开的。对以上类比推理的过程进行扩展的设计和描述,也都是首先进行案件事实上的比较。③ 在普通法运行的整体过程中,"问题总是一样的:系争案件的事实与先例的事实是否存在关键而决定性的区别,以使得系争案件应当适用与先例不同的法律规则"④。简言之,案件事实层面上的比较具有决定性意义,将参照指导性案例的门槛条件降低为仅需比较案件事实之间的相似性,有助于推动法官更加积极地在裁判文书中直接援引指导性案例。

如果说降低参照指导性案例门槛的要求是侧重于宏观制度设计,那么,案例指导制度还需要为法官提供更多的技术支持来推动法官的适用。将前述案件事实层面上比较相似性的问题进行细化,就需要回答更多技术

---

① 参见张骐:《论类似案件的判断》,载《中外法学》2014 年第 2 期。
② 参见[美]艾德华·H.列维:《法律推理引论》,庄重译,中国政法大学出版社 2002 年版,第 3 页。
③ 参见[美]凯斯·R.孙斯坦:《法律推理与政治冲突》,金朝武等译,法律出版社 2004 年版,第 77 页。
④ [英]迈克尔·赞德:《英国法:议会立法、法条解释、先例原则及法律改革》,江辉译,中国法制出版社 2014 年版,第 457 页。

层面上的问题。例如,《实施细则》第9条中"基本事实"的具体含义和指向以及如何确定是否相似。这种技术问题虽然琐碎和零散,但同样会影响法官参照的积极性,尤其是要对抗业已固定的路径依赖(如司法解释)更是如此。在比较相似性方面,普通法的实践已经为案例指导制度提供了良好的借鉴对象——区别技术。

  区别技术的核心含义是将先例与待决案件进行比较,以确定二者是否相似。区别技术的运用也是从案件事实层面上的对比开始的。"当一个判例的事实与一个问题案件的事实相似到要求有同样的结果时,我们就说一个法官或判决依照判例(除非这个早先的判决被否决);而当一个判例的事实不同到要求有不同的结果时,我们就说一个法官或案件区别判例。"① 从最终结果来看,运用区别技术形成的结论主要包括三种:遵循先例、推翻先例和不适用先例。② 通过区别技术对先例进行区分,在具有法官法特征的英美法系中是一个核心问题,这一技术对于以德国和瑞士为代表的大陆法系司法来说也是通用的论证样板。③ 普通法中区别技术既包括事实与法律的区分,也包括重要事实与非重要事实的区分,是所有法律职业共同体都需要全面掌握的技术。由于带有明显的经验色彩,区别技术的具体运用难以用抽象理论进行细致描述和概括,"至于如何进行区别,则不是任何文字描述可以说清楚的——这也是普通法作为实践理性、技艺理性的重要体现;读者只有在具体的、相互关联的前后系列案例中才能体会到这种技艺的真谛"④。对判例法的陌生以及区别技术的实践理性属性,都影响着案例指导制度中对区别技术的规定,也使法官在参照指导性案例时运用区别技术仍然处于自发的探索状态。但是,即使理论上难以进行统一的抽象概括,并不代表法官在个案审判中无法运用区别技术,也不意味着无法结合实践探索而形成本土化的制度规定。出于充分激发指导性案例各种功能的考虑,最高人民法院应当积极收集和整理司法实践中运用区别技术的实践经验,为将来完善相关规定做好准备,通过提供丰富的技术支持来提升指导性案例的直接援引率。结合当前类案检索不断普及的背景,当法官越来越习惯于适用指导性案例时,指导性案例的基本功能和扩展功能就能够得到更加全面的展现和提升。

---

① [美]史蒂文·J.伯顿:《法律和法律推理导论》,张志铭、解兴权译,中国政法大学出版社1998年版,第35页。
② 参见董皞:《司法解释论》,中国政法大学出版社1999年版,第251页。
③ 参见[奥]恩斯特·A.克莱默:《法律方法论》,周万里译,法律出版社2019年版,第253页。
④ 陈兴良主编:《中国案例指导制度研究》,北京大学出版社2014年版,第670页。

四、准确协调指导性案例诸多功能之间的关系,保证基本功能的首要地位

前文论述的几个改进方向是提升指导性案例的各种功能都需要的,但是,指导性案例诸多功能之间差异化的存在状态也会出现一定矛盾。这就意味着要提升指导性案例的整体功能效果,还需要协调这些功能之间的关系。

指导性案例的不同功能具有不同的受众和目标指向,在静态意义上并不会出现紧张关系。但是,一旦付诸审判实践活动,各种目标指向之间的隐含矛盾就有可能出现。例如,统一法律适用的基本功能强调法律规范的稳定,而公共政策功能则强调变通,根据特定时期的社会形势灵活运用法律规则。这种稳定性与灵活性之间的矛盾总会出现在审判活动之中,虽然在普通案件中并不会显现得明显而激烈,但作为具有正式效力、能够反复被参照援引的案件,指导性案例在适用的过程中就可能放大以上矛盾。而且,公共政策功能还可能因为审判地区的差异而有所变化,即使特定的指导性案例体现了公共政策功能也未必可以普遍适用于国内各个地区,甚至会适得其反,加剧以上隐含矛盾。如果最高人民法院过度重视指导性案例的公共政策功能,就有可能影响制定法规则的统一和确定;而过于重视基本功能,又有可能难以容纳公共政策的机动和灵活,影响特定判决社会效果的实现。例如,指导性案例 8 号主要针对公司僵局问题,该案的裁判结论是即使仍然营利,公司内部管理出现严重障碍也可以被认定为公司经营管理发生严重困难,进而形成解散公司的判决结果。发布该指导性案例的目的是:"对于依法妥善处理公司僵局的有关问题,充分保护股东合法权益,规范公司治理结构,促进市场经济健康发展具有积极的指导意义。"① 但这种统一法律适用规则倾向的目标并没有得到真正落实,不仅涉案公司长期处于"解而不散"的未被执行状态,甚至很多援引该指导性案例的判决也未真正执行解散公司的裁判结果。② 这一现象可以归结为,最高人民法院倾向于以公司内部人合性障碍为裁判考量核心因素,而地方法院倾向于以公司对外经营情况为裁判考量核心因素。③ 就更深层次的原因而言,

---

① 陈龙业:《〈林方清诉常熟市凯莱实业有限公司、戴小明公司解散纠纷案〉的理解与参照》,载《人民司法》2014 年第 6 期。
② 参见张双根:《指导案例制度的功能及其限度——以指导案例 8 号的引用情况为分析样本》,载《清华法学》2017 年第 3 期。
③ 参见耿利航:《公司解散纠纷的司法实践和裁判规则改进》,载《中国法学》2016 年第 6 期。

最高人民法院强调统一市场规则的推行,而地方法院更需要考虑公司解散对地方经济和社会的消极效果,背后则是发展经济这一政策的深厚影响。一旦统一的法律规则会对特定时期和地区的公共政策目标产生消极影响,地方法院就会在自由裁量的范围之内对这些公共政策进行倾向性考虑,最终的结果很可能在实质意义上影响统一规则的现实效果。

又如,统一法律适用的功能主要以法律职业群体(尤其是法官)为受众,而道德教化功能则主要面对社会公众。受众群体的不同决定了指导性案例在遴选、发布和文本编辑环节的不同。这一点比较突出地表现在文本编辑上,面对法律职业群体的指导性案例文本可以包含大量的法言法语,尤其是海商法和知识产权法案件,集中运用了非常专业的法律概念和术语,在裁判要点中表述相关规则也完全可以是高度抽象概括的。但是,进行道德教化时,指导性案例的文本就必须做到通俗易懂,特别需要借助主流观念进行积极修辞,以充分发挥舆论导向的作用。聚焦于日常审判工作的法官难以对指导性案例中的道德说辞给予高度关注,而社会公众同样难以理解细致精密的法律术语,二者之间的紧张关系也由此产生。

指导性案例的多种功能都源于最高人民法院身兼多职,其相互冲突由此归结于最高人民法院各种角色之间的冲突。要解决指导性案例功能之间的冲突,有一些具体措施。例如,最高人民法院可以大大增加指导性案例的数量与类型,同时在遴选和发布时就大致确定指导性案例的个案功能重点,使不同的指导性案例能够各司其职,分别满足不同的功能,即使存在冲突也不会在个案层面上过于激烈。在宏观上处理指导性案例功能之间的关系,应当保证基本功能的首要地位。

统一法律适用的基本功能不仅是长期以来学术界和实务界对指导性案例的主要预期,还是案例指导制度设计的主要目标,也应当成为处理指导性案例诸多功能关系时首要强调的对象。基本功能是其他扩展功能的前提和基础,无论是公共政策功能还是道德教化功能,都依附于基本功能;没有统一的法律适用,就没有地方法院的反复参照,扩展功能也就无从谈起。更重要的是,指导性案例的基本功能也符合最高人民法院的准确定位。如前所述,最高人民法院在公共政策执行方面存在诸多缺陷,短期内尚无法实现重大转变;道德教化功能则属于锦上添花,只是有助于提升最高人民法院的社会形象和舆论评价。有效统一法律适用则成为最高人民法院目前比较现实的定位,也有助于实现让人民群众在每一个司法案件中感受到公平正义。指导性案例的基本功能也是在这个意义上与最高人民法院的现实定位内在契合的。当最高人民法院发布的指导性案例提供了解决疑难案件的统一规则或者思路时,法官对指导性案例的研习和适用就不是迫于外在的制度规定或者行政化压力,而是切实认可指导性案例自身的质量。要体现基本功能的首要地位,就应当在数量分布上使体现基本功能的指导性案例占据绝对优势,在内容上强调基本功能中的创新规则,在适用上要在优先考虑基本功能的前提下尽量发挥其他扩展功能。

从功能的视角展开分析,本质上是考察特定司法制度的综合影响,也是推动该制度继续完善和获得权威的重要方式。从指导性案例的功能发挥情况可以看到,案例指导制度还存在继续改进的巨大价值和空间,应当引起最高人民法院的高度重视。指导性案例的诸多功能也都源于最高人民法院的多种身份,其功能实际发挥的情况也是最高人民法院整体状况的一个缩影。指导性案例功能的提升和改进从根本上有赖于最高人民法院的整体转型。在转型社会的背景下,最高人民法院也需要逐渐从偏重审判业务转向确立规则、公共政策甚至社会治理。已经有部分司法制度创新服务于这一转型,如巡回法庭的设立能够分流最高人民法院的部分案件,最高人民法院本部就有更多精力审理死刑案件和对全国有普遍指导意义的案件,及时制定司法解释和司法政策,更多地发布指导性案例,更好地指导全国法院审判工作,从而更有力地发挥司法引领社会公正的作用。[1] 指导性案例的功能改进既是最高人民法院整体转型的部分表现,又能够成为加速这一转型的推动力,因为指导性案例具有独特的优势特征。尤其是长期细致研习指导性案例的法官将具备更高的审判业务水平,其不仅能够更好地推荐和适用指导性案例,而且能够推动最高人民法院创设符合司法规律的规则与制度,这些法律思维能力较强的法官是实现最高人民法院有效整体转型的强大人力资源。这种注重司法主体能力提升的长效机制是指导性案例独特优势的集中体现,也是实现其诸多功能的基本保障。

结语:最高人民法院的整体转型与指导性案例的功能发挥

根据修订后的《人民法院组织法》第 18 条的规定,最高人民法院可以发布指导性案例。作为最高人民法院的新增职能,指导性案例如何发挥基础功能和扩展功能,很大程度依赖于最高人民法院的顶层设计和推进力

---

[1] 参见罗书臻:《"巡回法庭要当司法改革排头兵"——访最高人民法院审委会专职委员、第二巡回法庭庭长胡云腾》,载《人民法院报》2015 年 2 月 1 日,第 4 版。

度。在当今时代飞速发展的背景下,最高人民法院的整体转型对指导性案例功能的发挥具有直接影响。与以往承担众多直接审判任务相比,最高人民法院在整个法院系统中的决策地位更加明显,在总结部分地方法院试点经验的基础上,各种司法制度的创新越来越多地由最高人民法院推广到全国各级法院,案例指导制度、类案检索机制和人民法院案例库建设就是其中的典型代表。这种整体转型意味着最高人民法院将通过多种途径强化法律规则对社会的有效治理。而转型的速度与程度对指导性案例的功能发挥具有直接且显著的影响,甚至在某种程度上具有决定性作用。从这个意义上来说,指导性案例的功能状态是最高人民法院转型的一个缩影。

第二编　案例指导制度规范运行的具体环节

第五章　案例指导制度的遴选环节：
基于疑难案件实现法律拟制

【本章提要】遴选环节是整个案例指导制度规范运行的起点,指导性案例的遴选质量在很大程度上影响甚至决定了后续参照适用的实际效果。指导性案例应当定位于疑难案件,选择疑难案件的重要标准之一就是法律拟制。例如,指导性案例41号在裁判要点中以"视为"的方式提供了创新规则,并且没有在裁判理由部分提供实质理由,这是法律拟制的典型表现。指导性案例中的法律拟制具有十分重要的价值:不但为未来的立法修改积累经验,同时概括的抽象规则又能被类似后案反复参照,兼具立法与司法的独特属性和作用,因而能够成为遴选指导性案例的重要标准之一。但是,缺少明确支持理由也使指导性案例中的法律拟制存在一定风险,需要进行有效规制和规范。现有遴选成功的指导性案例多以法律目的为主要规制和规范方式,包括显性方式与隐性方式、肯定扩展与否定限缩等。要全面有效规范指导性案例中的法律拟制,需要遴选出符合法律目的的创新性案例,在正式文本中提供丰富全面的支持理由,并通过法官的参照适用进行反复检验。源于司法者的创造性能够经由指导性案例中的法律拟制传递到立法领域,在立法与司法的良性互动中推动法律与社会的共进。

自2010年年底《关于案例指导工作的规定》出台以来,案例指导制度已经运行了十余年,最高人民法院已经发布了200余个指导性案例。虽然这一数量还不能充分满足审判实践的需要,但是这些指导性案例已经涵盖了多个主要部门法,同时在类型和功能上也不断丰富。除了宣示特定法律条款或者司法政策,指导性案例还能够针对审判中的疑难问题提出细化规则(主要通过裁判要点实现),甚至能够对现有正式的法律规范进行进一步阐释或者补充,对将来的立法修订工作积累经验。也就是说,遴选成功的指导性案例应当是疑难案件,确定疑难案件的标准之一就是法律拟制。

具体而言,在实际的审判工作中,法官在大多数情况下处理的都是一般案件,大致可以根据法律规定形成裁判结果。而对于少数疑难案件来说,法官需要寻找特定的裁判依据来形成裁判结论,指导性案例就是其中之一。这一现实决定了指导性案例的定位是疑难案件。如果指导性案例是普通案件的话,那么法官不会对其给予高度的重视,案例指导制度也无法达到预期的效果。以疑难案件的面目出现,为法官提供直接的裁判规则或者裁判思路,这是中国司法语境下指导性案例的应然定位。选择疑难案件的标准有很多,如法律规定与案件事实无法直接对接,法律适用过程中出现法律规范的空白、漏洞、矛盾等。这些内容在传统的法律方法论中都得到了比较充分的分析和研究。另外一个重要的标准就是法律拟制:如果案件中出现了比较丰富的法律拟制因素,那么这些案件就很可能是疑难案件,进而也就可以将这些疑难案件作为遴选指导性案例的重要对象。

在一般意义上,法律拟制是将两个本来不相同的事物、行为或者身份给予法律规范上的同等对待,主要通过"视为"这一关键词进行表达。法律拟制通常典型地出现在立法领域之中,但是指导性案例也多次出现法律拟制的情况,值得细致研判和探讨。本章以指导性案例41号为切入对象来分析指导性案例中存在的法律拟制,主要是基于以下考虑:(1)指导性案例41号在裁判要点部分直接明确了"视为"的规定,却没有给出相应的理由,比较充分地表现了法律拟制的决断性和虚拟性的特点;(2)其他指导性案例中还有很多利用"视为"来表达法律拟制的情况,对解决审判实践中的难题有重要作用;(3)指导性案例既来源也作用于司法领域,同时通过裁判要点为相关立法活动积累经验、为司法者提供创新规则,这种兼具立法和司法的属性在法律拟制方面有独特的作用;(4)指导性案例中的法律拟制不能无限展开,需要特定的规制才能发挥其最优效果,已有的指导性案例也对此有所提示。基于上述考虑,本章将首先分析指导性案例41号中的法律拟制,并揭示指导性案例中法律拟制的风险,然后总结其他指导性案例对法律拟制的规制方式,最终从案例指导制度运行环节的角度来全面明确指导性案例有效规制法律拟制的改进方向。

第一节 指导性案例遴选中法律拟制的基础价值

指导性案例41号为行政诉讼案件,原告收到被告衢州市国土资源局的《收回国有土地使用权通知》,该通知仅提及法律依据为《土地管理法》及浙江省的有关规定,但是未写明所依据的具体条款,原告因此不服提起诉讼。该案给出的裁判理由为,被告衢州市国土资源局在庭审中提供的各种衢州市发改委文件都无法证明其作出的《收回国有土地使用权通知》符合《土地管理法》第58条第1款的规定。指导性案例41号的裁判要点是:

"行政机关作出具体行政行为时未引用具体法律条款,且在诉讼中不能证明该具体行政行为符合法律的具体规定,应当视为该具体行政行为没有法律依据,适用法律错误。"

从文义的角度来说,指导性案例 41 号中的具体行政行为并非绝对没有任何法律依据,只是没有写明所依据的具体条款,属于模棱两可的情况。相较更加模糊的表达(如"根据法律规定"或者"根据相关规定"),《收回国有土地使用权通知》还专门提及《土地管理法》等较为明确的法律依据。但是,本案法官仍然认为该具体行政行为没有法律依据,对被告的行为给予否定评价。这一点得到了最高人民法院的肯定,并在裁判要点中被明确指出。每一个指导性案例最初都是普通案例,在经过层层遴选成为指导性案例之后,裁判要点是最高人民法院在发布正式文本时专门进行概括和提炼的精华部分,在内容上提供了案例所体现的规则或者解决办法,充分体现了最高人民法院的意图。

值得注意的是,从实际效果来看,指导性案例 41 号已经被很多类似案件所参照,真正发挥了案例指导制度推动法律统一适用的作用。根据北大法律信息网的统计,指导性案例 41 号的发布时间是 2014 年 12 月 25 日,其后间隔仅 27 天,就有裁判文书援引了该指导性案例,说明该指导性案例的裁判要点非常符合审判实践的迫切需要。而且,在指导性案例 41 号的适用实践中还出现了跨界使用的情况,该指导性案例被应用于不同案由的案件:指导性案例 41 号为土地/行政批准类案件,但是有一些土地/行政裁决类案件也使用了该指导性案例的裁判要点,因为这两类案由的案件均涉及对法律、法规和规章的适用原则问题。[1] 对该指导性案例的裁判要点,也有部分案例进行了扩展适用。例如,在高州市分界镇学福村牛皮铺经济合作社等诉高州市人民政府等土地行政确权案中,核心争议是如何评价具体行政行为适用规章未引用具体款项的情况。虽然指导性案例 41 号涉及的是行政行为未引用具体法律条款,而该案的情况是行政行为适用规章没有引用具体条文的款、项、目,二者不完全相同,但总体上都属于适用法律、法规及规章错误,也就是在法律依据上存在问题,因而法官都给予了否定评价。[2] 从以上援引情况来看,审理类似案件的很多法官认可并参照了指导性案例 41 号的裁判要点,实质上也就是贯彻了最高人民法院的意图。

---

[1] 参见北大法律信息网:《最高人民法院指导性案例司法应用研究报告》(第 2 版),北京大学出版社 2019 年版,第 154-155 页。
[2] 参见国家法官学院案例开发研究中心编:《中国法院 2017 年度案例·行政纠纷》,中国法制出版社 2017 年版,第 123 页。

在指导性案例41号的裁判要点中,引人关注的关键词之一就是"视为",这是存在法律拟制的典型提示词。在现有的主要民事法律规定中,"视为"一词表达的绝大多数含义都是法律拟制,其他含义(如法律推定和注意规定等)属于极少数。① 虽然学者们对法律拟制的界定并不完全相同,但对法律拟制主要特征的概括是比较相似的,主要包括:(1)将两种情况、行为或者身份给予法律规范上的等同对待;(2)这种法律规范上的等同对待可能与客观实际一致,也可能不一致;(3)给予以上等同对待时并未说明其中的理由。其中,第3点特征带有明显的决断性因素,这就意味着法律拟制主要存在立法领域。而指导性案例41号裁判要点中的"视为"也符合以上法律拟制的三个主要特征:面对行政机关给出的粗糙、笼统和概括的法律依据,司法者将其与"没有法律依据"给予相同对待,而且在该指导性案例的其他部分(尤其是裁判理由部分)并没有为这一结论给予相应的解释说明。质言之,指导性案例41号实际上就是法律拟制的具体表现。

至于指导性案例41号的裁判要点是否正确,的确需要相应的支持理由。最高人民法院案例指导工作办公室对此给出的理由是:"未引用具体的条款,导致行政相对人无法从上述决定中获知明确具体的法律依据。这种情况,应当根据行政诉讼法第三十四条第一款及相关司法解释的规定,将行政机关作出的决定视为没有法律依据,否则行政相对人的合法权益将在模糊的法律名义下无从得到保障。换句话说,行政机关对作出的行政行为所适用的法律依据,只笼统提到有关规定,未引用具体法律条文的,不符合依法行政原则的要求,属于适用法律错误的一种情形。"②其中关键的理由是保障行政相对人的程序权利,以满足依法行政原则的要求。从前述该裁判要点被多次援引的情况来看,审判实践中的法官也用实际行动肯定了以上拟制内容的正确性。裁判要点在实质意义上对现有的法律规范进行细化、阐释甚至是填补漏洞,都是指导性案例发挥作用的表现,由此可以将其类型划分为宣法型、释法型和造法型。③ 同时,这种针对审判难题提供的抽象规则被司法实践所参照和遵循,也展现了指导性案例中的法律拟制具有立法拟制的特点。法律拟制在虚构一个事实的同时,也把这一事实纳

---

① 参见张海燕:《"推定"和"视为"之语词解读?——以我国现行民事法律规范为样本》,载《法制与社会发展》2012年第3期。
② 阎巍、石磊:《〈宣懿成等18人诉浙江省衢州市国土资源局收回国有土地使用权案〉的理解与参照——行政机关作出具体行政行为未引用具体法律条款,且在诉讼中不能证明符合法律的具体规定,视为没有法律依据》,载《人民司法(案例)》2016年第20期。
③ 参见资琳:《指导性案例同质化处理的困境及突破》,载《法学》2017年第1期。

入某法律适用范围,间接地扩大了该法律的适用范围,从而改变了法律本身。与法律解释相比,法律拟制不是直接扩大法律的适用范围,而是将原来不适用于某法律的案件事实通过拟制纳入该法调整的范围。法律解释对法律的改变是公开和明示的,但法律拟制在改变法律方面则十分隐蔽,具有"隐性的"立法功能。① 这种功能在指导性案例中得到了比较明确的展示。同时,指导性案例的裁判要点归纳了整个案件中的核心问题并提供了相应的解决方案,无论是在形式上还是在内容上都与抽象法规则一般无二。根据《关于案例指导工作的规定》第7条和《实施细则》第9条的规定,当出现类似案件时,法官应当参照指导性案例的裁判要点形成裁判结论;这实质上肯定了裁判要点具有与司法解释类似的"准立法"的规范性质。

当然,指导性案例毕竟是源自司法实践的个案,发挥作用的领域也主要是在司法过程中。这就意味着指导性案例中的法律拟制兼具立法拟制和司法拟制的特点。虽然很多学者质疑司法拟制的正当性,认为司法不应该以拟制的方式创造规则,但司法拟制也的确存在实践之中,而且发挥了重要作用,特别是在通过积累判例推动法律发展的普通法之中。"由于拟制这种善意的错误,旧规则和新规则之间的鸿沟常常得以跨越。在此,令我们关注的是只要当目的的重要性居于支配地位就会有这种跨越。今天,拟制已经不大使用了;而一旦拟制被掩藏起来,司法活动的原动力也就被封闭了。"② 针对既有法律规范的疏漏和模糊,司法者在审判实践中创造性地运用规范,对规范的含义进行细化、明确、梳理和填补,在实质意义上推动法律规范的发展,这一点与普通法的历史发展是非常相似的。"司法现象的拟制,主要是通过法官和当事人的合作,将一些随着社会的发展已经失去区别意义的对象在法律上同一,或是将一些本来未被区别的对象根据社会发展的需要加以区别。"③ 这种司法拟制体现了司法者的创造性,使法律规范能够与时俱进,也非常符合指导性案例的特点。

虽然指导性案例中的法律拟制有重要的实践价值,但是相关的风险同样存在,也需要细致分析,首要的一点便是法律拟制作为类推所带来的风险。类推是基于相似点而将两种事物进行类似处理,这一点与法律拟制并没有不同,可以说,法律拟制本质上就是类推,只是缺少明确的相似点比较及其说明。"拟制的本质是一种类推:在一个已证明为重要的观点之下,对

---

① 参见李培锋:《英美司法方法释义》,知识产权出版社2018年版,第113页。
② [美]本杰明·卡多佐:《司法过程的性质》,苏力译,商务印书馆2000年版,第72页。
③ 卢鹏:《法律拟制正名》,载《比较法研究》2005年第1期。

不同事物相同处理,或者我们也可以说,是在一个以某种关系为标准的相同性中(关系相同性,关系统一性),对不同事物相同处理。"①法律拟制和法律类推的区别更多地在于主要适用领域的不同:前者侧重于立法领域,后者则是在司法领域。② 而对于兼具立法和司法性质的指导性案例来说,法律拟制和法律类推的区别几乎可以忽略不计。"将法律拟制解释为法律类推,并不意味着法律稳定性的丧失,相反,此举将使法律拟制由不可置疑的技术性设定被还原为有迹可循的法律思维过程,从而有助于形成对法律拟制的有效评价机制,即运用法教义学体系中的法律原则、法学理论以及朴素正义观念对法律拟制本身进行正当性审视,以便确认该法律拟制是否具有合乎前述标准的实践性价值。"③即使如此,类推本身就是依据类比推理或者类比解释给予类似对待,其中相似点的确定并没有绝对客观的标准,在很大程度上依赖法官的自由裁量,由此也为类推带来了可废止性和不确定性,从普通法中遵循先例、区别(distinguish)先例甚至推翻先例的类比实践就可以看到这一点。由于没有对相似点进行明确阐释,具有类推性质的法律拟制就会带有更大的不确定性,相应的风险也就更大。从前文的论述可以看到,指导性案例41号已经出现了跨界使用的情况,虽然对于提升案例指导制度的影响来说值得肯定,但是却因缺乏有效的规制方式而存在滥用的可能。

除了由类推性质带来的风险,指导性案例中法律拟制的风险还有一些其他来源。例如,司法过程本身就是一个释法说理的过程,任何结论的形成都必须伴随相应的理由支撑,这一点与有民主基础的立法活动相比区别明显,公开心证就是司法过程说理性的典型表述。而指导性案例中的法律拟制却存在没有给出明确理由支持的情况,如指导性案例41号。这种说明理由缺失的情况与司法过程的性质并不相符,很可能会增加法官的独断性甚至任意性。同时,对于指导性案例的受众来说,面对没有说明理由的指导性案例,他们难以有效地理解指导性案例,只能孤立地甚至机械地理解裁判要点,最终连结论的可靠性都存疑。这种理解上的偏差也会严重影响后续的参照适用环节,无论是类案法官还是当事人,都难以确定待决案件是否与使用法律拟制的指导性案例之间足够相似。

进言之,缺少提供明确理由的指导性案例,难以为立法积累有效经验。

---

① [德]亚当·考夫曼:《类推与事物本质——兼论类型理论》,吴从周译,台北,学林文化事业有限公司1999年版,第59页。
② 参见李凤梅:《法律拟制与法律类推:以刑法规范为视角》,载《法学杂志》2006年第1期。
③ 谢潇:《法律拟制的哲学基础》,载《法制与社会发展》2018年第1期。

由于指导性案例具有零敲碎打的特点,能够聚焦特定的具体审判难题,因此,指导性案例经常能够为后续的抽象规定提供经验积累。例如,指导性案例26号和101号所确立的裁判要点,都已经被修订后的《政府信息公开条例》所吸收。① 指导性案例3号的裁判要点2包含的"视为承诺'为他人谋取利益'"也被后来的最高人民法院、最高人民检察院《关于办理贪污贿赂刑事案件适用法律若干问题的解释》第13条所吸收。② 正是需要特定理由的说明,才能在司法实践中检验相应裁判要点的效果,成为立法前的准备工作,而指导性案例中的纯粹司法拟制就无法实现以上效果。

第二节 已遴选指导性案例对法律拟制的规范方式

既然不附带理由说明的法律拟制会带来一定风险,那么,就应当探索相应的规范方式来降低其中的风险。可能对指导性案例中的法律拟制起到规范作用的方式有很多,如法官在具体案件中进行"移情",将自己置于立法者的位置来获得准确认知,进而准确适用法律拟制。"法官在面对案件关联的事物命名是'视为'规范语句中的'视'的宾语指向的命名时,也应让自身的视域向立法者的视域靠拢,和立法者使用同样的视域迁移方式转换命名。"③面对法律拟制的风险,更为有效的方式是通过法律目的进行规范。"法定拟制是一种表达工具,其既可以实现指示参照的作用,也可以用来作限制或说明。该当的指示参照及限制之意义及范围如何,必须由各该意义脉络及法律的目的来探求,并加以限制,以上说明亦适用于案件事实'溯及效力'的拟制。"④由于法律拟制总是带有一定的创造性因素,多数情况下是将原本不同的事物给予同等对待,因而在指导性案例中的相应操作需要结合特定的法律目的才能获得正当性和认可,这一规范方式也得到了现有指导性案例的印证。当然,这里的法律目的是就广义而言的,可以扩展到特定的法律原则、法律精神、法理甚至是事物的本质、社会发展规律等。对于法律目的如何规范现有指导性案例中的法律拟制,可以基于部门

---

① 参见孙光宁:《指导性案例对完善政府信息公开的探索及其优势》,载《行政论坛》2020年第2期。
② 参见孙跃:《指导性案例与抽象司法解释的互动及其完善》,载《法学家》2020年第2期。
③ 余地:《论法律的命名修辞——以"视为"规范为视角》,载《人民论坛·学术前沿》2019年第19期。
④ [德]卡尔·拉伦茨:《法学方法论》,陈爱娥译,商务印书馆2003年版,第143-144页。

法的划分展开细致分析。

一、刑事法指导性案例

刑事司法中特别强调刑法目的的指引和规范作用,基于此的目的解释方法甚至被认为与文义解释方法有同等重要的地位。"一个正确的解释必须永远同时根据法律的字面文义和法律的目的来进行,仅仅满足其中的一个标准是不够的。"[1]在需要进行法律拟制的场合,以法律目的为检验标准可以对将要发生的法律效果进行预测,进而确定法律拟制的正当性。这是法律目的规范法律拟制的重要方式,越是能够产生符合法律目的的积极效果,法律拟制就越是能够被认可和接受。从法律规则和法律目的的关系来说,后者统御和引领前者。当法律规则由于滞后等局限而无法保证法律目的时,通过法律拟制扩展法律规则的范围就成为实现法律目的的重要方式。这一点在具有创造性的指导性案例中有不少例证。

例如,指导性案例3号的裁判要点2认为:"国家工作人员明知他人有请托事项而收受其财物,视为承诺'为他人谋取利益',是否已实际为他人谋取利益或谋取到利益,不影响受贿的认定。"在裁判理由部分给出的相应说明是:"承诺'为他人谋取利益',可以从为他人谋取利益的明示或默示的意思表示予以认定。"换言之,明知有请托事项而收受财物是一种默示的意思表示,在行贿者与受贿者之间存在共通的、"尽在不言中"的意思交流与合意。典型的"为他人谋取利益"的承诺是以明示为主要方式的,默示则不典型,在司法实践中存在一定争议。指导性案例3号裁判要点中的"视为"则将默示的意思表示也纳入"为他人谋取利益"的承诺方式之中,在没有变动既定法律规范文字的情况下,扩展其外延是法律拟制的表现,在更深层次上也有法律目的的支持。最高人民法院案例指导工作办公室认为该指导性案例的意义在于及时、有效地依法查处手段翻新、花样百出的新类型受贿犯罪案件,有利于依法从严惩处腐败犯罪,同时教育和警示国家工作人员廉洁自律、遵纪守法,提高拒腐防变、掉入受贿犯罪泥潭的警惕性和自觉性。[2]质言之,指导性案例3号的深层目的在于揭示受贿犯罪的权钱交易本质,维护国家公职人员的廉洁,这一目的则是通过扩大"为他

---

[1] [德]克劳斯·罗克辛:《德国刑法学 总论》(第1卷),王世洲译,法律出版社2005年版,第86页。
[2] 参见吴光侠:《指导案例3号〈潘玉梅、陈宁受贿案〉的理解与参照》,载《人民司法》2012年第7期。

人谋取利益"的承诺方式来增强和实现的,也反映了刑法中法律拟制的特点。

由于刑罚的严厉、刑法谦抑和罪刑法定原则的存在,刑法条文的修改都是慎之又慎的,在出现刑法条文与社会发展的龃龉时,法律拟制就成为重要的缓解方式。除了指导性案例3号以明示的"视为"进行法律拟制,还有个别刑事法指导性案例以隐性的方式进行法律拟制,如指导性案例106号的裁判要点就认为"以营利为目的,通过邀请人员加入微信群,利用微信群进行控制管理,以抢红包方式进行赌博,在一段时间内持续组织赌博活动的行为,属于刑法第三百零三条第二款规定的'开设赌场'"。该案例是将特定的微信群"视为"赌场,与传统意义上具有现实属性的赌场并不相同。认定该罪名的直接理由是此类微信群的组织性、开放性和经营性,"建群的目的非常明确,就是组织人员前来赌博,相当于为参赌人员提供了一个相对固定的场所"[1]。从发布指导性案例106号所追求的深层目的来看,是针对近年来利用微信群抢红包的方式开设赌场的案件屡见不鲜、危害严重的情况,最高人民法院意在"指导司法机关依法办理类似案件,教育引导社会公众遵纪守法,同时促进完善网络管理"[2]。在以上目的的引导之下,赌场的范围扩展到特定的微信群,也体现了法律拟制具有类推性质的一面。

就我国刑事司法实践来说,在指导性案例出现之前,主要通过司法解释来实现法律拟制,刑法的目的则主要通过特定的刑事政策来具体体现。法律拟制的假定性特征能够通过贯彻刑事政策而弥补刑法中的漏洞;结合具有政策导向性特征的法律拟制,立法机关可以将相关的刑事政策转化为法律,司法机关也会将相关的刑事政策转化为司法解释。[3] 在案例指导制度创设之后,指导性案例可以承担贯彻刑事政策的角色,同时特定时期的司法政策也是指导性案例寻求法律目的的重要方向。[4] 具体到指导性案例3号来说,随着法治进程的深入,社会公众对国家公职人员廉洁性提出了更高的要求,这也成为刑事政策的重要内容,借助法律拟制来扩大职务犯罪行为的认定范围就成为贯彻以上政策的方式之一。"刑法中的拟制需

---

[1] 韩骏等:《以微信抢红包形式进行网络赌博的定性》,载《人民司法(案例)》2017年第20期。
[2] 孙航:《依法严惩网络犯罪最高人民法院发布第20批指导性案例》,载《人民法院报》2018年12月26日,第1版。
[3] 参见刘宪权、李振林:《论刑法中法律拟制的法理基础》,载《苏州大学学报(哲学社会科学版)》2014年第4期。
[4] 参见孙光宁:《目的解释方法在指导性案例中的适用方式——从最高人民法院指导性案例13号切入》,载《政治与法律》2014年第8期。

从刑法对重大法益保护的目的出发,该种法益保护目的的实质正当性要件不仅是源于一定的社会宽容态度所决定的法益保护的显著补充性要求,同时是因为需要同等保护具有共同或者相似法益,更是强制且排他性地适用这种法益保护规则的要求。"①当指导性案例 3 号的裁判要点被类似案件不断参照适用时,将会有更多以默示方式为他人谋取利益的承诺被认定为受贿行为,进而降低受贿罪的入罪标准,更有利于实现该罪名以及相应的刑事政策所追求的目的。

二、民商事指导性案例

与刑事法治严格遵守罪刑法定原则、明确反对类推不同,民商事案件尊重当事人的意思自治,允许特定类推的存在,这就给带有类推性质的法律拟制以更大的运作空间。为了降低由此带来的决策风险和不确定性,民商事案件中的法律拟制就更需要结合特定的法律目的进行规范,这一点能够从现有的指导性案例中得到启示。

例如,指导性案例 29 号的裁判要点 1 认为:"对于企业长期、广泛对外使用,具有一定市场知名度、为相关公众所知悉,已实际具有商号作用的企业名称简称,可以视为企业名称予以保护。"该案裁判理由中涉及的最高人民法院《关于审理不正当竞争民事案件应用法律若干问题的解释》第 6 条第 1 款只是保护"企业名称"及其中的"字号",并没有将企业名称简称包含在内。但是,基于广泛使用、被公众熟悉的共性,企业名称简称也可以被纳入《反不正当竞争法》所保护的企业名称或其字号之中,这种"视为"的规定已经超越了现有司法解释的规定,但是却能够对企业的商誉权给予更加全面的保护。最高人民法院案例指导工作办公室对此案的解读也认为:"这不仅符合防止混淆,制止不正当竞争的现实需要,而且符合保护企业名称权(名称的含义包括全称和简称)的立法精神,也与有关司法解释保护公众知悉字号的规定协调一致。"②与之类似,指导性案例 83 号也是对具体法律概念进行明确,具体来说是针对原《侵权责任法》第 36 条第 2 款中的"通知"。该案的裁判理由描述了不少条件,凡是符合这些条件的"即应视为有效通知"。立法对于网络服务提供者(电商平台)如何界定"通知"并没有准确规定,司法实践中一直存在不少争议。指导性案例 83 号直接

---

① 郑超:《论法律拟制思维在刑法中的重要性》,载《西南政法大学学报》2011 年第 6 期。
② 吴光侠:《〈天津中国青年旅行社诉天津国青国际旅行社擅自使用他人企业名称纠纷案〉的理解与参照——有商号作用的企业名称简称应视为企业名称》,载《人民司法》2015 年第 12 期。

归纳了"通知"的有效要件,具有很高的指导价值。① 最高人民法院发布该指导性案例的目的是引导创新商业模式健康有序发展,激活电子商务知识产权的自我净化机制,特别是考虑权利人维权通知的效力等因素,优先选择对于各方利益有最大容忍度和包容度的规则。② 这种对"通知"概念的拟制是在尊重当事人意思自治的基础上,最大限度地平衡各方利益,进而推动民商事活动的顺利展开,这也非常符合民商事法律的基本目标。

除了上述以肯定方式进行法律拟制,还有部分指导性案例以否定的方式对特定概念的范围进行了限缩,比较典型的就是指导性案例107号。该案例将"只要买方经过合理努力就能使用货物或转售货物"排除在《联合国国际货物销售合同公约》规定的根本违约情形之外。这是综合考虑主客观要件之后形成的稳妥结论,尤其重视了客观要件。针对国内企业在国际贸易中常见的思维的偏差,以及地方法院对《联合国国际货物销售合同公约》中根本违约制度不熟悉的情况,将该案件遴选为指导性案例的直接目的就是明确国际货物买卖合同纠纷适用法律以及认定根本违约的标准。③ 从更为宏观的角度来说,以指导性案例107号为代表的涉及"一带一路"建设的指导性案例,遴选和适用其深层目的是为"一带一路"建设提供司法服务和保障,不断增强中国对国际商事规则的话语权,提高中国司法的国际地位。④ 从这个意义上来说,指导性案例中的法律拟制同时包括了肯定和否定两种方式,其都是在民商法基本目的的指引下对特定法律概念的范围进行了调整,在没有改变法律规范文字的情况下使之更好地满足处理案件的现实需要。

三、行政法指导性案例

刑事司法和民商事司法在实体法和程序法方面都比较完善,但是行政领域还缺少完备独立的行政程序法典,而现实中很多具体行政行为都存在违反程序正义的情况,使很多行政诉讼案件面临不少审理难题。指导性案

---

① 参见武善学:《论电商平台专利侵权中有效通知的法律要件——兼评最高人民法院第83号指导案例》,载《知识产权》2018年第1期。
② 参见应向健等:《指导案例83号〈威海嘉易烤生活家电有限公司诉永康市金仕德工贸有限公司、浙江天猫网络有限公司侵害发明专利权纠纷案〉的理解与参照——网络服务网提供者未对权利人有效投诉及时采取合理措施应当承担相应的侵权责任》,载姜启波主编:《中国案例指导》第6辑,法律出版社2018年版,第231-232页。
③ 参见蔡高强、唐嫚婷:《国际货物买卖合同根本违约的认定——蒂森克虏伯冶金产品有限责任公司与中化国际(新加坡)公司国际货物买卖合同纠纷案评述》,载《法律适用》2019年第14期。
④ 参见棒杌:《加强涉外案例指导 为一带一路建设提供司法保障》,载《中国对外贸易》2019年第4期。

例能够在这个方面发挥作用,尤其是在行政程序法典缺位的背景下,行政法指导性案例经常通过法律拟制的方式灵活运用现有的程序性规定。本章第一节分析的指导性案例41号对具体法律条款依据的强调,实质上就是对行政机关在程序方面提出了更高的要求。这种总体倾向在其他行政法指导性案例中也有所表现。

例如,在原《政府信息公开条例》对网络申请起算日的规定并不明确的情况下,指导性案例26号明确"系统确认申请提交成功的日期应当视为行政机关收到政府信息公开申请之日"。该案中,行政机关对超过法定期限给出的回复是内部数据转移和处理需要一定时间,这一理由被司法者给予否定。最高人民法院遴选该案例的直接目的是"促进行政机关加强内部管理衔接,提高政府信息公开的工作效率,监督行政机关依法行政,及时、充分地保护行政相对人的知情权"①。如果说指导性案例26号中的法律拟制是针对模糊的程序规定,那么指导性案例38号则是直接创立了新的规则。该案是曾经引起社会广泛关注的"田永诉北京科技大学拒绝颁发毕业证、学位证案",其裁判要点3明确:"高等学校对因违反校规、校纪的受教育者作出影响其基本权利的决定时,应当允许其申辩并在决定作出后及时送达,否则视为违反法定程序。"值得注意的是,无论是当初的主审法官,还是后来将该案选入最高人民法院公报的编辑,虽然都肯定了最终的裁判结果,却都没有对违反何种程序规定给出明确的法律依据。② 而最高人民法院在编辑该指导性案例的正式文本时专门新增了"从正当程序原则出发"的表述,虽然同样没有给出明确的程序法依据,却提供了正当程序原则作为整个案件的引导指向。与之类似,指导性案例59号在裁判理由中对纠纷中行政机关的确认行为作了定性,认为"一旦消防设施被消防机构评定为合格,那就视为消防机构在事实上确认了消防工程质量合格,行政相关人也将受到该行为的拘束"。质言之,指导性案例59号充分肯定了先前的行政确认对行政机关的过程性约束作用,也是正当程序原则的具体体现。

除了以上传统类型的案件,环境法案件和知识产权法案件都属于新领域案件,其法律规范需要不断应对由科技发展带来的新问题,经常显现出比较宏观、概括、模糊或者滞后的情况,因而更需要通过法律拟制的方式进行与时俱进的补充和扩展。就环境法指导性案例来说,指导性案例127号

---

① 石磊:《〈李健雄诉广东省交通运输厅政府信息公开案〉的理解与参照——行政机关内部处理程序不能成为信息公开延期理由》,载《人民司法》2015年第12期。
② 参见何海波:《司法判决中的正当程序原则》,载《法学研究》2009年第1期。

针对《海洋环境保护法》(2017年)第94条关于"海洋环境污染损害"的定义,将没有相关排污标准或者符合国家或地方排污标准但仍然造成损害的行为都认定为污染行为。这种范围界定虽然名义上遵循了《海洋环境保护法》第94条的文义,但实质上却否定了以往司法实践将符合排污标准的行为排除在侵权行为之外的做法。这种实质意义上扩展解释的背后目的是将造成海洋环境损害的更多行为纳入追究责任的范围,进而有效保护海洋环境。与之类似,指导性案例131号在裁判理由部分将企业事业单位和其他生产经营者超过污染物排放标准或者重点污染物排放总量控制指标排放污染物的行为,视为具有损害社会公共利益重大风险的行为。进而,该案法官根据最高人民法院《关于审理环境民事公益诉讼案件适用法律若干问题的解释》和《民事诉讼法》等有关规定,认定原告具有起诉资格。这一案件中的法律拟制明确了严重污染行为属于损害社会公共利益重大风险的行为,直接目的是扩大相关社会组织提起环保公益诉讼的资格范围,更深层的目的是将更多污染行为纳入环保诉讼的司法审查,进而推动环保事业的发展与环境质量的提升和改进。与以上环境法指导性案例类似,知识产权法指导性案例也有不少适用了法律拟制,主要体现在指导性案例20号(裁判要点)、81号(裁判理由)和114号(裁判要点),同样包括肯定和否定两种主要方式。

  从以上的分析可以看到,法律拟制实际上广泛存在于指导性案例之中,而且每一个指导性案例运用法律拟制都有相应的法律目的作为引导和规范。从横向比较的角度来说,不同部门法指导性案例在进行法律拟制时有不同特点:刑事法指导性案例进行法律拟制的情况较少,而且多借助隐性方式;民商事指导性案例中存在较大的自由裁量空间,其中的法律拟制在数量和范围上都占据明显优势;行政法指导性案例侧重于针对程序规则方面的缺陷进行法律拟制;而新兴的环境法与知识产权法指导性案例则非常重视通过法律拟制形成新规则。以上指导性案例运用法律拟制的方式是多样的,既包括显性方式和隐性方式,也包括肯定扩展和否定限缩。虽然具体方式灵活,但是,所有法律拟制都是建立在对法律目的理解的基础上实现的,能够为解决以后类似案件提供直接的规则或者思路。

第三节 遴选指导性案例规范法律拟制的改进方向

  由于带有独断性和虚拟性的特点,法律拟制主要发生在立法领域之中,而司法中的法律拟制存在相当的不确定性,并不能大规模运用。法律拟制本身并不会产生不正当性,但如果法律拟制没有遵循特定的设置规则和要求,就会在特定具体的法律拟制规定中出现问题,比如在刑事法律中出现背离刑法机能、加剧重刑主义倾向、罪刑失衡以及引起司法实践混乱等。① 指导性案例作为司法探索的成果,能够为立法活动中的法律拟制积累经验。虽然现有的指导性案例已经存在不少法律拟制的情况,但是这些法律拟制在总体上表现出零散和疏漏等缺陷,还需要受到包括法律目的在内的多种内容的规范。要更好地运用法律拟制,指导性案例还有很多需要继续改进和完善的方向,可以根据案例指导制度的运行环节分为以下几个方面。

立法领域中的法律拟制虽然具有决断性,但这种性质仅是形式上的。如果要保证立法质量符合社会发展的规律和社会公众的需求,立法拟制是不能够任意进行的,必须受到法律目的的规范。作为立法之前的司法探索,最高人民法院应当以法律目的为依据,尽可能寻找那些能够充分有效体现法律目的的案件,并将其遴选为指导性案例。当然,从终极意义上来说,所有司法案件中都需要运用法律规则形成裁判结果,也都体现了特定的法律目的。而指导性案例的特殊之处就在于能够针对法律规则出现模糊、空白或者矛盾的情况时,基于法律目的提供创新规则或者解决思路。这意味着最高人民法院发布的指导性案例并不是普通案例,必然带有一定的创新性或者创造性,能够灵活地对待案件中涉及的抽象规则。与司法实践广泛接受的司法解释相比,指导性案例被接受、认可和适用的程度还比较低;在案例指导制度的起步阶段,还是应当注意与司法解释的错位发展。司法解释的特点是系统全面,但是其"准立法"的属性也会显示出滞后性和抽象性;②而指导性案例的特点则是集中突破具体审判难题,提供具有创新性的规则就是这一特点的充分体现。相比转型时期复杂的社会形势,现有的法律规范对丰富多样的矛盾纠纷,会在特定案件中显示出自身的缺陷和不足,也给审判实务带来难题。指导性案例就是帮助解决这一难题的重要资源。最高人民法院《关于加强和规范裁判文书释法说理的指导意见》第13条将指导性案例作为除法律法规和司法解释之外的首要论据材料。简言之,指导性案例能否提供创新规则,决定了其受到审判实践认可的程度。

从前述对相应指导性案例的分析可以看到,法律拟制是指导性案例

---

① 参见李振林:《对刑法中法律拟制正当性质疑之辨析》,载《法学杂志》2015年第6期。
② 参见黄金兰:《我国司法解释的合法性困境及其应对建议》,载《法商研究》2020年第3期。

体现创新性的一种具体方式,也是遴选指导性案例的重要标准。法官通过对涉案规则的灵活处理实现了案件事实与法律规范的对接,进而形成裁判结果,也为后来的类似案件提供了参照规则。所有的法律规范都源于并且体现了法律原则,因而法律原则也能够成为检验和指导法官具体适用法律规则的标准。众多法律原则也体现了各种法律目的。要减少指导性案例的法律拟制中可能存在的任意或失当,就需要以法律目的为标准从源头上进行规范,即从遴选环节开始注意法律目的的引领和评价功能。从全国范围来看,在审判实践中体现创新规则的案件很多,但是创新的程度和方向是否会对现有的法律规则产生冲击,需要基于法律目的进行判断。

当然,由于法律拟制本质上是一种类推,而类推的核心问题——相似点的确定在很大程度上依赖自由裁量,带有不确定性,单纯依靠法律目的还不足以全面规范。从方法论的角度来说,除了使用目的解释方法,还需要运用其他解释方法,如历史解释、体系解释、比较解释甚至是社会学解释方法等。当众多法律解释方法的运用能够形成较为一致的结论时,这一结论就是比较可靠可信的,也能够保证法律拟制的正当性。

当然,仅依靠遴选阶段来完全规范法律拟制的风险是不全面的,还需要文本编辑环节以及参照适用环节的配合,才能达到更好的效果。立法中的法律拟制无须提供过多理由,法律的抽象文本直接确定了具体规则,这也是法教义学属性的显性体现。但是,司法裁判结果的形成必然伴随相应的裁判理由,否则无法得到当事人、其他法律职业群体以及社会公众的认可与接受。特别是对于处理疑难问题的指导性案例来说,在正式文本中提供全面详细的裁判理由能够提升法官对指导性案例的了解和认知,后案法官才能在出现类似案件时给予准确定性,并基于指导性案例形成裁判结果。从长远的角度来说,长期深入理解指导性案例能够提高法官的业务素质和能力,进而提升整个司法过程的质量。结合前述与司法解释的错位发展来看,指导性案例的裁判要点提供了抽象的规则,这一点与司法解释在形式上和实质上都非常类似;而指导性案例的独有特征就在于能够结合案件事实提供相应的理由及其论证。这也从宏观定位上决定了指导性案例的正式文本必须提供详细的裁判理由。

具体到法律拟制问题来说,前述分析的指导性案例及其拟制规则背后的目的规范,多数并没有直接出现在正式文本中,而是由最高人民法院案例指导工作办公室在《人民司法》和《中国案例指导》等刊物上提供的背景性资料所揭示。这种正式文本中裁判理由论证不足的情况会产生至少两个方面的消极影响。一方面,在审判领域,对于多数从事审判实务工作的法官来说,正式文本是其了解指导性案例的最直接和最主要的渠道,尤其是裁判理由部分。裁判理由部分的说理"应当达到准确、精当、透彻的要求,与叙述的基本案情前后照应,逻辑严密,并紧密结合指导性案例的社会背景,有较强的思想性和说服力,确保法律和社会效果的统一和良好"①。过于简单、缺少细致论证的正式文本,不仅无法有效支持法律拟制的结果,也会增加当事人(主要是败诉方)对指导性案例及其拟制规则的质疑,进而影响后案裁判结果的可接受性。另一方面,由于指导性案例兼具为立法修改积累经验的意义,其正式文本中裁判理由的论证不足会影响这种积累的质量,立法者难以准确了解法律规范的特定缺陷如何被司法者化解,也难以将司法者的有效化解转化为将来立法修改的具体措施或方向。因此,从提升指导性案例中法律拟制的长效角度来看,在正式文本中提供丰富细致的裁判理由是大势所趋。

在明确了裁判理由对法律拟制的意义之后,需要继续探究的问题是如何才能在指导性案例的正式文本中论证相应理由。目前多数指导性案例的正式文本(主要是裁判理由部分)都是以案件生效判决的文书为基础进行加工的。这种编辑方式有利于保持案件的基本原貌,使读者能够了解案件的整体情况,同时也存在一定的风险,因为生效判决裁判文书的质量在很大程度上影响着日后指导性案例正式文本的质量。如果最初生效判决裁判文书的质量较高,那么形成指导性案例正式文本就非常方便,其中相应的裁判理由论述也比较全面。这方面比较成功的案例有不少。例如,指导性案例61号("马乐案")在裁判理由部分从刑法的立法目的、法条的文意和援引法定刑的立法技术等方面对核心争议进行了论证;指导性案例78号("3Q大战案")则是引入了假定垄断者测试(HMT)等多种分析工具辅助界定相关市场及其中的垄断地位;指导性案例113号("乔丹商标案")从五个方面梳理了整个案件的争议,并在概括相应要件的基础上提出国外自然人在中国境内姓名权的保护问题。这些指导性案例都针对疑难问题提出了具有创造性的规则,带有明显的法律拟制色彩,同时又辅之以丰富的论证理由,实现了法律效果和社会效果的统一。

相反,如果最初生效判决裁判文书的质量不高,或者提供的裁判理由非常有限,那么不利于在指导性案例的正式文本中全面论述相应的理由,

---

① 胡云腾、吴光侠:《〈关于编写报送指导性案例体例的意见〉的理解与适用》,载《人民司法》2012年第9期。

就会对法律拟制产生前述两方面的消极影响。这方面的例证是指导性案例97号，该案例的文本中对如何判断刑事违法性、社会危害性、刑事处罚必要性等问题几乎没有论述，直接形成裁判结果。这使意图通过研习此案认知如何判断相关问题的读者难有切实收获。本章第二部分所分析的多数指导性案例在裁判理由部分的论述都不够丰富和具体，对于法律拟制来说尤其如此。造成这一情况的原因，一方面，与遴选过程有关：每一个指导性案例在遴选成功之前都是普通案件，法官未必重视裁判文书的写作问题。只有在社会比较关注的特定案件中才会进行充分论述，其他多数案件裁判文书的论述都比较简略，这也是目前裁判文书写作整体情况不理想的一个缩影。另一方面，由于法律拟制总是存在一定的创新性，在进行裁判理由的论述时，可供使用的论证资源有些捉襟见肘，法官在撰写相应的裁判文书时，出于言多必失的考虑，不愿意提供丰富的理由。

为了充分发挥法律拟制的作用，最高人民法院需要在指导性案例的文本中进行更加全面详细的论述，不仅要结合生效裁判文书，更要增加相关的背景性资料，凸显其所希望在指导性案例中贯彻的意图和目的，进而对法律拟制进行规范。但是，现有指导性案例具备此种属性的例证过少，最高人民法院还是应当在这个方面进行更加细致的编辑工作，必要时可以吸收专家参与其中，尤其是案例指导工作专家委员会委员；同时吸收原审判决的主审法官参与正式文本的写作，有助于全面提升指导性案例的文本质量。对于报送指导性案例的高级人民法院来说，尝试提前培育备选指导性案例也是一种有益的选择：通过及时发现本辖区内具有创新意义的待决案件，精心构思和撰写裁判文书，不仅能够提高被遴选为正式指导性案例的可能性，更可为将来的文本编辑奠定良好的基础。

指导性案例中的法律拟制体现了司法者对相关法律规范不足展开的探索，虽然经过了深思熟虑，但是未必都能够获得成功结论。由此，《实施细则》在第12条规定了指导性案例的退出机制，当与新出现的抽象规则相冲突，或者出现了新的指导性案例时，原有的指导性案例就不再具有指导作用。换言之，指导性案例中法律拟制的成功探索会被抽象立法所吸收，而不合时宜的法律拟制则必须让位于后来出现的新抽象规则。例如，前文提及的指导性案例101号，其裁判要点就被新修订的《政府信息公开条例》完全吸收。但是，同样针对政府信息公开问题，指导性案例26号的裁判要点就没有照搬到新修订的《政府信息公开条例》之中。对于该案件处理的核心问题——政府信息公开网络申请的起算点，前者的裁判要点确定为"系统确认申请提交成功的日期"，而后者在第31条第3款确定为"双方确认之日"。两相比较,修订后的《政府信息公开条例》吸收了指导性案例26号的主旨,但却更加稳妥和周全,能顾及该案没有涉及的无网络系统自动回复的情况。由此,在出现新抽象规则的情况下,指导性案例26号也完成了自己的历史使命,不再具有指导作用。质言之,在指导性案例进行法律拟制探索的基础上,立法者还需要吸收其他方面的经验,在进行综合考虑之后,对指导性案例法律拟制的结果进行补充、完善、扩展或者修正。

除了以上立法层面的检验,司法层面对指导性案例法律拟制的检验主要依靠法官的参照适用情况来实现。由于指导性案例中的法律拟制更多地体现司法属性,所以考察这种"用脚投票"的效果应当成为检验指导性案例中法律拟制的主要方式。案例指导的现有规定并没有关于法官使用指导性案例的责任条款,这种付诸阙如的情况意味着法官基本上可以自由选择是否以及参照哪一个指导性案例。此时,指导性案例自身的质量就成为决定其被参照适用的关键因素。具体到法律拟制来说,越是能够解决审判疑难问题的指导性案例就越会受到法官的欢迎,其被参照适用的概率越大,频率也越高。从现有的数据统计来看,指导性案例24号被援引次数最多。在该指导性案例的裁判理由部分,法官从形式角度排除了受害者特殊体质对侵权范围的影响。虽然没有使用"视为"这一表述,但实际上指导性案例24号直接给出结论却没有说明理由的方式也是一种隐性的法律拟制。该指导性案例的高频引用情况说明其法律拟制的结论受到审判实践的肯定和认可,但同样值得注意的是,指导性案例24号为交通事故案件,而审判实践中已经有部分将该指导性案例的拟制结论扩展到其他类型的案件,如医疗侵权案件。① 此外,本章第一节也曾论及指导性案例41号的扩展适用情况。这种对法律拟制结论的扩展适用效果如何,还有待审判实践的继续检验。

从普通法国家的历史经验来看,在先例中形成的法律拟制总是要经过较长时间的司法检验才能够成为正式的法律规则。那些能顺应历史发展和法律发展方向的拟制结论,都是由后案法官的不断参照而得以肯定和延续的。他们将规范法律拟制的总体方式——法律目的进行与时俱进的具体化,使符合法律目的的拟制结论得到保留。"法律拟制将明知为不同者等同视之是有强烈的立法目的的,这个目的就是实现法律的正义价值。"② 对于仍然处于初级阶段的案例指导制度来说,以上较长时间积累的

---

① 参见孙光宁:《区别技术在参照指导性案例之司法实践中的应用及其改进——以指导性案例第24号为分析对象》,载《法学家》2019年第4期。
② 吴学斌:《我国刑法分则中的注意规定与法定拟制》,载《法商研究》2004年第5期。

条件现在还不具备。越多司法案件援引指导性案例作为裁判理由,指导性案例中的法律拟制就越能经受更多检验,那些不合时宜的拟制结论就会受到更多规范,而经过规范后的拟制结论也就更加牢固可靠。虽然有部分指导性案例的拟制结论开始显现出值得肯定的迹象,但是,要使法律拟制在指导性案例中得到持续发展,不仅有赖于案例指导制度自身的完善,还依赖法官整体运用指导性案例的意识提升,甚至是整个司法的持续进步。

结语:指导性案例中法律拟制的创造性

就抽象结果的角度而言,法律规范本身就是拟制的结果。"法律规范是一种假定、拟制的规范。而一般意义上法律拟制要想在司法执法中实现,就需要通过对法律的发现、解释、论证重新加以界定。"①在实践层面上存在的法律拟制,多是对既有法律规范的扩展与延伸。先例和指导性案例中的法律拟制属于司法领域的探索,在此类经验积累之后,立法者选择其中合理的部分进行吸收,形成新的规范;新的法律规范同样会逐渐与社会形势产生龃龉,出现滞后和僵化,又需要更新的法律拟制进行调和与探索。在司法与立法如此往复循环的过程中,成功的法律拟制源于司法者的创造性。虽然这种创造性植根于社会的发展,但是经由具备实践理性和智慧的司法者及时发现和概括,并在个案中进行有效探索,仍然是非常必要的,现有指导性案例中的法律拟制已经初步显现出以上特点。随着案例指导制度的不断完善,指导性案例在数量和质量上的不断提升,法律拟制的情况也将更加频繁和丰富,能够更有效地将司法者的创造性传递到立法领域,实现司法与立法的良性互动,进而有利于推动整体法治进程的深入发展。

---

① 陈金钊:《批判性法理思维的逻辑规制》,载《法学》2019年第8期。

第六章 案例指导制度的发布环节：专题式发布的既有优势及其巩固

【本章提要】指导性案例的发布是案例指导制度运行中遴选之后的基本环节，其具体方式对指导性案例的认知、认可和参照适用都有重要影响。从第16批指导性案例开始，指导性案例专题式发布在比例上逐步上升并成为最主要的发布方式，原因在于其独特的优势：在法律效果上能够主动建构类型化的"案例群"，为同类疑难案件提供多角度的裁判规则或者方法；在社会效果上可以展示案例指导制度的多种扩展功能。但是，过于倚重专题式发布也存在一定隐患：案例指导制度的行政化色彩会更加突出，在一定程度上压制了指导性案例的自然生成；同类案件的积累过程影响了指导性案例发布的时效性；批次主题上的比例失当无法充分满足审判实践的多种需要；与司法解释混同的加剧也降低了指导性案例的独有价值。在坚持专题式发布的基础上需要对其缺陷进行有针对性的改进：主动策划的专题式发布应当与分散式发布相结合，共同提升指导性案例的数量；充分利用现有的司法案例体系以提高特定专题的遴选效率；同一专题内部的诸多指导性案例之间应当形成"和而不同"的融贯关系，通过裁判理由部分的论证展示多种规则的适用；专题式发布应当与相应的司法解释相互照应配合，各取所长而形成有效互补。专题式发布是案例指导制度运行的实践探索和经验总结，其能够以案例形式提供系统化的裁判规则，整合了成文法与判例法的特点与优势，经过改进后将更好地提升指导性案例的参照效果。

2018年10月，新修订的《人民法院组织法》增加了"最高人民法院可以发布指导性案例"的规定，这一新增规定在案例指导制度发展历程中具有重大意义，因为这是首次在国家基本法律层面肯定了指导性案例的存在，是对案例指导制度运行实践的认可与总结，"将近年来的司法改革成果转化为法律制度，必将有利于推动人民法院案例指导工作的发展，有利于推动中国特色社会主义司法制度的完善"①。但这一条款是以最高人民法院的职权范围为主题的,没有直接明确指导性案例的正式效力,有待其他配套条款予以落实。更重要的是,虽然有了《人民法院组织法》的新增规定,案例指导制度的实践运行效果仍不够理想:裁判文书直接援引指导性案例的频次并未有明显增加,法官在审判实践中没有形成主动检索查询指导性案例的工作习惯,不会、不愿、不敢使用指导性案例仍是常态,甚至出现了隐性参照的消极现象。

案例指导制度围绕指导性案例的遴选、编辑、发布、参照适用和宣传等环节展开,每一个环节对于提升制度的实际效果都是不可或缺的。现有的多数研究成果集中于指导性案例的参照适用(包括如何对比指导性案例与待决案件之间的相似性、如何准确认定案件的关键事实、如何援引裁判要点以及如何参考裁判理由部分等),对于遴选和编辑环节也有所关注(包括对原审裁判文书的裁剪、多种法律渊源的使用以及裁判理由论证的详略等);但是,对于连接二者的中间环节——指导性案例的发布,相关的研究偏少。指导性案例的发布是参照适用的必要前提,具体的发布方式对于指导性案例被认知、认可以及后续的参照适用有重要影响。与普通法的遵循先例不同,指导性案例由最高人民法院统一遴选、编辑和发布,这是案例指导制度的独有特征。而且,近年来绝大多数指导性案例都是以专题的方式发布,形成案例指导制度运行中的特殊"惯例",值得细致研究。本章将在总结指导性案例专题式发布的既有实践基础上,分析该发布方式的优势和缺陷,并提出相应的完善对策,以助推案例指导制度实际效果的提升。

第一节 指导性案例专题式发布的既有实践及其优势

一、指导性案例专题式发布的实践历程

案例指导制度的核心规定集中在《关于案例指导工作的规定》和《实施细则》之中。前者在第6条第2款规定了指导性案例统一通过《最高人民法院公报》、最高人民法院网站、《人民法院报》以公告的形式发布,并在第8条规定了最高人民法院案例指导工作办公室每年编纂指导性案例;后者在第8条和第13条重复了前者的两项规定。综合以上关于案例指导制

---

① 杨万明主编:《〈中华人民共和国人民法院组织法〉条文理解与适用》,人民法院出版社2019年版,第134-135页。

度的主要规范性文件可见,指导性案例的发布并没有明确规定频次、数量和方式。这在很大程度上说明,关于案例指导制度的具体运行,最高人民法院仍处在探索之中,需要根据制度运行的具体实践总结经验。2011年年底,最高人民法院发布了第一批指导性案例,由此开启了以批次方式(而非单个案例方式)发布指导性案例的先河,截至2023年年底,所有指导性案例都是以批次方式发布。在各个批次的发布过程中,最高人民法院逐渐形成了以特定主题或专题的方式发布指导性案例的惯例。

指导性案例的专题式发布主要指的是最高人民法院在发布特定批次指导性案例时,明确该批次指导性案例都是围绕某一专题或者主题展开,同批次内的指导性案例从不同方面或者不同角度涉及专题或者主题的部分内容,共同应对或者处理专题之下的审判疑难问题。最高人民法院明确特定批次指导性案例的主题,往往是通过相应批次的下发通知及其报道或者召开专门新闻发布会的方式。例如,第31批指导性案例的主题是生物多样性保护,该批指导性案例有自身独特的内容与特点。① 综合以上信息来源,现有指导性案例发布批次及其相应主题的情况如表6-1所示。

表6-1 最高人民法院指导性案例发布批次及其主题

批次	数量/个	发布时间	主题	案例编号
1	4	2011年12月	无统一主题	1~4
2	4	2012年4月	无统一主题	5~8
3	4	2012年9月	无统一主题	9~12
4	4	2013年2月	无统一主题	13~16
5	6	2013年11月	无统一主题	17~22
6	4	2014年1月	无统一主题	23~26
7	5	2014年7月	无统一主题	27~31
8	6	2014年12月	无统一主题	32~37
9	7	2014年12月	无统一主题(公报案例转为指导性案例)	38~44
10	8	2015年4月	无统一主题(公报案例转为指导性案例)	45~52
11	4	2015年11月	无统一主题(民事案件)	53~56
12	4	2016年6月	无统一主题	57~60

---

① 参见杨临萍:《最高人民法院发布第31批指导性案例(生物多样性保护专题)新闻发布会稿》,载杨万明主编:《中国案例指导》(总第14辑),法律出版社2023年版,第73-75页。

续表

批次	数量/个	发布时间	主题	案例编号
13	4	2016年7月	无统一主题	61~64
14	5	2016年10月	无统一主题	65~69
15	8	2016年12月	无统一主题	70~77
16	10	2017年3月	知识产权司法保护	78~87
17	5	2017年11月	无统一主题	88~92
18	4	2018年6月	无统一主题	93~96
19	5	2018年12月	无统一主题	97~101
20	5	2018年12月	严惩网络犯罪	102~106
21	6	2019年2月	"一带一路"建设	107~112
22	4	2020年1月	无统一主题	113~116
23	10	2020年1月	执行工作	117~126
24	13	2020年1月	生态环境保护	127~139
25	4	2020年10月	弘扬社会主义核心价值观	140~143
26	4	2021年1月	无统一主题(刑事案件)	144~147
27	9	2021年3月	第三人撤销之诉和案外人执行异议之诉法律适用	148~156
28	6	2021年7月	知识产权保护	157~162
29	3	2021年10月	企业实质合并破产	163~165
30	6	2021年11月	民事合同	166~171
31	7	2021年12月	生物多样性保护	172~178
32	7	2022年7月	保护劳动者合法权益	179~185
33	3	2022年12月	无统一主题(刑事案件)	186~188
34	3	2022年12月	无统一主题	189~191
35	4	2022年12月	公民个人信息的刑事保护	192~195
36	6	2022年12月	仲裁司法审查	196~201
37	10	2023年1月	环境公益诉讼	202~211
38	5	2023年11月	长江流域司法保护	212~216
39	8	2023年12月	知识产权保护	217~224

从表6-1可以看到,第16批指导性案例以"知识产权司法保护"为主

题,这是指导性案例首次以明确的专题方式发布,其后多数指导性案例都以专题方式发布。结合具体案例内容和表6-1,指导性案例专题式发布的发展历程可以概括为以下几个阶段。

(1)雏形阶段(第1~15批):在案例指导制度没有明确规定发布形式的背景下,最高人民法院案例指导工作办公室主要使用拼盘式的批次发布方式,每一批指导性案例都包含多个部门法案件,这些案件之间没有明显联系,在主题、案由等方面存在较大差别。例如,第6批指导性案例包含民事案例3个和行政案例1个,其中3个民事案例分别涉及消费者权益保护、交通事故受害人的权利保护、保险人代位行使请求权案件的管辖问题;行政案例涉及政府信息公开网上申请的答复期限等问题。这种拼盘式的批次构成意味着案例指导制度的运行初期,最高人民法院在探索指导性案例的发布方式。值得关注的是,虽然这个阶段指导性案例的发布批次没有明确的主题,但是特定批次内部的某些案件之间也有较为密切的联系,甚至拥有共同的主题。这些批次可以称为"半专题式"发布批次。例如,第2批指导性案例包含行政案件和民事案件各2个,其中行政案件都涉及依法行政、保证相对人权益;第3批指导性案例包含民事案件和刑事案件各2个,其中2个民事案件均涉及原《公司法》具体适用问题。除了实体内容上存在共同主题,这一阶段的特定批次还在来源上存在共同主题,比较典型的是第9批和第10批指导性案例,二者都是最高人民法院对原有公报案例进行整理后获得。第9批中,指导性案例38号和39号都属于涉及高校授予学位的行政诉讼案件;第10批中,指导性案例45号、46号、47号都属于涉及反不正当竞争案件。

(2)探索阶段(第16~22批):第16批指导性案例为首个专题批次,截至第22批指导性案例,拼盘式和专题式发布交替出现,次数分别为4次和3次,总体上呈现均等的样态。这说明,在以往批次内部某些案件拥有共同主题的经验基础上,最高人民法院已经较为重视和肯定使用专题式发布,并将其比例迅速提高至半数。在这个阶段,最高人民法院也在探索专题式发布的具体操作,包括如何确定发布批次的主题、如何积累特定主题之下的案件数量以及选择何种时机发布特定主题批次等。

(3)成熟阶段(第23~39批):从第23批指导性案例开始,最高人民法院大规模使用专题式发布,截至第39批指导性案例,专题式发布占据了17个批次中的14批,比例超过82%;在仅剩的3个拼盘式发布批次中,也有2个批次是刑事案例,同样带有一定的专题式色彩。这意味着专题式发布已经成为最高人民法院发布指导性案例的主流方式,而且这种状态将持续相当一段时间。

二、指导性案例专题式发布的主要优势

除了最高人民法院,一些其他中央国家机关也发布了各自职权范围内的指导性案例,也有不少采取专题发布方式。例如,最高人民检察院发布的检察机关指导性案例从第一批开始就一直推行专题式发布。最高人民检察院的指导性案例在专题式发布方面已经走在最高人民法院之前,其优势体现在:数量多而且形成较强的冲击效果,容易给检察人员留下深刻印象,便于及时学习、借鉴、检索和考虑,[①]具体情况见表6-2。

表6-2 最高人民检察院指导性案例发布批次及其主题

批次	发布时间	主题	编号
1	2010年12月	检察机关履行法律监督职责	1~3
2	2012年11月	渎职犯罪检察工作	4~8
3	2013年5月	涉及编造、故意传播虚假公布信息犯罪办理	9~11
4	2014年2月	涉及危害食品安全犯罪办理	12~16
5	2014年9月	检察机关刑事抗诉工作	17~19
6	2015年7月	核准追诉	20~23
7	2016年5月	审判监督、侦查活动监督	24~27
8	2016年12月	检察机关公益诉讼试点工作	28~32
9	2017年10月	涉及计算机网络犯罪案件办理	33~38
10	2018年7月	涉及金融犯罪案件办理	39~41
11	2018年11月	未成年人检察工作	42~44
12	2018年12月	正当防卫案件办理	45~48
13	2018年12月	公益诉讼检察工作	49~51
14	2019年5月	涉及民事虚假诉讼检察监督	52~56
15	2019年9月	行政检察监督	57~59
16	2019年12月	涉农检察	60~63
17	2020年2月	金融犯罪	64~66
18	2020年4月	电信网络诈骗	67~69
19	2020年6月	刑罚执行监督	70~72

---

① 参见吴君霞:《检察案例指导制度研究》,东南大学出版社2021年版,第136页。

续表

批次	发布时间	主题	编号
20	2020年7月	检察机关办理职务犯罪案件	73~76
21	2020年7月	民事检察服务保障民营企业	77~80
22	2020年11月	检察机关适用认罪认罚从宽制度	81~84
23	2020年12月	检察机关依法履职促进社会治理	85~89
24	2020年12月	涉及非公经济立案监督	90~93
25	2021年1月	检察机关办理安全生产案件	94~97
26	2021年2月	检察机关依法加强知识产权保护	98~102
27	2021年3月	对涉罪未成年人附条件不起诉	103~107
28	2021年4月	民事执行监督	108~110
29	2021年8月	公益诉讼	111~115
30	2021年8月	行政争议实质性化解	116~121
31	2021年11月	检察机关民事支持起诉制度	122~126
32	2021年12月	职务犯罪适用违法所得没收程序	127~130
33	2022年1月	社区矫正监督	131~135
34	2022年1月	网络时代人格权刑事保护	136~140
35	2022年3月	积极履行公益诉讼检察职责 依法保护未成年人合法权益	141~145
36	2022年3月	行政检察类案监督	146~149
37	2022年6月	涉新型毒品犯罪	150~153
38	2022年6月	民事生效裁判监督工作	154~157
39	2022年7月	刑事申诉公开听证	158~161
40	2022年9月	生态环境公益诉讼	162~165
41	2022年9月	生态环境公益诉讼(万峰湖专案)	166
42	2023年2月	行政检察深入推进社会治理	167~170
43	2023年2月	未成年人综合司法保护	171~174
44	2023年5月	金融犯罪	175~177
45	2023年6月	刑事抗诉	178~182
46	2023年6月	守护国财国土、助推惠民政策落实	183~186
47	2023年7月	金融领域新型职务犯罪	187~190

续表

批次	发布时间	主题	编号
48	2023年7月	知识产权检察综合保护	191～194
49	2023年10月	假释监督	195～199

与之类似,司法部发布的司法行政指导性案例也是从创设开始就沿用专题方式,具体主题包括人民调解、戒毒工作、公证工作、法律援助工作、监狱工作、环境损害司法鉴定、社区矫正、律师工作、仲裁工作和法治宣传教育工作等。众多中央国家机关不约而同地选择以专题方式发布各自的指导性案例,这种"用脚投票"的结果已经显示了该发布方式的优势。具体到最高人民法院的指导性案例而言,专题式发布所具备的主要优势可以从以下两个方面具体展开。

一方面,就法律效果而言,专题式发布有助于形成案例群,通过指导性案例的主动类型化建构,推动疑难案件的解决。单个指导性案例聚焦于某些甚至某个法条的具体适用,无法涉及特定类型案件的全面内容,基于同类案件积累形成的案例群则能够弥补这一缺陷。"法律的评价始终与平等原理一起发挥作用:由于法律相似性通过对案例群的相同处理而补充规定,或者由于法律差异性通过对特殊构成要件的排除而施加限制。"①案例群中所包含的诸多具体案例涉及同类案件的不同方面或者场景,能够为法官处理此类案件带来较为全面的启示或者规则,尤其是在涉及不确定概念或者开放条款等疑难问题时。例如,针对《德国民法典》第138条涉及的"善良风俗"的解释与判断,就存在多种积累的具体案例类型。② 案例群评注甚至被认为是广义的法律评注。③ 又如,第31批指导性案例的主题为生物多样性保护,涉及违法行为认定、民刑行责任衔接、环境法原则适用、恢复性司法理念贯彻等诸多环境司法中的难题。案例群的建构往往由法院审判案例积累形成,并非由立法者直接确定,当特定案例群积累的规则足够丰富时,立法者也会将其中部分规则直接吸纳到修订条款之中。换言之,案例群的积累和形成是规则及其适用实现类型化的必要前提,是处理类似案件的审判经验总结,对于法官处理疑难案件而言具有重要的实践

---

① [德]克劳斯-威廉·卡纳里斯:《法律漏洞的确定:法官在法律外续造之前提与界限的方法论研究》(第2版),杨旭译,北京大学出版社2023年版,第72页。
② 参见[德]迪特尔·梅迪库斯:《德国民法总论》,邵建东译,法律出版社2013年版,第521页。
③ 参见卜元石:《德国法律评注文化的特点与成因》,载《南京大学学报(哲学·人文科学·社会科学)》2020年第4期。

价值。

与建构案例群的传统路径相比,专题式发布具有确定类型和遴选效率上的优势。案例群形成的传统路径是自发积累,处理类似纠纷或者疑难问题的案件由不同时代的不同法官形成相应的结论,后案法官在审视既往案例的基础上延续或者修订相应的处理方式,经过漫长的时间积累形成占据主流地位的观点。典型代表是产品侵权责任相关判例的积累:在 Donoghue v. Stevenson 案确立商品制造人责任之后,数十年中英国法院有诸多判决针对不同商品延续了这一责任的具体认定方式。[1] 通过这些判例的积累可以看到,产品侵权责任的案例群需要较长时间的积累,而且需要借助法官的自发运用才能形成权威。与案例群形成的传统路径相比,案例指导制度的特殊之处在于其案例的遴选借助了最高人民法院自身的权威,由最高人民法院主动选择特定案件作为指导性案例在全国法院的类似案件中适用。当最高人民法院明确选择属于同一类型或者案由下的多个案件作为指导性案例,就形成了主动建构类型化的效果。在最高人民法院发布的不同批次中,处理同类问题的前、后指导性案例构成了一种分散式的主动类型化。例如,大数据的出现和使用为司法审判界定反不正当竞争行为带来了不少难题,将其进行类型化处理的思路和原理就是以反不正当竞争法的立法目标为指引,在一定的案例群基础上抽象出某类竞争行为的样态,通过利益平衡的方法证成其具有不正当性,进而将其纳入反不正当竞争法的规制范围。[2] 指导性案例中有多个涉及反不正当竞争行为界定的案件,都与网络数据有密切联系,如指导性案例 29 号、30 号、45 号、46 号、47 号、58 号和 161 号等。较之分散的拼盘式发布,在同一批次内集中同类多个案件的专题发布方式更容易引起法官的关注,使其及时集中掌握特定类型案件中诸多具体难题的处理方式,特别是为某一审判部门的法官提供良好的研习素材,进而为后续的参照适用奠定良好的基础。法官对特定类型的审判规则的掌握越是全面细致,就越是有能力处理此类型案件,通过明示援引的方式也更能够凸显案例指导制度的实践价值。

另一方面,就社会效果而言,专题式发布能够集中凸显案例指导制度的多种扩展功能,还能够引起社会关注,发挥法院系统在社会中的积极影响。案例指导制度由最高人民法院创制和推进,能体现最高人民法院的诸多社会功能,专题式发布则强化了这些功能,其中典型代表是执行公共政

---

[1] 参见王泽鉴:《民法学说与判例研究》(第 3 册),中国政法大学出版社 1998 年版,第 227 页。
[2] 参见傅显扬:《大数据领域不正当竞争行为的法律规制》,武汉大学出版社 2021 年版,第 125 页。

策功能和价值引领功能。就执行公共政策功能而言,最高人民法院能够制定并实施推行公共政策,案例指导制度是其载体之一,以专题方式集中发布若干同类主题的指导性案例有助于凸显这种公共政策功能。例如,备受瞩目的指导性案例1号围绕借助中介进行房屋买卖的"跳单"行为提供了明确的规则,对房屋中介市场产生的影响不可忽视。① 具体到专题式发布而言,第21批指导性案例的主题是"一带一路"建设,这些案件都反映了最高人民法院通过指导性案例贯彻公共政策的功能。"我国法院在执行公共政策时,对于不符合党和国家新的公共政策的原有法律与公共政策进行变更,对于原有法律与公共政策之中的模糊之处通过发布指导性案例的方式予以明晰,对于符合党和国家新的公共政策要求的原有法律与公共政策予以确认。"②就价值引领功能而言,较之抽象的法律法规和司法解释,指导性案例更加生动活泼、具体直接,更容易被社会公众关注和了解,并从中获取对法治的认可与肯定。例如,第25批指导性案例的主题是弘扬社会主义核心价值观,该批次案例展现了社会主义核心价值观对审判案件的引领作用,以生动直接的社会热点案件为依托,具体说明了如何尊重和遵循社会主义核心价值观,集中反映了案例指导制度的价值引领作用。在不具备法律专业知识背景的情况下,社会公众更需要借助具体个案了解法治的发展现状。即使是抽象的规则也需要借助"以案释法"或者"以案说法"的方式才能更好地被社会公众所理解。具体生动的案件事实使指导性案例区别于抽象规则,这种独有特征使其在社会普法层面具有明显优势。分散式发布略显随机和杂乱,而专题式发布则有集中明确的主题,在信息爆炸的时代更容易引起社会关注。而且,指导性案例的部分专题批次还注重选取一些已经受到社会关注的热点案件,对其进行的细致分析,回应并满足了社会公众对司法公正的期待、感知和认同。可以说,专题式发布的指导性案例是有效普法的系列法治"公开课"。除了以上两种功能,不同批次的主题也对应最高人民法院力图实现的其他社会治理功能,如第24批、第31批和第37批指导性案例聚焦环境生态案件,能够实现环境治理功能;第16批、第28批和第39批指导性案例是通过司法实现对知识产权的保护功能;第32批指导性案例主要实现对劳动者权益的保护功能;第35批指导性案例聚焦保护个人信息;等等。相比适用于审判领域的基础功能,

---

① 参见李金升:《最高人民法院指导性案例对房产中介公司的现实影响》,载《中国房地产》2012年第6期。
② 孟融:《我国法院执行公共政策的机制分析——以法院为"一带一路"建设提供保障的文件为分析对象》,载《政治与法律》2017年第3期。

案例指导制度在社会中体现的多种扩展功能大多可以在指导性案例的批次主题中得以体现,这些集中发布的指导性案例更容易引起社会的关注,起到更加优质的宣传效果。

从以上分析可以看到,在案例指导制度的运行实践中,最高人民法院逐渐探索出从分散式、拼盘式到集中式、专题式的发布方式,而且后者已经占据了相当明显的优势地位。这种优势地位源于其在法律效果和社会效果上的积极影响。但是,专题式发布并不应当成为唯一的发布方式,其背后的隐患仍然存在,需要细致剖析才能扬长避短。

第二节　指导性案例专题式发布的缺陷与隐患

《关于案例指导工作的规定》及其实施细则没有对指导性案例的发布规则作细致规定,尤其是发布的形式和频次。这种模糊规定一方面使最高人民法院有权随时发布指导性案例,体现了案例指导制度的及时性甚至即时性的优势(相比法律法规和司法解释而言);但另一方面也降低了社会各界(尤其是司法者)对指导性案例发布的稳定预期。在以批次方式探索指导性案例发布形式的基础上,最高人民法院进而以专题批次的方式公布遴选和编辑指导性案例的结果,而且这一方式的优势地位已经越发明显。虽然专题式发布有自身的优势,但是过度依赖这一发布方式对于案例指导制度而言也存在一定的缺陷和隐患,至少包括以下几个方面。

一、行政化色彩的强化压制指导性案例的自然生成

最高人民法院已经垄断了指导性案例的遴选、编辑和发布环节,对指导性案例的参照适用也进行了明确规定。案例指导制度正是借助最高人民法院的权威地位才得以创设和推进的,这个过程也渗透着明显的行政化色彩。例如,《关于案例指导工作的规定》第4条规定了指导性案例的遴选程序:在法院系统内部,基层人民法院和中级人民法院只能将推荐案例层报到高级人民法院,由后者再向最高人民法院推荐;高级人民法院和最高人民法院各审判业务单位则可以直接推荐。依据《关于案例指导工作的规定》第5条的规定,法院系统之外的社会人士可以向作出生效裁判的原审人民法院推荐备选指导性案例。以上两条规定意味着法院系统内部推荐备选指导性案例必须严格遵循法院的等级,不得越级推荐,而现有全部遴选成功的指导性案例都源于法院系统内部推荐。这一遴选过程带有明显的科层制色彩,是案例指导制度行政化运行的重要表现。"就指导性案例

的产生而言……在本质上并非司法权运作的产物,而是司法权行政化运作的结果。"①广言之,虽然在创设初期行政化色彩能够有效推动案例指导制度的直接启动,但是从长远来看并不利于释放案例指导制度的实际效果。"由于受行政化逻辑支配,最高人民法院在遴选指导性案例时往往会从限制法院和法官自由裁量权的角度出发,突出自己公共政策的执行功能,致使其发布的指导性案例具有较强的政治色彩,而忽视了法院自身的技术治理优势。"②被遴选的指导性案例对后续的参照适用环节有直接而明显的影响,目前指导性案例数量不多和质量不足的问题都与行政化运作不无关系。

既然指导性案例的遴选已经呈现明显的行政化色彩并且影响了案例指导制度的功能发挥,那么,专题式发布是行政化色彩更加明显的体现,因为相比拼盘式发布,专题式发布需要最高人民法院主动检索并积累同一主题的若干案例,需要专门特意付出额外精力考虑相关复杂问题。例如,如何根据特定社会形势和审判业务的需要确定何种专题,专题指涉范围的宽窄,专题内指导性案例的数量多少和质量高低,专题发布是否能够产生预期的积极影响,如何推动甚至要求各级法院适用专题内指导性案例,等等。这些问题在很大程度上体现了案例指导制度运行中的行政化色彩,并不利于指导性案例发挥长效。"其实,一个案例具有指导性或约束力,首要的是因为其内在的说理得到法律人的普遍认同,同时,由于得到了审级制度的保障从而获得了制度上的权威性。"③在决定指导性案例约束力的内外因素中,案例的内在质量是首位的,外在制度推动是次要的,因为在并不存在绝对意义上"同案"的前提下,同案同判只是一种司法伦理意义上的弱义务,④法官在比较和适用在先案例的过程中拥有非常宽泛的自由裁量权,即使有外在制度设计也难以真正强制法官参照特定的在先案例,而在先案例自身的质量就成为说服后案法官予以参照的首要因素。通过行政化方式遴选出来的案件,人为刻意的因素较多,与强调判断权的司法审判并不完全契合;而专题式发布带有更强的行政化色彩,对指导性案例的"自然生成"有明显的压制效果。从第 23 批指导性案例开始,专题式发布的比重已经超过了总批次的 4/5,留给拼盘式自然遴选成功的批次比例不足 1/5。从案件数量来说,在第 23~39 批共 108 个案例中,通过专题式发布的案例

---

① 王彬:《案例指导与法律方法》,人民出版社 2018 年版,第 33 页。
② 郑智航:《中国指导性案例生成的行政化逻辑——以最高人民法院发布的指导性案例为分析对象》,载《当代法学》2015 年第 4 期。
③ 陈福才、何建:《我国案例指导制度的检视与完善》,载《中国应用法学》2019 年第 5 期。
④ 参见陈景辉:《同案同判:法律义务还是道德要求》,载《中国法学》2013 年第 3 期。

数量为98个,以非专题式发布的案例数量不足10%,二者差异可谓天渊之别。在个案层面上,目前被裁判文书直接援引次数最多的是指导性案例24号,该案例并非属于任何专题,反而是拼盘式发布的案例之一。发布时间比专题式发布的案例更早是指导性案例24号获得更多援引的因素之一,其获得普遍肯定的决定性因素则是对法律漏洞的有效补充,对高发案由给出了不够完美但统一的适用规则,准确地满足了司法审判的现实需要。① 由此可见,是否属于行政化色彩浓厚的特定专题并非指导性案例发挥积极作用的决定性因素。就比较视角而言,普通法中的先例属于自然生成,虽然裁判法院等级对其约束力有所影响,但并非决定性因素,某个先例被后案法官普遍遵循的根本原因仍然是自身质量。在案例指导制度的运行过程中,是否属于特定专题不应当成为遴选和发布指导性案例的主要标准。如果最高人民法院仍然以极高比例发布专题式指导性案例,那么,众多专题之外的案例就更加难以"面世",遑论被普遍地参照适用,制度效果就难以得到真正保障。

二、同类案例的积累削弱指导性案例的时效性

时效性是案例指导制度的突出优势之一,因为法律法规和司法解释更加强调系统与全面,自然也需要更长时间的积累,为了减少这种久拖不决的弊端,"重要条款单独表决"的规定由此诞生。而指导性案例则是"精准打击"具体疑难问题,具有针对性强、涉及面小的特点,无须过多关注整体性与协调性,最高人民法院在制度规定内可以随时发布指导性案例。在转型社会以及科技高速发展的背景下,众多新类型疑难案件层出不穷,单独依靠法官的个人探索难以形成有效的应对措施,更无法在全国范围内保证法律的统一适用。典型表现就是互联网纠纷、知识产权纠纷和环境纠纷,都对专业知识结构有所欠缺的审判者带来不少挑战。借助便利的信息化传播渠道,指导性案例从发布之日起就被全国法官了解和认知,能够针对相应的疑难问题及时提供解决方案,产生良好的审判效果。但是,如果高度强调指导性案例的专题式发布,那么任何专题的整体设置与案件积累都要比拼盘式发布需要更多的时间,这会在一定程度上影响指导性案例的时效性。

如前所述,在使用专题式发布的第16批指导性案例之前,每批案例经

---

① 参见孙光宁:《司法实践需要何种指导性案例——以指导性案例24号为分析对象》,载《法律科学(西北政法大学学报)》2018年第4期。

常有2~3个同类案件形成一种"半专题式"的效果,这种方式并没有刻意追求整批指导性案例的完全统一主题,虽然在宣传效果上略有逊色,但是能够满足时效性的要求。从比较视野来看,即使是制定法传统的大陆法系国家也普遍高度重视在先案例的作用,及时发布各种类型的案件信息就是表现之一。例如,在法国,公众可以进入中央政府秘书办负责的法律宣传网站的在线数据库查询各种判决信息,浏览电子格式的判决文书;[1]法国最高司法法院的判决则以卡片库(资料库)的形式公开。[2] 在德国,互联网普及之前,德国联邦最高法院每月审查后汇编重要法学期刊案例供法官在判决书中引用。随着网络日渐发达,德国联邦建立了官方法律数据库Juris,储存了包括德国联邦宪法法院、联邦最高法院以及联邦各专门法院审理的几乎所有重要案例(除了涉及国家安全、社会公德、个人隐私及未成年人案例),德国各级法律共同体均可以通过密码查阅相关案例,成为各级法官办案不可或缺的重要工具。[3] 在日本,由于违背最高法院判决构成绝对的上告理由,对相关裁判文书的编撰就成为备受关注的工作:官方主导的判例集由最高法院和8家高等法院各自编辑出版,原则上每个月召开一次遴选会议,形成每月一期的判例集向法院内部分发并向社会公开发行。[4]

从以上介绍可以看到,无论是最高司法机关自身的判决文书,还是经过编辑的判例文本,都应当及时公布以产生积极效果。在先案例的出现或者判例的生成是一个散见的自发过程,难以也无须对提前的专题规划提出过高要求。质言之,法官在待决案件中的参照对象只是少数个别案例,专题式发布提供的全面案例更多的是在研习过程中发挥作用,审判实践对指导性案例在时效性方面的需求远远大于在系统性和全面性方面的需求。因此,将专题式发布作为指导性案例的最主要发布方式,很容易忽视其他类型案件的积累,进而影响整个案例指导制度发挥作用的时效性。

三、批次主题的比例失当难以满足多元审判的需要

以专题式发布指导性案例在法律效果和社会效果上都有一定优势,在其应然价值转化为实然效果的过程中,如何确定专题及其具体案例是关键

---

[1] 参见何家弘主编:《外国司法判例制度》,中国法制出版社2014年版,第148页。
[2] 参见[法]盖斯旦、[法]古博:《法国民法总论》,陈鹏等译,法律出版社2004年版,第406-408页。
[3] 参见胡伟新:《德国葡萄牙法院案例在指导审判和保证法律统一适用方面的作用》,载《法律适用》2011年第2期。
[4] 参见解亘:《日本的判例制度》,载《华东政法大学学报》2009年第1期。

问题。从第 23 批指导性案例开始,专题式发布进入大规模运用的成熟阶段,指导性案例各个批次的主题相当多样,不仅涵盖了多个主要部门法,还有特殊专题如长江流域司法保护。但是,这些批次主题之间在数量上还是存在一定差异的,比较典型的是知识产权类案件和环境保护类案件的主题数量明显偏多,前者包括第 28 批和第 39 批共 14 个指导性案例,后者则包括第 24 批、第 31 批、第 37 批和第 38 批共 35 个指导性案例,这两类案件占据从第 23 批到第 39 批总案件数量的将近半数。即使新增了专题发布方式,指导性案例在整体上仍然无法满足相应的司法审判实践需要。例如,就知识产权类案件而言,这些知识产权类指导性案例所覆盖的案件范围与可以发挥的社会实效较为有限,其所关涉的法律关系与提供的裁决方案无法应对当前知识产权纠纷中的重大疑难问题。当前知识产权案件的审判中,复杂技术事实认定和法律适用难度加大,新领域新业态知识产权保护的权利边界、责任认定对司法裁判提出新挑战,而现有相关指导性案例的数量和类型远远无法满足解决知识产权纠纷的实践需要。[1] 类似情况也发生在环境保护类指导性案例之中,此类案例存在涉及范围过小的问题,没有解决法律和司法解释中的不完善之处,未对环境公益诉讼司法适用产生实质影响。[2] 专题式发布的两个主要案件类型尚且如此,其他专题的指导性案例可想而知,还有大量类型的指导性案例有待发布。

审判实践所需要的案件类型是极其丰富多样的,设置特定主题只能涉及其中的极小部分。而且,由于对特定主题的关注消耗了推动案例指导制度运行的不少资源(如最高人民法院案例指导工作办公室收集、整理和编辑工作),其他分散类型的指导性案例受到的关注更低,或者需要等待积累到足够数量才能被发布,这个等待"排期"的过程并非绝对必要。换言之,现有指导性案例的批次主题(尤其是数量较多的批次主题)并非不必要,但是,更多其他类型或者主题的指导性案例也是审判实践所需要的,同样值得引起最高人民法院的关注。过多重视专题案例的搜索、汇集和整理,容易在不同类型之间造成比例失当的结果,部分类型的指导性案例发布数量明显较多,但更多审判亟需的其他类型指导性案例被忽视而没有发布或者数量极少,后者能够从最高人民法院发布的"典型案例"中窥见一斑。虽然典型案例并没有被规范性文件直接规定,没有明确的正式效力,而且

---

[1] 参见董凡、李青文:《我国知识产权指导性案例司法适用的现实考察与完善进路》,载《电子知识产权》2022 年第 5 期。
[2] 参见罗丽、张莹:《环境公益诉讼案例指导制度的司法适用困境与完善》,载《法律适用》2022 年第 12 期。

预设功能主要是执行公共政策而非供给裁判规范,①但是,其数量和类型是极其丰富多样的,而且发布频率很高。在2023年发布的典型案例中,最高人民法院单独发布48批446例,最高人民检察院单独发布63批486例,最高人民法院和最高人民检察院(以下简称"两高")共联合发布6批41例,合计117批973例。仅在2023年最后2个月中,最高人民法院就发布了电影知识产权保护典型案例(8例)、老旧小区既有住宅加装电梯典型案例(11例)、人民法院反家庭暴力典型案例(第一批4例)、食品安全惩罚性赔偿典型案例(4例)、《关于适用〈中华人民共和国民法典〉合同编通则若干问题的解释》相关典型案例(10例)、人民法院涉彩礼纠纷典型案例(4例)、行政公益诉讼典型案例(8例)、依法从严打击私募基金犯罪典型案例(5例)、依法惩治通过虚假诉讼逃废债典型刑事案例(5例)、涉外民商事案件适用国际条约和国际惯例典型案例(12例)和海洋自然资源与生态环境检察公益诉讼典型案例(9例)等。以上典型案件所涉及的类型同样是司法审判所需要的,但是并没有相应的专题指导性案例发布。典型案例徒有数量优势却没有明确效力地位,无法正式进入裁判过程;指导性案例有正式效力却受限于专题式发布的数量与类型,将二者取长补短的理想状态还远未实现。

四、与司法解释的加剧混同消解指导性案例的独有价值

《关于全面推进依法治国若干重大问题的决定》明确:"加强和规范司法解释和案例指导,统一法律适用标准。"《人民法院组织法》的历次版本也都明确规定了"最高人民法院可以对属于审判工作中具体应用法律的问题进行解释"。而且,2018年《人民法院组织法》的修订还将司法解释和指导性案例并列于第18条。这说明案例指导制度与司法解释在顶层设计中有共同的目标定位,二者关系十分密切。在指导性案例的体例结构中,裁判要点具有十分突出的地位,在位置安排上仅次于标题和关键词,备受法官和当事人的关注。裁判要点在内容上表现为最高人民法院从案件中提取的抽象规则,与司法解释的单独条款高度相似;而且,很多司法解释吸收了既往指导性案例的裁判要点。② 指导性案例的裁判要点侧重于个别抽象规则,而司法解释则是系统全面的抽象规则,相比而言,二者是"散装"与"整装"的关系。

---

① 参见向力:《最高人民法院冠名典型案例的功能分析——以"一带一路"典型案例为样本》,载《法商研究》2021年第2期。
② 孙跃:《指导性案例与抽象司法解释的互动及其完善》,载《法学家》2020年第2期。

在早期拼盘式发布的指导性案例中,裁判要点呈现出分散状态;而专题式发布聚合了同类指导性案例,其裁判要点也随之表现为同类抽象规则的集合,汇总了相关的散装条款而更接近于整装的司法解释。较之拼盘式发布,专题式发布进一步加剧了指导性案例与司法解释的混同,进而对案例指导制度的运行实效产生一定的消极影响。从一般意义上来说,具有相同目标指向的不同制度之间存在一定的竞争关系,需要依靠各自的特点和优势维持存在的价值,否则就会在竞争中被替代或者淘汰。司法解释已经成为审判实践须臾不可或缺的裁判依据,具有明显的基础优势;案例指导制度则在运行方式和工作习惯上处于明显的劣势地位,其现实基础和影响力都十分有限。如果指导性案例继续趋同或者混同于司法解释,那么案例指导制度的独特性就会逐渐丧失,存在持续被架空或者虚置的风险。而提供多个同类抽象规则的专题式发布正是进一步推动了指导性案例与司法解释的混同,尤其是通过裁判要点所表现的混同。就比较视野而言,众多大陆法系国家的判例或者判例汇编都包含裁判要点(或者裁判要旨)的体例结构,但是其中对判例制度运行的风险不可忽视。"在裁判之前添加类似法条的要旨,这种做法是多么危险。这些要旨不过是裁判理由中蒸馏出来的结晶,与案件事实密切相关,在很大的程度上本身也需要解释。然而,其表达方式类似法条,因此会引致下述印象:要旨本身可以独立于被裁判的案件事实之外,其具有——可适用于同类情况,并且已经确定的——规则的特征。"[1]自身的特殊地位使裁判要点受到极大关注,但是,表现为抽象规则使裁判要点仍然无法摆脱与制定法类似的局限:概括、模糊、有限文义以及不断地回溯解释。司法案例区别于抽象规则的特有价值集中体现在具体的案件事实及其相应的法律适用与说理。由于裁判要点比较简明集中,而案件事实及其法律适用则更为繁复,就研习者阅读偏好的角度而言,指导性案例的专题式发布使研习者更聚焦于众多裁判要点,相应地忽视了案件事实及其法律适用。

第三节 指导性案例专题式发布优势的巩固措施

法治现代化的进程在司法领域中需要多种法律渊源,每种法律渊源各有其特点和优势,单一法源越发难以有效满足司法实践的要求。在长期习惯适用制定法和司法解释的司法环境中,案例制度或者判例制度的探索必

---

[1] [德]卡尔·拉伦茨:《法学方法论》,陈爱娥译,商务印书馆2003年版,第233页。

定是艰难的。最高人民法院在这个过程中采取稳妥甚至保守的态度也是可以理解的。在指导性案例的发布形式方面,最高人民法院逐渐摸索和确定了专题式发布是非常值得肯定的。换言之,指导性案例的专题式发布因具有重要的实践价值而应当继续保持,其内含的缺陷和不足尚未充分显现但仍需警惕。目前更为关键的问题在于如何趋利避害,对现有的专题式发布进行改进与完善,结合前述分析的缺陷和隐患,对其既有优势的巩固措施至少应当包括以下几个方面。

一、专题式发布与分散式发布的统筹兼顾

从普通法运行的实践经验可以看到,巨大数量的案例基础是整个案例制度运行的基本前提,不断更新的案例也是案例制度保持生机和活力的源泉。但是,目前案例指导制度运行的"卡脖子"问题之一就是指导性案例的数量供给严重不足。从 2011 年年底到 2023 年年底,在 12 年的运行实践中,最高人民法院仅发布了 39 批共 224 个指导性案例。目前全国法院系统每年审理的案件已达数千万,即使其中疑难案件的比例极低,指导性案例的数量供给也远远无法满足审判实践的需要。对于案例指导制度来说,当务之急是大规模增加指导性案例的数量供给。

如前所述,专题式发布需要更多的时间和精力进行策划与编辑,在一定程度上影响了自然生成的分散式发布,进而影响指导性案例的总体数量供给。就满足审判实践需要而言,法官特别需要在疑难案件中获得来自最高司法机关的明确指导或指引,指导性案例(尤其是裁判要点)是这种规则供给的重要来源之一。根据指导性案例规则创新程度的不同可以将其类型分为宣法型、释法型和造法型。① 由于需要引起社会关注特定案件类型并注重案件的社会传播效果,以专题方式发布的指导性案例在以上三种类型中的分布比例依次减少,而带有明显造法色彩的指导性案例才真正能够解决审判中的疑难问题,被裁判文书援引次数最多的指导性案例 24 号就是典型代表。换言之,法官在应对疑难案件方面的实体需求远大于对专题式发布的形式需求。即便没有专题式发布,即便指导性案例的发布是随机的、零散的,只要其数量和类型足够丰富,分属于特定审判部门的法官也会主动对涉及自身业务范围的指导性案例给予高度关注,在个体层面上形成"专题化"的研习与适用。因此,在专题式发布容易影响分散式发布的背景下,最高人民法院不应过于依赖前者,而应并重两种发布方式。只要

---

① 参见资琳:《指导性案例同质化处理的困境及突破》,载《法学》2017 年第 1 期。

被遴选成功的指导性案例能够满足司法审判的需要,尤其是疑难案件审判的需要,无论其是否属于特定专题,都应当及时对外发布。这种处理方式能够将两种发布方式的特点与优势相结合,从总体上提高指导性案例的供给数量。

二、既有司法案例体系对专题遴选效率的提升

指导性案例的专题式发布应当借助既有的司法案例体系,提高遴选效率,形成内容完备和类型丰富的案例群。我国法院系统一直高度重视发挥既有司法案例对审判工作的积极作用,各级法院通过不同形式公布了数量和类型极其丰富的司法案例。这些司法案例构成了比较松散的体系,从最高人民法院的角度大致可以将其分为规范性案例(包括指导性案例和参考性案例)、研讨性案例(泛指《最高人民法院公报》案例、《人民法院案例选》案例、国家法官学院主办的中国审判案例要览、年度案例以及最高人民法院主办的报刊案例等刊物案例)和宣教性案例(最高人民法院新闻局主办的月度案例)。[①] 依法源属性,现有的国内判例还可以分为指导性案例、示范性案例以及一般性判例三种类型,其法源属性分别为约束性法源、引导性法源和智识性法源。[②] 对于专题式发布而言,聚焦特定专题并积累相关案件都需要消耗额外的资源和精力,需要提高遴选效率以满足及时性和充分性的要求,从现有的司法案例类型中进行充分挖掘是事半功倍的捷径,尤其是比较成熟的案例类型都已经过了特定法院的筛选,比完全通过普通途径推荐而来的备选案例具有更高质量,也降低了从零开始的遴选成本。

(1)典型案例。最高人民法院经常发布的典型案例具有数量上的明显优势,也都有相应的主题,完全可以成为指导性案例的备选库。而且,典型案例被遴选为指导性案例的情况也屡见不鲜:指导性案例80号曾获评2015年中国法院50件典型知识产权案例;指导性案例81号曾被评为最高人民法院2014年50件典型知识产权案例;指导性案例87号曾被评为江苏法院2015年度知识产权司法保护十大案例,经江苏省高级人民法院推荐被最高人民法院评为2015年中国法院50件典型知识产权案例;指导性案例99号被最高人民法院确定为"依法保护英雄烈士名誉等人格权益,弘扬社会主义核心价值观典型案例",并被评为2016年度人民法院十大民事行政案件;指导性案例137号于2018年11月28日被最高人民法院发布

---

① 参见石磊:《人民法院司法案例体系与类型》,载《法律适用(司法案例)》2018年第6期。
② 参见顾培东:《我国成文法体制下不同属性判例的功能定位》,载《中国法学》2021年第4期。

为人民法院环境资源审判保障长江经济带高质量发展典型案例;指导性案例172号曾入选最高人民法院2021年2月25日发布的长江流域生态环境司法保护典型案例;指导性案例221号曾入选2021年最高人民法院发布的反垄断和反不正当竞争典型案例。特别值得关注的是指导性案例100号,该案曾入选《最高人民法院公报》案例、最高人民法院知识产权审判典型案例和2015年中国法院50件典型知识产权案例,并被写入《最高人民法院知识产权案件年度报告(2015年)》;在2016年越南河内召开的植物新品种保护执法会议中,该案件确立的规则被国际植物新品种保护联盟(UPOV联盟)确定为亚洲国家对植物新品种保护执法工作作出的第一个司法贡献,被UPOV联盟确定列入执法工作会议内容,在UPOV联盟官网中供品种权人以及执法部门参考。① 可以说,指导性案例100号兼具公报案例和典型案例的身份,还具有相当的国际影响力,具备成为指导性案例的坚实基础。就数量角度而言,相比典型案例的巨大数量,从中成功遴选指导性案例仍然很少,有待继续深入挖掘。就具体主题而言,很多典型案例的发布所属的主题也在很大程度上涉及审判中的疑难问题,指导性案例的专题发布完全可以借鉴典型案例的发布主题。这个方面的代表如最高人民法院已经发布了多个批次的涉"一带一路"建设典型案例,这也是第21批指导性案例的主题;与之类似的情况是弘扬社会主义核心价值观主题,同样涵盖了多个批次的典型案例和第25批指导性案例。无论是案件来源还是主题设置,指导性案例的专题式发布都需要充分吸收最高人民法院发布的典型案例。

(2)公报案例。从20世纪80年代开始,最高人民法院在其公报中发布具体案例,在信息传播不够发达的时代,这些经过编辑的公报刊载案例成为各级法院研习的重要素材,虽然没有被规范性文件确定正式效力,但其在审判实践中有重要的事实影响力和约束力。无论是遴选过程还是具体编辑体例,公报案例都为案例指导制度的创设积累了丰富经验,甚至可以被称为指导性案例的前身,部分公报案例被直接遴选为指导性案例。例如,第9批和第10批指导性案例都是对原有公报案例进行重新清理和编纂后形成的批次,是在形式上进行的专题式探索。虽然很多公报案例因为时过境迁不再具有参考作用,但仍然有大量公报案例具有生命力,能够为审判实践所参考,也完全有资格继续被选入指导性案例的特定批次。除了

---

① 参见罗霞、石磊:《指导案例100号〈山东登海先锋种业有限公司诉陕西农丰种业有限责任公司、山西大丰种业有限公司侵害植物新品种权纠纷案〉的理解与参照——侵害植物新品种纠纷中同一性的认定》,载《人民司法》2021年第17期。

最高人民法院,部分地方高级人民法院也持续出版公报并发布相应案例,这些案例往往是《关于规范上下级人民法院审判业务关系的若干意见》中规定的参考性案例,属于广义上的公报案例,其中也有被遴选为指导性案例的情况。例如,指导性案例23号最初刊发于《江苏省高级人民法院公报》2013年第3期,最高人民法院案例指导工作办公室发现该案例后,建议江苏省高级人民法院推荐其为备选指导性案例。① 现有公报案例遴选为指导性案例的数量明显偏少,需要继续深入甄选。

(3)检索案例。随着类案检索机制的不断普及,有越来越多的检索报告出现被检索到的案例。这些检索案例多是针对审判疑难问题经过检索筛选后得到的,具备成为指导性案例的优质资格。其中,最高人民法院正在大力推进的人民法院案例库为检索案例提供了有效来源。人民法院案例库的入库案例具有诸多优点,包括体例规范,要素齐全,便于精准检索;规范报送,严格审核,具有权威性和指导性;统筹规划,全面覆盖,回应司法需求;等等。尤其是人民法院案例库在建设之初就明确要求,对于案情类似、适用法律、司法解释相同,参考示范作用相同的案例,入库数量一般不超过2件,防止重复叠加。② 这种精选的入库案例有助于大幅度提高类案检索的效率,进而有助于从中确定指导性案例的发布主题和相应的具体案例。简言之,以上各种经过初步筛选的公报案例、典型案例、参考性案例和检索到的人民法院案例库案例等都属于现有的司法案例体系,能够提升指导性案例专题式发布的遴选效率,最终的指向是形成内容较为完备的案例群,聚合同类案件及其裁判要点,提高同案同判的针对性和操作性,也减少专题之间比例失当的弊端。

三、专题内指导性案例的相互融贯与细致说理

指导性案例的专题式发布应当在其下的指导性案例之间形成和而不同的融贯关系,通过裁判理由部分的详细论证展示同类案件中多种规则的适用。属于同一专题下的指导性案例不该简单重复或者相互包含,而应当从不同侧面涵盖同类案例的不同适用规则,以案例群的形式体现专题化发布的优势。目前专题式发布的重点内容是确立"专题",但对于同一专题之下的具体指导性案例之间如何协调尚未充分关注,导致部分重复情况的

---

① 参见吴光侠:《〈孙银山诉欧尚超市有限公司江宁店买卖合同纠纷案〉的理解与参照——消费者明知食品不符合安全标准而购买可十倍索赔》,载《人民司法》2015年第12期。
② 参见乔文心:《最高人民法院相关部门负责人就征集人民法院案例库参考案例有关问题答记者问》,载《人民法院报》2023年12月23日,第3版。

出现。例如,第24批指导性案例的主题是生态环境保护,包含13个案例,在数量上为各个主题批次之最。其中,从指导性案例130号到135号的6个案例都专门提及"虚拟治理成本法"作为生态环境损害赔偿的具体计算方法。虽然这一方法在环境生态案件的处理中有一定优势,也受到司法者的高度重视,但是其并不应当成为处理环保案件的唯一测算方法。因为虚拟治理成本法并没有被法律法规所直接明确,其仅是《环境损害鉴定评估推荐方法(第Ⅱ版)》所提供的环境价值评估方法之一,与其并列的还有替代等值分析方法等其他生态环境损害评估方法。更重要的是,虚拟治理成本法还有自身的局限,不够全面与合理。[1] 这种案例的罗列及其表述会导致对虚拟治理成本法的高度(甚至过度)重视而忽视生态环境损害赔偿的其他具体计算方法。由于属于同一专题,类似案件之间很容易出现重复的情况,如何在同类案件中作出准确区分,以涵盖此类案件中的多个角度和全面内容就成为决定专题式发布质量的基本问题。这一问题的解决取决于既有案例的遴选和专题内指导性案例的文本编辑。单一案例涉及的案件事实及其法律适用可能非常多,出于突出专题的需要,最高人民法院在编辑正式文本时必然对这些内容有所侧重地裁剪。虽然裁判要点是其中的点睛之笔,但是,专题式发布提供的系统裁判要点加剧了指导性案例与司法解释混同。因此,指导性案例的独有内容就成为专题式发布编辑时需要特别重视的对象,其中首要的就是指导性案例的裁判理由部分。

如何基于抽象规则(即使是残缺不全或者模糊概括的)对案件事实进行定性,最终对疑难问题形成有效结论,这些内容是在裁判理由部分得以充分阐释的。对于研习和适用指导性案例的司法者而言,裁判理由部分是审判过程中释法说理的集中体现,是对裁判要点的翔实阐释,展现了案件审理对多种法律渊源的适用方式、对法外因素的吸收与考虑以及在法律内外因素之间的分析与权衡。裁判要点是裁判文书援引指导性案例的直接对象和权威依据,裁判理由则是长期研习和透彻理解指导性案例的主要载体。在专题式发布中,基于不同案例体现不同侧重点的需要,个体指导性案例的编辑应当明确体现与专题内其他指导性案例的区别和差异,聚焦特定疑难问题展开分析,提供具有普适性的裁判规则或者解决方案。现有专题式指导性案例裁判理由的明显问题之一是释法说理过于简略,没有充分

---

[1] 参见孙光宁:《指导性案例推进环境治理的方式及其完善》,载《山东法官培训学院学报》2022年第3期。

阐释相应要点的来源和理由,降低了细致研习的指导意义。这一问题源于生效判决的裁判文书比较简单,而出于亲历性和严谨性的考虑,最高人民法院很少增加额外论述。简略的原审生效裁判文书限制了以其为基础的指导性案例裁判理由的论述。为了突出专题式发布的指导意义,对具体指导性案例裁判理由的编辑完全可以突破原有裁判文书,围绕其中的疑难问题展开细致论述,尤其是阐释支持裁判结论的诸多理由,充分揭示应对疑难问题的思路及其形成过程,甚至包括可能的多种备选结论及其选择标准,以及与其他相关指导性案例之间的关联等。

除了直接在裁判理由部分论述,专题式发布还可以考虑在其所下达的《关于发布第××批指导性案例的通知》中专门明确专题内每个指导性案例的指导意义以及这些指导性案例之间的关联,在无须突破原审生效裁判文书的前提下同样能够详细地释法说理,帮助法官从整体上把握专题的基本指向和具体规则。在体例结构上,最高人民检察院所发布的指导性案例文本包含"指导意义",是"要旨"的支撑与展开,结合类案分析后对要旨提炼的规则予以论证和升华,与要旨部分直接决定了检察指导性案例的高度和生命力。[①] 最高人民法院的指导性案例还没有专门的"指导意义"部分,将来完善体例结构时可以增加这个部分,能够实现类似的功能。

四、同一专题下指导性案例与司法解释的相互照应

指导性案例的专题式发布应当与相应的司法解释形成相互照应的配合关系,通过各取所长的联合发布方式提升其质量和效果。虽然司法解释的正式效力地位并没有在基本法律中得以明确,但是,司法审判形成了对司法解释的强烈依赖也是不争的事实。相比而言,指导性案例处于明显的弱势地位,在统一法律适用的共同目标指向下,必须保持自身的特性才能实现长久发展。指导性案例的优势在于以生动具体的释法说理聚焦具体疑难问题,司法解释则更加全面系统,二者的特点互补,完全可以形成相互配合和照应的关系,尤其是在针对同一主题时。这种情况在现有指导性案例中已经初露端倪。例如,以山东"于欢案"和昆山"于海明案"为代表的热点案件激发了正当防卫条款被关注和适用,为此,最高人民法院、最高人民检察院和公安部在2020年9月发布了《关于依法适用正当防卫制度的指导意见》及7个典型案例,紧随其后的指导性案例144号"张那木拉正当防卫案"也于2020年12月发布。虽然这一单个指导性案例不构成专题批

[①] 参见张杰:《检察指导案例理论与实践》,中国检察出版社2021年版,第72页。

次,且前述指导意见并非正式司法解释而是司法解释性质文件,但二者之间形成了良好的照应与配合。值得关注的是,《关于依法适用正当防卫制度的指导意见》与相应的典型案例共同发布,原因在于:一方面,正当防卫所涉问题复杂,一些细节问题如不结合具体案情进行阐明,很难说深说细说透,故有必要用案例来诠释和充实《关于依法适用正当防卫制度的指导意见》的相关内容,强化其指导效果;另一方面,以案说法虽然针对性更强,说理论证可以更加深入,但也有局限性,即只能立足具体案件、围绕案件所涉的具体问题展开说理,无法对正当防卫制度适用中各方面的问题作出全面系统的回应。这种点面结合的方式能够实现明确规则与适用规则相结合的更好效果。[1] 广言之,司法解释与指导性案例完全可以针对同一主题由最高人民法院(或者联合其他相关部门)同时发布,起到广泛的专题式发布效果。这个方面已经有不少典型案例与司法解释联合发布的样本,如《关于审理食品安全民事纠纷案件适用法律若干问题的解释(一)》《关于审理森林资源民事纠纷案件适用法律若干问题的解释》《关于适用〈中华人民共和国民法典〉合同编通则若干问题的解释》《关于审理涉外民商事案件适用国际条约和国际惯例若干问题的解释》等司法解释在发布时都附有相关典型案例,围绕同一主题形成相得益彰的积极效果。

　　指导性案例的专题式发布应当有条件与同一主题的司法解释同时发布:在解决实体疑难问题层面上,司法解释的制定基于审判实践的需要,从典型性案件中提取出相应的抽象规则,其中包含遴选优质案例的过程,这些优质案例都能够成为备选指导性案例;在指导性案例的遴选程序层面上,主导制定司法解释的最高人民法院审判业务单位对这些案例较为熟悉,便于向案例指导工作办公室推荐,有助于提高遴选效率。因此,在同一主题下实现指导性案例与司法解释的联合发布能够实现一举两得的效果,既能够从抽象和具体两个方面应对疑难问题,又可以提高指导性案例的数量和类型。二者的相辅相成是指导性案例专题式发布的扩展版或者增强版,专题式发布在法律效果与社会效果方面的优势由此可以得到进一步提高。在更为宏观的视角内,既然部分司法解释(尤其是刑事司法解释)多由"两高"联合发布,那么"两高"完全可以在与其司法解释相同的主题下,联合发布相应的专题批次指导性案例。这种更大范围内的专题式联合发布需要更多的沟通与协调,但是其法律效果和社会效果也

---

[1] 参见姜启波等:《〈关于依法适用正当防卫制度的指导意见〉的理解与适用》,载《人民司法》2020年第28期。

会更加明显和积极,值得成为完善案例指导制度(尤其是遴选和发布环节)的重要举措。

结语:通过专题式发布增加系统化的规则供给

对于法官而言,司法审判是一个接收和处理外来信息的过程,信息来源大致可以分为案件事实和裁判规则。在员额制不断深入的背景下,法官承担着巨大的案件压力,按照一定"套路""流程"忙于日常审判工作;一旦遇见鲜活多变的案例案情所带来的繁杂信息,部分法官在思考方式、发现和解释法律方面就显得随机而动、模糊不清,缺乏一锤定音的底气。[1] 处理案件疑难信息的方案至少包括两种:短期措施是直接提供有针对性的具体规则,以全面系统的法典、法律和司法解释为代表;长期措施则是提升法官的业务素质与能力,由其创造性地运用(甚至填补)既有规则。案例指导制度能够将以上两种措施相结合,短期措施集中体现在裁判要点部分,提供可以直接被裁判文书援引的抽象规则;长期措施则是通过对指导性案例的持续关注、研习和适用而吸收相应的实践经验与智慧。无论是短期措施还是长期措施,都需要借助指导性案例在数量上的积累,实质上是适用审判疑难案件的规则供给在不断积累。

传统判例的生成带有随机性和独立性的明显特征,与之相比,带有更多建构色彩的案例指导制度探索出了通过专题发布指导性案例的方式,超越了分散式的自然生成,向法官集中展示了多个类似案件或者同类案件中疑难问题的解决方式,强化了指导性案例的法律效果和社会影响,也是一种较为系统化的规则供给方式。就比较视野而言,传统的判例法运行在当前也出现了新趋势,"英国最高法院对一些重要法律问题的审判结果不再主要基于对一系列具体的判例情形的分析,而是在强烈的体系性、几乎是教科书式的分析框架中来处理这些法律问题……换言之,英国的判例法越来越受'寻找原则'所主导。"[2]体系化或者系统化规则的供给受到普通法司法实践的更多重视,不仅展现了两大法系的共性趋势,而且印证了司法判例的系统化处理对提供审判规则的有效性,这一点与专题式发布在类案中提供系统化规则有契合之处。因此,专题式发布指导性案例的方式应当继续维持,同时要进行后续的完善与改进,尤其是与自然生成案例的结合、

---

[1] 参见彭春:《法官行为、信息资源和司法效率》,法律出版社2023年版,第116-117页。
[2] [德]约阿希姆·吕克特、[德]拉尔夫·萨伊内克主编:《民法方法论:从萨维尼到托依布纳》(第3版),刘志阳等译,中国法制出版社2023年版,第606页。

与司法解释的配合以及与最高人民检察院的联合。专题式发布是规范和强化案例指导制度运行的前置性环节,为后续更为关键的参照适用环节奠定基础。当专题式发布提供的系统化规则更多地被裁判文书直接援引时,案例指导制度预期的积极功能也将得到更加充分的展示,通过法律规则实现的治理也将在司法领域中得到有效贯彻和落实。

第七章 案例指导制度的参照环节：
发挥关键事实的决定作用

【本章提要】 参照适用指导性案例是案例指导制度规范运行的核心环节，但是在现有的裁判文书中，指导性案例的整体援引率较低，相关规定亟待改进。就参照适用的前提条件——案件事实相似性的比较来说，现有规定中"基本案情"的表述过于宽泛，而相关研究成果使用的"实质事实""关键事实"等表述在一定程度上过于强调案例指导制度对判例制度的借鉴。作为相似性比较点，指导性案例中的"案件事实"在制度的正式规定中更适合用"重要事实"来表述，其含义是体现创新规则的事实。这种界定更符合案例指导制度在中国司法语境中的准确定位。作为相似性比较的基本内容，案件事实决定着法律适用，应当成为法官参照指导性案例时的主要考察对象。这一结论可以从司法运行的一般原理、判例法的历史经验、裁判文书的现状等方面得到支持。具体到案件事实相似性的确定方式而言，主要存在法官主动检索和庭审中回应诉求这两种程序性方式：前者需要以裁判要点和规范目的为指引，并结合裁判理由部分的论述；后者则需要更多地引入英美法系中普通法运行的经验总结。而确定案件事实相似性的实体方式，需要借助法律适用方面的相似性进行对比和检验，特别是在考察体现创新规则的重要事实是否相似时，还需要结合方法论的因素。以案件事实相似性的分析为开端，案例指导制度还需要在更多方面继续完善。

从2010年年底的《关于案例指导工作的规定》开始，案例指导制度已经正式运行了十余年。与最初所受到的热切期待相比，该制度的实际效果并不理想。案例指导制度的实效不佳背后原因非常复杂，但是，基础规定的疏漏是不可忽视的主要原因之一。虽然2015年《实施细则》加强了案例指导制度的可操作性，但是对具体适用指导性案例过程中的很多细节问题，仍然规定得过于概括和宏观，核心问题之一就是比较指导性案例与待决案件之间的相似性。

无论是普通法中的先例，还是我国司法实践中的指导性案例，参照适用都是最为关键的环节，其集中体现了案例(判例)制度的实践价值，而相似性的比较则是参照适用的基本前提。我国法官普遍缺乏直接运用案例的经验，特别是对于如何比较指导性案例与待决案件之间的相似性还相当陌生，迫切需要可操作性较强的规定进行指导。但是，这一内容在案例指导制度的正式规定中却非常模糊。《实施细则》第 9 条规定："各级人民法院正在审理的案件，在基本案情和法律适用方面，与最高人民法院发布的指导性案例相类似的，应当参照相关指导性案例的裁判要点作出裁判。"由此可以判断，"基本案情"和"法律适用"构成比较相似性的基本标准。但是，"基本案情"这一概念的内涵并不明晰，与"法律适用"之间的关系也不清楚，具体操作的方式方法更是付诸阙如。这些正式规定中模糊和疏漏的内容，严重影响着法官参照适用指导性案例的积极性，导致法官不会、不敢、不能直接在裁判文书中表述指导性案例的相关内容。因此，总结案例指导制度已有的运行状态，反思现有正式规定中的缺陷和不足，对于推进现有指导性案例的适用以及为将来的制度完善提供参照，都是很有必要的。具体到比较相似性这一核心问题而言，重新审视案件事实及其与法律适用之间的关系，就是上述反思中的重要内容之一。与其他抽象规则相比，指导性案例的独特之处就是其包含具体直接的案件事实；并且，案件事实也是比较指导性案例与待决案件相似性的基本内容和标准，能够成为探讨如何参照指导性案例的起点。本章将以完善和修订案例指导制度的正式表述为基本定位，审视和反思相关研究成果的可能贡献。

第一节　指导性案例中关键事实的准确表述及其规范含义

一、正式制度对"案件事实"的规定及其缺陷

《实施细则》第 9 条使用了"基本案情"的表述，这也是最高人民法院经过一定考虑后的结果。最高人民法院案例指导工作办公室认为，在基本案情、法律适用和争议焦点这三个比较标准之间，争议焦点及其高度相关性都难以判断，而现有的规定"表述简洁……该意见也是征求意见中的多数意见"[1]。鉴于相似性比较在整个案例指导制度中的核心地位，以及法官对此比较陌生的现状，以上确定比较相似性标准的理由显得过于薄弱和

---

[1] 郭锋等：《〈〈关于案例指导工作的规定〉实施细则〉的理解与适用》，载《人民司法》2015 年第 17 期。

草率。时至今日,仍然有部分法院认为应当在基本案情、法律关系和争议焦点这三个方面进行比较,①在很大程度上可以说明《实施细则》第9条的规定存在一定争议和缺陷。从支持理由来看,"表述简洁"反映了最高人民法院对案例指导制度处于探索阶段,遵从"宜粗不宜细"的制度建构理念。虽然在初创阶段可以理解,但是对于案例指导制度的整体运行仍然不可避免地产生了消极影响。再者,"征求意见中的多数意见"是来自法官或者法院的反馈,他们对于指导性案例的遴选和适用等诸多环节也明显缺乏有效认知,虽然这一理由满足了职业群体内部的民主要求,却难以成为支持"基本案情"这一表述的有效理由。

就表述的具体内容而言,"基本案情"这一表述指涉的范围相当广泛,为法官进行相似性比较设置了过高的门槛。基本案情不仅包括案件自身的主要事实,相应的案件诉讼过程及其发展也都属于广义的"情况"。例如,在指导性案例89号"北雁云依案"中,存在长达5年之久的诉讼中止情况,报送全国人大常委会并获得解释对最终裁判结果产生决定性的影响,明显属于"基本案情"。然而,后案法官也不可能基于这种特殊的"基本案情"来确定相似性。从"基本案情"概念出发,在待决案件和指导性案例的多方面内容之间进行比较,需要大量的时间和精力,还伴随事实相似性确定中的偏差与失误所带来的风险,严重影响了法官参照适用指导性案例的积极性。过高的参照门槛使法官望而却步,甚至采取一种折中方案——隐性参照。隐性参照已经成为案例指导制度运行中的常见现象,从根本上背离了司法诚信的要求,长期而言并不利于该制度的稳定运行。② 这种参照方式意味着最终裁判结果与同类型的指导性案例在实质意义上相似,但是裁判文书中却并没有将相应的指导性案例作为说理理由,指导性案例处于"隐形"的状态。范围过大的"基本案情"设置了过高的参照门槛,在这种高门槛与现实的审判需要之间,法官为避免"言多必失"而作出风险最小的选择。

二、学界研究中对"案件事实"的现有表述及其反思

正式制度的缺陷可以在学界研究成果中寻求参考或者改进方向。国内相关研究成果很少使用"基本事实"这一表述,大多使用了一些其他具

---

① 参见深圳市中级人民法院:《关于完善案例指导制度促进类案同判的调研报告》,载姜启波主编:《中国案例指导》(总第7辑),法律出版社2019年版,第351页。
② 参见孙海波:《指导性案例的隐性适用及其矫正》,载《环球法律评论》2018年第2期。

有类似含义的相近概念。① 由于案例指导制度吸收了两大法系的判例制度,同时,学者们的研究也对两大法系的传统各有侧重,这就形成了在案件事实比较点上使用不同的具体术语。

在英美法系中,先例与待决案件之间的比较点经常表述为 legal fact 或者是 material fact,尤其后者更为常见,被不同学者翻译为"实质事实"、"关键事实"或者"重要事实"。② 就直译的角度而言,以上三种表述都可以在学术讨论的语境中相互替换。但是,对于将来修订案例指导制度而言,仍然需要仔细斟酌,充分考虑如何以简洁明确的表述切实推动指导性案例被认可和适用。

从案例指导制度在现阶段的运行来说,法官审判案件对指导性案例提出的要求是:针对普遍存在的疑难问题(包括法律规则过于模糊、概括或者漏洞空白之处),提供直接具体的创新性规则或者审理思路方法,尽量减少法官个人的主观判断,为形成最终裁判结果寻找确定直接明确的法律依据。③ 以此为目标指向,我们可以重新审视以上三种表述。

就"实质事实"表述而言,"实质"一词在现有法律条文或者正式规定中很少出现,并非法官所熟悉的表述方式。更重要的是,"实质"一词并不具有明确的指向,指导性案例(包括其裁判要点)作为裁判文书说理论证的依据,主要体现在形式意义上,并不必然保证裁判结果在实质意义上的正确性与合法性,遑论作为其中一个方面的"实质事实"。就"关键事实"表述而言,虽然使用者甚众,但并未形成一致意见。例如,"所谓'关键事实',是指形成判决理由所必需的那些事实"④。"'关键事实'就是与案件争议点直接相关的案件事实。关键事实可以从裁判理由部分中含有判断类似案件所需的内容中发现。"⑤更重要的是,"关键"的外在判断标准并不清晰准确,很大程度上由法官自己掌握,这就意味着法官需要承担认定"关键"事实所带来的风险。

相比前两种表述,"重要事实"更加稳妥、周到和全面,虽然在一定程

---

① 参见雷槟硕:《指导性案例适用的阿基米德支点——事实要点相似性判断研究》,载《法制与社会发展》2018 年第 2 期。
② 参见张骐:《论类似案件的判断》,载《中外法学》2014 年第 2 期。
③ 参见孙光宁:《司法实践需要何种指导性案例——以指导性案例 24 号为分析对象》,载《法律科学(西北政法大学学报)》2018 年第 4 期。
④ 陈林林:《法律方法比较研究:以法律解释为基点的考察》,浙江大学出版社 2014 年版,第 43 页。
⑤ 张骐:《再论类似案件的判断与指导性案例的使用——以当代中国法官对指导性案例的使用经验为契口》,载《法制与社会发展》2015 年第 5 期。

度上也依赖法官的主观判断,却更经常地出现在现有司法制度规定之中,容易被法官所认可和接受;尤其是相对"关键"而言,对"重要"程度的判断将带来更小的风险,是对"关键"的有效扩展,比较适合作为正式制度的准确表述。

在以德国为代表的大陆法系进行的判例制度的研究中,在案件事实方面进行相似性比较时,常用的术语是"要件事实"。"在判断案件事实是否符合法条的构成要件时,判断者需要作各种不同种类的断定……法律适用的重心不在最终的涵摄,毋宁在于:就案件事实的个别部分,判断其是否符合构成要件中的各种要素。"①在判例比较的场景中,要件事实意味着判例与待决案件中相应的事实要素能够归于同类(甚至同一)要件之中。"案件事实的比对,要细化前案件和后案件的构成要件和特征,努力将案件的方方面面都纳入比对关系中,此外还应当考虑一定时期的经济、社会实践的具体情况。"②"要件事实"这一表述更加细化,在可操作性上也略胜一筹。但是,这一点对于案例指导制度的运作空间来说,适用性却受到很大限制。原因在于,指导性案例多是针对审判活动中的疑难问题,并非典型案件,而各种构成要件(要素)的比较方法更适合典型案件(常规案件、例行案件、普通案件)。疑难案件产生的原因很多,但最为常见的情况之一就是法律规范与案件事实无法准确对接,也即现有的案件事实难以准确归化到既有法律规范确定的要件之中。

从以上的分析可以看到,无论正式规定还是学界研究,在比较案件事实相似点方面的各种表述都有一定的缺陷和不足,这在很大程度上源于对案例指导制度整体定位的认知差异。一方面,就正式规定而言,最高人民法院在案例指导制度运行初期使用了"基本案情"这一范围宽泛的表述,尽可能全面地比较事实方面的相似性,体现了保守和谨慎的态度。另一方面,国内学界的现有研究更多地受到两大法系在判例方面已有实践的影响,甚至直接翻译了相应的术语表达,实质上是强调了案例指导制度对先例制度的借鉴。以上两个方面的定位都有一定偏差。就正式规定来说,案例指导制度逐渐走出初期,不应继续以求全责备的方式为法官的参照适用设置过高门槛;就现有研究成果而言,案例指导制度与先例(判例)制度还存在很大差别,特别需要重视前者的特殊性。

---

① [德]卡尔·拉伦茨:《法学方法论》,陈爱娥译,商务印书馆2003年版,第165页。
② 刘金姆:《法院适用指导性案例规则研究》,载《上海政法学院学报(法治论丛)》2012年第4期。

三、"案件事实"的本土含义:体现创新规则的重要事实

作为指导性案例与待决案件的比较相似点,"案件事实"可以在正式规定中表述为"重要事实",其具体含义需要进一步探讨。结合案例指导制度的准确定位及其在中国司法环境中的实际运行状态,对于作为比较相似点的案件事实,本章将其界定为指导性案例中体现创新规则的重要事实。所谓创新规则主要指的是指导性案例对现有的特定抽象法律规范进行细化、扩展、延伸,甚至填补相应的规范漏洞。这些对规则的创新反映了法官在面对抽象法律规范不足时如何发挥主观能动性,体现了来自本土司法实践的经验与智慧,是明显带有创造性(甚至造法性质)的活动。当然,后案所适用的只是规则而不是事实,如何对事实进行抽象化处理从而抽取规范才是分析指导性案例的关键所在。将"体现创新规则"界定为案件事实的主要内涵,主要基于以下几个支持理由。

首先,对规则进行细化、扩展和创新,本身就是指导性案例的应有定位。在最初发布的几批指导性案例中,对司法解释的重复成为指导性案例中的常见现象。[①] 如果不能为审判实践提供创新规则,仅是重复现有的司法解释,那么指导性案例就不会引起法官的关注和认可。因此,指导性案例应当与司法解释形成错位发展。系统和全面是司法解释的典型特征,这种性质使司法解释无法及时有效地对新问题或者细化的问题提供规则,这恰恰是留给指导性案例的规则空间。最高人民法院可以针对以上问题随时发布相应的指导性案例,起到有的放矢的效果。只要针对审判实践中的痛点进行精准打击,指导性案例还是非常有可能获得广泛认可的。例如,指导性案例24号所提供的规则就属于以上情况,现在已经成为被援引次数最多的指导性案例。[②] 这就要求指导性案例通过裁判要点所提供的规则必须是对现有抽象规则的细化和扩展,这种创新规则应当是指导性案例内在的功能,即使在创新程度上有所差异。指导性案例与司法解释之间的基本差异之一是前者能够通过案件事实来展现、提炼和证立创新规则,而后者只是直接提供抽象规则。从这个意义上来说,案件事实承载着体现和提供创新规则的任务。

其次,将案件事实定位于体现创新规则的事实,充分考虑了先例与指导性案例在定位和运行上的重大差异。普通法中的先例是规则形成的主

---

① 参见周光权:《刑事案例指导制度:难题与前景》,载《中外法学》2013年第3期。
② 参见北大法律信息网组织编写:《最高人民法院指导性案例司法应用研究报告(2017)》,北京大学出版社2018年版,第170页。

要方式,从理论上来说,任何法院的任何判决都具备成为先例的资格,而指导性案例则是由最高人民法院统一遴选、编辑和发布的。普通法在遵循先例的过程中进行微调,以循序渐进的方式完善相应的法律规则,法律规则(甚至是法律原则)的形成都是在对案件事实的讨论和评价中由熟练掌握区别技术的法律职业群体共同完成的。"类推的充分与否,依赖于新案件中的事实与先例中的有效事实的相似程度……多数判例法的形成,是通过判决的累积,使一项原则的适用逐渐从一个案件扩展到与之相似的其他案件。"[1]在我国,正式立法和司法解释构成规则供给的主要方式,指导性案例的裁判要点在提供直接创新规则的同时限制了法官的自由裁量权。以上差别决定了案件事实在各自系统内的不同定位:普通法系的法律职业群体可以在法庭中针对何为 material fact 展开充分论辩,而意图参照指导性案例的法官则更多地需要判定案件事实是否因体现创新规则而足够"重要"。前文提及,对于作为比较相似点的案件事实,过于强调案例指导制度对先例制度的借鉴以及二者之间的相似性会产生一定的偏差,而将"案件事实"定位于提供创新规则的重要事实,则能够在很大程度上照顾先例与指导性案例的不同运行方式,考虑案例指导制度的特殊性,从而避免上述偏差。

再次,案件事实定位于创新规则,便于最高人民法院遴选和编辑指导性案例。在与司法解释错位发展的定位之下,指导性案例整体上更加聚焦提供创新规则,尤其是以案件事实为载体来充分体现创新规则的来源和运用。虽然在名义上并不能称为"法官造法",但是,为解决审判中普遍存在的难题而提供解决思路或者细化扩展规则,完全可以由指导性案例来承担,此类指导性案例也更容易受到法官的欢迎。在度过了最初创造性不强的阶段之后,最高人民法院应当以创新规则为标准和指向,着力提供满足审判实践需要的指导性案例,减少对现有抽象规则或者实务共识的重复。遴选出带有创新规则的案件后,最高人民法院还可以在编辑指导性案例的正式文本时,通过案件事实表明创新规则的应用条件和场景。虽然最高人民法院对指导性案例原初文本的二次编辑受到一些质疑,甚至存在偏离原初判决的可能,[2]但是,这种编辑恰恰能够体现最高人民法院的意图,尤其可以在案件事实部分强化创新规则,避免由过于广泛的"基本案情"概念

---

[1] [英]尼尔·麦考密克:《法律推理与法律理论》,姜峰译,法律出版社 2005 年版,第 188-189 页。

[2] 参见吴建斌:《指导性案例裁判要点不能背离原案事实——对最高人民法院指导案例 67 号的评论与展望》,载《政治与法律》2017 年第 10 期。

所带来的高门槛,使指导性案例的读者聚焦创新规则的来源、表现与运用。

最后,在案件事实中凸显创新规则,有助于推动法官和其他诉讼参与者参照适用指导性案例。在常规案件中,法官依据现有的抽象规则体系基本上能够形成合法的裁判结果,但对于带有一定疑难色彩的案件,就需要寻求特殊的裁判依据。处理疑难问题的指导性案例必然提供或者体现创新规则,而要理解领悟并具体适用这些创新规则,法官就必须准确全面地研习指导性案例中的案件事实部分。这种对指导性案例的认知和理解成为推动法官参照和适用的前提条件。基于最高人民法院的裁剪和编辑,法官在研习和考虑参照指导性案例的过程中可以更加聚焦"重要事实"及其背后的创新规则,无须关注涉猎甚广的"基本案情",这种关注范围的适当限缩会提高参照指导性案例的效率。这一点对于其他诉讼参与者而言同样适用。在引述指导性案例时,各方在庭审中针对比较相似性展开的论证就不是基本案情中的细枝末节,而是聚焦与解决待决疑难案件直接相关的重要事实及其创新规则,同样有助于发挥指导性案例在司法过程中的实效。

基于上述理由,在将来继续完善案例指导制度时,就比较案件事实相似点方面,"重要事实"的表述更值得被正式规定的条款所吸收采纳。这种重要事实的含义应当集中充分体现整个指导性案例的创新规则,满足审判实践的需要,能够获得法官和其他诉讼参与人的认可和接受。"我们之所以要运用指导性案例解决待判案件,是因为待判案件中的那个特定问题(构成要件)需要依法解决但法律又没有现成的规定,而指导性案例提供了解决该特定问题的法律办法或方案。"① 需要说明的是,"体现创新规则"这一含义无须直接体现在案例指导制度的具体规定之中,而应当通过最高人民法院不断遴选出包含创新规则的指导性案例并进行细致文本编辑得以展现,这样才有助于真正提高案例指导制度的实际效果。

以"体现创新规则"为标准含义,现有很多指导性案例都存在可以识别的"重要事实"。例如,指导性案例 6 号扩展了《行政处罚法》第 42 条中"等"字的内容,将"没收较大数额的财产"纳入其中,这一重要事实在具体案情中表现为工商局没收了"黑网吧"经营者的 32 台电脑。② 指导性案例 8 号明确将"对行政相对人的权利义务产生实际影响的内部行政行为"纳入行政诉讼受案范围之中,这一重要事实对应到具体案情中为国土资源局

---

① 张骐:《论寻找指导性案例的方法——以审判经验为基础》,载《中外法学》2009 年第 3 期。
② 参见孙光宁:《法律规范的意义边缘及其解释方法——以指导性案例 6 号为例》,载《法制与社会发展》2013 年第 4 期。

将上级政府批复直接付诸实施。① 指导性案例 29 号强调知名企业简称作为企业名称予以保护,这一重要事实由原告方通过多种途径证明自身的企业简称不仅在当地知名,而且明确指向本企业。② 特别值得关注的是以指导性案例 68 号为代表的虚假诉讼类案件,大多是通过对诸多违背常理的"事实"来确定虚假诉讼的本质,这里的"重要事实"虽然琐碎,却能够为审理类似案件带来事实认定方面的重要启示;在该案件中,对借贷关系真实性的考察事实就包括借款合意形成过程、借款时间、借款数额、资金往来、关联公司转款、借款用途以及关联公司在诉讼和执行过程中的行为等方面。③ 随着指导性案例数量上的增加以及文本编辑的进步,体现创新规则的重要事实在表述上也将更加细致和准确,这一趋势有助于法官在参照指导性案例时进行有效识别。

第二节 指导性案例中关键事实在判断相似性方面的决定作用

对于案例指导制度而言,在比较指导性案例与待决案件在事实方面的相似性时,更重要的是如何在动态过程中明确案件事实相似性的地位和作用。从《实施细则》第 9 条的规定可以看出,在现有的案例指导制度中,案件事实和法律适用是进行相似性比较的两个基本方面,二者呈现并列关系,且只有同时满足才能确定指导性案例与待决案件的相似性。但是,从现有指导性案例没有达到预期的积极效果来看,以上与参照适用直接相关的关键性规定很有可能是存在问题的。结合司法运行的一般原理、判例法的历史经验、案例指导制度运行现实状态及其完善方向可以看到,在进行相似性比较时,案件事实与法律适用并不是并列关系,前者具有决定性的作用,需要在将来完善案例指导制度时予以特别关注。

首先,法律适用是由案件事实所激活和展开的,指导性案例与待决案件在事实上的相似性决定了法律适用的相似性。在个案处理过程中,法官

---

① 参见石磊:《〈魏永高、陈守志诉来安县人民政府收回土地使用权批复案〉的理解与参照》,载《人民司法》2014 年第 6 期。
② 参见李友根:《论企业名称的竞争法保护——最高人民法院第 29 号指导案例研究》,载《中国法学》2015 年第 4 期。
③ 参见吴颖超、吴光侠:《〈上海欧宝生物科技有限公司诉辽宁特莱维置业发展有限公司企业借贷纠纷案〉的理解与参照——虚假民事诉讼的审查与制裁》,载《人民司法(案例)》2018 年第 2 期。

首先接触和处理的就是案件事实信息。"小前提是神经,它能使在制定法及在法律大前提中包含的一般法律思想引向具体的小前提,并因此使合乎制定法的判断成为可能。"①就方法论的角度而言,通过程序法(包括证据法)的运用来确定基本事实之后,法官需要"找法"。② 纸面上静态的法律规范需由特定案件事实的激活才能够真正进入适用环节,不同的案件事实相应地激活不同法律规范的适用。"一个案件究竟应该适用什么样的规范,取决于本案的关键事实。"③案件事实才是决定法律适用的基本因素,根据"同等情况同样对待"的基本法治原理,案件事实的相似性决定了法律适用的相似性,具体表现为同案同判或者类案类判。"所谓'同案',它主要指的是待决案件与判例之间案件事实具有相似性。"④当确定了指导性案例与待决案件在案件事实上的相似性之后,法律适用上的相似性实质上也就随之确定了。其后,根据《实施细则》第 10 条和第 11 条的规定,法官需要以裁判要点作为形式依据将指导性案例作为说理理由。同理,案件事实上的不相似决定了法律适用上的不同,法官可以直接以案件事实不同而否定参照相应的指导性案例。在案件事实激活了法律规范的适用之后,涉及的法律规范可能是单一法条,也有可能是更为复杂多样的法律关系,甚至是法律规范的漏洞与空白。无论最终的法律适用呈现出何种样态,从根源上都取决于特定的案件事实。结合本章第一节所界定的案件事实的含义,即体现创新规则的重要事实,经过剪裁编辑之后在指导性案例文本中呈现的案件事实就决定了在疑难问题上相应的法律适用:基于规则创新程度的不同,指导性案例的类型可以分为宣法型、释法型和造法型,最后者的创新性最强,主要是填补法律规范的漏洞。"对造法型指导性案例而言……法官在匹对待判案件与指导性案例时,实际只需要或者也应该只是将待判案件与裁判要点中确定的法律和事实相匹配,看能否将待决案件的事实纳入裁判要点的关键事实当中。"⑤质言之,针对现有法律规范的漏洞或者空白,指导性案例已经通过裁判要点提供了创新规则,此时法律适用更是直接包含在指导性案例之中,法官的任务仅是确定案件事实部分的相似性。质言之,造法型指导性案例更加凸显案件事实相似性对法律适用相似性的决定作用。

---

① [德]卡尔·恩吉施:《法律思维导论》,郑永流译,法律出版社 2014 年版,第 70 页。
② 参见梁慧星:《裁判的方法》,法律出版社 2003 年版,第 36 页。
③ 李红海:《案例指导制度的未来与司法治理能力》,载《中外法学》2018 年第 2 期。
④ 董皞、贺晓翊:《指导性案例在统一法律适用中的技术探讨》,载《法学》2008 年第 11 期。
⑤ 资琳:《指导性案例同质化处理的困境及突破》,载《法学》2017 年第 1 期。

其次,判例法发展的历史经验也说明,案件事实相似性具有明显的优先地位和决定作用。普通法的形成和运行并不依赖高度抽象的概念、规则和原理,更多地依靠对案件事实(尤其是重要事实、关键事实)的判断和认定来实现。当然,在这个过程中并不完全排斥从案件事实中概括出更具一般性的抽象规则,但这种概括在很大程度上仍然由原初的案件事实所决定。其中被概括出来的抽象规则往往成为判决理由,其他相关的理由分析则被称为附带意见。在普通法庭审过程中,两造律师都可以提出适用的先例,并通过论证其中的案件事实相似性来证成本方观点。大陆法系的传统庭审在将既有的权威判例作为论证理由时,更多地从案件事实相似性出发。在德国的法律研习中也有案件类比的方法,被限制于案情的层面。①在研习类比方法中形成的思路、方法和经验,同样是强调限制在案情事实层面上,将会在未来的执业实践中发挥重要作用。简言之,观察两大法系对在先裁判的参照情况可见,在普通法系中,案件事实就是形成裁判理由的基础及判断两案是否相似、进而适用裁判理由的标准;而在大陆法系,需要适用的主要是在先裁判的抽象法律规则。《实施细则》中规定的本意可能是在案情相似的前提下,应当对涉及相似法律问题/争点的随后案件适用指导性案例的裁判规则。②因此,从判例法运行的历史发展经验来看,比较案件事实的相似性在时间上和逻辑上都具有优先地位,并在很大程度上决定着法律适用的相似性。

再次,参照指导性案例的现有裁判文书也更多地关注案件事实相似性,并将其作为运用区别技术的主要因素。在比较相似性方面,已经有大量裁判文书在使用区别技术,并为参照或者不参照指导性案例提供了实质理由。其中,多数裁判文书将案件事实方面的相似与否作为决定是否援引的首要理由。例如,在援引指导性案例24号的裁判文书中,法官大多提及案件事实相似性,而未提及法律适用相似性,或者将后者附随前者展开说理。其中比较典型的裁判文书及其相关论述如下:河南省邓州市人民法院(2014)邓法民初字第384号民事判决书认为:"本院认为指导案例中的案件事实与本案事实不相同,该证据与本案缺乏关联性,对原告所要证实的证明方向本院不予认可。"湖北省武汉市中级人民法院(2016)鄂01民终7032号民事判决书认为:"本案事实与最高院指导案例事实并不相似……"

---

① 参见[德]托马斯·M.J.默勒斯:《法律研习的方法:作业、考试和论文写作》(第9版),申柳华等译,北京大学出版社2019年版,第90页。
② 参见曹志勋:《论指导性案例的"参照"效力及其裁判技术——基于对已公布的42个民事指导性案例的实质分析》,载《比较法研究》2016年第6期。

北京市第二中级人民法院(2016)京02民终6675号民事判决书认为："……在上诉中引用最高人民法院相关指导性案例据以支持自己的上诉主张,但经本院审查,本案情况与上述案例中的事实情况不同,故其主张的其他案件处理情况不宜直接作为本案最终的判案依据。"青海省西宁市东区人民法院(2013)东民一初字第514号民事判决书认为："保险公司依照参与度赔偿的事实,其证明方向与《最高人民法院关于发布第六批指导性案例的通知》中案例24号的裁判要旨相悖,故对其证明方向本院不予采信。"又如,被引述次数较多的指导性案例23号,援引该案例的裁判文书也多数将案件事实置于比较相似点的首要标准,尤其在否定参照理由中表现得特别突出。比较典型的裁判文书及其论述如下:上海市第三中级人民法院(2019)沪03民终20号民事判决书认为："本院经比对后认为,23号案例与本案的情况并不相同。"黑龙江省哈尔滨市中级人民法院(2018)黑01民申175号民事裁定书认为："最高人民法院第23号指导性案例中,销售者销售的是超过保质期的商品,该种商品属于食品安全法明令禁止生产经营的商品,与本案的商品并不相同。"广东省广州市中级人民法院(2018)粤01民终11357号民事判决书认为："至于邱某主张本案参照生效判决案例的处理,因所涉案件事实不相同,因此,邱某要求本案参照处理缺乏事实和法律依据,本院不予采纳。"对于主审法官而言,在待决案件与指导性案例之间否定了案件事实上的相似性,也就相应地否定了后续法律适用上的相似性。因此,法官更愿意将案件事实上的不相似作为否定参照相应指导性案例的形式理由。

最后,确立案件事实相似性的优先地位,能够减少法官进行论证说理的负担,进而提高案例指导制度的运行效率。在比较指导性案例与待决案件相似性时可以从多方面入手,包括案件基本事实类似、法律关系类似、案件的争议点类似、案件所争议的法律问题具有相似性等。[1] 甚至"只要案件的争议问题类似,就属于类似性案件,可以参考或参照指导性案例进行类似性审判"[2]。从司法决策的过程及其效果来看,更多的标准和内容虽然更加稳妥,却加重了法官思考以及论证说理的负担,也伴随着更多的决策风险。在普通法长期历史积累的背景下,庭审过程中的法律职业群体可以充分施展其论辩技巧对诸多案件事实及其细节进行全面推敲,以确定待决案件与先例是否足够类似。但是,这种经验的积淀和整体配套制度的构

---

[1] 参见王利明:《我国案例指导制度若干问题研究》,载《法学》2012年第1期。
[2] 张骐:《论类似案件的判断》,载《中外法学》2014年第2期。

建在案例指导制度中并不存在。而减少相似性比较的内容则可以降低参照门槛，推动更多的指导性案例进入审判过程以提高参照比率。既然案件事实的相似性在实体意义上决定着法律适用的相似性，那么，二者就并非需要同时满足的并列关系，一旦确认事实上的相似性就基本可以确定应当参照相应的指导性案例。从上文引述的裁判文书也可以看到，实际上法官也正是作出了这样的选择。"在裁判结果的合理性和案件事实的相同度得到肯定后，法官可以直接借用判例中的裁判结果及理由，还可以援引判例劝说相关诉讼主体当事人撤诉或者调解。"[1]换言之，就"案结事了"的角度而言，指导性案例是较强的说理理由，在事实方面确定了相似性之后，无论是面对当事人还是上级法院，法官都能够对其裁判结果有足够的信心，借助指导性案例的权威性使裁判结论具备较强的说服力和可接受性。

当然，在强调案例事实相似性的优先地位和决定作用时，并不能完全忽视法律适用相似性的作用。法官已经具备了关于法律规范的知识储备和法律思维，并基于此去审视法律事实。因此，对法律事实的认定和解读也取决于此种"前见"。具体到指导性案例与待决案件之间相似性的比较，法律规范与案件事实的比较内容更加复杂，因为需要兼顾前后两案中各自的事实与规范。尤其是指导性案例的文本中还包括直接明确、以抽象规范形式展现的裁判要点，以及对案件事实与裁判要点如何连接进行阐释的裁判理由，更加剧了相似性比较的复杂程度。在这个过程中，完全忽视法律适用方面的相似性比较是不可能的。

进言之，在保证案件事实相似性的优先地位基础上，法律适用的相似性比较可以检验、巩固和修正基于事实相似性比较而获得的结论，避免机械套用指导性案例的裁判要点和裁判结果。虽然裁判要点提供了一般性的抽象规则，但是，指导性案例自身包含非常丰富的案件事实，需要区分其中的重要事实与非重要事实。如果仅就非重要事实确定了相似性，很可能造成参照适用上的偏差，尤其是直接套用指导性案例的裁判结果。此时，法律适用方面的相似性比较可以在一定程度上避免这一偏差，使法官在对比前后两案的过程中，超越案件事实的表象而获得对其中法律适用共性问题的有效认知，进而对于参照问题有全面深入的把握，准确适用指导性案例处理待决案件。

从以上几个方面可以看到，在比较指导性案例与待决案件的过程中，案件事实方面的相似性具有优先地位和决定作用，适时将其明确在案例指

---

[1] 顾培东：《判例自发性运用现象的生成与效应》，载《法学研究》2018年第2期。

导制度的正式规定之中,能够有效提升指导性案例的参照效率和效果。结合本章第一部分强调将"案件事实"的表述替换为"重要事实",《实施细则》第9条建议修改为"各级人民法院正在审理的案件,在案件的重要事实及其相应的法律适用方面,与最高人民法院发布的指导性案例相类似的,应当参照相关指导性案例的裁判要点作出裁判"。这种修正后的规定不仅可以降低参照指导性案例的门槛,还可以突出案件事实相似性的优先地位,有利于推动后续在裁判文书中直接引述和参照指导性案例。

第三节 关键事实相似在参照指导性案例中的确定途径

《关于案例指导工作的规定》及其实施细则具体对比相似性的规定都是付诸阙如,造成意图参照指导性案例的法官无从下手,只能凭借经验和法感自发地在裁判文书中引述相应的指导性案例。在参照指导性案例时,具体确定案件事实的相似性还面临很多困难。一方面,判例法发展出认定案件事实相似性的丰富技术,不仅经历了长时间的积累,而且这种经验层面的技术不易概括成为具体严格的操作步骤,其中不少的经验和技巧都属于"只可意会不可言传"或者"手把手"传授的内容。即便是英美法系,也未形成一套成文法中常见的制式标准,大多采取例举方式加以说明。即使形成案例的前案法院对案件作出判决时能够权威地确定一些必要事实,仍须由后案法院经过解释方能确定,后案法院决定是否受案例的拘束。[①] 大陆法系更多地强调判例作为非正式法源的地位和说理作用,在认定案件事实相似性方面同样没有形成完全一致的规定、通说或者通行做法。另一方面,法官确定案件事实相似性的程度和效果并不只取决于案例指导制度,还有赖于司法制度改革的整体进展,这是一个需要时间积累的过程。没有司法官的职业化,没有司法程序的独立性、公开性、民主性和公正性,司法裁判就很难在国家政治和社会生活中具有足够的权威性和公信力,判例制度就不可能发展起来。[②] 虽然司法制度改革不断深入,但是仍然不可能一蹴而就,多方面配套的制度更新都直接或者间接地影响着案例指导制度,法官在参照指导性案例时确定案件事实相似性的权限、深度、广度、方式方法等,都与此密切相关。

---

① 参见杨力:《中国案例指导运作研究》,载《法律科学(西北政法大学学报)》2008年第6期。
② 参见于同志:《案例指导研究:理论与应用》,法律出版社2018年版,第241-242页。

但是,困难的存在并不意味着无法对案件事实相似性的确定方式进行探讨,毕竟这是参照指导性案例的关键环节。而且,这种探讨还可以完善案例指导制度,推动其他相关配套制度的改进,更重要的是满足审判实践的现实需要。在直接探讨如何确定案件事实相似性之前,需要具备特定的前提条件,这些前提条件满足的程度对于确定案件事实相似性有重要影响。(1)主体条件:法官应当研习并熟知指导性案例,为其后的参照适用奠定认知基础。现有指导性案例数量过少,难以形成规模效应,法官对其分析和掌握的主动性不够,对指导性案例的了解也并不全面。有专门数据统计显示,裁判文书中所记载的指导性案例适用,大多数情况下都是由当事人提出的,法官只是被动地回应,而且这种回应的比例也不高。[1] 造成这种情况的部分原因在于,法官并没有在审判过程中形成关注指导性案例的工作习惯,以至于对指导性案例进行"类案检索"的工作转由积极性更高的当事人一方来承担。指导性案例与抽象制定法的重大区别就在于前者包含对案件事实的叙述,并通过案件事实来论证裁判理由和裁判要点。[2] 这就要求主审法官不只关注裁判要点,还要对案件事实有所掌握。(2)对象条件:最高人民法院应当在发布的指导性案例文本中突出重要事实。现有各个指导性案例在篇幅上差异较大,而且其中一些缺失了部分重要事实。例如,针对公司僵局问题的指导性案例8号在正式文本中并没有提及涉案公司仅有的两名股东为夫妻关系,这一事实会对案件的处理产生相当影响。[3] 因此,要在案件事实相似性问题上进行准确比较,指导性案例的文本需要有效揭示和叙述相应的重要事实。北京知识产权法院的试点已经在这个方面有专门的体例安排,值得借鉴。[4] 这种探索不仅有助于实现裁判要点的转型,也有助于推动法官高度关注案件事实,就案件事实的相似性进行有效比较和确定。

在具备了以上前提条件之后,具体到案件事实相似性在参照指导性案例时的确定方式来说,在部分参考判例法运行经验的基础上,可以借鉴吸收《实施细则》第11条的规定。该条规定了法官主动检索和当事人引述并由法官回应这两种参照指导性案例的主要方式,这一点为确定案件事实相似性指明了两种程序上的确认方式和途径。除了程序上的确认方式,案件

---

[1] 参见彭中礼:《司法判决中的指导性案例》,载《中国法学》2017年第6期。
[2] 参见朱芒:《论指导性案例的内容构成》,载《中国社会科学》2017年第4期。
[3] 参见吴建斌:《公司纠纷指导性案例的效力定位》,载《法学》2015年第6期。
[4] 参见北京知识产权法院课题组:《在先案例在知识产权审判中的运用情况调研——以北京知识产权法院为样本》,载《中国应用法学》2018年第3期。

事实相似还需要从实体方面进行确认。

一、法官主动检索确定案件事实相似性

在两大法系的判例制度中,法官在比较案件事实相似性方面拥有很大的自由裁量权。在案例指导制度相关规定(尤其是责任规定)并不明确的情况下,参照指导性案例的法官更是如此。就司法伦理的角度而言,这种宽泛的权力对法官提出了更高的职业要求。《实施细则》第 11 条第 1 款要求承办案件的法官应当在审理过程中主动查询相关指导性案例,这为比较和确定案件事实方面的相似性提供了指导性案例的范围。在开始承办案件之后,法官应当全面梳理案件事实,并结合前述查询结果中指导性案例的裁判要点,开始比较案件事实方面的相似性。在现有指导性案例数量不多的情况下,法官可以直接在研习的基础上重新阅读相应指导性案例中的案件事实。在将来指导性案例数量不断攀升的背景下,信息时代提供的检索技术以及相应的类案检索机制能够帮助法官便捷地确定需要参照指导性案例的大致范围。指导性案例在现有案例系统中具有最高效力,一旦类案检索结果中包含相应的指导性案例,就应当引起承办案件法官的高度重视;一旦背离指导性案例作出裁判,办案法官需要单独作出说明。虽然类案检索机制目前还存在不少缺陷,①但是,与传统普通法中主要依靠法律职业者长期积累先例的情况相比,已经有了很大改进,可以为法官在参照指导性案例的过程中比较案件事实提供直接对象。

在大致确定了潜在参照的指导性案例范围之后,法官需要基于裁判要点来审视和比较案件事实的相似性。根据《实施细则》第 9 条和第 11 条的规定,仅有裁判要点能够直接被裁判文书引述。从内容上看,裁判要点为法官的引述提供了直接的抽象规则,更接近于大陆法系的判例制度。虽然遵循先例的类比过程中并没有直接出现抽象规则,但是普通法在确定案件事实方面并没有完全排斥抽象规则。"在比较本案的关键事实与先例中的关键事实时,总是需要运用必要的概念性工具,对案件事实进行抽象化和概念化,从而形成一种抽象化的效果。此时,本案与先例之间的比较,就往往不是纯粹事实层面的比较了。"②结合裁判要点的前见,法官更容易识别体现创新规则的重要事实,并将其与待决案件中的相应事实进行比较,最终确定二者是否相似。当然,在此过程中也需要局部地参阅指导性案例文

---

① 参见左卫民:《如何通过人工智能实现类案类判》,载《中国法律评论》2018 年第 2 期。
② 泮伟江:《一个普通法的故事:英格兰政体的奥秘》,广西师范大学出版社 2015 年版,第 66-67 页。

本中的裁判理由部分。"法官参照裁判要点对待决案件事实与指导性案例事实进行比对,并在事实比对的过程中,通过裁判理由的参照进行权威性比较点的选择与权衡,从而确立案件之间'决定相似性'的标准。"①这里案件事实相似性的比较并不需要进行广泛的诸多事实细节的对照,只需要针对疑难问题选择性地寻找和确定重要事实即可。"最重要的是知道事实的相似与差异的关键之处,这样有利于在将先前判例适用于后来情形时对推理过程作必要的调整。"②这种针对局部事实的精确对比在效率上具有明显优势,也符合将裁判要点引述为裁判文书说理理由(而非裁判依据)的现有定位。

在基于裁判要点审视并确定案件事实相似性的过程中,特别需要强调的是法律规范目的的指引作用。一般而言,规范目的是支持裁判要点的更高级理由,也是创新规则在疑难案件中的出处,从方法论的角度来说体现了目的解释方法的适用。"目的解释在指导性案例中的运用效果是,在突出法律目的的基础上,对部分法律规则的含义进行创造性的推演或者明确,甚至在特定情况下创造了新的规则。"③有学者主张判断相似性或类型化的标准可以用"规范目的+关键性事实"来表示。④ 从规范目的出发,结合裁判要点,这种操作方式可以为案件事实相似性的确定提供从宏观到微观的指引,更具有全面性的优势。

当然,对于以法官为主体主动确定案件事实相似性的方式,吸收和容纳更大范围的事实因素更有利于检验和确认判断结论。在时间和精力有限的情况下,对案件事实相似性的比较范围也应当有节制,不能随意扩展到非关键事实。其中的拿捏和把握在一定程度上取决于法官的审判经验。结合前文论及确定事实相似性的前提条件,办案法官对指导性案例越是熟悉,其运用就越熟练,二者形成的良性循环能够充分发挥指导性案例的积极实效。

以涉及侵害生命健康权的民事案件为例。首先,基于该案由,法官会根据类案检索或者对指导性案例的认知,将侵权类民事指导性案例作为基本范围。其次,在以上基本范围内,应当排除环境侵权的公益诉讼案件(如指导性案例75号、129~135号),聚焦涉及侵害生命健康权的指导性案例

---

① 王彬:《案例指导与法律方法》,人民出版社2018年版,第221页。
② [英]沙龙·汉森:《法律方法与法律推理》(第2版),李桂林译,武汉大学出版社2010年版,第106页。
③ 孙光宁:《法律解释方法在指导性案例中的运用及其完善》,载《中国法学》2018年第1期。
④ 参见孙海波:《类似案件应类似审判吗?》,载《法制与社会发展》2019年第3期。

19号、24号和140号。再次,在已经限缩的三个指导性案例中,前两者主要涉及交通事故,后者主要涉及自甘风险。最后,根据待决案件的案情,法官可以判断相应的重要事实:如果待决案件的案情涉及套牌车责任分配,那么,法官应当重点参照指导性案例19号;涉及被害者特殊体质对侵权范围的影响,重点参照指导性案例24号;涉及自甘风险作为免责理由,重点参照指导性案例140号。这里特别值得关注的是后两者:指导性案例24号关注的核心问题在学理上概括为"蛋壳脑袋"问题,不仅各国从未形成通说,而且从我国原《侵权责任法》到《民法典》都没有明确规定,该指导性案例成为处理该问题的主要裁判依据;[①]指导性案例140号涉及的自甘风险规则,在案件发生时有效的原《侵权责任法》也没有规定,系由《民法典》新增的内容。可以说,指导性案例24号和140号都带有明显的创新性,与其创新规则相关的案件事实就是"重要事实",一旦待决案件中存在与此重要事实类似或者相同的案情,法官就应当及时准确地参照这些指导性案例。

二、庭审中回应诉求确定案件事实相似性

即使有了裁判要点及其规范目的作为指引,也无法完全控制法官在确定案件事实相似性方面的自由裁量。从普通法的发展历程中可以看到,参与审判过程的法律职业群体都可以就如何确定案件事实的相似性充分发表意见,这种带有司法竞技主义色彩的方式可以成为确定事实相似性的另一种选择,不仅有助于限制法官的自由裁量权,也有助于发挥当事人(及其代理人)的积极性,是一种庭审中心主义的具体体现。

根据《实施细则》第11条第2款的规定,当事人及其代理人在案件审理过程中引述了特定指导性案例,办案法官应当对此回应并说明理由。从裁判文书的统计数据可以看到,当事人提出适用指导性案例请求的情况不少,而真正依据此条款有效回应当事人的情况却比较少。[②] 即使如此,这一规定毕竟为当事人参与指导性案例的适用提供了程序上的直接依据。而且,当事人引述指导性案例作为论证理由,也包含确定案件事实相似性的内容,不仅提醒法官相应指导性案例的存在,还可以启动案件事实相似性的对比。只是《实施细则》第11条第2款的现有规定过于粗糙,并未有

[①] 参见程啸:《受害人特殊体质与损害赔偿责任的减轻——最高人民法院第24号指导案例评析》,载《法学研究》2018年第1期。
[②] 郭叶、孙妹:《最高人民法院指导性案例2018年度司法应用报告》,载《中国应用法学》2019年第3期。

相应的责任条款予以保障。

相比而言,英美法系在庭审过程中确定案件事实的相似性具备更为详细的程序经验和技术。可资参考的资料包括:法庭的判决理由、事实的定性或分类、法庭对当事人的事实主张的回应、法庭对先例的讨论、下级法院的认定、法庭描述某些事实的形容词以及法庭对某些事实的重复叙述等。① 显然,以上过程性的经验和技巧更加详细和全面,《实施细则》第11条第2款的现有规定仅涉及其中部分内容。除了注重在庭审过程中确定案件事实的相似性,英美法系还从庭审结果的角度就确定案件事实的相似性方面形成了一些经验性做法。例如,法庭明示为重要的所有事实,必须被认定为重要的;法庭明示为不重要的所有事实,必须被认定为不重要的;所有法庭默认为不重要的事实,必须被认定为不重要的;所有关于人物、时间、地点、种类和数量的事实,除明示为重要的,否则都是不重要的;如果判决意见没有区分重要和不重要的事实,那么所有提出来的事实都被认定为重要;基于假设性事实得出的结论,只是一个附带意见。② 这些以庭审为中心的经验和技巧难以直接进入正式的制度规定,但是却可以成为就案例指导对法官进行培训的重要内容,能够提升法官在比较案件事实相似性方面的业务素质,进而推动庭审过程对指导性案例的重视程度。

以前述实践经验为借鉴,具体到案例指导制度运行中比较事实相似性而言,目前比较现实稳妥的改进方式是,强化法官回应当事人适用特定指导性案例请求的法定义务。有效回应当事人及其代理人是尊重当事人的表现,应当成为法官在庭审中的法定义务。尤其是对于仍然未被广泛接受的指导性案例而言,通过这种回应会激发各位诉讼参与者的重视,进而发挥其更加积极的作用。就应然地位而言,指导性案例是一种"准法源"③,具备较高的权威性和说服力,应当成为法律职业群体共享的论证理由资源,可以在庭审过程中适时适用,从而形成一种职业话语意义上的论辩与商谈。在现有指导性案例数量和类型偏少的情况下,庭审中关于指导性案例的大规模商谈和论辩情况还不容易发生。但是,随着数量的积累和攀升,指导性案例在类案检索机制中出现的比例将会逐渐增大,极有可能出现涉及多个指导性案例并利用不同指导性案例及其重要事实进行辩论的情况。这种情况也在很大程度上标志着案例指导制度的进步与成熟。现

---

① 参见何主宇编著:《英美法案例研读全程指南》,法律出版社2007年版,第193-197页。
② 参见[美]鲁格罗·亚狄瑟:《法律的逻辑:法官写给法律人的逻辑指引》,唐欣伟译,法律出版社2007年版,第274页。
③ 雷磊:《指导性案例法源地位再反思》,载《中国法学》2015年第1期。

在已经有部分裁判文书涉及两个或者多个指导性案例的联合使用,是上述情况的初露端倪。例如,指导性案例23号和60号都涉及食品安全及其相应的惩罚性赔偿,部分裁判文书就同时引述这两个指导性案例,比较典型的有山东省济南市中级人民法院(2017)鲁01民终6979号民事判决书、湖南省长沙市中级人民法院(2018)湘01民终7848号民事判决书、山东省济南市中级人民法院(2017)鲁01民终6979号民事判决书、河南省焦作市中级人民法院(2017)豫08民终351号民事判决书等。无论是面对单一指导性案例中案件事实相似性的确定,还是面对多个指导性案例的联合或者竞争关系,法官都应当对如何确定案件事实相似性给予充分回应,才能有效解决争议问题。因此,强化和细化法官的回应义务是相当必要的,从长期来看也有助于推动法律职业共同体的融合和整体提升。通过专题培训,吸收前述英美法系中的相关庭审经验,并通过"边干边学"的积极尝试(甚至试错),都能够提升法官履行回应义务的能力。

与强化法官回应义务同步的是律师在庭审中确定案件事实相似性的作用加强。在司法公开程度日益提升,尤其是在裁判文书公开成为常态的背景下,作为具有明显倾向立场和利益驱使的代理人,律师群体在庭审中更加积极地使用各种既有案例作为论证理由,这种"判例自发性运用"现象有助于提升司法审判中的法律适用水平,改善诉讼主体的思维和行为方式,与司法改革后的审判运行机制形成重要契合。① 作为目前效力最高的案例,指导性案例自然成为律师在庭审过程中使用的首选案例,而且已经在多份裁判文书中出现两造律师就案件事实相似性问题展开的针锋相对的分析和辩论。如广东省揭阳市中级人民法院(2018)粤52民终365号民事判决书、河南省郑州市中级人民法院(2016)豫01民终6236号民事判决书、山东省高级人民法院(2017)鲁民申106号民事裁定书等。这些分析和辩论不仅充实了庭审过程,而且为法官确定案件事实方面的相似性提供了一定参考,实现了兼听则明的效果,甚至在一定程度上"倒逼"法官就案件事实相似性进行有效回应。在指导性案例数量不断增加、案例检索更加便捷的背景下,律师就指导性案例、类似案件和关联案件发表意见和提出理由将更趋频繁和丰富,十分有助于推动庭审在确定案件事实相似性方面发挥更大作用。

当然,以上两种主要途径并非决然割裂的,主要区别在于启动方式上的差异。结合现有诉讼法的相关规定,法官与庭审中的当事人能够共同就

---

① 参见顾培东:《判例自发性运用现象的生成与效应》,载《法学研究》2018年第2期。

案件事实相似性的比较展开更加全面的讨论,形成的合力能够更有效地推动指导性案例的参照适用。但是,从以上两种主要确定方式的结果来看,即使能够通过法官和庭审确定待决案件与指导性案例之间在事实方面的相似性,这种确定的实体结果也只是相对的、大致的和盖然的。因为前后案件之间在终极意义上并不绝对相同,具有不同职业经验的法官在主观上对事实相似程度的判断也有所差异,还需要结合法律适用方面的相似性进行检验和完善。将二者结合判断相似性可以在现有制度内借鉴原《合同法》第124条的规定,对无名合同适用"其他法律最相类似的规定"。这种法定类推已经有了比较丰富的司法实践,[1]可以为比较相似性进而类推适用指导性案例提供一定的实践经验。特别是其中的"最"字,能够借助庭审中各个主体之间的对抗和辩论得到更加充分地展现。

除了借助现有的庭审程序,案件事实相似性的确定还可以借助审级制度。如果下级法院应当确定案件事实相似性而未确定,最终背离相应指导性案例,那么上级法院可以此为由直接改判或者发回重审。因为被遴选的指导性案例体现了最高人民法院的意图,是其对全国法院的审判业务进行指导的重要方式,对相应指导性案例的背离实质上违背了以上意图和相应规则。

三、确定案件事实相似性的实体路径

在以上两种程序性确定相似性方式的运行过程中,实体层面的相似性确定方式一直贯穿其中,这也是确定案件事实相似性的另一种基本方式。在案例指导制度运行的过程中,要实现案件事实相似性的有效判断,需要综合考量程序性方式和实体性方式。由于指导性案例和待决案件基本上都能够遵守程序性法律规定,这里确定案件事实相似性的实体性方式主要针对的是实体法的适用问题。案件事实和法律适用构成司法案件的基本内容,二者并非决然分裂而是相互影响和渗透的,案件事实从时间和逻辑关系上决定了法律适用,法官审视案件事实时必然带着法律适用的"前见"和"法感",对于案件事实相似性的判断也概莫能外。这就意味着,在判断案件事实相似性时不能完全排除法律适用的因素。质言之,确定案件事实相似性的实体性方式包括两个方面:其一,诉讼程序的运行适用了证据法,实现了对待决案件事实的有效证明;其二,需要结合涉案实体法的正

---

[1] 参见张弓长:《中国法官运用类推适用方法的现状剖析与完善建议——以三项重要的合同法制度为例》,载《中国政法大学学报》2018年第6期。

确适用。二者之中后者更为关键、重要和复杂。

在案例指导制度的运行中,民事指导性案例比刑事指导性案例有更为宽松的自由裁量范围,因而也有更多、更为典型的参照实践。因此,民事案件法律适用方式能够成为良好的借鉴。具体来说,分析民事案件的主要工具是法律关系分析方法和请求权基础分析方法,前者是事实认定先于规范找寻,后者则相反。① 综合以上两种方法的主要内容,在通过实体法适用判断案件事实相似性时应当至少从以下几个方面入手:(1)当事人原有法律身份及其静态的相互关系;(2)触发案件纠纷的特定事件或者行为;(3)案件纠纷发生后当事人之间法律关系的变化;(4)一方当事人提出的基本诉讼请求;(5)另一方当事人给予的回应。理想的结果是以上几个方面都得到满足,能够在一般意义上确定案件事实方面的相似性,进而待决案件的审理有很大可能参照相应的指导性案例。如果不能完全满足以上几个方面,至少应当在第3和第4方面较为相似,才能确定参照相应指导性案例的盖然性。当然,结合前述英美法系参照先例的实践经验,诸如时间、地点、人名等非重要事实还需排除在考虑范围之外。

通过以上实体性方式确定的结果是一般意义上案件事实的相似性,结合前文将案件事实界定为体现创新规则的"重要事实",还需要从方法论层面对一般意义上的案件事实相似性进行限缩,这也是一种确定案件事实相似性的广义实体性方式。具体来说,如果待决案件和指导性案例都出现了法律适用中的类似难题,如法律漏洞、法律空白、法律模糊和法律冲突等,需要借助类似的法律适用方法予以应对,那么这种方法论实体层面上的相似性就可以反过来肯定案件事实的相似性,从而更加确定应当参照指导性案例审理待决案件。法律适用方法一般包括法律解释、法律推理、法律论证、利益衡量和漏洞补充等。每种法律适用方法都有其适用条件和场景,在相同场景出现适用同样的法律适用方法的需求时,就意味着作为源头的案件事实是相似的。既然指导性案例采取了特定的法律适用方法形成了创新规则,存在类似需求的待决案件也有充分理由参照这些创新规则确定自身的结论。在这种案件事实与法律适用的相互印证之中,体现创新规则的案件事实方面也逐渐确定了相似性。相比一般意义上的案件事实相似,这里"重要事实"的相似性进行了范围上的限缩,符合指导性案例聚焦解决疑难问题的定位。

---

① 参见吴香香:《请求权基础思维及其对手》,载《南京大学学报(哲学·人文科学·社会科学)》2020年第2期。

当然,即使能够从程序和实体两个方面确认案件事实的相似性,这种结论也只是相对的、大致的和盖然的,不可能达到100%。在保证案件事实相似性优先地位的基础上,法律适用的相似性可以在实体意义上检验、巩固和修正基于事实相似性比较而获得的结论,避免机械套用指导性案例的裁判要点和裁判结果。如果仅就非重要事实确定相似性,很有可能造成参照适用上的偏差,尤其是简单套用指导性案例的裁判结果。此时,法律适用方面的相似性比较则可以在一定程度上避免这一偏差。可以说,案件事实与法律适用在相似性比较方面不断进行着相互对比、印证和检验,在更为精致的案例指导制度设计之下,业务能力更强的法官会在这一过程中对参照问题有全面深入的把握,从而准确适用指导性案例处理待决案件。

结语:强调持续创新的案例指导制度

从现有的具体规定和实际效果来看,案例指导制度距离预期的理想状态还存在相当大的差距,对其进行修正和完善也亟待进行。要满足审判实践的需要,实现积极效果,精细的制度设计是不可或缺的起点,现有的制度规定还有非常巨大的改进空间。无论是基于参照指导性案例的过程,还是基于事实与规范之间的关系,针对案件事实相似性方面的修改内容应当是首要目标。具体内容则是在将来修订正式规定时将"重要事实及其相应的法律适用"作为比较相似性的标准,替代原有"基本案情和法律适用"的表述;同时,通过改进遴选和文本编辑环节来体现内含创新规则的"重要事实"。

进言之,以上的完善内容借鉴但又区别于国外司法制度和实践,带有明显的中国司法本土特色和时代特点。这一点也可以扩展到案例指导制度的整体定位和顶层设计之中。两大法系对判例的重视是基于长期审判实践而形成的"自发秩序",是法律职业群体内部共享的知识和经验,无须专门以规范性文件的形式进行固定和确认。而中国的案例指导制度则是由最高人民法院以行政化方式启动和维持的。虽然这种方式存在一定弊端,但也能够通过外在权威展现后发优势。而且,人工智能和大数据时代的来临不仅在一定程度上颠覆了判例法原有的传统运行模式,也为案例指导制度的升级迭代提供了社会背景、技术条件和数据支持。问题的关键在于如何基于案例指导制度现有的特点和状态进行更加精致的制度设计。除了案件事实相似性的比较,还有如何大规模提高指导性案例数量和类型的供给,如何实现裁判要点从概括规则到归纳事实的转型,如何激发法院系统推荐符合创新规则标准的指导性案例,指导性案例可否直接作为裁判依据,是否可以成为上级法院直接改判或者发回重审的显性理由,案例指导制度与现有其他诉讼制度的准确对接和协调以及针对法官的相关奖惩条款的具体内容等,都是需要细致分析和改进的环节。制度的精细设计和恰当表述能够有效推动相关实践,达到纲举目张的效果。从这个意义上来说,对案件事实相似性的分析以及相应的改进建议,也只是案例指导制度持续完善的一个开端。

第八章 案例指导制度的清理环节：针对失范表现的规范操作

【本章提要】清理环节是单个指导性案例正式效力的终结环节。为了配合《民法典》实施，最高人民法院首次展开了对指导性案例的清理工作。其中，《最高人民法院关于部分指导性案例不再参照的通知》(以下简称法〔2020〕343号通知)是清理指导性案例的第一个正式文件。虽然这一文件完成了案例指导制度运行的全过程，但仍然存在一些不够规范之处。具体来说，对于清理相应指导性案例的理由和依据，法〔2020〕343号通知的内容较为粗糙和模糊，并且与《实施细则》不完全一致，甚至出现了以会议纪要否定指导性案例的情况。造成以上清理指导性案例失范表现的原因主要是对指导性案例的重视程度不够，行政化的运作方式轻视对清理理由的详细阐释，并且没有遴选出高质量的案例，沿用对待制定法的处理方式也没有遵循案例制度的自身特点。为规范指导性案例的清理工作，最高人民法院应当借鉴案例制度运行的既有经验，确立默示和明示两种清理方式的主次地位，在必需的明示清理方式中提供详细理由，增加并规定对指导性案例进行清理的频率，遴选出具有较长生命力的优秀案例。《民法典》与指导性案例之间有良性互动、相互促进的关系，完善包括清理工作在内的案例指导制度运行，能够更有效地推动《民法典》的实施。

在完成了系统编纂之后，《民法典》需要在实践中实施和适用。在这个过程中，最高人民法院无疑将发挥非常关键的作用。为了配合《民法典》的实施，最高人民法院对已有司法解释和指导性案例以及其他相关规范性文件进行了非常全面的梳理，并根据《民法典》作了细致的修订工作，其中包括法〔2020〕343号通知。在案例指导制度运行十年之后，该通知是由最高人民法院专门出台的、明确特定指导性案例不再具有指导作用的第一个文件，意味着案例指导制度中的清理机制或者退出机制正式运行。案例指导制度运行的全过程主要包括指导性案例的遴选、编辑、发布和适用，第一批指导性案例于2011年发布，在法〔2020〕343号通知之前的所有指导性案例都处于有效状态，具有指导审理类似案件的正式效力,并在裁判文书中得以直接参照和引述。法〔2020〕343号通知明确了指导性案例9号和20号"不再参照",意味着以上两个指导性案例已经失去了指导作用。

虽然法〔2020〕343号通知使案例指导制度实现了形式上完整的运作过程,但是这个仅有百余字的通知存在一些缺陷和不足,这意味着指导性案例的清理工作在规定层面和操作层面上仍不规范。本章将以此通知为切入点,在细致分析以上缺陷的表现及其深层原因的基础上,获得规范指导性案例的清理以及完善整个案例指导制度的重要启示。

第一节 清理指导性案例工作的失范表现

2010年年底的《关于案例指导工作的规定》并没有提及指导性案例的清理工作,2015年《实施细则》第12条规定了指导性案例不再具有指导作用的两种情形:(1)与新的法律、行政法规或者司法解释相冲突的;(2)为新的指导性案例所取代的。从法律适用的一般原理来看,以上两种情形体现了上位法优于下位法和新法优于旧法的原理。其中,法〔2020〕343号通知就属于第一种情形,其原文为:"根据《中华人民共和国民法典》等有关法律规定和审判实际,经最高人民法院审判委员会讨论决定,9号、20号指导性案例不再参照。但该指导性案例的裁判以及参照该指导性案例作出的裁判仍然有效。"该通知生效时间为2021年1月1日,也是《民法典》的生效日期,这表明该通知是与《民法典》配套同步实施的。在形式上,法〔2020〕343号通知体现了《民法典》作为新法和上位法的优先地位,也符合《实施细则》关于程序方面的规定。而且,法〔2020〕343号通知维持了指导性案例9号和20号的参照效果,充分尊重了相应审理活动和裁判文书的既判力。这些都是该通知值得肯定的地方。

但是,如果细致追究法〔2020〕343号通知的实体依据及其理由,该通知还存在一定缺陷和不足。从直接表述中可以看到,法〔2020〕343号通知认为指导性案例9号和20号不再具有指导作用的依据有两个:《民法典》等有关法律规定和审判实际。其中,"审判实际"并不属于《实施细则》第12条规定的依据。同时,该通知中"等有关法律规定"的表述明显带有不确定色彩。这种由"等"字所引发的规定不明确问题,最高人民法院已经开始予以关注。① 作为最高人民法院清理指导性案例的第一个正式文件，法〔2020〕343号通知应当尽量严谨细致，以上用语的表述却略显粗糙和过于笼统。

更重要的是，既然清理指导性案例9号和20号的明确依据是《民法典》，那么可以继续追问的是，《民法典》中哪个或者哪些具体的新规定与以上两个指导性案例相冲突？这一问题直接决定清理结果是否获得有效理由的支持，基于这两个指导性案例可以展开更加细致的分析。

一、清理指导性案例9号的依据分析

指导性案例9号主要处理股东对公司清算是否应当承担连带责任的问题，是典型的商法问题。虽然《民法典》具有民商合一的特点，但是在总体篇幅上商法的相关内容比例并不大。具体来说，《民法典》对于指导性案例9号所涉及的问题并没有直接规定，只是规定了股东对公司承担的一般责任。而且，《公司法》(2018年)及其司法解释并没有被《民法典》所取代，仍然继续有效，只是部分内容被新的司法解释所修正，其中《最高人民法院关于适用〈中华人民共和国公司法〉若干问题的规定(二)》(2020年修正，以下简称《公司法解释(二)》)涉及指导性案例9号的核心问题。更加值得关注的是，2019年11月正式发布的《全国法院民商事审判工作会议纪要》(以下简称《九民纪要》)在细化阐释《公司法解释(二)》时，直接否定了指导性案例9号的基本结论。以上涉及指导性案例9号的各类型法律规范，按照效力等级见表8-1。

表8-1 涉及指导性案例9号的各类型法律规范

条款编号	条文表述
《民法典》第83条第2款	营利法人的出资人不得滥用法人独立地位和出资人有限责任损害法人债权人的利益；滥用法人独立地位和出资人有限责任，逃避债务，严重损害法人债权人的利益的，应当对法人债务承担连带责任

---

① 例如，最高人民法院在《对十三届全国人大三次会议第1808号建议的答复》中明确"最高人民法院不断加强和完善司法解释管理工作，明确起草技术要精细化，尽量明确列举以减少不必要的'等'字使用，对于必须使用'等'字的，要明确'等'字语义或限制条件……对于司法解释中因为'等'字使用引起认识分歧的，及时通过司法解释的清理、修订或发布指导性案例等形式，进一步明确相关用语含义"。虽然该回复是针对司法解释作出的，但是，对于通知类的文件应当同样适用，便于有效提升文件字面含义的明确与准确。

续表

条款编号	条文表述
《公司法》(2018年)第20条第3款	公司股东滥用公司法人独立地位和股东有限责任,逃避债务,严重损害公司债权人利益的,应当对公司债务承担连带责任
《公司法解释(二)》第18条第2款	有限责任公司的股东、股份有限公司的董事和控股股东因怠于履行义务,导致公司主要财产、账册、重要文件等灭失,无法进行清算,债权人主张其对公司债务承担连带清偿责任的,人民法院应依法予以支持
指导性案例9号裁判要点	有限责任公司的股东、股份有限公司的董事和控股股东,应当依法在公司被吊销营业执照后履行清算义务,不能以其不是实际控制人或者未实际参加公司经营管理为由,免除清算义务
《九民纪要》第14条和第15条	14.【怠于履行清算义务的认定】公司法司法解释(二)第18条第2款规定的"怠于履行义务",是指有限责任公司的股东在法定清算事由出现后,在能够履行清算义务的情况下,故意拖延、拒绝履行清算义务,或者因过失导致无法进行清算的消极行为。股东举证证明其已经为履行清算义务采取了积极措施,或者小股东举证证明其既不是公司董事会或者监事会成员,也没有选派人员担任该机关成员,且从未参与公司经营管理,以不构成"怠于履行义务"为由,主张其不应当对公司债务承担连带清偿责任的,人民法院依法予以支持。 15.【因果关系抗辩】有限责任公司的股东举证证明其"怠于履行义务"的消极不作为与"公司主要财产、账册、重要文件等灭失,无法进行清算"的结果之间没有因果关系,主张其不应对公司债务承担连带清偿责任的,人民法院依法予以支持

从表8-1列举的相关条款可以看到,效力等级越高的法律规范在内容上更加笼统和概括,而效力等级越低的法律规范则规定得更加具体、明确和直接。特别是指导性案例9号的裁判要点与《九民纪要》的第14条、第15条存在明显的紧张关系:前者否定了"不是实际控制人或者未实际参加公司经营管理"的理由,倾向于依据公司最终无法清算的结果要求股东承担连带责任;后者则是需要认定怠于履行清算义务的原因,并强调股东可以基于"没有因果关系"的抗辩而免除连带责任。简言之,前者以最终结果为主要导向,而后者更加细致地区分因果关系,二者之间的差异还是比较明显的。

相比其他抽象法律规范,指导性案例的特殊之处在于包含了特定的案件事实并在裁判理由部分对其进行解释和说明。具体到指导性案例9号来说,其裁判理由部分明确:两位占据少数股份的股东主张长期没有实际参与公司经营,在公司吊销营业执照后"欲对拓恒公司进行清算,但事实上对拓恒公司的清算并未进行。据此,不能认定蒋志东、王卫明依法履行了清算义务,故对蒋志东、王卫明的该项抗辩理由不予采纳"。由此可见,指导性案例9号是以"事实上对拓恒公司的清算并未进行"为由来认定存在"怠于履行义务"的。

但是,特别需要指出的是,最高人民法院在解读《九民纪要》第14条、第15条时直接否定了指导性案例9号的论证结论。对于该指导性案例中以"事实上对拓恒公司的清算并未进行"为由来认定"怠于履行义务"的存在,最高人民法院(民二庭)认为该问题"本来应该是案件的争点,但是由于对其重要性认识不够,没有作为争点,而是一笔带过,对蒋志东、王卫明提到的没有'怠于履行义务'的证据并没有进行详细分析。实际上,如果该证据属实,表明蒋志东、王卫明两人并没有'怠于履行义务'……我们认为,本纪要公布后,人民法院在审理这类案件时,应当根据本纪要的规定处理"[1]。虽然《九民纪要》第14条、第15条的解读并没有直接否定指导性案例9号的裁判要点,但却对后者的裁判理由进行了直接否定。

在法律规范的效力等级序列中,指导性案例的地位是明显高于会议纪要的。《关于案例指导工作的规定》第7条、《实施细则》第9~11条、《关于加强和规范裁判文书释法说理的指导意见》第13条和《关于完善统一法律适用标准工作机制的意见》第4条等规定,都直接肯定了指导性案例的正式效力,不仅是在审判类似案件时"应当参照",而且能够作为论证说理的理由直接被裁判文书所引述。更重要的是,修改后的《人民法院组织法》第18条首次在基本法律层面上肯定了指导性案例的存在,这是目前肯定指导性案例正式效力的最高依据。而会议纪要仅是最高人民法院对审判领域中的特定问题进行说明的内部文件,尚未有正式文件确立其效力地位,即使在非正式法源中也处于较低的位阶。虽然《九民纪要》的全面公开是其产生实际影响的重要方式,但是,效力较低的会议纪要公开明确地否定效力更高的指导性案例,就维护法律规范效力等级有序一致的角度而言并不合适。

---

[1] 最高人民法院民事审判第二庭编著:《〈全国法院民商事审判工作会议纪要〉理解与适用》,人民法院出版社2019年版,第172页。

更重要的是,《民法典》并没有直接否定指导性案例9号的具体条款规定,只是重复了《公司法》中的原则性、指向性的条款,这就使法〔2020〕343号通知所提供的清理依据之一——"法律规定"方面并不明确细致。对于如何具体落实《民法典》第83条第2款和《公司法》第20条第3款的原则性规定,司法实践有很多具体问题需要处理,也会受到特定时期司法政策的影响。但是,在最高人民法院目前已经正式出台的各类规范性文件中,仅有《九民纪要》第14条和第15条直接否定了指导性案例9号。位阶较低的会议纪要往往包含众多审判疑难问题的经验总结。"纪要的具体规定得以确立更像是专业判断,来自法官的多数共识,甚至是来自于法律界和法学界的多数共识。"①由此可以联系前文中分析的清理理由之二——"审判实际"。两相比较可以看到,法律规定方面的理由并不明确细致,而审判实际方面则有明确的表态,由此可见,清理指导性案例9号的原因更多地在于审判实际的需要,并非《民法典》等法律规定的更新。这种原因定位与《实施细则》第12条的规定并不相符。

二、清理指导性案例20号的依据分析

指导性案例20号的裁判要点是:"在发明专利申请公布后至专利权授予前的临时保护期内制造、销售、进口的被诉专利侵权产品不为专利法禁止的情况下,其后续的使用、许诺销售、销售,即使未经专利权人许可,也不视为侵害专利权,但专利权人可以依法要求临时保护期内实施其发明的单位或者个人支付适当的费用。"该案处理的核心问题是专利临时保护期内实施发明所得产品的后续使用是否侵害专利权,这是一个长期没有得到明确法律规定的疑难问题,最高人民法院在遴选该指导性案例时也认为:"我国专利法对此没有明确具体的规定,最高人民法院在综合考虑专利法相关规定的基础上使用体系解释的方法在该案判决中解释出如下裁判规则……"②这种解读意味着,指导性案例20号所涉及的核心问题并没有明确的法律规定,而司法者又必须处理实践中产生的相应纠纷,实质上属于"立法空白"或者"法律漏洞"。具体来说,这一漏洞在制定法生效之时起就存在,是"自始的法律漏洞"。

---

① 侯猛:《纪要如何影响审判——以人民法院纪要的性质为切入点》,载《吉林大学社会科学学报》2020年第6期。
② 郎贵梅、吴光侠:《指导案例20号〈深圳市斯瑞曼精细化工有限公司诉深圳市坑梓自来水有限公司、深圳市康泰蓝水处理设备有限公司侵害发明专利权纠纷案〉的理解与参照——专利临时保护期内实施发明所得产品的后续使用不侵害专利权》,载《中国法律评论》2014年第1期。

面对指导性案例20号中存在的法律漏洞,最高人民法院的裁判理由利用类推和目的性扩张的方法进行了补充,满足了形式合法性的底线要求,但是确立的新规则也留下不少隐患,难以真正达到综合利益平衡的实际效果。[1] 可以说,从2013年被遴选为指导性案例开始,质疑该案例的裁判理由、裁判结果和裁判要点的观点就一直存在。[2] 法〔2020〕343号通知直接明确该案例不再具有指导作用,也是肯定了这些质疑的观点。结合2020年修改的《专利法》第11条和第75条的相关规定可以看到,以上两个条款分别强调了对专利权的排他性保护以及不视为侵权的例外情况仅限于"原有范围",都否定了指导性案例20号所体现的"不视为侵害专利权"的观点。[3] 而清理该指导性案例的直接理由则是"该案例的裁判要点与《关于审理侵犯专利权纠纷案件应用法律若干问题的解释(二)》规定不一致,不再参照。裁判要点中的'支付适当的使用费'不是基于侵害专利权,而是基于不当得利请求权而产生的'适当的费用',不符合《专利法》第13条规定的立法原意"[4]。

虽然《专利法》的修改为清理指导性案例20号提供了比较明确的依据,但是,《民法典》却没有直接涉及该案例的核心问题。《民法典》对专利权规定的条款很多,但大多限于技术开发合同,对于临时保护期的专利实施及其后续行为并没有专款规定。这种在《民法典》中缺少具体规定的情

---

[1] 参见孙光宁:《漏洞补充的实践运作及其限度——以指导性案例20号为分析对象》,载《社会科学》2017年第1期。

[2] 参见潘中义:《论发明专利临时保护的法律效力——兼评最高人民法院(2011)民提字第259-262号判决》,载中华全国专利代理人协会编:《发展知识产权服务业 支撑创新型国家建设——2012年中华全国专利代理人协会年会第三届知识产权论坛论文选编》,知识产权出版社2012年版;杨明:《从最高人民法院第20号指导案例看发明专利的临时保护制度》,载《北京仲裁》2013年第4期;章卫明:《发明专利临时保护的时效性 与最高法院指导案例第20号裁判商榷》,载《中国律师》2015年第4期;崔雅琼:《论临时保护期内他人使用发明专利侵权问题的体系解释——以指导案例20号为例》,载陈金钊、谢晖主编:《法律方法》(第25卷),中国法制出版社2018年版;李萍:《对最高人民法院20号指导案例的思考》,载《电子知识产权》2016年第2期。

[3] 2020年《专利法》第11条规定:"发明和实用新型专利权被授予后,除本法另有规定的以外,任何单位或者个人未经专利权人许可,都不得实施其专利,即不得为生产经营目的制造、使用、许诺销售、销售、进口其专利产品,或者使用其专利方法以及使用、许诺销售、销售、进口依照该专利方法直接获得的产品。外观设计专利权被授予后,任何单位或者个人未经专利权人许可,都不得实施其专利,即不得为生产经营目的制造、许诺销售、销售、进口其外观设计专利产品。"第75条规定:"有下列情形之一的,不视为侵犯专利权:……(二)在专利申请日前已经制造相同产品、使用相同方法或者已经作好制造、使用的必要准备,并且仅在原有范围内继续制造、使用的……"

[4] 郭锋:《〈民法典〉实施与司法解释清理制定》,载《上海政法学院学报(法治论丛)》2021年第1期。

况与上述指导性案例9号存在类似之处,二者的区别在于:前者可以将《专利法》视为"等法律规定"而具有明确依据,后者主要依据以《九民纪要》为代表的"审判实际"。

从以上对指导性案例9号和20号的清理依据的分析可以看到,法〔2020〕343号通知所提供的清理依据并不充分细致,而且与《实施细则》的规定不完全一致,以此作为指导性案例的清理依据是不够规范的。在《民法典》实施后的诸多配套规定中,法〔2020〕343号通知仅是其中一个文件,而且涉及的范围比较狭窄,难以与动辄数十条甚至上百条的司法解释相媲美。但这毕竟是形成指导性案例效力完整周期的第一个文件,对于案例指导制度的顺畅运行有重要意义。在分析了目前清理指导性案例方式的缺陷之后,应当充分探讨清理工作失范的原因,才能形成有针对性的完善措施。

第二节　清理指导性案例工作的失范原因

法〔2020〕343号通知在清理指导性案例方面存在一定缺陷,从一般意义上来说,是因为案例指导制度的运行还不够细致和成熟,最高人民法院对第一次展开的清理工作考虑不周,操作也不够规范。在《民法典》颁布之后亟需相应配套规定的情况下,最高人民法院对法〔2020〕343号通知的处理显得比较简单、仓促,并没有细致斟酌规范妥当的清理方式。如果将视角置于案例指导制度运行十年的背景之下,结合指导性案例在司法实践中产生的影响,可以看到由法〔2020〕343号通知所代表的指导性案例清理工作所存在的失范现象,还有很多值得探讨的深层原因。

首先,无论是效力地位还是实效,指导性案例在整体上并没有获得司法实践的高度重视,这种态度也延续到清理工作之中。虽然指导性案例被赋予了统一法律适用的应然价值,但是,案例指导制度从酝酿到运作都面临不少困难和障碍,如对抽象规则的依赖、对判例效力的质疑、对运用方法技术的陌生等。案例指导制度的运行可谓举步维艰,距离预设的理想状态相去甚远,甚至被戏称为"哑炮"[①]。比较集中的体现是过低的援引率:虽然《实施细则》已经明确指导性案例能够被裁判文书直接引述,但是相比众多案件数量,通过明示的方式直接援引指导性案例的裁判文书只是凤毛麟角;即使加上普遍存在的隐性援引,指导性案例被援引的总体比例也非

---

① 胡云腾:《关于案例指导制度的几个问题》,载《光明日报》2014年1月19日,第16版。

常低,法官在工作中远远没有形成对指导性案例的路径依赖。指导性案例没有获得高度重视的情况可以在其与司法解释和会议纪要的比较中得到充分展示。(1)在效力等级上,虽然尚未有对司法解释与指导性案例的效力关系的明确规定,但一些规范性文件暗示了二者的差异地位,如《关于加强和规范裁判文书释法说理的指导意见》第13条规定:"除依据法律法规、司法解释的规定外,法官可以运用下列论据论证裁判理由,以提高裁判结论的正当性和可接受性:最高人民法院发布的指导性案例……"又如,前文提及的《实施细则》第12条中第一种情况,与新的法律、司法解释相冲突的指导性案例不再具有指导作用。更重要的是,从实效角度来说,司法解释已经被广泛接受为形成裁判结论的基本依据之一,其明确具体以及可操作性强的特点被审判实务部门充分肯定。就配合《民法典》实施的清理工作而言,最高人民法院在2020年12月底发布系列决定,全面清理了新中国成立以来有效的591件司法解释和规范性文件,废止116件、修改111件,新发布司法解释7件,均自2021年1月1日与《民法典》同步实施,这些工作获得了全社会的高度关注和广泛热议,部分全国人大代表和全国政协委员也对此积极评价,认为是贯彻实施《民法典》的"关键一步"。[①] 由此可见,最高人民法院为配合《民法典》实施所展开的清理工作,绝大多数都是围绕司法解释进行的,涉及指导性案例的文件仅有法〔2020〕343号通知。这种差异明显的工作重心也充分说明了司法解释所受到的高度关注,以及相比而言指导性案例的"人微言轻"。(2)与作为非正式法源的会议纪要相比,指导性案例具有正式的效力地位,但是从前文分析指导性案例9号的清理依据可以看到,前者却能够以"审判实际"为名直接否定后者,这种情况也意味着指导性案例在审判实践工作者的眼中不及包含实践经验的会议纪要。简言之,指导性案例被重视的程度低于司法解释和会议纪要,对其进行清理自然也不例外,在清理依据上的不严谨、不细致就是集中体现。

其次,案例指导制度的运行带有明显的行政化色彩,对相应理由和依据的阐释也不够重视。与普通法系中遵循先例的实践相比,指导性案例由最高人民法院统一征集、遴选、编辑、发布和清理,地方法院所能够做的工作只是推荐和参照适用,整个运作过程都带有明显的科层制、行政化色彩。例如,根据《实施细则》第4条的规定,关于指导性案例的推荐,中级人民法

[①] 参见孙航:《走好贯彻实施民法典的"关键一步"——代表委员谈贯彻实施民法典全面完成司法解释清理和首批司法解释新闻发布会》,载《人民法院报》2021年1月8日,第2版。

院和基层人民法院需要报送给高级人民法院,并由后者向最高人民法院推荐;而高级人民法院和最高人民法院的各审判业务单位则可以直接向案例指导工作办公室推荐。这种逐层上报的推荐方式就带有明显的科层化色彩。对于首次进行的清理工作,案例指导制度的运行也概莫能外。行政化运作的重要特征之一是强调对上级命令或者指令的严格遵守与执行,而上级无须对其命令或指令进行充分的理由说明。当然,与强调科层化相应的是对效率的重视,二者同属于行政权运行的特征,却也与司法权的本质相悖。① 可以说,轻视理由是行政化命令的重要特征,最高人民法院所发布的法〔2020〕343 号通知也是如此:高度强调指导性案例 9 号和 20 号不再具有指导作用这一决定内容,而轻视对作出决定的理由进行充分阐释。虽然从《人民法院组织法》等法律规定的精神出发,上下级法院之间更多的是一种业务指导关系,但是行政化色彩仍然在法院系统内部大行其道。如果将视野扩展到案例指导制度运行的其他环节也可以看到类似情况,比较典型的就是指导性案例的文本编辑。指导性案例区别于抽象规则的重要体例结构之一就是裁判理由,裁判理由部分能够细致地阐释法律规范与案件事实的结合,对其进行细致研习能够了解法律适用的规律,从长久来看有助于提升法官的审判业务素质和能力。但是,部分指导性案例的裁判理由在篇幅上非常少,以至于无法有效体现以上特点和功能。例如,指导性案例 97 号的裁判理由部分仅有 200 余字,对于如何判断"与非法经营行为相当的社会危害性、刑事违法性和刑事处罚必要性"这一核心问题,这种篇幅难以有效说明,更无法为法院审理类似案件提供参考。又如,指导性案例 41 号强调,行政机关作出具体行政行为时没有引用具体的法律条款,就视为没有法律依据,属于适用法律错误。"未引用具体的条款,导致行政相对人无法从上述决定中获知明确具体的法律依据。这种情况,应当根据行政诉讼法第三十四第一款条及相关司法解释的规定,将行政机关作出的决定视为没有法律依据,否则行政相对人的合法权益将在模糊的法律名义下无从得到保障。"②既然对具体行政行为的作出都要求有具体明确的条款依据,最高人民法院就更应当以身作则,在其发布的清理通知中明确作为清理依据的具体条款;否则,对外和对内就适用了双重标准。与行政权运

---

① 参见孙笑侠:《司法权的本质是判断权——司法权与行政权的十大区别》,载《法学》1998 年第 8 期。
② 阎巍、石磊:《〈宣懿成等 18 人诉浙江省衢州市国土资源局收回国有土地使用权案〉的理解与参照——行政机关作出具体行政行为未引用具体法律条款,且在诉讼中不能证明符合法律的具体规定,视为没有法律依据》,载《人民司法(案例)》2016 年第 20 期。

作强调结果的方式相比,详细的阐释、论证和说理是司法权运用的本质特征。"即便自由裁量无法避免,法官也必须要给出裁判的理由。而给出理由就是在进行说理、推理或论证。司法裁判就是一种法律推理(legal reasoning)或法律论证(legal argumentation)的过程……有效的判决必须建立在充分的法律依据与事实理由的基础之上,并通过合乎逻辑与情理的方式展现出从法律与事实推导到裁判结论的过程。"[1]对于在全国范围内的类案都应当参照的指导性案例而言,在裁判理由部分进行细致说理论证就更应当体现高标准。而法〔2020〕343号通知代表的指导性案例清理工作并没有重视对理由的说明,也是案例指导制度运行中行政化色彩的一个缩影。

再次,部分指导性案例在实体意义上存有较大争议或者缺陷,受到广泛质疑之后成为清理的对象。就案例指导制度运行的全程而言,部分指导性案例必然会随着上位法或者同类指导性案例的更新而被清理。特别是指导性案例的点睛之笔——裁判要点,其在形式上和内容上都是抽象规则,与制定法一样带有滞后性的内在缺陷,因而对指导性案例进行清理也实属正当。但是,就法〔2020〕343号通知所要清理的指导性案例9号和20号而言,这两个指导性案例有效的存续期间显得不够持久。指导性案例9号的生效时间是2012年9月18日,指导性案例20号是2013年11月8日。截至2021年1月1日的失效日期,二者的存续期间分别约9年和8年。虽然相对案例指导制度运行十年而言,这些案例存续期间并不算短,但是,这两个案例从当初被发布开始就在实体意义上饱受质疑。[2]与指导性案例9号和20号相左的观点逐渐被相关法律、司法解释和会议纪要所认可,这两个指导性案例自然就成为被清理的对象,并借助《民法典》实施的契机正式实施。更早发布的批次中尚没有出现被清理的对象,这在一定程度上说明指导性案例9号和20号提供的实体规则并不理想。指导性案例应当定位于疑难案件,为应对审判实践中的疑难问题提供规则或者思路,这才能够满足司法实践的需要。从裁判文书引述指导性案例的数据来看,以指导性案例24号为代表的填补漏洞型指导性案例最受欢迎,而指导

---

[1] 雷磊:《从"看得见的正义"到"说得出的正义"——基于最高人民法院〈关于加强和规范裁判文书释法说理的指导意见〉的解读与反思》,载《法学》2019年第1期。

[2] 质疑指导性案例9号的相关文献参见李清池:《公司清算义务人民事责任辨析——兼评最高人民法院指导案例9号》,载《北大法律评论》2014年第1辑;高永周:《清算义务人承担连带清偿责任的法理逻辑——评最高人民法院指导案例9号案》,载《中南大学学报(社会科学版)》2014年第5期。

性案例9号和20号被援引的次数明显偏少。① 当然,没有被清理也并不意味着指导性案例具备较高质量,在最初发布的几批指导性案例中,重复照搬司法解释或者实务共识的情况非常多见,尤其是刑事类指导性案例。② 这种与法律和司法解释过度一致的类型虽然免于被清理,却对审判实务无益,背后仍然带有浓重的行政化色彩。③ 质言之,最高人民法院在遴选指导性案例时应当细致谨慎,以满足审判疑难案件的需要为标准,尽量遴选出具有创造性同时具有较长生命力的案件,避免因过度争议而缩短已发布指导性案例的效力期间。

最后,以通知的方式清理指导性案例是沿用制定法的处理思路,在一定程度上忽视了判例法自身独特的运行规律。中国古代一直有判例法传统,秦代的"廷行事"、汉代的"决事比"以及后世的"引例断狱"等都是典型代表。从这个意义上来说,案例指导制度的出现继承和延续了以上重视判例适用的法制传统。但是,适用抽象的制定法已经深入审判实务的工作习惯,法官对于判例或者案例的适用方法并不熟悉,将制定法的处理方式沿用到指导性案例之中。就清理工作来说,以往只是存在对法律法规或者司法解释的清理,尚未有针对指导性案例的清理实践,使用通知的方式就是沿用工作习惯的典型表现。这种沿用的方式还有一些其他表现,如《实施细则》第11条强调,在发现待决案件与指导性案例相似的情况下,裁判文书只能引述指导性案例的编号和裁判要点。由于裁判要点是由最高人民法院直接归纳编辑的现成抽象规则,以上规定的引述方式仍然是将抽象规则作为直接引述的对象,这一点与引用制定法是完全相同的。从学术研究的角度来说,案例指导制度运行初期,众多研究成果聚焦于指导性案例的效力地位问题,尤其是其与司法解释的效力比较,这种对效力等级关系的探讨,实质上还是沿袭研究制定法的思路。而判例与制定法却是有迥异特征的。例如,在形式上,前者包含案件事实及其相应的法律阐释与评价,后者则只有抽象规则。从比较的角度而言,传统普通法先例并不包含裁判要点(裁判要旨),只有裁判文书中的一些关键论述被认为是遵循先例的决定性理由,是否遵循先例则需要法官运用区别技术进行考察和分析。而且,从理论上来说,任何普通法法院的所有判决都能够成为先例,先例的权

---

① 参见郭叶、孙妹:《最高人民法院指导性案例2019年度司法应用报告》,载《中国应用法学》2020年第3期。
② 参见周光权:《刑事案例指导制度:难题与前景》,载《中外法学》2013年第3期。
③ 参见郑智航:《中国指导性案例生成的行政化逻辑——以最高人民法院发布的指导案例为分析对象》,载《当代法学》2015年第4期。

威性和影响力与主审法官、法院层级、判决质量等密切相关。具体到退出机制而言,普通法并没有专门清理先例的程序,尤其不依赖最高司法机关特定的文件,主要是基于"推翻先例"的司法实践而使先例无法被继续援引。质言之,先例的生成与清理(退出)都依赖审判实践的自然选择或者"用脚投票",无须如制定法那样由专门文件予以明示。虽然案例指导制度不能照搬遵循先例的实践,但是从中却可以窥见运用判例与适用制定法的迥异方式。并在此基础上探索适合指导性案例的清理方式。而以通知的形式沿用或者套用对待制定法的清理方式就显得并不合适。

从以上分析可以看到,长期适用制定法形成的积习、对制定法的高度重视、被遴选指导性案例的原生缺陷,加之渗透其中的行政化色彩,都导致以法〔2020〕343号通知代表的指导性案例清理工作中的失范。任何制度的完善并非一蹴而就,都是经过实践的磨炼和检验之后才更加规范和成熟的。相比其他已经长期运行的司法制度,案例指导制度不仅出现较晚,而且与既有的审判工作习惯和环境存在迥异的运行方式,其规范和完善的过程更是步履维艰,需要充分结合前述多种原因才能确定合适的改进方向。

第三节　清理指导性案例工作的规范操作

案例指导制度在顶层设计层面被赋予了统一法律适用、提高司法效率等目标指向,同时,我国古代法制传统和域外国家判例制度的运行实践业已证明了判例在司法实践中的重要价值,这说明案例指导制度的存在及其完善相当必要。特别是《民法典》的实施还需要包括案例指导和司法解释等多种制度的配合,可以在保持《民法典》稳定的同时与时俱进地发展。具体到指导性案例的清理来说,虽然只是案例指导制度运行中的一个环节,却能够对指导性案例的效力范围带来直接影响,进而会对《民法典》的实施产生间接影响,也是案例指导制度不断完善的重要方面。基于导致指导性案例清理工作失范的原因,相应的改进工作可以从以下几个方向入手。

首先,关注判例制度运行的独特规律,确定默示与明示两种清理方式的主次地位。如前所述,以通知等文件的方式直接清理指导性案例,是对制定法失效方式的沿用或者简单套用,难以体现判例运行的独特性。既有的判例是先在司法实践中产生积极影响,然后才被归纳总结并以制度的形式得以规范处理。一方面,制定法的漏洞或者滞后是必然存在的,这也导致了疑难案件的出现,法官需要借鉴既有判例形成裁判结论;另一方面,那些被借鉴的判例自身应当具有较高质量,符合法律原则、精神或者目的,尽量能够实现法律效果与社会效果的统一。从这个意义上来说,判例是否以及如何对审判实践产生影响,在很大程度上是一种通过司法调整社会的"自发秩序",并不完全取决于特定机关(主要是最高司法机关)以明示的方式予以肯定或者否定。例如,指导性案例的前身——公报案例长期以来成为审判实务予以重点关注、研习和参考的良好素材,并对审判实践产生了潜移默化的深远影响,只是这种影响并不能在裁判文书中直接表明,属于不可明言的司法"潜规则"。与产生积极影响的判例相对,那些自身质量不高的判例就没有被审理类似案件的法官所认可和接受,被自然淘汰了。比较法的视角能够为此提供一定佐证:"英美普通法机制实际上内在于市场运行之中,并经由一种自生自发的路径在市场的演进与扩展之中积累与扩展而成。"①具体到案例指导制度来说,多数指导性案例的清理工作应当以默示的方式进行,由后案法官自由决定是否参照适用特定的指导性案例,长期没有被援引的指导性案例自然失去了"活力",空有正式效力却无法产生实际影响,而且随着时间的推移将更不会被援引。只有在短期内与制定法(法律法规或者司法解释)有明显冲突的指导性案例才需要以明示的方式予以清理。在指导性案例还只是一种"准法源"②、缺少强制参照效力的背景下,后案法官会综合考量各种因素和论据来形成裁判结论,也可以否定参照其不认可的指导性案例,只是要对这种"背离"进行详细阐释和说明。这种默示的清理方式尊重了主审法官的自由选择,也对指导性案例自身的质量提出更高要求,较为符合判例运用的自身规律,辅之以明示的清理方式,应当成为指导性案例清理的优化选择。

其次,固定明示清理指导性案例的运作频率,形成对指导性案例的稳定预期。无论是《关于案例指导工作的规定》还是《实施细则》,都没有对发布和清理指导性案例的频率与数量进行明确规定。从实际运作情况来看,最高人民法院每年发布的指导性案例从4件到30余件不等,而且指导性案例并没有规定的发布周期,也没有相应的提前预告,甚至出现了2020年年初将3批指导性案例同时集中发布的特殊情况。这就使每批次指导性案例的发布带有明显的突然和随机色彩,难以使审判实务工作者形成稳定的预期。就指导性案例的明示清理工作而言,虽然法〔2020〕343号通知

---

① 韦森:《社会制序的经济分析导论》,上海三联书店2001年版,第256页。
② 雷磊:《指导性案例法源地位再反思》,载《中国法学》2015年第1期。

基于配合《民法典》实施的背景出现,但仍然是没有预告而突然发布的,这一点与指导性案例的发布情况非常类似。与之相比,最高人民法院在《民法典》通过前夕就已经明确预告将对司法解释展开大规模清理工作(具体规定在《最高人民法院2020年度司法解释立项计划》中)。这使后来重新制定或者修订的司法解释可以更容易地被审判实务工作者合理地期待并接受。虽然司法解释的发布也没有明确的固定周期,但基于既有的惯性依赖和高发频次,重大立法发布、实施后出台相应的司法解释已经成为"合理的期待"。而且,最高人民法院会公布次年的司法解释立项计划,也在一定程度上预告了特定司法解释的出台。法〔2020〕343号通知作为指导性案例清理工作的开端,最高人民法院应当尽量在清理工作(同时包括发布环节)方面形成固定周期。从案例制度沿革的角度来说,清代的律例合编成为封建法典体例完善的集大成者,其中《大清律例》在条文稳定的基础上不断吸收"例"的灵活因素,修例的频率是"五年汇辑为小修,十年重编为大修",并在其间根据现实需要更加频繁地展开。利用不断地修例使简约而稳定的律文与成文化却不失灵活性的条例相互结合,这是中国古代律例统编的重要经验。[①] 对于刚刚开始实施的《民法典》来说,条文的明确与稳定是优先的考量,借助指导性案例不断增加条文的灵活性与适应性,也是实施并发展《民法典》的重要途径。指导性案例要在其中发挥更为积极的作用,固定以及增加发布与清理的频率是非常重要的运作环节。基于指导性案例现有的发布情况来看,比较合理的选择是在每个季度最后一个月发布新批次指导性案例,并每隔2~3年集中对指导性案例进行明示清理。如果发生了指导性案例与新的法律规范、司法解释出现严重或明显冲突的情况,可以随时清理此类指导性案例。这种频率的设计兼顾了稳定性与灵活性,不至于给各级法院造成过多负担,值得将来在完善案例指导制度时吸取。

再次,对清理指导性案例给出更为详细准确的理由和依据。虽然默示方式应当成为清理指导性案例的主流方式,但是在少数需要以明示方式清理指导性案例的场合中,相应的通知应当比较详细地说明特定指导性案例被清理的原因。如前所述,法〔2020〕343号通知为清理指导性案例9号和20号提供的主要依据——"等有关法律规定"和"审判实践"都不够细致全面,特别是与《实施细则》第12条的规定并不完全一致,而导致这一疏漏的

[①] 参见张生:《中国律例统编的传统与现代民法体系中的指导性案例》,载《中国法学》2020年第3期。

深层原因在于案例指导制度运行的行政化。与行政化运作不同,司法权的使用应当展开详细说理,不仅普通案件的裁判文书应当如此,最高人民法院发布的通知更应率先垂范,才能更好地推进司法公开,尊重判例制度运行的特殊规律。造成法〔2020〕343号通知中疏漏的直接原因可能是配合《民法典》实施的各项清理工作较为繁重和紧迫,最高人民法院无暇细致说理,这种疏漏应当在今后的指导性案例清理工作中减少或者避免。具体来说,清理指导性案例的通知应当以《实施细则》第12条的规定为基本依据,并在形式上和实体上详细说明特定指导性案例的清理理由。一方面,在形式上,清理理由应当全面说明特定指导性案例(特别是其裁判要点)与新法律法规或者司法解释不一致的具体表现,尤其需要具体到制定法的某一明确条款;另一方面,在实体意义上,清理理由应当表述被清理的指导性案例存在的内在缺陷,如没有有效贯彻相应法律目的、法律原则或者法律精神,或者在司法实践中并没有产生持续的积极效果等。清理通知所提供的细致理由并不意味着对特定指导性案例的完全否定,只是其不再继续具有指导作用,法〔2020〕343号通知也强调原指导性案例以及参照其作出的判决继续有效。明确承认特定指导性案例应当被清理并提供细致理由,是理论界与实务界都能够肯定和认可的实事求是的态度,无须过度隐讳。更重要的是,这些细致的清理理由不仅有助于法官更好地理解和适用指导性案例,也为后续推荐更高质量的备选指导性案例指明了方向,体现了案例指导制度的开放与包容。通过解读指导性案例的清理理由,后案法官能够明确特定指导性案例的适用方式、适用范围,更有把握判断是否以及如何在待决案件中运用区别技术,保证适用指导性案例的参照效果。这里可以借鉴指导性案例已经发布的正式文本:部分指导性案例在案件事实方面的介绍非常全面,更重要的是在裁判理由中给出了详细的分析说理。例如,指导性案例61号("马乐案")的裁判理由部分从刑法立法目的、核心法条文义、援引法定刑立法技术等方面全面阐释了形成裁判结论的理由。指导性案例78号("奇虎诉腾讯滥用市场支配地位纠纷案")甚至利用了假定垄断者测试(HMT)的相关理论来分析此起反垄断案件中"相关市场"的界定。这些都是裁判理由部分进行充分说理论证的正面例证。相较指导性案例正文中的理由论证,清理通知直接决定了相应指导性案例的效力存续与否,是更为关键的环节,自然更应给出详细的说明。

最后,遴选出具有更高质量和长久生命力的指导性案例,有助于减少明示清理环节并维持指导性案例的稳定性。法〔2020〕343号通知所清理的指导性案例9号和20号,其效力的存续期间并不长,成为最先的清理对象。背后的决定性因素是以上两个指导性案例从被遴选成功开始,在实体内容上就存在一定缺陷,逐渐与后续相应的制定法规定和审判实践经验相背离。在默示清理应当成为主流方式的前提下,尽量遴选出质量较高、具有长久生命力和适应性的指导性案例有助于减少明示清理方式。虽然案例指导制度已经运行了十多年之久,但是,遴选成功的指导性案例仅有200余个,这些情况一方面说明最高人民法院在遴选环节的谨慎与保守,另一方面远远无法满足审判疑难案件的需要,案例指导制度尚未形成规模效应。在先例数量众多的普通法系,"法院持续地判断后案与先例是否相似,是否可以'区别',从而塑造了先例规则的内容。判例法规则在适用中得以界定和澄清,始终面向未来保持发展演进的趋势。这正是普通法旺盛生命力之根源"[1]。在普通法实践中,部分超过百年历史的先例仍然被后案法官所援引,[2]很大程度上说明自身质量决定了判例实际上的影响力范围。当然,对于现阶段的案例指导制度来说,增加数量与保证质量可能会出现一定矛盾:降低门槛、随意大规模增加指导性案例的数量有可能使一些不具有长久生命力的案例被遴选和发布,后续在审判实践中的消极反应和效果又会增加不必要的明示清理工作。但是,在目前指导性案例数量明显偏少的阶段,还是应当以增加数量为优先考量,让查询、检索和参照指导性案例成为司法活动中的常态甚至是必备环节。《关于统一法律适用加强类案检索的指导意见(试行)》已经确定检索类案成为审理进程中的必要环节,作为效力等级最高的类案,指导性案例自然在查询检索的过程中成为首要对象。在这个过程中,法官会逐渐掌握如何辨别特定指导性案例的适用情况,最高人民法院也会收到更多来自一线法官的反馈并越发善于遴选高质量的指导性案例。在当前"智慧法院"的建设中,参照指导性案例的各种数据信息能够以更加便捷和快速的方式得以收集、整理和分析,最高人民法院也成立了司法案例研究院并搭建了中国司法大数据服务网作为司法数据服务平台。这些专设机构可以帮助对特定指导性案例开展研判。就案例来源来说,我国已经形成了等级和类型众多的案例体系,包括指导性案例、公报案例、典型案例、地方高级人民法院发布的参考性案例,此外还有最高人民法院(各业务部门)公开出版的审判参考案例和汇编案例,以及《人民法院案例选》《人民法院报》等官方报刊刊载案例等。这些

---

[1] 陈杭平:《统一的正义:美国联邦上诉审及其启示》,中国法制出版社2015年版,第205页。
[2] 参见[美]约翰·V.奥尔特:《正当法律程序简史》,杨明成、陈霜玲译,商务印书馆2006年版,第66页。

案例已经过筛选和编辑,在质量上有所保证,完全能够成为遴选为指导性案例的重要目标。另外,在遴选程序中,在发布相应批次之前,最高人民法院案例指导工作办公室可以通过在法院系统内部公示的方式,收集最高人民法院相应业务部门和地方高级人民法院等主体的反馈意见,减少自身过重的负担,通过吸纳民主讨论结果的方式提升发布指导性案例的质量。具体来说,这种发布指导性案例之前的内部公示环节的主要内容包括裁判要点的概括和裁判理由的编辑等方面。[1] 综合以上实体与程序上的措施,有助于全面保障和提升指导性案例的遴选质量,从源头上减少不必要的清理工作,推动指导性案例在司法实践中稳定发挥作用。

结语:《民法典》与案例指导制度的良性互动

《民法典》的编纂与实施无疑是中国法治进程中的里程碑,在进入实施阶段之后尤其需要各种司法制度的配合,同时为后者提供了反思和调整的契机,案例指导制度就是其中之一。在运作十年有余仍未取得理想效果的背景下,案例指导制度更应反思求变,《民法典》则能够与之形成良性互动:一方面,《民法典》在系统编纂之后需要在较长一段时间内保持条文稳定,而中国社会高速发展所带来的急剧变革又会使部分条文逐渐显示出滞后性,这是任何制定法都无法避免的内生缺陷。此时,指导性案例则能够为《民法典》条文增加灵活性和适应性。另一方面,《民法典》的编纂又对原有的相应单行民事法律进行了重要完善和修订,为调整指导性案例提供了新的依据,特别是一些重点新法条的出现将有利于催生更多相应的指导性案例,以满足审判实践的需要。由此可见,《民法典》与案例指导制度之间的良性互动具备比较坚实的现实需求和基础。

就配合《民法典》实施的顶层设计而言,出台条文更多更加繁复的司法解释,体现了全面、系统和效率方面的优势,同时也存在叠床架屋的弊端;聚焦疑难问题的案例指导制度则带有针对性强并提升法官素质的特点。"二者的结合使得解释内容更具体、更富有针对性……通过指导性案例凝练司法解释的规则也能更好地实现指导性案例的设立初衷。通过司法解释凝练指导性案例的裁判规则,才能使指导性案例更具指导力,具有法定效力,也使指导性案例更具有生命力与拘束力。"[2] 例如,可以用指导

---

[1] 参见孙光宁:《内部公示:案例指导制度的程序完善》,载陈金钊、谢晖主编:《法律方法》第22卷,中国法制出版社2017年版,第217-219页。

[2] 王利明:《论全面贯彻实施民法典的现实路径》,载《浙江社会科学》2020年第12期。

性案例代替批复类司法解释,应对需要紧急协调的某类重要争议问题。①现在司法解释与指导性案例的关系处理并不在于"结合"的理想目标指向,其症结在于过度重视司法解释而轻视指导性案例的倾向。从这个意义上来说,法〔2020〕343号通知所包含的缺陷是最高人民法院没有同等重视指导性案例的一个缩影。鉴于《民法典》与案例指导制度的良性互动具有重要的实践意义,最高人民法院在案例指导制度运行的各个环节应当更加积极,不仅遴选出更多高质量、能够解决《民法典》适用难题的指导性案例,而且在编辑和清理环节中提供细致的说理论证,使案例指导制度真正成为助推《民法典》实施的重要方式。

---

① 参见黄忠:《论民法典后司法解释之命运》,载《中国法学》2020年第6期。

第三编 案例指导制度在具体审判领域中的规范运行

第九章　指导性案例融入《民法典》的历史经验与现实路径

【本章提要】《民法典》实施之后,应当在民事审判中产生积极效果。将指导性案例融入《民法典》有助于推动稳定的法典条文实现与时俱进的解释、细化和扩展,提高民事审判的公平与效率。这种法典与判例的结合在中国法制史上存在悠久传统,尤其是明清时期的律例合编能够提供丰富的经验。具体来说,律例合编实现了律文的内涵式发展,尊重来自司法实践的经验与智慧,能够吸收多种法外因素的积极影响,实现律文和条例的良性互动。从成案到条例再到与律文合编,这种三元结构在动态运作上也能为指导性案例融入《民法典》带来重要启发:司法者应当严守规范的效力等级,重视成案的作用及其细致论证,尤其是吸收情理因素,同时私家注律对司法实践灵活运用律例案也有推动作用。借鉴以上历史经验,指导性案例融入《民法典》有不少现实途径:将指导性案例(主要是其裁判要点)与《民法典》相应条文进行合编处理,并通过动态调整指导性案例数据库形成数字化、智能化的"民法典版本";同时以《民法典》适用中的疑难问题为导向,提升指导性案例的数量与质量,并倡导基于民法解释学的案例研究。基于历史传统和现实需求,新时代的《民法典》应当向案例尤其是指导性案例开放,有助于实现法典稳定性与案例灵活性的统一,切实提升民事审判的实际效果。

《民法典》的编纂和实施是中国法治进程中的重大成就,对诸多法治环节存在深远影响。在经历了多年的细致准备之后,编纂成功的《民法典》包含了超过10万字的文本长度,将在很长一段时间内保持稳定,尽量减少条文上的直接修改。如何实施、适用甚至发展《民法典》成为更为重要的工作。由于立法时间的进程安排、民法自身的特点、大量保留先前立法、对非共识问题不作规定、模糊的术语等原因,《民法典》留有大量漏洞和解释空间,[1]为适用《民法典》带来了一定困难,而指导性案例的融入则有助于解决这些问题。

---

[1] 参见王成:《〈民法典〉与法官自由裁量的规范》,载《清华法学》2020年第3期。

从2011年公布第一批指导性案例开始,最高人民法院已经遴选出200余个指导性案例,其中民商事案件在数量上占有明显优势。指导性案例主要应当定位于解决审判中的疑难问题,对相应的法律规范进行阐释、细化、厘清甚至是填补漏洞。[①] 在民商事案件带有较大自由裁量权的背景下,指导性案例能够提供直接的抽象结论(主要是以裁判要点的方式)或者裁判思路,以应对前述适用《民法典》中存在的问题。同时,案例指导制度的实际运行效果不够理想,裁判文书的援引率偏低、法官不够重视甚至隐性参照指导性案例非常普遍。而指导性案例积极融入《民法典》的适用过程是提升案例指导制度实效的良好契机。可以说,《民法典》与指导性案例存在相互需要的关系。在制定法仍然在司法实践中占据主流地位的背景下,指导性案例难以与之等量齐观,更为现实的选择是融入《民法典》。

这里的"融入"主要是借助信息手段实现指导性案例与《民法典》的"合编"。传统意义上的《民法典》都是以纸质版本的形式流传于世,其规定难以得到与时俱进的更新,遑论与相应案例形成动态对应。在当前的信息化时代,与网络连接的便利条件使不断更新的指导性案例及其裁判要点能够与《民法典》相应的条款及时对应。这种"合编"可以为查询和适用《民法典》特定条款提供指导性案例的解读,减少适用过程中的模糊、概括、矛盾甚至空白。以上"合编"的方式并没有改变《民法典》条文的字词表述,却有助于实现《民法典》在内涵上的与时俱进,体现了新时代条件下《民法典》应当具备的开放和动态的总体趋势。

在中国法制发展的沿革中,律例合编也是重要的传统方式,能够为指导性案例融入《民法典》提供丰富的历史经验。本章以明清时期律例合编作为主要借鉴对象,一方面是由于明清时期(截至清代中期)同样需要处理在大一统国家的稳定社会中适用法典的问题,另一方面更是考虑此时期为中国封建时代法制完备的集大成者,其律例合编的运作在宏观结构和微观操作上都有明显的特点和经验。由此,本章将分别分析明清律例合编的整体结构和具体运作,并在此基础上探究指导性案例融入《民法典》的现实途径。

第一节 指导性案例融入《民法典》的借鉴对象

"例"是中国传统法律的基本形式之一,在明清时期的基本法典中经

[①] 参见孙光宁:《法律解释方法在指导性案例中的运用及其完善》,载《中国法学》2018年第1期。

常被收录为组成体例。例如,正德《明会典》颁行后的整体法律体系可以表述为"以《明会典》为纲、以律例为主要形式、以例为立法核心",或总称"典例法律体系"。① 无论是称为典例合编还是律例合编,都表明了"例"在整个法律体系中的重要作用。

需要指出的是,律例合编中的"例"并非只是具体的司法案例或者判例,而是包括非常丰富的含义,包括条例、事例、则例等。则例在明朝作为规范国家经济管理实务的主要法律形式被大量使用,在整个国家法律体系中的地位逐渐上升;到了清代,则例成为国家最重要和基本的法律形式,尤其是各部院衙门系统编纂的部门则例成为与《大清律例》相比肩的主干法律,其中的代表就是《户部则例》。② 此外,则例还包括《会典则例》《会典事例》,也是通权达变、因时制宜同时具有一定稳定性的行政法规。③ "事例"是明朝法律的基本形式,在"典为纲,例为目"的编纂原则之下,因"常法"编纂滞后,朝廷在治国实践中广泛制例,事例实际上成为当时行用的主要法律。④ 而以《大清律例》为代表的综合法典多是将条例整编其中,条例是对律文进行细化的解读和说明,提升了律文的可操作性。例如,《大明律集解附例》就是明律注释的集大成者,以条例为主要内容,从语言文字的角度对法律术语作出解释,着重律意的说明以及分清律文法律适用的界限,特别关注法律解释的综合性、一致性。⑤《大清律例》更是充斥着诸多条例,一些重点律文所附条例甚至多达几十条。简言之,条例、事例、则例名称相近,都属于例,表明三者有共同性,即它们都是变通的、灵活的、辅助性法源形式;但是三者的名称还有一字之差,表明其存在一定区别。⑥ 从总体数量和集中论述的角度来说,律例合编中的"例"多数情况下指的就是条例,本章也将条例作为主要研究对象。

无论是则例、事例还是条例都源于特定的"案例"或者"判例"。元代经常是直接将典型案件以"断例"为名直接作为判决依据,而明清时期则多是先从案例中抽象出特定规则(条例)作为裁判依据,后一种方式更加

---

① 参见杨一凡:《明代典例法律体系的确立与令的变迁——"律例法律体系"说、"无令"说修正》,载《华东政法大学学报》2017年第1期。
② 参见栗铭徽:《清代法律位阶关系新论——以〈大清律例〉和〈户部则例〉的关系为例》,载《华东政法大学学报》2017年第3期。
③ 参见林乾:《治官与治民:清代律例法研究》,中国政法大学出版社2019年版,第8页。
④ 参见杨一凡:《论事例在完善明代典例法律体系中的功能》,载《暨南学报(哲学社会科学版)》2019年第4期。
⑤ 参见张伯元:《〈大明律集解附例〉"集解"考》,载《华东政法大学学报》2000年第6期。
⑥ 参见苏亦工:《明清律典与条例》,中国政法大学出版社2000年版,第46页。

稳定、一致和简约,也更接近于成文法。① 虽然案例并没有被律例合编所收录,但直接推动了条例的出现,进而提升了律文的可操作性和实际效果。由此可见,明清时期律例合编形成了"律典条文—条例—案例"的基本结构,实现了立法和司法之间的有效沟通,呈现自身独特的优势。

首先,律例合编能够维持法律条文的稳定,同时在内涵上与时俱进。在明代,明太祖朱元璋曾颁下《皇明祖训》,要求对《大明律》"一字不可改易";《大清律例》自从乾隆朝之后也未有变动。明清两代对法典稳定性的追求已经达到较为极端的程度,相应地,在社会形势变迁的背景下,"例"能够发挥"因时变通"的作用,越来越多地辅助和补充制定法。② 稳定性与变动性之间的紧张关系是制定法或者成文法内含的永恒矛盾,律文的正式文本越是稳定不变,就越是需要吸收其他内容来保持自身的变动性,例的存在与作用就是典型。虽然现在的《民法典》并不可能一字不改,但是,其生效后较长时间内应以稳定性为优先考量,进而也需要通过司法解释和指导性案例等方式实现与时俱进的效果。"清律、例对明律并不是简单的继受,而是根据实际需要,按照时空、情理灵活变通……例文大做变通,又可以使清朝的统治政策适应形势变化,克服了律文的僵化、保守缺陷。"③律文确定了裁判司法案件的基本立场,保证了合法性底线;例则能够结合具体案情给予灵活和细化处理,逐渐推动律文内涵的演变。因此,律例合编的方式有助于协调稳定性与灵活性之间的紧张关系,以扬长避短的方式充分发挥律、例各自的特点。

其次,律例合编的方式充分尊重了来自司法实践的经验与智慧,并将其推而广之获得普遍的积极实效。法典律文的编纂主要体现了立法者的总结和积累,而例主要来自司法者在面对具体案件时所体现的经验与智慧。在清代,例的形成主要有两条途径:皇帝亲自批示和中央司法机关(主要是刑部)概括总结。就后一种形成方式而言,地方官员审理案件遇到困难,难以处理律文与案情之间的关系,将疑难问题及其可能的处理方式层报刑部,刑部也会自行收集特定类型案件中具有共性的经验,将成熟部分确定为例。这一过程集中体现在对成案的挖掘和升级之中。《大清律例》明确规定:"除正律、正例而外,凡属成案未经通行、著为定例,一概严禁,毋

---

① 参见谢红星:《"典例法律体系"形成之前夜:元代"弃律用格例"及其法律史地位》,载《江西社会科学》2020 年第 3 期。
② 参见吕丽:《例与清代的法源体系》,载《当代法学》2011 年第 6 期。
③ 张仁善:《清朝前期"律"和"例"维护父权效用之考察》,载《南京大学法律评论》2000 年第 1 期。

得混行牵引,致罪有出入。如督抚办理案件,果有与旧案相合、可援为例者,许于本内声明,刑部详加查核,附请著为定例。"①由此可见,虽然成案的影响力较大,受到审判实践重视,但是,其并不能直接在裁判中引用;如果刑部核准成案为定例,将来在修订条例的时候就可以吸收其为正例而被合编。"成案在实践中受到普遍的重视,并在司法过程中已发展出一套相当丰富且行之有效的论证方式,对案件审理具有广泛而直接的影响力;而对其的否定,更多的是一种实用主义式的主观选择的结果。在这个意义上,成案是清代的一种重要的法律渊源。"②成案被遴选并升级为定例,是最高司法机关对各级司法者探索疑难问题形成共识的肯定。而皇帝御批方式所形成的例往往由个案引发,根据律文的规定需要报送皇帝裁决,由此也形成正式的例。在以上两种主要途径中,疑难之处都源于律文与司法实践的碰撞,相应例的形成也都体现了来自司法实践的经验与智慧。当然,这里的司法者既包括地方官员、刑部,还包括作为最终司法者的皇帝。对于同类疑难案件的处理存在很多方案,这些方案汇总到最高司法机关的时候就能够通过比较而获得最优解,进而以律例合编的形式在全国范围内得到推广。

再次,律例合编能够容纳多种律法之外的因素,有助于保持条文的弹性。法理、事理、情理等因素在特定案件中会出现冲突,为司法裁判带来难题,特别是在封建时期强调伦理的背景之下,特定冲突会较为严重。明清时期则吸收了以往历代处理情与法问题的经验,以律例合编的方式妥当吸收法外因素。"情理并不直接适用于判断案件,而是对就案件事实在律典中发现的条文适用于案件进行评价和衡量,以达到情理指向的妥当性标准。而当既有的律例都无法达到情理所指向的妥当性标准时,则会基于情理为新规范的创设、继而适用进行论辩,以达到情理的妥当性标准。"③除了在认定案件事实时需要考虑情理因素,法律适用的部分也是如此。例如,在清代命盗重案中,移情就法的现象比比皆是,地方官们把各种可能存在法律疑难或增加难度的案件情节删改为与律例文本相符的状态,以便直接适用相关律例。④ 在律文规定有局限的背景下,例体现了更多的道德伦理因素,经过筛选和分析之后形成的律例合编,则能够整合律文与条例,更

---

① 《大清律例》卷三十七"刑律·断狱·断罪引律令"条例,法律出版社2000年版,第596页。
② 王志强:《法律多元视角下的清代国家法》,北京大学出版社2003年版,第120—121页。
③ 杜军强:《法律原则、修辞论证与情理——对清代司法判决中"情理"的一种解释》,载《华东政法大学学报》2014年第6期。
④ 参见王志强:《"非规则型法":贡献、反思与追问》,载《华东政法大学学报》2018年第2期。

好地推动法律与道德的充分结合。

最后,在律例合编的实践中,条例的效力地位和运作方式都非常规范,保证了其与律文之间的协作效果。条例与律文分别代表灵活性与稳定性,二者皆不可偏废,需有机结合。由于条例是根据司法实践情况不断增加的,因此更需要将其限制在合适的幅度之内。曾有学者批评"以例破律"的现象就是出于对例过度灵活性的担心。而明清时期律例合编的实践则通过规范化的方式保证了稳定性与灵活性的统一。一方面,从静态的效力地位来说,例总是要低于律,并不能冲击甚至取代律。例以其灵活性补充律的固定性,以其具体性补充律的概括性,在律例关系中,律一直保持着首要、主导的地位,而例则居于次要、从属的地位。① "以例辅律"才是二者关系的准确定位。同时,例也是正式法律渊源,这种效力地位又能够保证其发挥对司法裁判的直接影响。与明代"事例"相比,清代的"条例"在刑案审理中随意性大大减弱,严格的条例规定以及覆审制度再加上随时可能出现的驳查风险都使清代的审判者在罪行明晰的情况下几乎无法对使用何种条例作出自由选择。② 另一方面,条例的制定和操作也有较为成熟的规范。就条例的制定过程而言,刑部是确定条例的最终机关,除了前述在实质意义上充分尊重司法实践者的经验与智慧,在形式上修订条例也较为严谨和细致。在1740年律文定型后,清廷不再专门修律,改为修订条例,立法模式从原来钦命大臣为总裁、专门开馆办事、各部共同参与转变为刑部单独主持。律例馆在乾隆七年(1742年)成为刑部的附属机构,负责定时修例,具体方法有修改、修并、移改、续纂、删除等,原三年一修,后改为五年汇辑、十年重编,与修律一样,例成即裁撤。清代这种定时修例的立法惯例一直维系到同治九年(1870年),因内外交困而不再进行。从嘉庆到光绪,律例馆在原来"掌修条例"的立法职能基础上增加了"稽覈律例",即"凡各司案件有应驳及应更正者,呈堂交馆稽覈"的司法职能,并成为其首要职能。律例馆由原来的"例成即裁撤"变为"常平",即成为常设机构,其职能应是平时考核疑难案件,特定时间组织修例。③ 由此可见,刑部下设的律例馆是专门从事修订条例的机构,并且根据各地上报的案件对条例进行定时修改,这种规范的运作方式既能够保证条例自身的质量,又能够防止随

---

① 参见吕丽:《例以辅律 非以代律——谈〈清史稿·刑法志〉律例关系之说的片面性》,载《法制与社会发展》2002年第6期。
② 参见姚旸:《"例"之辨——略论清代刑案律例的继承与创新》,载《故宫博物院院刊》2010年第1期。
③ 参见陈新宇:《〈大清新刑律〉编纂过程中的立法权之争》,载《法学研究》2017年第2期。

时变动条例所引发的过度不确定性。就条例的具体运用来说,明清司法继承了唐律传统,更加强调援法断罪,以增强司法的确定化。《大明律》专设律目"断罪引律令"条,归在"断狱"一门内。清律更是在此基础上,在律文后附上条例作为法源,是具体审判时要求法官应该依据的准则,以此对官员的司法推理进行规范。[1] 从这个意义上来说,条例的出现不仅没有减损司法判断的确定性,反而为法官进行严格的司法推理提供了更加明确的依据,在实质意义上增加了形成最终裁判的明确性。

以上律例合编的特点和优势,已经在很大程度上被案例指导制度所借鉴和吸收。例如,指导性案例通过其裁判要点对相应法律条文进行细化甚至补充,进而解决审判中的疑难问题而推进法律的统一适用,这种定位与条例对律文的作用是高度相似的。虽然律例合编并没有直接纳入案例的全面介绍,但条例却是从案件中提取和概括出来的,与指导性案例的裁判要点高度相似。又如,指导性案例都是源于司法实践的真实案例,经过层层报送而遴选成功,这种方式与从成案到条例的上报过程非常相像,不仅在实体上充分尊重司法实践者的经验和智慧,而且在程序上需要经过最高司法机关的确认才能成为正式法源。同时,指导性案例还融入了一些法外因素形成裁判要点,如第25批指导性案例都是以弘扬社会主义核心价值观为主题。而条例中也充斥着大量灵活处理情与法关系的表述。可以说,案例指导制度的现有设计在很大程度上遵循了明清时期律例合编的传统,也是对中国法制传统中"例"的再次肯定和发展。

同时,律例合编的传统还能够为案例指导制度的继续完善提供重要启示。例如,明清时期条例的修订有比较确定的时间规定,而现有指导性案例(包括其裁判要点)的遴选和发布并没有确定的时间规定,最高人民法院发布指导性案例较为随机,不同批次的指导性案例在数量和发布时间上并没有确切安排,每年公布的指导性案例从4~20余例不等。这种情况并不利于审判实务工作者对指导性案例形成稳定预期。与之相比,最高人民法院对制定和发布司法解释却有比较明确的筹划,特别是在《民法典》开始实施之际就公布了清理和发布相应司法解释的进程。又如,律例馆是从成例中概括并确定条例的专门机构,这种职能与最高人民法院的案例指导工作办公室大致相当,都是负责案例的遴选和发布工作。从前述内容可以看到,律例合编的实践对律例馆的要求非常高,不仅需要在诸多类似案件中确定优秀案例成为通行或者正例,还需要对其中的疑难问题概括出条例

---

[1] 参见陈煜:《明清司法的新趋势》,载《江苏社会科学》2018年第4期。

附于律文之后。而现有的案例指导工作办公室属于最高人民法院研究室，同时承担着起草和拟定司法解释等大量工作，难以保证有足够的时间和精力去遴选、发布指导性案例，也很难保证概括出的裁判要点的质量。这种情况使指导性案例的数量和质量都难以令人满意，较低的裁判文书援引率就是集中体现。既然案例指导制度继承了律例合编的传统，那么，就应当继续吸收后者的成功经验，在更多方面进行充实、细化和完善，才能够更好地配合《民法典》的实施和适用。

第二节 指导性案例融入《民法典》的历史经验

从上文的分析可以看到，明清时期律例合编的实践形成了比较稳定的整体结构：律文—条例—案例（定例、成例、成案）。在这种整体结构安排之下，三者之间一直在进行有效互动和促进：案例的积累、识别和挑选为确定条例的内容奠定了扎实的实践基础；定期修订的条例合编于律文之后，对律文进行细化、延伸、扩展和补充；律文则在保持稳定的基础上对案例和条例进行引领和限制。这一过程在《大清律例》中有比较集中的体现，存在不少直接例证。

《大清律例》在"名例律上·犯罪存留养亲"部分的律文规定："凡犯死罪非常赦所不原者，而祖父母、父母老疾应侍，家无以次成丁者，开具所犯罪名，奏闻，取自上裁。若犯徒、流者，止杖一百，余罪收赎，存留养亲。"[1]"存留养亲"是封建时期强调将伦理因素纳入法律之中的重要表现，主要目的是保证犯罪者的父母仍然能够得到赡养。但是，以上律文规定的"取自上裁"（由皇帝裁决）的方式难以成为常态，因为清代刑事审判中，皇帝直接过问审判属于例外情况，其直接裁决的死刑案件每年只有数千件，大部分案件都由官员们完成。[2]

对于如何在具体情况下认定重刑犯是否可以存留养亲，就需要更加细致的统一规定。对此，该律文附有相应的条例，而且相应的条例还经过了修改。原条例规定："杀人之犯，有奏请存留养亲者，查明被杀之人有无父母，是否独子，于本内声明。如被杀之人亦系独子，亲老无人奉侍，则杀人之犯，不准留养。若被杀之人，无姓名、籍贯可以关查者，仍准其声请留养。至擅杀醉罪人之案，与殴毙平人不同，如有亲老应侍，照例声请，毋庸查被

---

[1] 《大清律例》，田涛、郑秦点校，法律出版社1999年版，第99-100页。
[2] 参见[日]寺田浩明：《权利与冤抑：寺田浩明中国法史论集》，王亚新等译，清华大学出版社2012年版，第383页。

杀之家有无父母,是否独子。"修改后的条例规定:"杀人之犯,有秋审应入缓决,应准存留养亲者,查明被杀之人有无父母、是否独子,于本内声明。如被杀之人亦系独子,亲老无人侍奉,则杀人之犯,不准留养。若被杀之人平日游荡,离乡弃亲不顾,或因不供养赡,不听教训,为父母所摈逐,及无姓名籍贯可以关查者,仍准其声请留养。至擅杀醉罪人之案,与殴毙平人不同,如有亲老应侍,照例声请,毋庸查被杀之家有无父母,是否独子(嘉庆二十四年)。"①两相比较可以看到,虽然律文倾向于对作为独子的罪犯规定存留养亲,但是原条例规定,如果被杀者也是独子,那么根据平等原则,杀人者不能独享存留养亲;同时还有例外:被杀者若为无名氏则允许杀人者存留养亲。而修订后的条例规定又增加了例外的两种情况:"离乡弃亲"和"为父母所摈逐"。根据《大清律例根原》解释,修订后的条例源于嘉庆二十四年(1819年)的"鲍怀友扎伤王惊成身死一案"②。

  从以上存留养亲的条例发展可以看到,在律文较为粗糙和笼统的时候,条例的细化规定保证了存留养亲的认定和效果;在原条例继续适用的过程中,新的案例不断出现,又推动了条例的继续细化和发展。除了这种带有"续造"色彩的情况,特定案件甚至会直接催生出新的条例。例如,《大清律例》在"名例律上·流犯在道会赦"部分规定了一般流刑犯及相关人员的赦免问题:"凡流犯在道会赦,计行程过限者,不得以赦放。有故者,不用此律。若曾在逃,虽在程限内,亦不放免。其逃者身死,所随家口愿还者,听。迁徙安置人,准此。其流犯及迁徙安置人已至配所,及犯谋反、叛逆缘坐应流,若造畜蛊毒,采生折割人,杀一家三人会赦犹流者,并不在赦放之限。其徒犯在道会赦,及已至配所遇赦者,俱行放免。"③而其所附的条例则对具备官员身份的流刑犯赦免问题作了更加详细的规定:"凡官员问拟徒罪,不论未已到配,遇赦减免,令各督抚造册,咨部汇题有案。其有

---

① 郭成伟主编:《大清律例根原》,上海辞书出版社2012年版,第107页。
② 该案的具体情况是:"嘉庆二十四年三月内,据调任安徽巡抚康绍镛咨称,鲍怀友扎伤王惊成身死一案,前经审拟,并声称犯母王氏年逾七十,家无次丁,已死王惊成是否独母,因其子被杀,以致侍养无人,则犯亲自不得独享晨昏之奉。案例所载,诚为仁至义尽。若死者平日游荡,离乡弃亲不顾,或因不肯养赡,为父母所摈逐,是死者生前已不能孝养其亲,并非被杀之后其父母无人侍奉,揆情核理,自不必仍拘死者亦系独子,凶犯不准留养之例。此案鲍怀友扎伤王惊成身死,核其情节,秋审时应入缓决,该犯母老丁单,既据该抚饬查属实,死者虽系独子,平日不听教训,不供养赡,早为其父摈逐,亦据传到尸父王华山供明,取具切结,自应准其留养。行令该抚俟秋审时,归入留养册内办理,并通行各省,一体遵照在案。应于例内增修明晰,以便引用。谨将修改例文,开列于后。"参见郭成伟主编:《大清律例根原》,上海辞书出版社2012年版,第107页。
③ 《大清律例》,田涛、郑秦点校,法律出版社1999年版,第99页。

关人命拟徒常犯,遇赦减等,另册报部核办,不得与寻常徒犯按季册报。"① 这一新增的条例源于广西巡抚和山西巡抚在上报案件中提出的咨询。② 由此可见,在律文已有一般性规定的基础之上,新增条例专门针对官员身份的特殊流刑犯作出具体规定,而新增条例正是源于两地巡抚结合个案向刑部报送的咨询意见,而且达到了"通行各省"的影响力。

修订条例或者新增条例存在创造程度上的差异,却都源于审判实践中发生的真实案件;而修订或者新增后的条例附编于律文之后,又能够对处理同类案件起到整齐划一的扩展作用。由于案例篇幅较大,阅读律例的地方官员也需要提高效率,因此,律例合编中无法直接收录支持条例的背景案例,但条例所载明的抽象规则都是从具体案例中概括出来的。从前述条例与案例的文字对比可以看到,相当多的条例采用案例原文,或者略加修改。以上仅是举出了一些比较明显的例证,其他通过条例对律文进行补充和修改的例子非常多,瞿同祖先生对此进行了非常详细的考察和总结。③ 可以说,律例合编中三元结构动态运行的具体细节和整体方式,能够为指导性案例融入《民法典》提供十分有益的经验。

第一,司法者应当严格遵守关于律、例、案的效力等级定位,以律文作为裁判案件的总体依据和底线标准。以《大清律例》为代表,明清时期律例合编的体例结构中,律例具有正式的法律效力,是明确有效的权威法律渊源,可以在裁判文书中作为裁判依据;而案例则需要区分具体情况,只有部分特定成案能够进入裁判文书,且只能作为裁判理由或者说理理由,"通行"是成案具有约束力的重要标准。④ 相比而言,条例则可以直接被援引为裁判依据,刑部拟定的条例为常态且数量较多,而皇帝钦定也是条例的重要直接来源。"在审断'例无正条'的疑难案件时,皇帝可以采取平衡之法,作出酌情裁判,还可以根据具体情况决定是否把它们提升为'通行'或者进一步提升为条例。足见,皇帝在审断这类案件时的形象,既是一个裁判者,又是一个立法者。这些情形,既可以解释为什么民事习惯难以进入

---

① 郭成伟主编:《大清律例根原》,上海辞书出版社 2012 年版,第 76 页。
② 相应咨询的具体情况是:"乾隆四十一年十月内,据广西巡抚吴虎炳咨报拟徒官犯李宏勋等遇赦释放一案,臣部以外省官犯徒满释放,向与常犯一例办理,不行报部。今该抚将官犯李宏勋等遇赦释放,缘由咨部办理,尚属慎重。嗣后,请将官犯拟徒援赦释放之案,均令造册,咨部汇题存案等因,奏准通行在案。又,据署山西巡抚觉罗巴延三咨有关人命徒罪人犯遇赦减杖可否随时在外完给咨请部示。经臣部以人命重情,未便与寻常徒犯按季汇报,应另册报部核办等因,通行各省。亦在案。应併纂为例,以便遵行。"参见郭成伟主编:《大清律例根原》,上海辞书出版社 2012 年版,第 76 页。
③ 参见瞿同祖:《瞿同祖法学论著集》,中国政法大学出版社 1998 年版,第 421-430 页。
④ 参见王若时:《清代成案非"司法判例"辩》,载《华东政法大学学报》2020 年第 1 期。

官方的视野,并且被提升为法律规则的原因;也可以解释为什么刑事法律会出现律外有例、旧例之外又有新例,从而变得越来越繁琐细碎的情形。"①当然,律文具有最权威的效力和最高地位,是所有条例的最终来源。需要特别说明的是,司法实践中处理律例关系应当避免"以例破律"或者"以例代律"的误解:"有例不用律""有例则置其律"是指某种情况下例有新规定的,则不用律,而无例的,只能用律。有的律条尽管附很多例,但犯者只犯律条中所规定的范围,断案时就不依例,而必须按律文定罪。例虽然规定许多犯罪情节以补律,并规定了相应的刑罚,但许多例规定的刑罚并不是徒、流等具体的刑罚,而是援律处罚。②"例一定要经最高立法机关加以审批和认可,并加以规范。不能把一般的案件都做为例来使用。例不能违背基本法,只能是法律的解释和补充,否则就会出现律例矛盾的现象。"③正所谓"凡律所不备,必籍有例,以权其大小轻重之衡,使之纤悉,归于至当"。④ 简言之,对于司法者而言,律、例、案之间明确的效力关系有助于发挥各自的优势,避免因效力模糊或者交叉造成的混乱。

第二,司法者应当重视通行成案在审判实践中的重要作用。清代的通行成案就是在朝廷来不及修例的情况下,把具有普遍适用性的案例冠以"通行"之名,颁发各地遵行。⑤ 可以说,即使是成案,其地位也明显低于律例。这一点类似于指导性案例的前身——公报案例:虽然被最高司法机关正式发布,但是仅具有事实上的影响力,并不能约束司法者严格适用。司法者在面对审判中的疑难问题时,可以吸收部分既有成案加强说理论证,是在实质意义上进行的实践探索,类似于援引指导性案例或者进行类案检索所取得的效果。由于清代规定裁判书必须要引用法律依据,如果没有对应的律例,就会形成法律与事实之间的供需矛盾。此时,成案也就可以成为替补的法源,《刑案汇览》记载了成案适用的两种一般方式:直接援引,以及援引成案论证可得适用的律例或作为量刑的标准。⑥ 实际上,成案作为法律渊源也被频繁引用,如果判决中没有援引成案,堂官甚至皇帝会一

---

① 徐忠明:《清代中国司法类型的再思与重构——以韦伯"卡迪司法"为进路》,载《政法论坛》2019年第2期。
② 参见王侃、吕丽:《明清例辨析》,载《法学研究》1998年第2期。
③ 崔永华:《中国古代判例法成因及经验教训》,载《求是学刊》1998年第2期。
④ 马建石、杨育棠主编:《大清律例通考校注》,中国政法大学出版社1992年版,第14页。
⑤ 参见杨一凡:《质疑成说,重述法史——四种法史成说修正及法史理论创新之我见》,载《西北大学学报(哲学社会科学版)》2019年第6期。
⑥ 参见李凤鸣:《清代重案中的成案适用——以〈刑案汇览〉为中心》,载《北京大学学报(哲学社会科学版)》2020年第2期。

而再、再而三地命令司官、律例馆甚至督抚等查核有无成案。① "从这个意义上说,具备'通行'资格、成为'定例'的成例,与普通法中需要严格遵循的先例,在内容上和形式上非常接近了。"② 当然,成案能够作为补充性法律渊源得以适用,一方面是依靠自身实体意义上的合理性,另一方面也依赖于后案司法者的运用技巧。例如,在清代,对成案的运用具有一套富有特色的论证方式,或从积极方面肯定某一成案的可援引性,或从消极方面否定某一成案的实质类似性,使成案得以有效地运作于司法实践。③ 质言之,无论何种案例制度或者环境,对既有案例与待决案件之间进行相似性比较是永恒的核心环节,明清时期的成案也概莫能外,吸收其中相似性比较的技巧是能够对目前案例指导制度运行有所启发的内容。

第三,从成案中概括条例的具体内容时需要提供有效的说理论证,尤其是考虑以情理为代表的法外因素。成案大多出现在律文适用困难的场景之中,需要吸收律文之外的因素才能形成稳妥结论。清代司法官员在处理案件时,如果出现了法律含糊不清或者空白地带,需要进行解释或者补充,解释的结果可能是细化、变通甚至推翻了律例,补充的结果则可能是援引他律、成案或者其他法源,但都必须合乎情理。即使是在法律比较清晰的情况下,也有可能因"情法不平""情法不相允协"而不是最适合本案的法律依据,那就可能要援引其他律例甚至是成案、上谕等。④ 可以说,情理是法外因素的集中体现和主要代表,也是成案中形成结论的重要参考因素,进而也推动着未来条例内容的拟定。清代刑事案件中有大量重点考虑情理的例证,前述杀人者存留养亲的细致条例就是典型。同样是杀人犯罪,如果杀人者为未成年人,那么,名律例"老小废疾收赎"条中的"恤幼"条款被重新解释,甚至被新例突破律文。在新条例的形成过程中,皇帝结合案件的情节,依据"情法之平"原则对律例进行修改、补充,从而形成新例。⑤ 又如,特定的盗窃案件,一旦出现落在律例规范之外的具体案件与特殊情节,承审官员必须本着"哀矜"的道德情感来审断案件,以期实现

---

① 参见[日]小口彦太:《清代中国刑事审判中成案的法源性》,载杨一凡、[日]寺田浩明主编:《日本学者论中国法制史论著选·明清卷》,中华书局2016年版,第255页。
② 何勤华:《清代法律渊源考》,载《中国社会科学》2001年第2期。
③ 参见王志强:《清代成案的效力和其运用中的论证方式——以〈刑案汇览〉为中心》,载《法学研究》2003年第3期。
④ 参见陈小洁:《中国传统司法判例情理表达的方式——以〈刑案汇览〉中裁判依据的选取为视角》,载《政法论坛》2015年第3期。
⑤ 参见王炳军:《清代未成年人杀人案审理中"恤幼"律例的适用——兼论"非规则型法"》,载《青少年犯罪问题》2020年第1期。

"慎刑"与"中罚"的司法理想。如果这些命盗案件超出了司法官员的权限，必须上报皇帝并由其"哀矜"的道德情感而裁决，很可能被编撰成为"通行"或条例，作为将来裁决同类案件的法源。① 甚至在"因公科敛"这样的职务犯罪中也会部分地考虑通过情、理、法之间的比较，推衍、联结，完成案件中制定法的选择和适用。② 从这个意义上来说，情理的引入不仅支撑着普通案件成为通行成案，也是后续条例编撰的有效资源，对于缓解律文与社会现实之间的矛盾，增强律文的灵活性具有非常重要的实践意义，也就是尽力做到"情法之平""情法允协"，在承认律有局限的前提下，通过例来补充律文的不足，由此可以协调情与法的冲突。③ 就当前社会转型时期而言，情理也经常出现在裁判过程中，如何有效妥当地对待情理，对法官来说也是挑战。最高人民法院《关于加强和规范裁判文书释法说理的指导意见》强调，裁判文书释法说理要"要讲明情理，体现法理情相协调，符合社会主流价值观"。通过案例的说理与论证来吸收情理因素，进而概括为指导性案例的裁判要点，有助于增强《民法典》条文的适用性和灵活性。

第四，律—例—案的三元结构对地方和中央的司法者在业务能力方面提出了较高要求。成案的存在既为处理类似后案提供了参考，也为编撰条例提供了基础，同时意味着允许司法者拥有能动探索的空间。在此背景下，司法者应当具备相应的业务素质和能力，才能为疑难案件探索出妥当的结论。在明清时期，地方的司法官员往往熟稔经典典籍而相对缺少法律知识与经验。针对此情况，官吏普遍接受了"普法教育"，在总体上有助于援法断罪，改善司法状况。④ 具体到律例合编之下，也有助于成案的有效形成与准确适用。特别是对于中央的刑部官员来说，对成案进行整理、区分、识别、归类，进而定期编撰条例，更需要高超的"实践理性"。清代刑部官员不只读律，而且律学素养亦颇精湛，足资胜任相应的司法工作。⑤ 在处理条例问题的过程中所形成的实践经验，受到律文立法上的直接肯定，以"例分八字"为集中体现。"例分八字"是中国传统律学和律典中的固有词汇，最早约见于宋人傅霖的《刑统赋》，是对历代律典中最常用的"以"

---

① 参见徐忠明：《清代司法的理念、制度与冤狱成因》，载《中国法律评论》2015年第2期。
② 参见刘志勇：《清代刑部对"因公科敛"案件的处理——以〈刑案汇览〉收录案件为例》，载《贵州社会科学》2008年第10期。
③ 参见刘笃才：《律令法体系向律例法体系的转换》，载《法学研究》2012年第6期。
④ 张晋藩：《中国古代司法官的选任与培养》，载《人民法治》2019年第11期。
⑤ 参见徐忠明：《写诗与读律：清代刑部官员的法律素养——与〈抱冲斋诗集〉所见清代刑官生涯志业〉作者商榷》，载《上海师范大学学报（哲学社会科学版）》2019年第3期。

"准""皆""各""其""及""即""若"八字进行的提炼总括。《大明律》和《大清律》先后将此八字置于律首显要位置,为成文法传统下,古代法律人解决法意与法条、法律与情伪之间永恒矛盾的智慧结晶。① 可以说,律—例—案的结构普遍涉及从地方到中央各级的司法官员,对其业务素质的高要求从主体角度保证了三者之间的良性互动,也有助于司法裁判取得法律效果与社会效果的统一。

第五,广泛的私家注律作为民间力量推动了律、例、案之间的协调关系。除了从地方到中央的官方机构专门处理律、例、案,明清时期还存在非常广泛的私家注律。"明清众私家注律家大多有丰富的司法经验,又有精深的律学功底,其在注重司法经验的基础上,对律例条文进行详细注释。其所注之律强调统一适用,消除歧义,帮助刑者准确把握律意,增强司法适用性。"②这种私家注律类似于今天的法学专业理论研究,能够为理解和适用成案、条例和律文提供有别于官方解释的民间方案,属于值得重视的"无权解释",在当时的实务工作中表现出广泛的影响:立法方面,清朝统治者在历次修律时都很重视释律家们对《大清律例》所作的注释,在有限的范围内赋予这些解释以一定的法律效力;司法方面,很多释本成为各地刑署衙门乃至刑部审理案件的重要参考,尤其是当律例条文规定不明确时;此外,私家注律还有助于协调和结合全国法制统一与地方实际情况。③例如,吴翼先的《新疆条例说略》专门针对发遣新疆的条例进行梳理和分析,体现了现实性和专门化的特点。④ 官方的正式解释往往过于关注具体细致问题的处理,容易失之零散和琐碎,在宏观的整体把握上有所欠缺。繁杂的实务工作也使审判者难有充分精力对案件、条例和律文之间的关系处理进行细致思考。而私家注律则在这些方面具有明显的优势,超脱的中立立场有助于减少官场潜规则的不当影响,为处理司法实务提供了多样思路,在博采众长中选取最优结论。

从以上分析可以看到,明清时期的律例合编继承并集成了以往封建法典的成熟体例,在具体运行过程中重视吸收各方的经验与智慧,以案例为源头挖掘法律规范与社会实践之间关系的妥当处理方式。这些内容也完全能够被《民法典》及其相应的民商事指导性案例所借鉴:无限丰富的社

---

① 参见吴欢:《明清律典"例分八字"源流述略——兼及传统律学的知识化转型》,载《法律科学(西北政法大学学报)》2017年第3期。
② 李守良:《明清私家律学如何影响清朝立法》,载《检察日报》2019年1月30日,第3版。
③ 参见何敏:《清代私家释律及其方法》,载《法学研究》1992年第2期。
④ 参见宋玲:《清代律学转型举隅——以吴翼先〈新疆条例说略〉为中心》,载《中央民族大学学报(哲学社会科学版)》2019年第5期。

会现实以案件的形式涌向法院,对有效的《民法典》不断提出各种挑战;遴选其中的精品案件为指导性案例,能够为稳定的《民法典》增添活力,更好地适应社会现实的需要。

第三节 指导性案例融入《民法典》的现实途径

无论是否成为正式制度,司法案例一直在中国古代法制中占有重要地位,对于推进法典发挥实际效果具有重要意义,如秦代的"廷行事"、汉代的"决事比"以及后世的"引例断狱"等。就律例合编形式而言,"在中国法制发展史上,稳定的法律形式从体例上统摄灵活的形式,是二者有效地发挥其作用的最优方式"①。明清时期的律例合编在处理法典与案例的关系方面已经非常成熟。2010年年底《关于案例指导工作的规定》从制度层面重新延续了以上法制传统,指导性案例从此可以正式进入裁判文书。当然,案例指导制度目前所取得的效果远远没有达到预期:指导性案例发布的数量偏少,难以形成规模效应;裁判要点的创新性不强,难以满足审判的实际需要;总体援引率偏低甚至大量出现隐性适用的情况;等等。但是,从中国古代法制的有效经验以及国外判例制度的普遍实践来看,案例指导制度包含巨大的实践价值,仍然需要继续发展完善。更重要的是,《民法典》开始实施为该制度的效果提升带来了良好契机,将指导性案例融入《民法典》不仅有助于提升《民法典》的操作性与适用性,而且能够使指导性案例借助于备受重视的《民法典》在数量和质量上得到提升。在借鉴明清时期律例合编诸多历史经验的基础上,将指导性案例融入《民法典》的现实途径可以从以下几个方面具体入手。

首先,将指导性案例的裁判要点与《民法典》合编,确定"民法典条文—裁判要点—指导性案例"的基本结构。以明清为代表的传统法典长期以律例合编为体例结构,与之类似,《民法典》与指导性案例也能够合编。当然,合编中的"例"并非案例,而是从成案中概括出的条例,与指导性案例的裁判要点是高度相似的。"裁判要点是人民法院在裁判具体案件过程中,通过解释和适用法律,对法律适用规则、裁判方法、司法理念等方面问题,做出的创新性判断及其解决方案。它是整个指导性案例要点的概要表述,是指导性案例的核心和精华部分。"②虽然在法典化传统中对于判例是

---

① 苏亦工:《论清代律例的地位及其相互关系(上)》,载《中国法学》1988年第5期。
② 胡云腾、吴光侠:《〈关于编写报送指导性案例体例的意见〉的理解与适用》,载《人民司法》2012年第9期。

否应当包括裁判要点一直存疑,因为裁判要点还需要进行再次解释和具体化。但从目前来看,多数法典化国家的判例中有裁判要旨(要点)。就案例指导制度来说,裁判要点是从指导性案例中概括出来的抽象规则,同时,其抽象程度又低于具体民法条文,是对相应条文的细化、扩展或者补充。从这个意义上来说,律、例、案之间的关系基本对应"民法典条文—裁判要点—指导性案例"的基本结构,具体的《民法典》条文之后完全可以附上相应的指导性案例裁判要点,有助于充分全面地理解并适用特定的《民法典》条文。"'以民法典为纲,以指导性案例为目'的统编形态,符合演绎推理的法律适用过程,法律与指导性案例共同构成逻辑大前提,指导性案例定位清晰,便于引用发挥指导功能。"[1]这种方式类似于法律(法条)评注,使用包括指导性案例、典型案例以及理论学术等丰富材料对特定法条进行全面分析和阐释。特别是对于那些使用频率较高又较为笼统和概括的条款来说,这种合编的方式有助于法官准确适用。"从法律适用的逻辑学与解释学上看,清朝法律形式构成了一个循环体系。律典是整个法律适用的起点,通过类比、比附等司法技术,使律条适应纷繁复杂、个案案情多变的社会需要。同时,所有条例、通行和成案的最终解释与渊源都可以回溯到律典中某一具体律文或法律原则,使法律解释不会走向整体性迷失与混乱,整个法律体系构成逻辑体系上的自洽与自我循环……清朝是在普遍性与特殊性之间找到一个过渡性法律形式,让两个极点能够发挥所长而克制所短。"[2]当然,明清律例合编的实践中也存在一些混乱情况:《大清律例》律条"有目有文",条目以律文的简单摘录或律意的初步提炼为表现形式,以索引律条为基本功能,又用于例条的归类。但是,条例在律典目录体系中"有文无目",其归置上诸如标题误导性、难以检索等弊端,削弱律目的索引功能。[3] 而现在将《民法典》与相应指导性案例进行合编,则能够避免以上情况,因为现有的《民法典》在系统性和完整性上已经远超以往,而且案例指导制度仍然处于初创时期,为数不多的指导性案例能够比较准确地对应于主要的《民法典》条文,为二者的合编奠定清晰的基础。

其次,通过动态调整指导性案例数据库,形成信息化、数字化、智能化的新型《民法典》。律例合编的实践在增减和修改条例方面有比较明确和

---

[1] 张生:《中国律例统编的传统与现代民法体系中的指导性案例》,载《中国法学》2020年第3期。
[2] 胡兴东:《中国古代法律形式结构研究》,载《北方法学》2014年第3期。
[3] 参见张田田:《试论〈大清律例〉律目的局限》,载《探索与争鸣》2017年第12期。

固定的年限规定,这种调整方式有利于形成稳定预期,也能够更有效地发挥条例的灵活性特点。相比而言,目前案例指导制度还没有对发布和调整指导性案例的时限与频率作出明确规定。《实施细则》第12条仅规定了指导性案例不再具有指导作用的两种情况,但是并没有对发布和清理指导性案例的频率时限予以明确。值得注意的是,2020年年底,法〔2020〕343号通知明确了指导性案例9号和20号不再具有指导作用。从2011年第一批指导性案例发布以来,这是最高人民法院首次明确特定指导性案例的退出,从而形成了完整的调整环节,只是在时限方面仍然显得较为随机。因此,最高人民法院应当在调整指导性案例方面有更加明确的措施。更重要的是,当前信息时代对案例数据的调整完全能够做到及时同步更新,与以往任何时代都呈现明显差异。在律例合编的时代,从成案到条例再到与律文合编,往往需要几年甚至更长的时间,且都依赖纸质媒介,印刷的固定文字无法频繁调整。例如,律文之后附上条例是律例合编的常态,但是条例具体附在哪条律文下并没有统一的编纂标准,这一点造成立法者在修例时显得很踌躇。《读例存疑》中有很多这样的例子,即一个条例在百余年修改过程中,经常从一律移至另外一律,或者拆开分别列入不同的律文下。[1]这种律例不对应的情况充分展现了纸质版本法典的固定甚至滞后。而现在的网络传播以及智能设备的普及,使《民法典》有了更多样态的"版本",能够直接对特定条文附加扩展链接。结合上文提及的将指导性案例与《民法典》条文合编,数字化、智能化的《民法典》完全可以吸纳相应指导性案例的裁判要点,甚至可以通过链接直接扩展到指导性案例的全文。这种合编之后的版本可以更好地为司法裁判提供便捷的参考资料甚至是裁判依据。对于已经在智慧司法取得重大进展的法院系统来说,以上整合版本在技术上几乎没有障碍,只是在形式上由最高人民法院统一发布更具有权威性。进言之,地方高级人民法院还可以对这一版本进行细化,在《民法典》条文的后续链接中附上自身发布的参考性案例。《最高人民法院关于规范高级人民法院制定审判业务文件编发参考性案例工作的通知》(法〔2020〕311号)已经为地方高级人民法院发布参考性案例提供了直接依据和具体规定,是对很多地方高级人民法院已有实践的肯定与规范。其他类型的案例(如公报案例、典型案例等)也可如法炮制。整合以指导性案例裁判要点为首的多类型、多层次案例,将实现《民法典》在保持条文稳定的基础上进行内涵式扩展,使法条与相应的案例集中展示,这不仅可以满足司法实

---

[1] 参见陈煜:《略论〈大清律例〉的"确定化"》,载《中国政法大学学报》2012年第4期。

践的需要,而且能够有效推进司法公开。

再次,以应对《民法典》实施中的审判难题为目标,充分尊重一线法官的探索,才能有效提升指导性案例的数量与质量。前文述及,律例合编是最终结果,而这一过程的起点则是审判过程中遇到的疑难案件。在静态意义上的法典经过了立法者的细致编纂,只有在遇到实践中的疑难案件时才会显现出问题。中国虽然是成文法典国家,具有按照成文法实施司法的传统,但判例的研究和运用始终没有停止。在司法实践中,当法典的律文规定不周详、不具体或根本欠缺时,法官往往会按照以往的成例来判案;法官一般也遵守相同的情状适用相同的判例这一原则,只是在比较两者差异时会作出一些小的变动。无论是源于帝王的敕令还是由判例转化,条例都是为了解决社会上新出现的问题而颁发,都是为了解决以往的法律中所没有规定或规定不详、无法操作的问题而出台,对当时社会的发展总体上发挥了积极的作用。[1] 例如,从《成案汇编》和《刑案汇览》中被援引的相关成案可以看到,强盗案件中引成案作为依据,所要解决的事项大多是一些律例规定含糊的问题,这些问题或是律例对适用范围规定不明确,或是律例对情节界定不明确,或是律例对处刑规定不明确。[2] 与之相比,仍然处于初期的案例指导制度就略显保守,已有的民商事指导性案例在创新性上有所欠缺,多数只是重复已有的司法解释或者实务工作中的共识。案件越是疑难,越是能够显示出法典规定的有限,也越是能够凸显指导性案例的必要。在从成案概括为条例的过程中,明清时期的中央司法机关(主要是刑部)充分尊重了一线法官的司法探索,并为后来的律例合编奠定了基础。由于明清统治者过于强调法典律文不可变动,甚至忽视社会形势的变动,因此,不断增加的创新条例在一定程度上已经改变了律文的规定,实质上成为新的律文,甚至可以说,修例实际上成为清代的主要立法活动。[3] 这也意味着成案已经成为新律文的前期探索。这种为立法完善进行的司法探索,在现有的指导性案例中已经出现。例如,原《侵权责任法》第36条对电商平台的义务规定较为模糊,指导性案例83号对此问题进行了细化和明确,其裁判要点1已经被《民法典》第1195条所肯定和吸收,而且新增"初步证据"作为有效通知必备条件的规定还是非常明确和及时的。[4] 指导性案例

---

[1] 参见何勤华:《明清案例汇编及其时代特征》,载《上海社会科学院学术季刊》2000年第3期。
[2] 参见柏桦、于雁:《清代律例成案的适用——以"强盗"律例为中心》,载《政治与法律》2009年第8期。
[3] 参见沈大明:《〈大清律例〉与清代的社会控制》,上海人民出版社2007年版,第19页。
[4] 参见徐伟:《〈民法典〉中网络侵权制度的新发展》,载《法治研究》2020年第4期。

83号以条文规定的方式"融入"《民法典》的深层原因在于该指导性案例"在坚持'严格保护'价值导向的同时,充分尊重电子商务市场自生性规则,在不同规则选择难以取舍时,优先选择对于各方利益有最大容忍度和包容度的规则,实现了法律效果与包括市场效果在内的社会效果统一,为同类案件的处理提供了可资借鉴的规则"①。在《民法典》持续实施的过程中必然会出现法典规定有所不足的情况,由此产生的疑难案件应当及时归类并转化为相应的指导性案例。这种针对民商事审判疑难问题的指导性案例才能够满足司法实践的需要,才能获得法官的认可与接受,才能发挥案例指导制度的预期效果。"无论汉代的决事比、宋代的编敕、元代的条格、明清两代的条例,都是根据实际发生的案件或审判程序的问题,有臣下奏请或是皇帝钦定,将判例制作成具有普遍适用效力的法条,最后由朝廷颁行而来的。这种由国家创制的判例法通过一定程序使之走向制定法,在一定程度上缩短了判例法与成文法之间的差距。国家对判例的提倡,使得在审判中法官们情不自禁地选用一些未经朝廷颁行的判例来断案。"②即使是私家注律活动也都是在基本肯定现行律例合理性的前提下,研究条文如何理解、如何适用,体现了"实用致世"的价值导向。③ 这种对既有判例在审判实务中形成路径依赖或者职业习惯的历史经验,足以为案例指导制度所借鉴。仅通过行政化的外部压力来推行指导性案例存在不少弊端。④只有凭借指导性案例自身的质量,才能真正提升其权威性,正所谓"桃李不言,下自成蹊"。

同时,通过针对疑难案件遴选指导性案例,也有助于促进指导性案例在数量上的提升。一方面,目前指导性案例的数量偏少,难以满足审判实践解决疑难问题的需要,大幅度提升指导性案例的数量和类型已经成为案例指导制度持续发展的当务之急。另一方面,更重要的是,单一案件往往难以完全涵盖特定疑难问题的所有类型,多个相关案件更能够揭示解决疑难问题的全貌。从律例合编的实践中可以看到,多数律文之后都附有多个条例,部分重点律文甚至附有多达几十个条例。结合前述动态调整指导性

---

① 应向健等:《指导案例83号〈威海嘉易烤生活家电有限公司诉永康市金仕德工贸有限公司、浙江天猫网络有限公司侵害发明专利权纠纷案〉的理解与参照——网络服务提供者未对权利人有效投诉及时采取合理措施的应当承担相应的侵权责任》,载姜启波主编:《中国案例指导》(总第6辑),法律出版社2017年版,第232页。
② 张玉光:《判例法在传统中国社会的历史变迁》,载《社会科学家》2005年第6期。
③ 参见何敏:《清代注释律学特点》,载《法学研究》1994年第6期。
④ 参见郑智航:《中国指导性案例生成的行政化逻辑——以最高人民法院发布的指导性案例为分析对象》,载《当代法学》2015年第4期。

案例数据库的建议,《民法典》条文之后可以链接相关多个指导性案例及其裁判要点,从而全面地反映特定条文在司法实践中的使用情况。这种条文与指导性案例的融合展示更容易提高后者在司法过程中的出现频率,有助于推动法官(甚至其他诉讼参加者)重视、探索和推荐指导性案例,进而有助于大规模增加指导性案例的数量。

最后,倡导以民法解释学为基础的案例研究。在明清时期,除了官方正式确定的文本,私家注律对推动律例合编的实践发挥了重要作用。以此为鉴,目前的法学研究完全能够助力指导性案例与《民法典》的融合。在编纂《民法典》的过程中,围绕确立何种具体民法规范及其条文表述的研究已经充分展开并获得了蔚为壮观的丰硕成果,接下来更为关键的问题在于如何在司法案件中充分有效地适用《民法典》,尤其是需要应对《民法典》的具体化问题。在这种背景下,以民法解释学为基础的案例研究将大有可为。在 2011 年法律体系形成后,推动实用的法律解释学发展便是大势所趋,中国正在迎来一个"解释者的时代"①。依法治国需要加强法律解释,及时明确法律规定的含义和适用法律的依据,法律解释学潜力巨大。应充分发挥其明确法律内涵的功能,增强法律的可执行性和可操作性,并针对实践中出现的新情况、新问题不断作出新解释。② 具体到 2021 年开始实施的《民法典》而言,借助民法解释学的深厚根基,相关的案例研究亟待加强。王泽鉴先生也认为:"判例研究不仅在于方法论上检视法之适用、实现个案正义,并在发现法律原则,尤其是整合判例与学说,建构法释义学,体现法学的任务……必须对学说见解与司法实践进行必要的批评和修正,积极参与法规范的形成与发展。从事判例研究是每一个法学者的权利、责任与义务。"③虽然明清时期的私家注律也有一些缺陷,如导致律例拖沓与冗长、逻辑混乱、错误解释、畸轻畸重和律意不明等;④但这些缺陷的产生与当时法学研究的整体状态直接相关,完全可以被今天法学研究的发展所避免。细致全面的案例研究能够对特定类型的案件甚至具体个案展开深入分析,提供实务部门可能忽视的视角和结论。由此,不断强化的民法学案例研究不仅能够为保证指导性案例的质量提供学术界的贡献,而且可以借助案例指导制度中的社会推荐渠道增加民商法指导性案例的数

---

① 季卫东:《法解释学大有发展》,载《东方法学》2011 年第 3 期。
② 参见张志铭:《与个案对接 使法律周延 法律解释学大有可为》,载《人民日报》2016 年 3 月 28 日,第 16 版。
③ 周江红等主编:《民法判例百选》,法律出版社 2020 年版,"序言"第 2 页。
④ 参见李守良:《律典之失与律学吸纳:明清私家律学与清代的法典编纂》,载《江汉论坛》2018 年第 5 期。

量,为指导性案例融入《民法典》奠定更加坚实的基础。

结语:迈向开放的新时代《民法典》

  《民法典》的系统编纂已经完成,现阶段更为关键的任务是实施。《民法典》所能够产生的重要影响不仅取决于科学、合理和稳定的条文,而且直接取决于适用条文的效果。在现代社会日益纷繁复杂且不断更新迭代的背景下,传统的法典形式必须采取更为灵活与开放的方式才能够适应社会的需要。我国的《民法典》也有意识地处理了法典的封闭和体系开放的关系,尽量克服法典模式容易具有的体系封闭性弊端,积极增加其包容性和动态适应性。① 除了通过开放法源等一般规定,结合信息技术容纳指导性案例(及其裁判要点)同样属于《民法典》开放性的重要表现。

  将指导性案例(及其裁判要点)融入《民法典》,明清时期的律例合编已经提供了丰富的历史经验。虽然律例合编也存在一定缺陷,如数量过多,过于琐碎的条例导致整体法律的繁冗难行,皇帝的个人决策也带有明显的武断色彩,②但是,这些弊端在新时代可以通过合理的技术手段和科学的制度规定有效避免。此外,实施《民法典》的现实需求同样成为指导性案例(及其裁判要点)融入其中的重要理由。因为法典与案例分别代表法律的确定性、稳定性以及灵活性、开放性,二者采取合适的比例进行组合才能扬长避短,取得最优的实际效果,这也是目前各国现代法发展的总趋势;③过于偏重其中一种方式会影响另一种方式。在案例指导制度正式延续了中国法制重要传统的背景下,将指导性案例融入《民法典》体现了历史经验和现实需求,借助新时代背景提供的社会条件和技术条件也具有可操作性,完全可以成为我国《民法典》与时俱进甚至超越其他著名民法典的重要方式,值得引起重视与关注。

---

① 参见龙卫球:《中国民法典的有为和有所不为》,载《中国法律评论》2020 年第 3 期。
② 参见徐忠明:《内结与外结:清代司法场域的权力游戏》,载《政法论坛》2014 年第 1 期。
③ 参见董茂云:《比较法律文化:法典法与判例法》,中国人民公安大学出版社 2000 年版,第 197 页。

第十章　指导性案例在刑事审判中的困境及其出路[①]

【本章提要】与其他部门法指导性案例相比,刑事指导性案例的数量较多,但是刑事审判援引指导性案例的比例却更低。这种现实困境有多种成因:审判实务工作者对罪刑法定原则存在固化理解,没有将指导性案例及时吸纳;刑事审判有许多特殊之处,在一定程度上不利于援引指导性案例;刑事指导性案例总体上没有形成规模效应,而且对既有抽象规则的重复内容过多;刑事指导性案例的效力偏低,没有与其他刑事诉讼制度形成有效配合。以上困境的化解需要多种路径的协同推进:最高人民法院应当重视在发布相关司法解释时同步发布配套指导性案例,并考虑与其他国家机关联合发布指导性案例;同时,对刑事指导性案例的官方文本进行细致编辑,适当突破原审裁判文书的内容;刑事指导性案例在内容上应当减少对既有抽象规则的重复,尽可能为刑事审判提供"增量规则";在思维层面上,各级法院和刑事法官应当更新对罪刑法定原则的认识,积极提升刑事指导性案例的效力与实效。

第一节　指导性案例在刑事审判中的困境及其成因

作为主要的指导性案例类型之一,刑事指导性案例备受关注。最高人民法院发布的第一批4个指导性案例中就有2个是刑事指导性案例。在后续的多批指导性案例中,刑事指导性案例占据了很大比重。而且,除了最高人民法院,最高人民检察院所发布的多数指导性案例也都属于刑事案件。可以说,刑事指导性案例已经受到最高司法机关的高度重视。

但是,"徒法无以自行",发布数量上的优势地位并不能保证实施效果。对于指导性案例而言,裁判文书直接援引或者引述的数量是衡量其实

[①] 为保证理论与实践相结合的水平,本章写作过程中展开了对S省相关地市法院的实证调研,获得了来自一线刑事法官的反馈数据和信息,具体内容穿插在文中相应论述中。

践效果的主要指标。刑事指导性案例在这个方面并没有展现出与发布数量同等的优势。根据2020年的数据统计,在147例指导性案例中,民事类指导性案例已经发布的54例中有40例被裁判文书引述,应用的案件数量达到5351个。与之相比,刑事指导性案例当时已经发布了26例,其中有18例被引述,但是,应用案件的数量仅有126个。其他部门法指导性案例的发布数量与应用案件数量分别为:行政法指导性案例25例和1389个、知识产权指导性案例22例和151个、执行类指导性案例15例和200个、国家赔偿指导性案例5例和121个。[①] 由此可见,最高人民法院所发布的指导性案例的数量与其实践应用的比例差距非常大,审判实践并没有高度重视此类指导性案例。

类似的情况也发生在最高人民检察院发布的指导性案例之中。同样根据2020年的数据统计,最高人民检察院当时已发布了24批93例指导性案例,内容上已经全面覆盖刑事检察、民事检察、行政检察、公益诉讼检察"四大检察",发布速度也有了明显提升。但是,已被应用于司法实践的检察指导性案例共有14例,尚未被应用的有79例。援引检察指导性案例的案件仅有52个,其中检察指导性案例第12批正当防卫主题的4例指导性案例都已经被援引且占据应用案件的半数以上。[②] 与最高人民法院的指导性案例相比,最高人民检察院所发布的刑事指导性案例实际应用的数量更少,比例更低。

虽然在案例指导制度运行十余年的背景下,各个部门法的指导性案例被援引的数量和比例都不高,但是,刑事指导性案例在这个方面的比例明显更低。这种情况与刑事指导性案例的数量以及整个刑事案件的数量并不相称。这说明法官在很大程度上并没有重视刑事指导性案例的应用。而且,从已有刑事指导性案例的运用案件来说,法官主动检索并参照的比例更低,反而是当事人(主要是其代理人)有更强的动机强调参照相应的刑事指导性案例。

简言之,刑事指导性案例在司法实践中受到更多"冷遇",其困境主要表现为与发布数量和援引案件数量极不相称的参照援引比例。"指导性案例发布之后,无论是在控辩双方建议参照的情况下抑或法官主动援用的情况下,法官借鉴或引述指导性案例对裁判理由进行阐明的情况依然罕见,

---

① 参见郭叶、孙妹:《最高人民法院指导性案例2020年度司法应用报告》,载《中国应用法学》2021年第5期。
② 参见郭叶、孙妹:《最高人民检察院指导性案例司法实践研究》,载《中国检察官》2022年第5期。

这种重处断结果而轻说理过程的窘境未明显改观。"①综合既有的研究成果和本章的调研结论,造成刑事指导性案例上述困境的原因至少包括以下几个方面。

第一,从事刑事审判的法官对罪刑法定原则存在固化理解。遵循罪刑法定原则是审判刑事案件的首要特征,明显区别于民事案件。这种情况也决定了刑事案件的法官拥有更狭窄的自由裁量权。对于长期习惯于适用抽象规则(包括刑法及其相关司法解释)的法官来说,指导性案例属于新生事物,在其效力地位并不非常明确、难以称得上是正式法律渊源的背景下,法官不愿公开承认指导性案例属于罪刑法定中的"法"。"我国历朝历代都非常重视案例(判例)在法律实践中的作用。但目前,我国参考大陆法系国家的制定法,以成文法为主,判例被排斥于法源之外。这无疑在很大程度上影响着我国案例指导制度的构建、发展和完善。"②换言之,司法实践中,法官对罪刑法定原则存在固化理解,并没有接受指导性案例作为刑事审判的依据或者参考之一。③ 有学者也认为,在坚持罪刑法定原则的背景下,同时考虑我国刑事司法解释数量极多的现实,指导性案例的功能、作用必然受到限制。其实,在没有抽象性司法解释的大陆法系国家中,判例法的适用同样存在要避免与罪刑法定原则相抵触的问题,也会警惕法官通过案件处理创制法律的情况。所以,对刑事判例制度总会有冲击罪刑法定原则的担忧,法官在处理当前案件时,对判例的选择、运用自然就会很慎重。④ 对于指导性案例而言,我国法官还存在不少生疏和模糊的认识,最高人民法院也处于探索之中。有实证调查表明,当前一些法院的法官对案例指导制度缺乏明确的认识,有的法官不清楚指导性案例的效力,不清楚指导性案例与参考性案例、研究性案例的区别;还有很多法官不知道指导性案例有哪些,审判实践中甚至存在参照指导性案例而被改判的情况。特别是刑事法官基于罪刑法定原则等因素,不敢、不愿编写刑事案例,更不敢应用指导性案例。⑤ 可以说,在整个案例指导制度的运行并不顺畅的背景

---

① 杨楠:《指导性案例与规范性司法解释关系的实证考察——以刑事司法为例》,载《华中科技大学学报(社会科学版)》2019年第2期。
② 舒洪水:《建立我国案例指导制度的困境和出路——以刑事案例为例》,载《法学杂志》2012年第1期。
③ 在本章的实证调研中,针对"罪行法定中的'法',应否包括刑事指导案例?"这一问题,约90%的刑事法官给予否定回答,这在很大程度上说明,指导性案例并没有被认可为刑事裁判的理由或者依据。
④ 参见周光权:《刑事案例指导制度:难题与前景》,载《中外法学》2013年第3期。
⑤ 参见杨治:《困境与突破:刑事案例指导制度的实践运行样态及功能实现》,载《法律适用(司法案例)》2017年第6期。

下,刑事指导性案例的参照适用受到对罪刑法定原则固化理解的消极影响,更没有被司法实践普遍接受。

第二,刑事审判自身的独特内容和方式产生了一些消极影响。除了特别强调罪刑法定原则,刑事审判呈现很多自身独特的内容和方式,这些内容和方式与民事审判和行政审判差异较大,也对刑事指导性案例的运用产生了多种影响,当然也包括消极影响。例如,民事审判主要涉及当事人之间的财产关系和人身关系,尤其以财产关系为主。在对民事关系的处理中,法官拥有更多的自由裁量权,相比当事人更有优势地位;而在刑事审判中,法院需要面对同属国家机关的公安机关和检察机关,其自由裁量的范围和优势地位都比在民事审判中要低,最高人民法院所发布的指导性案例能否以及在多大程度上受到其他国家机关的认可和接受,对于法院而言带有更多的不确定色彩。又如,刑事审判的严厉结果使其更容易成为舆论关注的对象,法院对刑事案件的处理也更为严格甚至是保守。任何两个案件之间的差异是绝对的,而相似之处却是相对的,通过类比推理参照刑事指导性案例更可能出现一些被指摘之处,尤其是在法官没有具备绝对权威且对指导性案例并不熟悉的情况下。这一点与前述对罪刑法定原则的固化理解存在内在一致之处。此外,刑事指导性案例主要侧重于法律适用方面,而刑事审判中,法官在认定事实方面面对更加复杂的情况:刑事证据更多地呈现为言词证据,稳定性较差,其运用也更易受办案人员主观因素的影响,刑事案件事实认定的复杂性使办案人员对指导性案例本身的真实性和可适用性抱有疑虑,刑事司法过程所涉权力、利益关系的多样性使参照指导性案例处理当下案件的考量过程复杂化,这使案例指导制度在刑事司法中的实施呈现独特性的一面。① 从以上几个方面可以看到,面对刑事审判独特的内容与形式,刑事指导性案例的参照适用存在很多不利因素,从而影响了其参照适用的实际效果。

第三,刑事指导性案例数量总体上仍然偏少,难以形成规模效应,且文本编辑的水平参差不齐。在转型时期,社会形势的急剧发展产生了大量新问题,对各种法律都会产生冲击,刑事法律也不例外。以有限的刑法条文(包括司法解释)应对无限丰富的社会冲突,必然会使前者显现出不足,从事刑事审判的法官迫切需要各种权威性资料以减少或者降低刑法数量不足所产生的消极影响,尽可能地去实现罪刑法定。这种情况也凸显了刑事

---

① 参见秦宗文、严正华:《刑事案例指导运行实证研究》,载《法制与社会发展》2015年第4期。

指导性案例的必要性。但是,现有的刑事指导性案例的数量太少,难以充分满足上述需求。截至2023年,已经发布的刑事指导性案例仅有27个(不含刑事诉讼法案例),年均不到3个。相比纷繁复杂的刑事审判来说,这种数量等级仅是沧海一粟,无法满足刑事审判工作的实际需要。从刑法修正案及其相应的司法解释不断出台就可以看到,刑事审判在这个方面的需求是非常强烈的。① 这一点对于检察机关发布的指导性案例来说同样适用。"出于规模效应需要,应视情况增加检察指导性案例数量,遴选出创造性、典型性、普适性较强的案件,便于类案参照适用。通过基础数量提升,丰富检察指导性案例类型,为多种类案提供创新规则或审查思路,有助于在检察官内心形成办案的'路径依赖',使检察官主动研习和参照检察指导性案例成为常态。"② 与之类似,当事人一方也对指导性案例有强烈需求,主要原因在于面对复杂多变的现实境遇,刑法文本规范所不可避免地存在模糊性、滞后性与不周延性。③ 对于众多的刑事审判疑难问题提供各种指导或者指引,司法解释体现了全面和系统的优点,但同时也存在滞后性的内在缺陷,具备针对性和及时性的刑事指导性案例应当在这个方面发挥重要作用。但现有的刑事指导性案例数量太少,无法为从事刑事审判的法官提供全面有效的指引或者指导,也无法成为其工作习惯或者路径依赖。随着最高人民法院不断发布刑事指导性案例,这种情况会有所改观,但是相比刑事审判的迫切需要来说远远不够。从英美法系判例制度发展的经验可以看到,只有相关判例的数量达到相当的规模,判例才能在司法实践中发挥全面有效的作用。与先例制度的长期历史发展对比,案例指导制度只有十余年的时间,在案例数量的积累方面远远落后,自然也难以成为刑事审判的有效依据。④ 除了发布数量有限,现有刑事指导性案例的文本编辑也存在参差不齐的情况,影响了其在刑事审判中的认可度和接受

---

① 本章的调研问卷设计了"在刑事审判中是否经常遇到刑法规定比较模糊和概括的情况?"这一问题,对此,"经常遇到"和"偶尔遇到"的比例分别约为40%和60%,从未遇到疑难案件的情况几乎没有。这说明在罪刑法定原则的指引下,刑事法官需要尽可能地寻找确定的裁判依据。在此基础上,针对"如果刑法规定比较模糊和概括,而司法解释尚未出台,去哪里寻找相应的裁判理由、裁判依据或者参考资料?"这一问题,刑事法官所寻求的资料包括:省内类似案件、省外类似案件、刑事审判参考、典型案例、专家观点等,搜索的途径则包括:中国裁判文书网、法信等,其中明确提及指导性案例的仅约25%。
② 董史统等:《检察指导性案例在刑事办案中的应用》,载《人民检察》2021年第15期。
③ 参见雷娜:《刑事指导性案例裁判援引的考察与反思》,载《政法学刊》2020年第1期。
④ 在本章的调研问卷回应中,对于刑事指导案例的了解程度,"非常了解"、"一般了解"和"不了解"的刑事法官比例分别为20%、65%和15%。这种数据反映了刑事法官还没有充分了解刑事指导性案例的内容,也会相应地降低后续参照适用的比例。

度。与司法解释一样,刑事指导性案例也有官方正式的统一文本,是法官参照和学习的主要对象。与司法解释不同的是,刑事指导性案例有案件事实部分,这一部分决定了后续的法律适用和裁判说理,是指导性案例独有的内容。指导性案例的正式文本源于原审的生效裁判文书,经过最高人民法院的编辑。现有的少量刑事指导性案例在文本编辑方面十分出色,如指导性案例61号"马乐案"在裁判理由部分的论证就比较丰富,从立法目的、法条文意和立法技术等方面展开分析说理,为《刑法》第180条第4款援引法定刑的情形提供了准确理解,实现了最终结论建立在可靠的基础之上。但是,还有很多刑事指导性案例的论证较为粗糙和简略,没有充分展示相关法律适用的过程和理由,难以使后案法官有效地研习和参照。例如,与"马乐案"同属第13批指导性案例的"徐加富强制医疗案",该案的裁判理由部分只有400多字,仅重复了裁判要点的结论,没有对裁判要点展开分析和论证。又如,指导性案例97号"王力军非法经营再审改判无罪案"的裁判理由部分只有200余字,完全没有论述本案核心内容"王立军买卖玉米的行为不具备社会危害性、刑事违法性和刑事处罚必要性"所成立的理由,因而指向性和说服力较差。与之类似,指导性案例87号对在司法实践中早已普遍存在的"刷单"辩解,确立了"无相关证据予以证实的,不予采纳"的裁判要旨,肯定了在计算网络假冒注册商标犯罪数额时,应当先扣除"刷单"虚增的销售数额部分,其后依据网店销售流程证据与"被告人供述、证人证言、抽样调查询问……被告人所做记账笔记本"等多项证据综合认定犯罪数额的证明思路。但是,因该指导性案例裁判文书的篇幅有限以及案情的特殊性,其以"无相关证据予以证明"为由不予采纳"刷单"辩解的说理过于简单,有未完待续之感。[①] 从现有已经发布的刑事指导性案例来看,文本编辑的篇幅和水平在不断提升,通过裁判理由展示法律适用方面的论证也更加丰富,但鉴于文本编辑的重要性,最高人民法院应当在这个方面继续提高和完善。

第四,在实体内容上,刑事指导性案例的裁判要点过多重复既有的司法解释或者规范性文件,没有为刑事审判提供"增量规则"。与发布频率较低和文本编辑不足相对应的,是刑事指导性案例对已有的抽象规则重复过多。出于统一法律适用和罪刑法定的需要,刑事审判的抽象规则需要完整一致,应当尽量减少不必要的重复,在这一点上,刑事指导性案例存在一

[①] 参见贺志军、莫凡浩:《涉"刷单"网络假冒注册商标犯罪数额之推定证明——以最高人民法院第87号指导性案例为切入点》,载《中国刑警学院学报》2019年第3期。

定缺陷。从第一批指导性案例开始,刑事指导性案例的裁判要点就比较明显地重复了既有的司法解释或者规范性文件,如第一批指导性案例中的指导性案例3号,其裁判要点与相关司法解释或者规范性文件的重复内容对比见表10-1。

表10-1 指导性案例3号裁判要点与相关司法解释或者规范性文件重复内容对比

指导性案例3号裁判要点	相关司法解释或者规范性文件规定
1.国家工作人员利用职务上的便利为请托人谋取利益,并与请托人以"合办"公司的名义获取"利润",没有实际出资和参与经营管理的,以受贿论处	2007年"两高"《关于办理受贿刑事案件适用法律若干问题的意见》(法发〔2007〕22号)第3条关于以开办公司等合作投资名义收受贿赂问题第2款 国家工作人员利用职务上的便利为请托人谋取利益,以合作开办公司或者其他合作投资的名义获取"利润",没有实际出资和参与管理、经营的,以受贿论处
2.国家工作人员明知他人有请托事项而收受其财物,视为承诺"为他人谋取利益",是否已实际为他人谋取利益或谋取到利益,不影响受贿的认定	2003年最高人民法院《全国法院审理经济犯罪案件工作座谈会纪要》(法〔2003〕167号)三、关于受贿罪(二)"为他人谋取利益"的认定为他人谋取利益包括承诺、实施和实现三个阶段的行为。只要具有其中一个阶段的行为,如国家工作人员收受他人财物时,根据他人提出的具体请托事项,承诺为他人谋取利益的,就具备了为他人谋取利益的要件。明知他人有具体请托事项而收受其财物的,视为承诺为他人谋取利益
3.国家工作人员利用职务上的便利为请托人谋取利益,以明显低于市场的价格向请托人购买房屋等物品的,以受贿论处,受贿数额按照交易时当地市场价格与实际支付价格的差额计算	2007年"两高"《关于办理受贿刑事案件适用法律若干问题的意见》第1条关于以交易形式收受贿赂问题 国家工作人员利用职务上的便利为请托人谋取利益,以下列交易形式收受请托人财物的,以受贿论处: (1)以明显低于市场的价格向请托人购买房屋、汽车等物品的; (2)以明显高于市场的价格向请托人出售房屋、汽车等物品的; (3)以其他交易形式非法收受请托人财物的。 受贿数额按照交易时当地市场价格与实际支付价格的差额计算

续表

指导性案例3号裁判要点	相关司法解释或者规范性文件规定
4.国家工作人员收受财物后,因与其受贿有关联的人、事被查处,为掩饰犯罪而退还的,不影响认定受贿罪	2007年"两高"《关于办理受贿刑事案件适用法律若干问题的意见》第9条关于收受财物后退还或者上交问题 第2款 国家工作人员受贿后,因自身或者与其受贿有关联的人、事被查处,为掩饰犯罪而退还或者上交的,不影响认定受贿罪

从表10-1可以看到,指导性案例3号的4个裁判要点都已经在相关司法解释或者规范性文件中有相应或者相同表述,指导性案例3号只是通过案例的方式将其重复。类似的情况也发生在指导性案例11号中,其裁判要点与相关司法解释或者规范性文件重复内容对比见表10-2。

表10-2 指导性案例11号裁判要点与相关司法解释
或者规范性文件重复内容对比

指导性案例11号裁判要点	相关司法解释或者规范性文件规定
1.贪污罪中的"利用职务上的便利",是指利用职务上主管、管理、经手公共财物的权力及方便条件,既包括利用本人职务上主管、管理公共财物的职务便利,也包括利用职务上有隶属关系的其他国家工作人员的职务便利	1999年最高人民检察院《关于人民检察院直接受理立案侦查案件立案标准的规定(试行)》(高检发释字[1999]2号)一、贪污贿赂犯罪案件 (一)贪污案:贪污罪是指国家工作人员利用职务上的便利,侵吞、窃取、骗取或者以其他手段非法占有公共财物的行为。"利用职务上的便利"是指利用职务上主管、管理、经手公共财物的权力及方便条件。 2003年最高人民法院《全国法院审理经济犯罪案件工作座谈会纪要》三、关于受贿罪 (一)关于"利用职务上的便利"的认定 刑法第三百八十五条第一款规定的"利用职务上的便利",既包括利用本人职务上主管、负责、承办某项公共事务的职权,也包括利用职务上有隶属、制约关系的其他国家工作人员的职权。担任单位领导职务的国家工作人员通过不属自己主管的下级部门的国家工作人员的职务为他人谋取利益的,应当认定为"利用职务上的便利"为他人谋取利益

续表

指导性案例 11 号裁判要点	相关司法解释或者规范性文件规定
2.土地使用权具有财产性利益,属于刑法第三百八十二条第一款规定中的"公共财物",可以成为贪污的对象	2008 年"两高"《关于办理商业贿赂刑事案件适用法律若干问题的意见》(法发〔2008〕33 号)七、商业贿赂中的财物,既包括金钱和实物,也包括可以用金钱计算数额的财产性利益,如提供房屋装修、含有金额的会员卡、代币卡(券)、旅游费用等。具体数额以实际支付的资费为准

从表 10-1 和表 10-2 可以看到,在最初几批刑事指导性案例中,各种裁判要点重复已有司法解释或者规范性文件规定的情况比较常见。如前所述,第 12 批正当防卫专题指导性案例被裁判文书参照援引的次数非常多。即使在这一批刑事指导性案例中,重复司法解释或者规范性文件的情况也不罕见,重复的对象集中在《关于依法适用正当防卫制度的指导意见》。结合最高人民检察院发布的相同主题指导性案例,《关于依法适用正当防卫制度的指导意见》与正当防卫指导性案例裁判要点/要旨的对比见表 10-3。

表 10-3 《关于依法适用正当防卫制度的指导意见》与"两高"
指导性案例裁判要点/要旨对比

《关于依法适用正当防卫制度的指导意见》	"两高"指导性案例裁判要点/要旨的相近表述
第 5 条:……对于非法限制他人人身自由、非法侵入他人住宅等不法侵害,可以实行防卫……	指导性案例 93 号裁判要点:1.对正在进行的非法限制他人人身自由的行为,应当认定为刑法第二十条第一款规定的"不法侵害",可以进行正当防卫。检例第 46 号要旨:在民间矛盾激化过程中,对正在进行的非法侵入住宅、轻微人身侵害行为,可以进行正当防卫……
第 9 条第 1 款:……防卫行为与相互斗殴具有外观上的相似性,准确区分两者要坚持主客观相统一原则,通过综合考量案发起因、对冲突升级是否有过错、是否使用或者准备使用凶器、是否采用明显不相当的暴力、是否纠集他人参与打斗等客观情节,准确判断行为人的主观意图和行为性质	检例第 48 号要旨:单方聚众斗殴的,属于不法侵害,没有斗殴故意的一方可以进行正当防卫。单方持械聚众斗殴,对他人的人身安全造成严重危险的,应当认定为刑法第二十条第三款规定的"其他严重危及人身安全的暴力犯罪"

续表

《关于依法适用正当防卫制度的指导意见》	"两高"指导性案例裁判要点/要旨的相近表述
第12条：……防卫是否"明显超过必要限度"，应当综合不法侵害的性质、手段、强度、危害程度和防卫的时机、手段、强度、损害后果等情节，考虑双方力量对比，立足防卫人防卫时所处情境，结合社会公众的一般认知作出判断。在判断不法侵害的危害程度时，不仅要考虑已经造成的损害，还要考虑造成进一步损害的紧迫危险性和现实可能性。不应当苛求防卫人必须采取与不法侵害基本相当的反击方式和强度……	指导性案例93号裁判要点：3.判断防卫是否过当，应当综合考虑不法侵害的性质、手段、强度、危害程度，以及防卫行为的性质、时机、手段、强度、所处环境和损害后果等情节。对非法限制他人人身自由并伴有侮辱、轻微殴打，且并不十分紧迫的不法侵害，进行防卫致人死亡重伤的，应当认定为刑法第二十条第二款规定的"明显超过必要限度造成重大损害"。 检例第45号要旨：在被人殴打、人身权利受到不法侵害的情况下，防卫行为虽然造成了重大损害的客观后果，但是防卫措施并未明显超过必要限度的，不属于防卫过当，依法不负刑事责任
第13条：……"造成重大损害"是指造成不法侵害人重伤、死亡。造成轻伤及以下损害的，不属于重大损害。防卫行为虽然明显超过必要限度但没有造成重大损害的，不应认定为防卫过当	检例第46号要旨：……防卫行为的强度不具有必要性并致不法侵害人重伤、死亡的，属于明显超过必要限度造成重大损害，应当负刑事责任，但是应当减轻或者免除处罚
第14条：……对于因侵害人实施严重贬损他人人格尊严、严重违反伦理道德的不法侵害，或者多次、长期实施不法侵害所引发的防卫过当行为，在量刑时应当充分考虑，以确保案件处理既经得起法律检验，又符合社会公平正义观念	指导性案例93号裁判要点：4.防卫过当案件，如系因被害人实施严重贬损他人人格尊严或者亵渎人伦的不法侵害引发的，量刑时对此应予充分考虑，以确保司法裁判既经得起法律检验，也符合社会公平正义观念
第15条：……根据刑法第二十条第三款的规定，下列行为应当认定为"行凶"：(1)使用致命性凶器，严重危及他人人身安全的；(2)未使用凶器或者未使用致命性凶器，但是根据不法侵害的人数、打击部位和力度等情况，确已严重危及他人人身安全的。虽然尚未造成实际损害，但是对人身安全造成严重、紧迫危险的，可以认定为"行凶"	检例第47号要旨：对于犯罪故意的具体内容虽不确定，但足以严重危及人身安全的暴力侵害行为，应当认定为刑法第二十条第三款规定的"行凶"。行凶已经造成严重危及人身安全的紧迫危险，即使没有发生严重的实害后果，也不影响正当防卫的成立

267

续表

《关于依法适用正当防卫制度的指导意见》	"两高"指导性案例裁判要点/要旨的相近表述
第17条：……刑法第二十条第三款规定的"其他严重危及人身安全的暴力犯罪"，应当是与杀人、抢劫、强奸、绑架行为相当，并具有致人重伤或者死亡的紧迫危险和现实可能的暴力犯罪	指导性案例93号裁判要点：2.对非法限制他人人身自由并伴有侮辱、轻微殴打的行为，不应当认定为刑法第二十条第三款规定的"严重危及人身安全的暴力犯罪"。 检例第48号要旨：……单方持械聚众斗殴，对他人的人身安全造成严重危险的，应当认定为刑法第二十条第三款规定的"其他严重危及人身安全的暴力犯罪"

"两高"发布的关于正当防卫的指导性案例有不少值得肯定的特点：(1)坚持"法不能向不法让步"的法治精神，应当摒弃"以结果论""谁能闹谁有理"等错误做法，依法予以认定，鼓励人民群众同不法侵害作斗争。(2)坚持"以事实为根据，以法律为准绳"的法治逻辑。"两高"指导性案例细致分析了不法侵害人的加害行为和防卫人的防卫行为，关注到刀具的长度、防卫人的姿势、双方力量对比等细节问题，体现出高度严谨的态度。(3)坚持法、理、情相统一的价值评价，主动使案件处理传达出鼓励正当防卫、提倡见义勇为的社会价值取向。[1] 但是，从以上诸多表格中相关对比内容可以看到，刑事指导性案例对司法解释的重复已经成为一种常态。有学者总结认为，多数刑事指导性案例可以分为如下几种类型：(1)对现有法律、司法解释和实践通说的重复；(2)对不存在法律争议问题的解释；(3)对原则性要求的再宣示。余下寥寥可数的案例或许才是真正具有指导意义的。但问题在于，这些案例的说理本身或多或少都存在缺憾，也受到广泛的质疑。[2] 这种情况并不利于指导性案例获得独立地位并长期有效发展。因为处理刑事案件的法官需要规则的"增量"，也就是比现有抽象规则更加具体、明确，可操作性更强的指引或者指导，而不是用另一种形式表述的相同规则。长期重复司法解释将逐渐使法官丧失对指导性案例

---

[1] 参见黄琳、王惠：《刑事政策视野下正当防卫制度的适用——以"两高"指导性案例、典型案例为例》，载《人民检察》2021年第1期。
[2] 参见陈悌：《建构与自发之间——对刑事案例指导制度之质疑与反思》，载《福建警察学院学报》2017年第2期。

的关注,更加不利于案例指导制度长期稳定的发展。当然,在案例指导制度初创时期,在最初的几批指导性案例中,重复已有的司法解释是一种比较保守和稳妥的方式,对于缺乏相关经验的最高人民法院来说,采取这种方式是可以理解的,甚至在一定程度上对于启动案例指导制度是必要的。但是这种重复的情况不应长期存在,随着案例指导制度逐渐运行成熟并被接受,指导性案例应当与司法解释错位发展,在扬长避短的基础上取长补短、相互配合。"通过对司法解释与指导性案例优缺点的分析,我们可以发现两者其实是互补的,从裁判思维上来讲一个是演绎思维,一个为归纳类比;从涵摄范围上来看,一个较普遍,一个较特殊;从文字表述上来讲,一个抽象,一个具体;从目前数量上来看,一个较多,一个较少;从现阶段司法国情来看,基层司法者非常依赖司法解释,而对指导性案例还较为陌生;从司法实践来讲,我国司法者能熟练运用司法解释裁判案件,却缺乏适用指导性案例的相关技术。"[1]

第五,刑事指导性案例的效力等级偏低,未能引起刑事审判的足够重视,也未能与其他刑事诉讼制度形成有效配合。在案例指导制度的正式规定中,无论是《关于案例指导工作的规定》还是《实施细则》都没有对指导性案例的效力等级进行直接规定。2018年修订的《人民法院组织法》第18条实际确立了最高人民法院可以制定司法解释和发布指导性案例,但是,二者的效力关系并不明确。就该法条的直接文义而言,司法解释应当与指导性案例有相同的效力等级。但是,有学者认为:"从法律效力上看,下级人民法院在审判实践中虽然需要遵循指导案例,但并没有相应的配套措施进行规范,在实践中,指导案例强制性不及司法解释,因此,指导性案例比司法解释的效力层次应该更低。鉴于此,目的解释在指导性案例中的作用发挥,不应该超出在司法解释中的作用限度。"[2]换言之,指导性案例的实际影响力不及司法解释。这里需要明确的概念是"效力"与"实效"的关系:前者为固态静止,由其制定主体确定相应等级;后者为动态变量,受到多种社会因素的影响而调整。因此,效力与实效并非同一概念,不应混淆。在实际审判工作中获得广泛认可和接受的司法解释,并不必然在效力层面上高于指导性案例。进言之,很多法律条文在具体性和操作性上存在缺陷,而相应的司法解释能够弥补这些缺陷,但这种现实情况并不意味着司法解释的效力高于法律。同样的道理适用于"两高"各自发布的指导性案

---

[1] 李森:《刑事指导性案例同司法解释的关系——补充说的证成》,载《齐鲁学刊》2017年第3期。
[2] 肖志珂:《论目的解释在刑事指导性案例中的运行规则》,载《政法学刊》2019年第4期。

例在效力等级上的关系:最高人民法院的指导性案例与检察指导性案例都是对个案的说理和论证,不具有法的强制约束力,二者都指导法律适用,体现了最高司法机关对下级司法机关行使自由裁量权的规范监督和业务指导,其效力不应存在高下之分。二者虽然分属不同的司法系统,但参照适用的效力应当是同等的,法官或检察官遇有合适的案例时,都有参照适用的职责。[1] 虽然最高人民法院的刑事指导性案例被裁判文书援引的次数要多于最高人民检察院的刑事指导性案例,前者的实际影响力要大于后者,但发布二者的司法机关处于同等地位,这两种指导性案例在效力等级上也应当是相同的。"名不正则言不顺。"在现有的制度规定中,指导性案例的效力等级付诸阙如,不利于引起法官的重视,特别是对于强调罪刑法定原则的刑事审判来说。除了在效力等级上缺少明确规定,刑事指导性案例未与其他刑事诉讼司法制度形成有效配合,也影响了刑事指导性案例的实际效果。狭义法律层面直接涉及指导性案例的仅有修订后的《人民法院组织法》和《人民检察院组织法》,主要的诉讼法中都没有关于指导性案例的直接规定。在最高人民法院发布的规范性文件中,只有少量内容涉及指导性案例,但大多也都是比较宏观的指向性规定,具体的实质内容明显偏少。如最高人民法院《关于加强和规范裁判文书释法说理的指导意见》《关于统一法律适用加强类案检索的指导意见(试行)》《关于完善统一法律适用标准工作机制的意见》《全国法院贯彻实施民法典工作会议纪要》《关于推进案例指导工作高质量发展的若干意见》等。可以说,在比较重要的刑事诉讼制度中,刑事指导性案例几乎没有存在感,没有有效嵌入刑事诉讼过程之中,自然也无法引起刑事审判各方参与者的关注,难以发挥实际影响力。

  从以上几个方面的分析可以看到,刑事指导性案例在审判实践中所面临的困境,既有案例指导制度方面的原因,也有刑事审判中特定方面的原因。对于案例指导制度的推行者——最高人民法院来说,以上原因中有部分应当归于最高人民法院的决策不当。当然,在中国复杂的刑事审判中推进案例指导制度,对于最高人民法院来说是一种冲击和挑战,需要照顾多方利益关系的最高人民法院很可能缺乏必要的时间、精力和经验。但是,鉴于刑事指导性案例所能够发挥的重要作用,最高人民法院应当继续对其完善,地方法院在审理刑事案件时,对刑事指导性案例的需要仍然十分迫切,中央和地方两个层面的共同努力才能够为完善刑事指导性案例提供最

---

[1] 参见张晓江等:《刑事检察指导性案例的具体运用》,载《人民检察》2021年第15期。

优方案和最强动力。具体到应对困境的化解路径而言,需要针对刑事指导性案例面临困境的以上成因采取相应的对策,大致可以按照从形式到内容的顺序,从刑事指导性案例的产生、适用以及刑事审判法官的思维层面展开。

第二节 指导性案例在刑事审判中困境的化解路径:联合发布与细致编辑

在案例指导制度运行的诸多环节中,以官方正式发布为时间节点可以分为前后两个阶段:前一个阶段侧重于指导性案例的征集、遴选和文本编辑,主要由最高人民法院主持操作,为后一个阶段提供素材和对象;后一个阶段则侧重于指导性案例的参照适用,主要由各级法官掌握把控。在前一个阶段化解刑事指导性案例的现实困境,重点措施在于联合其他相关部门或者同主题司法解释共同发布刑事指导性案例,并对遴选成功的刑事指导性案例的正式文本进行细致编辑。

一、联合相关部门或者同主题司法解释共同发布刑事指导性案例

在刑事指导性案例所面临的困境中,数量的缺乏是非常明显的"瓶颈",制约着后续各个制度运行环节的展开和效果。迄今为止,最高人民法院发布的刑事指导性案例年均不到3个,这种发布速度远远无法满足刑事审判的现实需要,大幅度提升刑事指导性案例的数量和类型已经成为破解刑事指导性案例现实困境的当务之急。

在一般意义上提升整体指导性案例的数量,有一些可供采用的现实措施。一方面,法院系统内部推荐的案例可以继续挖潜:地方法院可以出台更加有效的措施,激励一线法官推荐指导性案例,尤其在考核与晋升方面有所侧重;对于各地方法院内部的优秀案例尤其是进入内部文件的参阅性案例,以及地方高级人民法院编制的参考性案例,更应当由高级人民法院向最高人民法院推荐;对于以往已经发布、仍然有生命力和影响力的典型案件与公报案例,最高人民法院也应当积极进行筛选,择优转化为指导性案例。甚至还有观点提倡通过扩大发布主体的方式提升刑事指导性案例的数量:如果将各省、自治区、直辖市及其辖区之内各地区的法律适用标准都交由"两高"以指导性案例的方式予以统一,必然增加"两高"的工作压力,既不现实也没有必要。在围绕案例指导制度的调研中,中级法院、基层法院都希望享有在本辖区范围内发布指导性案例的权力。当然,盲目地赋予各级法院、检察院发布指导性案例的权力,必然会损及指导性案例的权威性和司法的统一性。① 另一方面,在社会推荐渠道中,人大代表、政协委员和其他关心案例工作的人士,尤其是各个法学院校和案例指导专家委员会的委员,都应当更加积极地向最高人民法院推荐指导性案例。这些一般意义上的途径或者渠道对于增加各个部门法指导性案例都是通用的。

对于刑事指导性案例而言,还有一些比较特殊的途径有利于迅速增加其数量,比较集中的是最高人民法院与其他相关部门联合发布指导性案例。借鉴制定和发布司法解释或者规范性文件的既有经验,最高人民法院经常与其他相关部门联合发布共同业务范围之内的司法解释或者规范性文件。如《最高人民法院、最高人民检察院关于办理海洋自然资源与生态环境公益诉讼案件若干问题的规定》《最高人民法院、最高人民检察院关于办理破坏野生动物资源刑事案件适用法律若干问题的解释》《最高人民法院、最高人民检察院关于办理危害药品安全刑事案件适用法律若干问题的解释》《人力资源社会保障部、最高人民法院关于劳动人事争议仲裁与诉讼衔接有关问题的意见(一)》《最高人民法院、司法部关于为死刑复核案件被告人依法提供法律援助的规定(试行)》《最高人民法院、最高人民检察院关于办理危害食品安全刑事案件适用法律若干问题的解释》《最高人民法院、最高人民检察院关于办理窝藏、包庇刑事案件适用法律若干问题的解释》《最高人民法院、最高人民检察院、公安部关于办理电信网络诈骗等刑事案件适用法律若干问题的意见(二)》等。由于刑事诉讼属于共同的业务范围,最高人民法院经常与最高人民检察院共同发布司法解释或者规范性文件,这种合作积累了相当丰富的经验。鉴于此种长期合作的顺畅关系以及迅速增加刑事指导性案例数量的需要,"两高"应当努力寻找机会共同发布指导性案例。

"两高"联合发布指导性案例也有比较明显的支持理由。② 例如,任何刑事案件的发生并非专属于审判机关或者检察机关,而是二者共同参与的司法过程,"两高"可以将各地方法院和检察院纳入联合发布指导性案例的主体之中,特别是处理同一刑事案件的法院和检察院同时向上推荐,说明二者对于该案件十分认可;凝聚了双方共识的刑事案件也经历了更加严格的检验,具备更高质量适应司法实践的需求,被遴选成功的可能性也更

---

① 参见杨雄:《刑事案例指导制度之发展与完善》,载《国家检察官学院学报》2012年第1期。
② 在本章的调研中,所有刑事法官的反馈意见都赞同"两高"联合发布刑事指导案例,受访者提供的理由包括:提高效率、维护司法权威、具有较强的指导性、为类案裁判提供参考和统一法律适用等。

大。又如,"两高"联合发布指导性案例可以保证指导性案例的质量,进而在刑事法治中提升统一法律适用的水平。司法解释和指导性案例都是统一法律适用的基本措施,"两高"在联合制定司法解释中积累的经验也可以照搬到联合发布指导性案例工作方面,任何能够以二者名义发布的指导性案例可以同时在各地法院和检察院中得到参照适用,对于处理刑事案件的法院和检察院提供相同的实体规则或者可以参照的案件事实,这样形成的相同标准有助于提升统一法律适用的水平。这一点对于影响力较低的最高人民检察院指导性案例而言更为重要。在实践运作方面,"两高"在"马乐案"中形成的共识,将该案件分别以指导性案例61号和检例第24号予以公布。虽然是分别公布并非联合公布,但是对于同一案件的认可和遴选表明了"两高"在联合发布指导性案例方面有基本相同的实体标准,以此可以为未来联合发布刑事指导性案例提供共识基础。[①]

除了与最高人民检察院联合发布指导性案例,最高人民法院还可以积极探索与其他部门联合遴选和发布刑事指导性案例。例如,公安部虽然在2010年就发布了《关于建立案例指导制度有关问题的通知》,但是仍然没有发布具体的指导性案例。在刑事诉讼中,最高人民法院、最高人民检察院和公安部也经常联合发布司法解释或者类似文件,三者在刑事案件的处理中存在很多业务交流,同样具备联合发布指导性案例的基础,这一点与最高人民检察院的联合发布有类似之处。例如,最高人民检察院和公安部就曾经联合编发涉疫犯罪典型案例,用于指导涉疫情防控刑事案件的办理。除此之外,中央纪委国家监委也开始发布"执纪执法指导性案例",与最高人民法院的指导性案例在目的指向、体例结构、参照要求等方面有很多相似之处。[②] 执纪执法指导性案例有不少内容涉及职务犯罪的情况。如果特定案件中的责任人同时违背了党纪国法,最高人民法院可以联合中央纪委国家监委共同发布指导性案例,这种方式对于统一党纪国法的适用也是大有裨益的。

除了在制定主体层面上增加联合遴选发布的措施,还可以采取与相同主题司法解释联合或者同步发布的方式增加刑事指导性案例的数量。在

---

① 对"马乐案"中刑法规范的解释分析可参见孙谦:《援引法定刑的刑法解释——以马乐利用未公开信息交易案为例》,载《法学研究》2016年第1期;叶良芳、申屠晓莉:《论理解释对文理解释的校验功能——"两高"指导性案例马乐利用未公开信息交易案评释》,载《中国刑事法杂志》2018年第1期;张辰:《谈刑事裁判中类比论证的有效应用——以"马乐案"再审判决书为视角》,载《法律适用》2020年第24期等。
② 参见屠凯、张天择:《论执纪执法指导性案例的参照适用问题——与最高人民法院指导性案例比较的视角》,载《山东大学学报(哲学社会科学版)》2022年第2期。

现阶段,刑事司法解释的影响力和被司法实践认可的程度要远远大于刑事指导性案例,在形式上互补的司法解释和指导性案例完全可以服务于同一主题的法律适用问题。最高人民法院在这个方面已经有了初步探索,如2020年9月,最高人民法院、最高人民检察院、公安部《关于依法适用正当防卫制度的指导意见》发布时,有7个涉及正当防卫的典型案例同时发布作为配套。这种"指导意见+典型案例"的联合发布方式有助于实现"点面结合"的效果。在2020年12月最高人民法院发布的第26批指导性案例中,指导性案例144号就以正当防卫为主题;2021年5月,最高人民检察院发布的第12批4个指导性案例同样是正当防卫主题批次案例。可以说,"两高"发布的后续刑事指导性案例有助于司法实务工作者更好地理解并适用关于正当防卫的指导意见。在发布时间上同步能够推动同一主题的司法解释或者规范性文件与指导性案例产生有效互动,从抽象和具体两个层面为刑事司法提供指引或者指导。基于这种考虑,制定司法解释或者规范性文件的主体就会有意识地收集、整理并吸收相同主题的刑事案件,以发布司法解释或者规范性文件为契机增加相同主题的指导性案例数量。有观点建议加强司法案例裁判者与司法解释起草者之间的流动与交流,让司法解释起草者源于办案经验丰富的员额法官,让司法案例裁判者有参与起草司法解释的经历,通过人员的多岗位历练与双向流动,为案例指导制度与司法解释制度互动提供人事保障。[1] 这种建议也很具有合理性与可行性。在最高人民法院已经对此有所探索和尝试的基础上,"司法解释+指导性案例"的联合发布方式展现了非常广阔的发展前景。

二、对遴选成功的刑事指导性案例文本进行细致编辑

联合其他相关部门或司法解释的发布,将相应的刑事指导性案例编入特定批次或者主题,但法官还需要阅读具体的刑事指导性案例文本才能够获得全面的了解和认知,为后续的参照适用奠定基础。现有指导性案例正式文本的体例结构包括编号和标题、关键词、裁判要点、相关法条、基本案情、裁判结果、裁判理由,前4个部分是为了便于检索查询和参照适用,在裁判文书基础上归纳和添加的,后3个部分分别来自裁判文书中的法院经审理查明事实、裁判主文和本院认为的理由部分。[2] 在这些体例结构中,

---

[1] 参见姜远亮:《指导性案例与司法解释的关系定位及互动路径——以刑事审判为视角》,载《法律适用》2019年第8期。
[2] 参见胡云腾、吴光侠:《〈关于编写报送指导性案例体例的意见〉的理解与适用》,载《人民司法》2012年第9期。

对于审判案件最具有启发和指导作用的是裁判要点和裁判理由这两个部分。

对于裁判要点的概括方式,国内学者已经有比较全面的分析。作为整个指导性案例文本的点睛之笔,裁判要点的概括需要满足较高要求。"编写者要像仙人炼丹一样把裁判的杂质与水分挤掉,尔后形成一个精致的结论。裁判要点应当坚持越简单、越明确、越精炼越好。当法律关系复杂的案例可以生发出很多裁判要点时,必须有所取舍。"①从现有指导性案例文本来看,裁判要点直接提供了抽象规则,与法律或者司法解释单一法条十分类似,便于法官在裁判文书中直接援引。而裁判理由部分则更加细致和丰富,是连接裁判要点与案件事实的有效纽带,集中展示了裁判结果的理由及其论证过程,是指导性案例区别于司法解释或者规范性文件的独有部分。但是,如前所述,很多刑事指导性案例的裁判理由太过简略,无法充分展现法律适用的全面理由,更无法为后案法官提供有益启示。这很容易导致裁判要点受到过分重视而裁判理由部分受到严重忽视,长此以往,指导性案例无法与司法解释或者规范性文件形成明确区分,案例指导制度独立存在的价值就会降低,这些危害都是潜在而严重的。大量的指导性案例对案情的压缩过于严重,部分关键事实交代不清,属于对原裁判文书的过度修订与裁剪,需要纠正乃至弥补。② 因此,在已经征集、遴选出刑事指导性案例的基础上,如何细致编辑这些案例的正式文本同样非常重要和关键,相应的完善措施可以分为宏观基础和微观操作这两个层面展开分析。

一方面,提升裁判文书的整体说理水平能够为编辑刑事指导性案例的文本提供坚实的宏观基础。虽然所有的指导性案例文本都以原审生效裁判文书为基础,但刑事裁判文书有其独特之处。刑事案件中,举证责任、裁判依据的标准都要高于民商事案件,而且由于刑事处罚的严厉性,刑事被告会对裁判文书的说理依据和论证过程更为关注,也更容易对其质疑。因此,刑事案件裁判文书的说理更应当做到充分、全面、翔实和细致。越是能够达到以上要求的裁判文书,越是能够有效说服当事人和其他法律职业者,当然也越是能够为遴选指导性案例提供编辑的良好素材。但是,现有刑事案件裁判文书的说理普遍不够理想,影响了指导性案例的取材。例如,前文中论及指导性案例97号"王力军非法经营再审改判无罪案"的正

---

① 胡云腾:《谈指导性案例的编选与参照》,载《人民法院报》2011年7月20日,第5版。
② 参见朱桐辉、余薇:《"两高"刑事指导性案例的文本分析及改进》,载《昆明理工大学学报(社会科学版)》2014年第2期。

式文本论述过于简略的问题,这一情况源于其终审裁判文书的论述。① 换言之,在原审生效判决书中就没有关于刑事违法性、社会危害性以及刑事处罚必要性的细致论述,因而指导性案例 97 号的正式文本也没有相应的具体分析。虽然这一案件具有较强的社会影响力,也更新了对非法经营罪的认识和适用,但是,从过于概括的正文中难以获得对审判类似后案的有效启发,因为每个案件的事实在绝对意义上并不相同,如何准确认定刑事违法性、社会危害性以及刑事处罚必要性,指导性案例 97 号没有给出具体的认定标准和方法,其指导意义十分有限。虽然单一案例的指导意义有限,不可能只通过一个刑事指导性案例就能为识别和认定刑事违法性、社会危害性以及刑事处罚必要性提供全面标准,但是,仅提及"刑事违法性、社会危害性以及刑事处罚必要性"而没有作任何分析,距离满足刑事审判的现实需要是远远不够的。由此可见,从总体上提升刑事案件裁判文书的论证说理水平,才能够为遴选和编辑指导性案例的正式文本提供源源不断的有效素材。"大力推进司法改革,充分调动一线法官解释的积极性,赋予其应有的法律适用解释权,在刑事判决书中重视逻辑推理,准确概括控辩双方的诉讼主张,全面展示法官内心确信的形成过程,真正有指导意义的指导性案例有'源头活水',刑事案例指导制度的良性发展才是可以期许的。"②当然,这种裁判文书说理水平的提升绝非一日之功,需要多个方面的多种制度形成良性互动才能逐步成功。

另一方面,刑事指导性案例正文的具体行文应集中围绕增量规则展开论证说理。在指导性案例的正式文本中,裁判要点提供了直接的抽象规则,作为类似案件说理的依据,这一点与英美法系的先例有明显不同。在英美法系中,所有的案件都有成为先例的潜在资格,是否被援引及其程度取决于很多因素,如作出判决的法院层级越高,其先例的权威性和影响力也越大,后案的法官在援引先例问题上拥有较大的自由裁量权。但是在中国案例指导制度运行的过程中,最高人民法院垄断了发布指导性案例的权利,这对遴选出来的指导性案例提出了较高要求,也意味着指导性案例应当解决刑事审判中的疑难问题,或者为解决这些疑难问题提供思路。处理

---

① 内蒙古自治区巴彦淖尔盟中级人民法院(2017)内 08 刑再 1 号判决书中的关键表述为:"本院再审认为,原判决认定的原审被告人王力军于 2014 年 11 月至 2015 年 1 月期间,没有办理粮食收购许可证及工商营业执照买卖玉米的事实清楚,其行为违反了当时的国家粮食流通管理有关规定,但尚未达到严重扰乱市场秩序的危害程度,不具备与刑法第二百二十五条规定的非法经营罪相当的社会危害性和刑事处罚的必要性,不构成非法经营罪。"
② 周光权:《刑事案例指导制度的发展方向》,载《中国法律评论》2014 年第 3 期。

不同案件是法官工作的常态,多数普通案件并不需要复杂的推理,带有疑难色彩的案件为法官的审判带来了挑战,是法官需要获得指导的场景。这就意味着指导性案例应当定位于疑难案件而非普通案件。进言之,造成案件疑难的主要原因是法律规范与案件事实不相匹配,无法形成有效对接。通过运用证据法所获得的案件事实是不可更改的,解决疑难案件的关键在于如何准确进行法律适用。无法与案件事实准确对接的法律往往存在各种问题,如模糊、概括、空白、缺漏等。在这种情况下,指导性案例就应当通过裁判要点以及裁判理由部分的论述,提供能够与案件事实准确对接的法律规则,这种规则对既有规则进行补充、扩展、细化甚至是填充,是增量规则。这种"增量规则"体现了指导性案例的创造性,是其生命力和独有价值所在,自然也应当在指导性案例的正式文本中得到有效凸显。具体来说,虽然某一刑事案件包含的事实及其对应的规则可能有很多,但是,真正能够体现"增量规则"的内容一般而言并不多,最高人民法院在编辑指导性案例的正文时就应当围绕增量规则展开集中论述,主要是对核心问题结合相应的案件事实提供依据和理由。

此时需要特别注意的问题是,虽然原审裁判文书的论述是基础素材,但是真正有效的编辑工作并不应局限于这些裁判文书,在适当的时候应当进行扩展分析。例如,针对指导性案例 97 号裁判理由论述过于简单的情况,应当提供更加详细的理由分析:"刑事违法性是行为触犯刑罚法规,具有构成要件符合性,是法条文本层面的评价,社会危害性是行为实质违法的评价,应受刑罚惩罚性是行为人对其触犯刑律的危害行为可谴责性的评价;危害性和可谴责性是在刑事违法性基础上的实质评价,认定的犯罪不仅违法而且有害、有责,方能合乎天理人情"。[①] 最高人民法院在指导性案例裁判理由部分所提供的论证理由不可能如学术研究那样详细,但是分别就刑事违法性、社会危害性和刑事处罚必要性提供稍加详细的分析是完全能够做到的。过于拘泥于原审生效的裁判文书,特别是那些论述不够细致的文书,将大大降低指导性案例的实践意义。如果最高人民法院认为不适宜在裁判理由部分增加超出原审裁判文书的内容,也可以借鉴最高人民检察院指导性案例的体例结构,在每个指导性案例中增加"指导意义"部分。通过这个部分直接表明最高人民法院遴选相应指导性案例的目的,并可以对裁判理由的未尽之意进行明确和扩展,这些内容比裁判理由更加直白地表明了最高人民法院的意图和指引,能够有效突出"增量规则"的存在及

[①] 阮齐林:《刑事司法应坚持罪责实质评价》,载《中国法学》2017 年第 4 期。

其参照适用的方式,也能够在体例结构上受到法官更多的重视,值得将来在对指导性案例的体例结构进行完善时充分吸收。

第三节 指导性案例在刑事审判中困境的化解路径:提供有效增量规则

"指导性案例制度的建构,实际上正是想在一定程度上克服成文法的局限性,运用案例判决的既判性、权威性特点,统一同案或类案的法律适用,同时指导以后的司法审判,节约司法成本进而实现司法正义。指导性案例具有解释法律和创法功能已是不能回避的事实。"[1]但是,在已有的刑事指导性案例中,裁判要点重复司法解释或者规范性文件的情况时有发生,刑事指导性案例的整体释法特征和创造性不强。这些情况并不利于维持案例指导制度的长期运行,也不利于刑事指导性案例获得认可和接受,需要采取相应的措施予以纠正。指导性案例和司法解释有其各自的特点和优势,完全能够共同推动统一法律适用,重要的前提是明确二者各自发挥作用的定位。"刑事指导案例的具体性、个案性、说理性的特点,不仅可以解决刑法解释中的'兜底解释'问题,其个案裁判的具体性,使得完全可以在一个具体罪名中实现多案例的解释,比刑法解释更丰富直接,也使得法官有更明确的参照。而对于刑法总则中规定的引用与理解,在裁判理由中的丰富说理,也将对刑法总则的规则设定有所活化,因此,刑事指导案例与刑法解释的分工,是今后刑法解释制度的发展趋势。"[2]虽然司法解释或者规范性文件与指导性案例都能够提供增量规则,即对刑法规范进行细化、扩展、延伸甚至填补,但是二者的分工并不相同。刑事司法解释更加系统和全面,但仍然存在需要在个案中"再解释"和滞后性的缺陷。"针对特定类型的案件或者特定的专门问题,如果已经出台了司法解释,那么,对于司法实践中面临的新情况和新问题,在已有司法解释未做明确规定的情况下,可以通过发布指导性案例的方式弥补司法解释的缺漏,指导司法实践。"[3]对现有司法解释中不明确的地方,不宜再制定司法解释来填补"漏洞",而应尽可能通过发布指导性案例的方法解决;今后应当尽量减少刑法司法解释的数量,以培养基层司法工作人员的刑法解释能力、独立裁判能

---

[1] 舒洪水:《如何建立我国的案例指导制度——以刑事案例为例》,载《人民论坛(中旬刊)》2012年第2期。
[2] 李佳欣:《论刑事指导性案例对刑法解释功能的补足》,载《当代法学》2020年第5期。
[3] 张倩:《刑事指导性案例司法适用问题研究》,载《法律适用》2014年第6期。

力、充分说理能力,不与罪刑法定原则相抵触,同时为指导性案例的发展赢得制度空间。[1] 以往司法解释出现的很大原因是审判人员缺乏足够的法律业务水平与能力,难以形成准确独立的司法判断。而现今司法队伍的整体水平已经大大提升,司法者的法律意识和业务能力远胜从前,基本具备了独立理解和适用法律的水平。在司法水平有保障的情况下,由办理具体案件的司法者完全独立地理解和适用法律,不仅符合司法规律,而且是世界各国的普遍做法。[2] 这就为更好地适用指导性案例,减少对抽象司法解释的依赖提供了坚实的人员能力基础。

从源头上来说,刑事审判中有很多具有疑难色彩的案件并没有被推荐到最高人民法院,也没有成为备选指导性案例,自然并不被刑事审判实践所广泛认知。如果这些案件的裁判文书能够详细说理,那么其被遴选为指导性案例的可能性就会大大提升,这一点与前述化解刑事指导性案例困境的路径是直接相关的。换言之,化解刑事指导性案例现实困境的诸多路径都是相互关联的,并非独立存在,将其分别论述只是各有侧重。具体到指导性案例需要重点提供的增量规则来说,刑事指导性案例虽也有填补法律漏洞及空缺的职能,但其更侧重于对法律规定较为原则、模糊或者有歧义的内容进行解释,针对的主要是刑法缺乏明确的指向同时缺乏司法解释的疑难案件。这决定了一般解释型的案例应是我国刑事指导性案例的主体部分,对法律没有规定或者明显滞后形成的刑法空缺问题,主要是依靠立法途径或者司法解释来解决。[3] 换言之,刑事指导性案例主要针对刑法规范和相应司法解释中的部分模糊笼统之处,提供更加细致的增量规则并不能大规模列举特定刑法规范涉及的所有类型。当然,对于特定刑法规范的类型化积累,可以通过前后相继的多个刑事指导性案例予以分别体现和充实。因此,最高人民法院在遴选刑事指导性案例时需要注意与以往公布的案例有所区别,尽量提供多种类型的具体案例。在最初几批刑事指导性案例中,多数为定罪判决型,如果指导性案例均为定罪甚至加重判决,会对下级人民法院产生一种误导,即刑法只能用来保护社会,只能为了照顾被害人的利益而损害被告人的权益,这对司法适用标准是一种片面的统一。[4] 因此,在大幅度提高供给数量的基础上,刑事指导性案例也需要通过提供

---

[1] 参见周光权:《判决充分说理与刑事指导案例制度》,载《法律适用》2014年第6期。
[2] 参见夏勇、沈振甫:《论刑事指导性案例与条文化司法解释的关系》,载《广西大学学报(哲学社会科学版)》2021年第2期。
[3] 参见马翔:《刑事案例指导制度的实证研究》,载《山东审判》2015年第6期。
[4] 参见李森:《刑事案例指导制度的中国问题与德国经验——以"癖马案"为视角》,载《湖南社会科学》2016年第3期。

涉及同一刑法规范的多种案件类型来加强对刑事审判的指导。

在提供增量规则或者创新规则时,刑事指导性案例很可能面对特定争议,这种争议不仅存在当初处理该案件时,也很可能延续到其被遴选公布之后。从指导性案例的疑难案件定位来说,增量规则或者创新规则本身就要面对一定风险,也可能伴随一定争议。没有创新只是重复已有刑法规范或者司法解释,当然也就不会存在争议。刑事指导性案例中出现的争议并非合法与否、正确与否的争议,而是在多种并存且难以相互说服的结论中选择其一。"正是由于争议的实质性存在,所以才会存在着一个超越涵摄之外的类比的存在。如果缺少了争议的实质存在,则大前提和小前提本身不会存在多少异议,类比就不是问题,也不需要前述的四类路径大动干戈,也不存在事实与规则之间的往复求证。无法提炼出的一套新的规则和标准,自然也无法为以后提供一个所谓的权威性的参照。"[1]"具有指导意义的判例的生成基本都围绕着争议性的或者说例外性的案件而展开,由此也带来了对规则的进一步补充和突破。尤其是突破,实际上是建立一种新的规则或对规则贯彻的新的理解,而不只是为了说明一个规范使用的规范性。"[2]从这个意义上来说,存在争议是体现刑事指导性案例创新性的标志之一,在一定程度上能够成为遴选指导性案例的参考标准。指导性案例61号"马乐案"就是非常典型的例证:在案件事实及其对应的刑法条文都非常确定的前提下,如何理解刑法条文的含义及其相互关系就成为争议的焦点。2014年3月,深圳市中级人民法院一审对"马乐案"作出判决,其后深圳市人民检察院便提出抗诉,而广东省人民检察院支持了该抗诉。2014年10月,广东省高级人民法院二审裁定驳回抗诉,维持原判。判决生效后,广东省人民检察院提请最高人民检察院抗诉。2014年12月,最高人民检察院按照审判监督程序向最高人民法院提出抗诉。2015年12月,"马乐案"由最高人民法院再审改判。对于该案的焦点问题,即如何理解《刑法》第180条第4款规定,处理该案的各级司法机关之间就存在巨大争议,也最终推动了该案同时被"两高"遴选为指导性案例。

第四节 指导性案例在刑事审判中困境的化解路径:明确效力等级

在与司法解释的交叉纠结中,指导性案例的正式效力并没有得以明

---

[1] 孙万怀:《判例的类比要素:情景、中项与等值以刑事裁判为视角》,载《中外法学》2020年第6期。
[2] 孙万怀:《刑事指导案例与刑法知识体系的更新》,载《政治与法律》2015年第4期。

确,特别是应当援引而未援引的情况该承担何种责任或者后果更是语焉不详。这种付诸阙如的规定影响了刑事案件法官对指导性案例的重视程度,自然也影响了后续的参照适用。因此,明确刑事指导性案例的效力等级也是化解其现实困境的路径之一。①

前已述及,虽然《人民法院组织法》第18条并没有明确司法解释与指导性案例之间的效力等级关系,但是最高人民法院的一些文件已经暗示司法解释的效力高于指导性案例。例如,2021修订的《最高人民法院关于司法解释工作的规定》第27条规定:"司法解释施行后,人民法院作为裁判依据的,应当在司法文书中援引。"而《实施细则》第10条规定:"各级人民法院审理类似案件参照指导性案例的,应当将指导性案例作为裁判理由引述,但不作为裁判依据引用。"从最高人民法院以上两个文件的对比可以看到,司法解释可以作为裁判依据,指导性案例只能作为裁判理由而不能作为裁判依据。就狭义界定而言,裁判依据的效力明显大于裁判理由,因此,司法解释的效力高于指导性案例。还有部分同时涉及司法解释和指导性案例的文件也持有类似观点。

最高人民法院通过以上这些规定在一定程度上暗示司法解释与指导性案例之间效力等级的差别,背后的原因很可能是最高人民法院并未在案例指导制度方面具备足够的经验,将指导性案例界定为较低的法律渊源可以减少在参照适用过程中产生的风险。具体到刑事指导性案例来说,由于刑罚处罚的严厉性和对罪刑法定原则的强调,刑事审判援引刑事指导性案例需要更加谨慎,比其他部门法的司法裁判更需要减少参照适用过程中的风险。与之相比,最高人民法院在制定和适用司法解释方面拥有更加丰富的经验,在意识层面上也更加认可司法解释,这一点对于习惯于抽象规则的刑事审判法官来说同样如此。"在审理刑事案件过程中,法官的思维逻辑已经形成固定的模式:根据在案的相关证据,查找刑法及司法解释的相关规定,形成最终的判决。在这个过程中,大多数法官并不会去查阅有无指导性案例与其正在办理的刑事案件具有高度的相似性。"②长期形成的工作习惯很难在短时间内发生重大改变,刑事法官也不例外。面对出现或者可能出现的解释疑团时,其更多依赖上级的指示或者"纪要"等支持。

---

① 在本章的调研中,约90%的刑事法官肯定了"刑事指导案例应当成为刑事审判的重要参考",但是,又有近70%的刑事法官对将来引述指导性案例给予了否定回答,理由主要是"法无明文规定"。这种数据对比反映了刑事法官对指导性案例的肯定,同时因缺少明确的法律规定而拒绝承认其为正式法源,进而会影响刑事指导性案例的明确参照适用。
② 张祥宇:《刑事案例指导制度的困境与出路》,载《公安学刊(浙江警察学院学报)》2020年第4期。

这种传统的"懒惰"深深地熔铸在法官裁判思维习惯之中。忽视指导性案例的惯性与中国司法审判的具体环境是分不开的,传统的成文法理念培养下的思维模式决定了法官对明确裁判规则的重视,而对缺乏指引的纯粹说理往往有所忌惮,不敢随意适用,从而压缩了指导性案例的适用空间。①因此,在刑事法官的思维观念中,司法解释的效力是明显高于指导性案例的。

从这个意义上来说,司法解释与指导性案例在效力等级上的差别,反映了最高人民法院和刑事审判法官在思维层面上的区别对待。目前,已经有部分实务观点对司法解释和指导性案例的以上效力等级差别进行了反思,更倾向于二者具有同等的效力等级。"指导性案例是最高人民法院审判委员会讨论确定的,其裁判要点是最高人民法院审判委员会总结出来的审判经验和裁判规则,可以视为与司法解释具有相似的效力。因此,在司法实践中,指导性案例的裁判要点既可以作为说理的依据引用,也可以作为裁判的依据引用。"②这种观念上的变化,在一定程度上是伴随着指导性案例影响力的提升出现的。虽然案例指导制度的运行状态并不理想,但是指导性案例的影响力的确在与日俱增,越来越多的司法实务工作者关注了指导性案例,这种关注为后续的参照适用奠定了良好基础,也反映了法律职业群体相应思维观念的转化。

具体到刑事指导性案例的特殊性来说,更新对罪刑法定理念的理解也是提升其影响力的重要途径。作为刑事审判的基本原则,罪刑法定原则必须遵守,这一点是保证刑事审判合法性的底线。"刑事指导性案例的形成,不仅是为了做到同案同判与统一法律适用,也是为了提升司法者的司法能力,从实质上尽可能地确保罪刑法定原则的适用。"③但是,如何与时俱进地理解罪刑法定原则并在刑事审判中贯彻落实,也是同样重要的问题。"在刑事法领域,指导性案例首先应遵行罪刑法定原则,其次再判断刑事指导性案例与当前案件的关联程度、裁判规则的论证程度、裁判理由的说理程度、裁判判决的稳定程度。尤其条文含义解释型裁判要点在罪刑法定原则的框架之内,对刑法规范进行解释。"④质言之,更新的罪刑法定理念应

---

① 参见李涛、范玉:《刑事指导性案例的生成、适用障碍以及制度突破》,载《法律适用》2017年第4期。
② 胡云腾:《关于参照指导性案例的几个问题》,载《人民法院报》2018年8月1日,第5版。
③ 刘艳红、刘浩:《社会主义核心价值观对指导性案例形成的作用——侧重以刑事指导性案例为视角》,载《法学家》2020年第1期。
④ 付玉明、汪萨日乃:《刑事指导性案例的效力证成与司法适用——以最高人民法院的刑事指导性案例为分析进路》,载《法学》2018年第9期。

当将指导性案例也纳入"法"的范围之内,虽然指导性案例目前只是裁判理由而非裁判依据,但是能够进入刑事裁判过程产生一定的影响,就能够为更有效地遵守罪刑法定原则提供助力。在我国,成文的法律和法规几乎是唯一的法律渊源,对于刑法而言尤为如此,条文化的法律规范是刑法唯一的渊源。因此,作为指导性案例原素材的案例在形成的过程中必然严格受成文刑法的约束。与民事指导性案例相比,刑事指导性案例的成文法约束性更为突出。根据罪刑法定原则的要求,对刑法条文的理解与适用只能以严格解释的方式进行。刑事指导性案例所确立的裁判规则必须与其背后法律所在的体系保持协调,以保证自身的正当性。① 在保证遵守罪刑法定原则的基础上,最高人民法院在遴选刑事指导性案例时应当注意收集来自刑事审判一线法官的智慧与经验,及时将针对疑难问题的解决方法通过指导性案例的方式予以固定并扩展,这一过程也为将来出台同一主题的司法解释积累经验。司法解释与指导性案例在良性互动基础上形成的合力,能够推动刑法的统一适用,实质上也是罪刑法定原则的贯彻落实。这种观念可以概括为"以事实为根据,以法律为准绳,以案例为参照"。② 因此,及时更新对罪刑法定原则的理解,明确罪刑法定原则能够包容和吸收指导性案例,二者是和谐融贯而非相互排斥,这些内容应当进入刑事法官的思维观念之中。

以上思维观念的转变并非一日之功,而是一个循序渐进的过程,也需要特定外在制度予以推动。有观点建议将指导性案例援引纳入案件承办人员的工作考核,在司法实务中,当遇到与刑事指导性案例相似的案例时,如果不适用指导性案例的裁判要点及理由,应当说明不适用的原因;否则,将产生一定司法行政后果。此外,对于参照指导性案例的工作杰出的办案人员,制定相应的奖励实施细则以资鼓励。③ 特别是对于应当援引刑事指导性案例而未援引的情况,无可信理由对指导性案例背离的不利后果,只宜针对案件本身(且应科学评价),而不应直接牵连于司法者(除非违法)。不能直接以裁判背离指导性案例乃至被撤销、改判等为由,对司法者施以降职、降级或减薪等处罚。④ 最高人民法院对此的相关规定主要体现在

---

① 参见沈振甫:《论刑事指导性案例裁判规则的生成》,载《中国刑警学院学报》2020年第6期。
② 参见张阳:《向度与纬度:刑事指导案例的再思考》,载《中国人民公安大学学报(社会科学版)》2018年第1期。
③ 钱宁:《刑事案例指导制度:困境与优化进路》,载《合肥工业大学学报(社会科学版)》2021年第1期。
④ 参见张开骏:《刑事案例指导制度的困境与展望》,载《广西大学学报(哲学社会科学版)》2015年第4期。

《统一法律适用工作实施办法》第 19 条。[1] 相比该条款的规定,前述建议更加具体明确,更能够有效激发刑事法官的观念转变。

除了直接针对刑事法官的措施,推动罪刑法定原则的更新认知还可以借助于集体的力量。《统一法律适用工作实施办法》就法院内部审委会的工作给予专门强调。我国审判委员会具有指导审判实践、总结审判经验、统一裁判尺度等功能,对审理的案件,若发现待决案件与指导性案例案情存在实质相似或案件当事人及其辩护人、诉讼代理人引述指导性案例作为控(诉)辩理由,但经办法官拟不予参照的,应提交审判委员会评议,评议结果应向上一级法院报告或请示。[2] 再结合类案检索等机制的共同作用,对罪刑法定原则的更新认知能够在刑事法官思维层面更加快速地实现。

结语:从转变观念发轫提升刑事指导性案例的作用

刑事指导性案例面临较多困境,这些困境的解决需要特定时间的积累,也需要主动采取措施加速相应化解路径的实施。这些化解路径不仅与最高人民法院以及刑事法官的观念意识相互伴生、相互影响,而且这些化解路径之间也存在这种关系。在借鉴域外判例制度经验的基础上,最高人民法院应当更早地转变思维观念,不能完全依赖地方法院的实践推动,要继续提高对指导性案例的重视,及时吸收刑事法官的创造性探索和法学界的理性分析,从案例指导制度的顶层设计入手,推动刑事指导性案例被刑事法官认可和接受,发挥刑事指导性案例的预期效果。

---

[1] 最高人民法院《统一法律适用工作实施办法》第 19 条规定:"审判人员参加专业法官会议、梳理案件裁判规则等情况应当计入工作量。各部门和审判人员推荐或编纂案例被审委会确定为指导性案例,或者对具体法律适用问题的研究意见被审委会采纳形成审委会法律适用问题决议的,可以作为绩效考核时的加分项。"

[2] 参见郭兰君:《刑事指导性案例"应当参照"的困境与出路——以刑事法律适用的统一性为思考方向》,载《海峡法学》2016 年第 1 期。

第十一章　行政指导性案例的基本特征及其规范运行

【本章提要】行政指导性案例具有重要的应然价值,在现有指导性案例中的比例也较高。但是,现有行政指导性案例的数量和类型还不足以充分满足行政审判的现实需要,直接体现为行政指导性案例被裁判文书援引的次数偏低。行政审判领域中案例指导制度的规范运行,需要关注行政指导性案例自身的基本特征和独有特点。具体来说,行政指导性案例涉及的内容较广,在法律适用问题上具有明显的解释倾向,同时涉及对具体行政行为和抽象行政行为的评价,能够为行政法的持续完善提供司法经验。基于这些基本特征,案例指导制度在行政审判领域中的规范运行需要从诸多环节持续完善:在遴选环节中,除了一般意义上增加指导性案例数量和类型的途径,案例指导制度应当特别关注行政机关发布的行政执法指导性案例,将其转化为行政指导性案例;在发布环节中,案例指导制度应当继续巩固专题式发布方式,不仅有助于法官了解同一主题下的不同疑难问题如何解决,而且有助于引起行政机关的重视,推动行政机关依据行政指导性案例的指引行使行政权力;在参照适用环节中,对于行政行为合理性的判断,法官应当全面了解具体行政行为实践运行情况,对于行政行为合法性的判断,法官应当注意运用体系解释方法。

第一节　行政指导性案例的发布及应用现状

在现实的法治实践中,行政行为发生的频率高和数量多,由此所引发的行政诉讼不在少数。在我国缺少统一的行政法典或者行政程序法典的背景下,行政指导性案例具有重要的实践价值。在完善行政诉讼方面,行政指导性案例可以通过造法来解决当前案件中无法被《行政诉讼法》相关条款涵盖的问题,还可以通过对不明确的法律概念和规则进行解释,从而将现有问题纳入《行政诉讼法》的相关条款;在规范行政机关的自由裁量权方面,行政指导性案例能够对于具体的行政裁量行为标准的确定和行为程序进行规范。① 同时,"指导性案例的具体性和丰富性消解了官方和群众之间的信息鸿沟。群众在对官方信息的了解认识的基础上,能够更加充分地发挥监督能力。这既符合群众参与监督的主观愿望,又符合决策层建立责任政府的主观要求"。② 可以说,行政指导性案例对于规范行政行为,维护行政相对人的合法权益具有重要的实践意义,也是案例指导制度运行的基本构成板块之一。

从概念上来说,广义的"行政指导性案例"除了指最高人民法院发布的行政指导性案例,还有其他含义。国务院及其所属部门已经陆续发布了多批次的行政指导性案例,由行政机关所发布的行政指导性案例是根据其业务范围对下级机关的具体行政行为进行引导的案例。《法治政府建设实施纲要(2021—2025年)》专门明确"建立行政执法案例指导制度,国务院有关部门和省级政府要定期发布指导案例"。一些地方政府在此方面也早有相关探索。这种由行政机关发布的指导性案例,与最高人民法院发布的指导性案例相较,二者的定位和功能有明显差异。行政机关发布行政执法指导性案例在中央和地方两个层面已经非常活跃地展开,同时也面临很多实践中的问题,如遴选主体、遴选标准、拘束力定位以及公开程度等。③ 基于分析的语境范围,本书的行政指导性案例仅是最高人民法院所发布的指导性案例。

自2011年年底第一批指导性案例发布以来,截至2023年12月,最高人民法院一共发布了224个指导性案例。由于行政诉讼案件的重要地位,行政指导性案例一直占据较大篇幅,其历年来的发布状况可以从以下几个方面总结。

(1)从整体案件类型分布比例的角度来说,管辖案件1件,刑事案件39件,民事案件128件,行政案件31件,国家赔偿与司法救助案件5件,国际司法协助案件1件,执行案件15件,强制清算与破产案件4件。从以上数据可以看到,行政案件的比例虽然不如民事案件的比例高,但仍然在所有指导性案例中占比13.83%,体现了最高人民法院对行政指导性案例的高度重视。

(2)从发布的年份来看,2011年第一批指导性案例中没有行政案件,2012年4月第2批4个指导性案例中,有2件行政案件。从此以后,行政

---

① 参见湛中乐:《论行政诉讼案例指导制度》,载《国家检察官学院学报》2012年第1期。
② 齐子鉴:《行政指导性案例的应用探索》,载《实事求是》2010年第3期。
③ 参见胡敏洁:《行政指导性案例的实践困境与路径选择》,载《法学》2012年第1期。

指导性案例的数量稳步提升,相应的分布状况如下:2012年为5号和6号;2013年为21号和22号;2014年为26号、38号、39号、40号、41号;2016年为59号、60号、69号、76号、77号;2017年为88号、89号、90号;2018年为94号和101号;2019年为113号、114号、136号、137号、138号、139号;2021年为162号、177号、178号;2022年为191号和211号;2023年为216号。在多数年份中,最高人民法院每年发布的行政指导性案例在2件至6件不等,一般维持在3件左右;个别年份(如2015年和2020年)并没有发布相应的行政指导性案例。鉴于行政纠纷的特殊性以及行政案件的总体数量,保持稳定的发布频率和数量是确保行政指导性案例持续发挥积极作用的必要条件。

(3)从案件审级情况来看,行政指导性案例的具体分类及其数量包括:行政一审12件,行政二审13件,行政审判监督6件。从中可以看到,行政指导性案例的审级分布较为平均,一审审结的案件比例并不低,在一定程度上说明这些被遴选成功的行政指导性案例在初审时质量就比较高。

除了以上基本指标,行政指导性案例的发布情况还可以从其他方面进行分析和总结。例如,按照终审审理的法院级别来看,最高人民法院为5件,高级人民法院为4件,中级人民法院为11件,基层人民法院为11件。可以看到,中级人民法院和基层人民法院审理的行政案件占据了行政指导性案例的较大比例,这种情况与行政指导性案例的审理程序有直接关系:被遴选成功的行政指导性案例多数在一审时就完成终审,然后被推荐作为备选指导性案例。又如,按照终审审理的法院所属地区来看,最高人民法院5件,四川省3件,其他省市皆为1~2件,这说明通过最高人民法院审结的案件被遴选为行政指导性案例的比例较高。再如,按照案件终审结果来看,维持原判为7件,其他类型只有1~2件,维持原判的比例明显较高也能够说明被遴选成功的行政指导性案例在初审时就已经具备了较高质量,无须经历二审,或者二审也会维持原判,并被高级人民法院向最高人民法院推荐为备选指导性案例。

除了发布情况,被裁判文书援引的情况从动态直接反映了相应指导性案例的实际效果,也是衡量案例指导制度规范运作的重要标准。笔者使用北大法宝司法案例数据库的数据,截至2024年3月15日,引述相应行政指导性案例的裁判文书被援引数量分布情况见表11-1。

表 11-1　截至 2024 年 3 月 15 日行政指导性案例裁判文书
被援引数量分布情况

指导性案例编号	被援引次数	指导性案例编号	被援引次数
5	23	41	125
6	27	59	11
21	23	60	643
22	88	69	60
26	15	76	25
38	6	77	192
39	7	101	98
40	30		

从表 11-1 可以看到,截至 2023 年 3 月 15 日,在已经发布的 30 个行政指导性案例中,只有 15 个案例被裁判文书援引,还有半数行政指导性案例尚未得到裁判文书的援引。这种情况一方面与相应行政指导性案例发布的时间长短有关,从发布到被裁判文书援引使用需要经过一段时间的积累;另一方面,指导性案例发布的频次和数量过少,会影响后续参照援引的积极性。当然,个别指导性案例被援引的次数还与案件自身质量及其案件类型的数量有关。被援引次数最多的是指导性案例 60 号,被援引次数是 643 次;更早发布的指导性案例 38 号和 39 号,被援引的次数仅为 6 次和 7 次。指导性案例 60 号主要涉及食品安全的行政处罚问题,而指导性案例 38 号和 39 号涉及高校学生的教育权问题,且这两个案例为原有的公报案例,其结论已经被广泛认知。两相比较,涉及食品安全的行政处罚案件数量明显偏多,由此也大大提升了指导性案例 60 号被援引的概率。总体而言,15 例被应用的行政指导性案例合计被援引次数约为 1400 次,这一数据总体是偏低的。例如,指导性案例 24 号为民商事案件,被援引次数已经达到 1700 余次,是目前被援引次数最多的指导性案例。这个单一的民商事案件被援引的次数已经超过 15 例行政指导性案例合计被援引的次数。虽然被援引次数并非衡量指导性案例的唯一标准,但是数值上的巨大差异应当引起相应的关注和反思:如何根据行政指导性案例自身的特点有效规范其具体运行是需要理论界和实务界共同努力解决的问题。

第二节 行政指导性案例的基本特征

根据《关于案例指导工作的规定》及其实施细则的规定,指导性案例的遴选需要通过统一的程序,在形式上也有共性的基础特征。例如,《关于案例指导工作的规定》第2条列举了指导性案例的基本特征:裁判已经发生法律效力;社会广泛关注的;法律规定比较原则的;具有典型性的;疑难复杂或者新类型的;具有其他指导作用等。《实施细则》第2条对前述条款进行了细化,将指导性案例界定为"裁判已经发生法律效力,认定事实清楚,适用法律正确,裁判说理充分,法律效果和社会效果良好,对审理类似案件具有普遍指导意义的案例"。除了以上的共性基本特征,各个审判领域中的指导性案例也各有特点,需要具体问题具体分析。所有的行政指导性案例最初都是普通案件,经过了层层推荐和遴选之后被确定为正式的指导性案例。因此,行政指导性案例带有一般行政案件的共性特征。同时,行政指导性案例在全国范围内具有"应当参照"的正式效力,其质量和地位都高于普通行政案件,还包括一些自身独有的基本特征。

首先,行政指导性案例所涉及的具体事项较为庞杂,涉及的行政行为范围较广,但是仍未覆盖全部行政行为类型。由于我国目前没有统一的行政法典或者行政程序法典,各个单行的行政法往往关注自身业务范围内的事项,而现代社会中行政权力不断扩充,以上各个因素的结合导致行政指导性案例必然涉及较为多样的具体事项。如前所述,现有31个行政指导性案例中涉及的主题范围分布较广,包括建设工程、交通事故、医疗卫生、监督检察、环境保护、公益诉讼等。与民法较为稳定的体系结构不同,行政法的特点是较为庞杂,涉及较多具体内容,而且体系较为松散。这些特点不仅影响了统一行政法典的编纂,而且决定了行政指导性案例的分散性的特点。现有行政指导性案例在实体方面主要集中于行政处罚、行政许可、行政确认等问题,在程序方面主要涉及受案范围和原告资格等方面。现有的行政指导性案例即使已经涉及较广的范围,也没有达到类型案件的全覆盖,难以满足司法实践的需求。例如,在行政处罚方面,现有的指导性案例主要集中于传统的行政管理行为,很多新型的行政处罚行为仍是空白,如公共卫生治理、个人信息保护、社会应急管理等领域。与民事和刑事指导性案例相比,行政指导性案例缺乏整体的体系化设计,尚未形成完整全面的裁判规则体系。① 造成这种情况的主要原因是行政指导性案例的数量供给严重不足,导致行政指导性案例在覆盖面上有所不及。

其次,行政指导性案例具有明显的裁判倾向,更多地保护行政相对人而约束行政权力。指导性案例应当定位于疑难案件而不是普通案件,因为只有疑难案件才能满足法官审判的需求,在审理多数普通案件时,法官不需要寻求指导性案例的帮助。疑难案件的产生原因之一就是法律规定不够明确细致,或者存在矛盾和空白,需要法官具体进行解释。在面对法律规范与案件事实无法准确对接的情况时,法官需要秉持一定的解释立场或者解释倾向去运用具体解释方法。具体到行政领域来说,所有行政法的共性目的是保护相对人的合法权益,有效规范行政权力的行使。② 这一总体立法目的也对行政案件中法官的解释倾向提供了基本立场:当面对含混不清的法律规范或者法律规范有多重含义时,法官应当选择既有利于保护行政相对人合法权益,同时有效规范行政权力的解释方案或者结论。这一点是由行政诉讼自身的特点所决定的,也区别于民事诉讼中当事人主体的平等地位。例如,指导性案例 26 号的核心问题是通过网络方式申请政府信息公开的起算时间节点,该问题并没有在案发时的《政府信息公开条例》中有具体规定,属于法律法规的模糊空白地带,此时法律解释的倾向就发挥了重要作用。如果允许行政机关以内部具体操作作为计算节点,那么,作为外网用户的行政相对人无法确切得知申请起算的时间节点,这种情况并不利于保护其知情权,也会在一定程度上放纵行政机关的拖延。从政府信息公开的立法目的来说,③提高政府信息公开申请处理的及时性,也是保障行政相对人合法权益的具体内容。最高人民法院对该案的解读明确了将其遴选为指导性案例的目的:"本案例及时回应了政府信息公开网络建设中遇到的法律问题,明确了对政府信息公开网上申请答复期限的理

---

① 参见王红建主编:《行政指导性案例实证研究》,法律出版社 2022 年版,第 113-114 页。
② 例如,《行政处罚法》第 1 条将立法目的确定为"规范行政处罚的设定和实施,保障和监督行政机关有效实施行政管理,维护公共利益和社会秩序,保护公民、法人或者其他组织的合法权益"。《行政诉讼法》第 1 条确定的立法目的为:"保证人民法院公正、及时审理行政案件,解决行政争议,保护公民、法人和其他组织的合法权益,监督行政机关依法行使职权"。《行政复议法》(2017 年)第 1 条确定的立法目的是"防止和纠正违法的或者不当的具体行政行为,保护公民、法人和其他组织的合法权益,保障和监督行政机关依法行使职权"。《行政许可法》第 1 条规定的立法目的是"规范行政许可的设定和实施,保护公民、法人和其他组织的合法权益,维护公共利益和社会秩序,保障和监督行政机关有效实施行政管理"。
③ 指导性案例 26 号案发时,《政府信息公开条例》第 1 条规定的立法目的是"保障公民、法人和其他组织依法获取政府信息,提高政府工作的透明度,促进依法行政,充分发挥政府信息对人民群众生产、生活和经济社会活动的服务作用"。2019 年修订后的《政府信息公开条例》第 1 条确立的立法目的与之几乎相同,仅将"促进依法行政"改为"建设法治政府"。

解,有利于促进行政机关加强内部管理衔接,提高政府信息公开的工作效率,监督行政机关依法行政,及时、充分地保护行政相对人的知情权。"①

再次,行政指导性案例不仅涉及对具体行政行为的评价,还涉及对部分抽象行政行为的评价。无论是民事案件还是刑事案件,法官都是针对具体个人的行为展开分析和评判。在行政诉讼过程中,法官所针对的对象大多是具体行政行为,这一类型的案件在行政指导性案例中也占据多数,这种针对具体行政行为作出判决的特点与一般的民事案件和刑事案件比较接近。例如,指导性案例137号聚焦"行政机关是否履行法定职责",有助于明确同类案件中的司法审查标准。② 除了对具体行政行为进行全面评价,法官还涉及对部分抽象行政行为,即行政立法或者行政规范性文件行为进行评价的问题。因为很多具体行政行为作出的依据就是抽象行政行为,法官在对具体行政行为进行评价的同时,会附带性地对抽象行政行为进行评价。例如,指导性案例88号涉及的行政规范性文件就包括《四川省道路运输管理条例》、《四川省小型车辆客运管理规定》以及简阳市政府制定的《关于整顿城区小型车辆营运秩序的公告》和《关于整顿城区小型车辆营运秩序的补充公告》等。最高人民法院的终审判决确认后两个公告违法。"行政诉讼是民告官的诉讼,人民法院在审理行政案件时,既要坚持对行政行为的合法性审查,也要注意私人权益的保障。本案中,如果撤销被诉行政行为,可能导致已经形成的行政管理秩序重新紊乱,所以采取了确认违法的转换判决。"③ 又如,指导性案例191号涉及的行政规范性文件包括《工伤保险条例》《关于确立劳动关系有关事项的通知》《人力资源和社会保障部关于执行〈工伤保险条例〉若干问题的意见》《国务院办公厅关于促进建筑业持续健康发展的意见》《人力资源社会保障部办公厅关于进一步做好建筑业工伤保险工作的通知》等。这些抽象行政行为在行政指导性案例中发挥的作用不尽相同,部分抽象行政行为作为裁判依据或者说理理由,行政指导性案例对其进行了肯定;也有部分抽象行政行为成为审查的对象,行政指导性案例对其进行了肯定或否定的评价。无论是对具体行政行为还是对抽象行政行为的评价,都显示了行政指导性案例对行政行为的

---

① 石磊:《〈李健雄诉广东省交通运输厅政府信息公开案〉的理解与参照——行政机关内部处理程序不能成为信息公开延期理由》,载《人民司法》2015年第12期。
② 参见张力、黄琦:《环境行政公益诉讼中"行政机关是否履行法定职责"的司法审查——第137号指导性案例裁判要旨司法适用规则的构建》,载《山东法官培训学院学报》2021年第4期。
③ 梁凤云、石磊:《〈张道文、陶仁等诉四川省简阳市人民政府侵犯客运人力三轮车经营权案〉的理解与参照——行政许可应当遵循正当程序告知行政许可期限》,载《人民司法》2021年第17期。

监督和规范,有利于达到行政法的宏观立法目的。

最后,行政指导性案例是有益的司法探索,其积累的经验有助于推动相应行政立法的完善。虽然行政法的规定较为详细,但是无法为每个具体个案提供现成答案,尤其是在疑难案件中。定位于疑难案件的行政指导性案例体现了法官在具体案件中对相关缺陷行政法规范的司法探索,凝结了来自一线司法实践的经验与智慧,其中很多内容能够为后续的行政立法积累经验。现有很多行政指导性案例的裁判要点或裁判理由在后续行政立法修改时被吸收。例如,前述指导性案例26号主要涉及网络申请政府信息公开的起算节点,行政相对人在政府官网上申请政府信息公开并获得了确认短信,而行政机关以需要内部信息转移为由,以转移到内网处理之日作为计算节点。指导性案例26号的裁判要点认为:"公民、法人或者其他组织通过政府公众网络系统向行政机关提交政府信息公开申请的,如该网络系统未作例外说明,则系统确认申请提交成功的日期应当视为行政机关收到政府信息公开申请之日……"这一内容被修订后的《政府信息公开条例》所吸收。具体来说,修订后的《政府信息公开条例》第31条第3项规定:"申请人通过互联网渠道或者政府信息公开工作机构的传真提交政府信息公开申请的,以双方确认之日为收到申请之日。"由此可见,《政府信息公开条例》修订后内容与指导性案例26号的裁判要点如出一辙,在指导性案例中进行的司法探索和经验积累,最终转化为立法的肯定和接受。又如,作为同样涉及政府信息公开案件的指导性案例101号,其裁判要点(前半句)认为:"在政府信息公开案件中,被告以政府信息不存在为由答复原告的,人民法院应审查被告是否已经尽到充分合理的查找、检索义务。"该指导性案例针对的问题是在政府信息公开申请的过程中,行政机关往往以相关政府信息不存在来敷衍行政相对人,而原有的《政府信息公开条例》并未直接规定行政机关的查找、检索义务。如果放任行政机关以政府信息不存在为由搪塞申请人,那么政府信息公开的立法目的就无法实现,申请人无法明确行使知情权。指导性案例101号正是针对这一立法缺陷,专门强调了行政机关的查找、检索义务,这一有意义的司法探索也在《政府信息公开条例》修订时被吸收。修订后的《政府信息公开条例》第36条针对的是不同情况下行政机关应给予的不同答复,其中第4项规定:"经检索没有所申请公开信息的,告知申请人该政府信息不存在。"这一新增内容明确了行政机关的检索义务,这意味着行政机关面对当事人申请政府信息公开的情况,应当首先进行查找和检索,确定没有相关政府信息之后才能回复当事人。而且,指导性案例101号进行了更细致的后续探索,其裁判要点(后半句)认为:"原告提交了该政府信息系由被告制作或者保存的相关线索等初步证据后,若被告不能提供相反证据,并举证证明已尽到充分合理的查找、检索义务的,人民法院不予支持被告有关政府信息不存在的主张。"从这一段可以看到,如果当事人有初步证据证明相关政府信息的存在,那么行政机关的否定回复也必须提供相应的证据,如果不能提供这种证据,就会承担败诉的结果。可以说,指导性案例101号的司法探索比修订后的《政府信息公开条例》更加细致详尽,对行政相对人申请的知情权保护更加全面。此外,还有多个行政指导性案例关注受案范围的扩大问题。例如,指导性案例22号、69号和77号分别确立了内部行政行为、程序性行政行为和告知性举报答复行为的可诉标准,畅通了行政相对人寻求司法救济的途径。实证研究证明了指导性案例在行政诉讼受案范围方面发挥了指导效果的结论。[1] 这些行政指导性案例形成了案例群,从各个角度切入,有利于持续扩大行政诉讼的受案范围。"对于某些有争议的且与法条不相适应的案件,指导性案例对于受案范围的重构发挥了较大作用,是行政诉讼受案范围的有效补正形式。"[2]虽然这些内容尚未直接进入立法修订,但是可以为将来行政诉讼法典的编纂提供参考资料。质言之,在行政领域,"'指导性案例'的效力确立的过程,就是法院通过总结人们实践的经验,使规则的内容科学化的过程……'指导性案例'对实践活动的贡献就是为实践活动的正当性提供一个标准。这种规则之所以能够被人们自觉遵守,其主要原因也是这些规则反映了人类的实践理性"[3]。同领域中诸多指导性案例的不断累积,为立法修订积累经验,实际上就是将司法审判中凝结的实践理性转移到立法修订之中,借助新规则的方式扩大实践理性的影响范围。

由此可见,一般民事和刑事案件中,多数法官追求的直接结果是案结事了,很少有扩大的后续影响;而行政诉讼面对的是更加一般的行政行为,在相关法律法规行政规章不够细致全面的背景下,行政指导性案例进行的探索能够产生明显的扩散效果。法官可以援引行政指导性案例进行有效说理,并提出相应的司法建议。行政指导性案例自身所凝结的司法实践智慧,还能够为后续的立法修订提供有益的经验积累。

---

[1] 参见杨思影:《论指导性案例对行政诉讼受案范围的探索和拓展》,载《辽宁公安司法管理干部学院学报》2021年第1期。
[2] 自正法:《"民告官"受案范围扩大趋势探析》,载《理论探索》2016年第1期。
[3] 王学辉、邵长茂:《"指导性案例"在行政诉讼中的效力——兼论案例分类指导制度之构建》,载《行政法学研究》2006年第2期。

简言之,行政指导性案例涉及的内容较为庞杂,在法律适用过程中具有明显的解释倾向,不仅涉及对具体行政行为的认定,部分还涉及对抽象行政行为的评价。行政指导性案例具有明显的扩展效应,不仅有助于司法机关向行政机关提出司法建议,而且能够为后续的行政法完善提供借鉴。

第三节 行政指导性案例的规范运行

"行政判例制度的优越性体现于判例法在对制定法的回应中承担的解释与创制的双重职能——司法权对行政行为过程规制的解释功能及司法权对行政权的确权与控权中的创制功能。"①行政诉讼是司法权对行政权进行有效监督的重要方式之一,脱胎于行政诉讼案件的行政指导性案例不仅限于解决具体行政纠纷,而且由于其反复参照适用的正式效力更具有扩展效果,因而案例指导制度在行政审判中的规范运行需要以更加谨慎的态度,其遴选、发布参照和宣传阶段都需要细致的具体分析。

一、行政指导性案例的遴选

总体而言,数量和类型偏少是案例指导制度规范运行中"瓶颈"之一。没有数量的足够积累,就不会形成对指导性案例的路径依赖,法官无法将查询和适用指导性案例作为工作习惯。长此以往,案例指导制度的作用将消失殆尽,大幅度提升指导性案例的数量和类型是维持案例指导制度有效运行的源头活水。这一点从行政指导性案例的遴选结果中也可以看到。在2012年第2批指导性案例首次出现行政案件之后,截至2023年12月,在11年中,最高人民法院仅发布了31个行政指导性案例。其中,发布数量最多的年份也只发布了6个案例,还有两年没有发布行政指导性案例。这种数量上的缺失无法在行政诉讼中提供有效的规则供给,尤其是针对疑难案件的规则供给。针对这种情况,要大幅度提升指导性案例的数量供给有一些较为通行的做法。比如,强调高级人民法院向最高人民法院推荐备选指导性案例的力度,由高级人民法院更加有效地向其辖区内的法院征集备选案例;将原有的公报案例和典型案例等既有的案件类型迅速转化为指导性案例;将最高人民法院审结的案件,通过简易程序转化为指导性案例;推动法官在审理案件时注意提前培育指导性案例,在裁判文书中强化释法

---

① 承上:《论我国行政判例制度的构建——基于美国行政判例法与制定法互动之启示》,载《上海政法学院学报(法治论丛)》2014年第6期。

说理,为后续的遴选程序提供良好素材;鼓励社会各层面尤其是法律职业群体,向最高人民法院推荐备选指导性案例。

除了以上提升指导性案例数量的共性策略,大幅度增加行政指导性案例的数量供给还有一种特殊的途径——将行政机关发布的指导性案例转化为行政指导性案例。目前,从中央到地方的多个行政机关已经发布了自身业务范围内的指导性案例。例如,截至2023年6月,农业农村部已经发布了3批共24个农业行政执法指导性案例,涉及多种具体行政行为的司法认定问题,包括《行政处罚法》无主观过错不处罚规则的适用、通过"无货源电商"模式经营依法应当取得经营许可的农业投入品案件的法律适用、经营依法应当检疫未经检疫动物的法律适用、侵犯植物新品种权违法行为的处理规则、主要农作物种子未审先推违法行为的处理规则、经营假种子违法行为的处理规则、水产养殖中使用的"水质改良剂""清塘剂"等产品的认定和处理规则等。此外,国家文物局公布部分文物行政执法指导性案例,国家知识产权局发布了知识产权行政执法指导性案例,财政部发布了政府采购指导性案例。需要特别说明的是,在中央层面发布指导性案例数量最多的国务院部门是司法部,其指导性案例的主题涉及公证、戒毒、法律援助、律师工作、监狱工作和司法鉴定等。在地方层面,一些行政机关也开始尝试遴选和发布指导性案例。例如,山东省药监局印发《指导性案例管理办法》;聊城市政府行政执法监督局制定了聊城市行政执法案例指导制度;银川市市场监督管理局印发了《银川市市场监督管理行政执法案例指导办法(试行)》;中山市制定了《中山市行政执法案例指导办法》;大连市连续发布了行政规范性文件指导性案例;等等。

在这些从中央到地方行政机关发布的指导性案例中,有部分案例仅涉及行政机关,如联合执法的策划方案,还有相当数量的案例以行政诉讼的方式展现,这些案例能够成为行政指导性案例的重要来源。因为其经过行政机关的细致把握和层层遴选,具有较高的质量,能够反映行政机关在相应案件中的处理方式,也能够对其他同类行政机关的具体行政行为提供借鉴,具有良好的扩展意义和普遍适用的价值。这些由行政机关发布的指导性案例,应当具备一定特征或者符合一定标准:作为庞大行政执法案例库中筛选出来的指导性案例,必须具有普遍意义和关注重点热点问题,同时这些行政机关发布的指导性案例,在观点方面具有争议性,又有可接受性。[①]

---

① 参见钱文杰、程丹丹:《行政案例指导制度:问题、出路与展望》,载《福建行政学院学报》2015年第3期。

将符合以上特征的行政机关发布的指导性案例作为遴选行政指导性案例的备选案例,能够迅速扩大行政指导性案例的选择范围,提高行政指导性案例的遴选效率。这一特点与其他审判领域的指导性案例存在明显的不同,是行政指导性案例的独有来源。可以说,将行政机关发布的指导性案例转化为最高人民法院发布的行政指导性案例,是案例指导制度规范运行在行政审判领域中的重要方式。

除了大幅度提高数量供给,行政指导性案例的遴选环节还应当关注以疑难案件为标准和导向提高案件的质量。现有行政指导性案例的功能大致包括宣讲国家政策和展现法律法规的直接规定。[1] 这些功能更侧重于宣示效果,还没有充分满足处理疑难行政案件的需要,因而在一定程度上受到法官的忽视。前述源于行政机关发布的指导性案例,有助于反映行政权力行使过程中的疑难问题,将其纳入行政指导性案例的遴选范围也能够满足法官审理疑难行政案件的需要。充足的数量是前提和基础,在此基础上精挑细选形成对疑难行政案件的解决对策,有助于进一步促进案例指导制度在行政审判领域中的有效规范运行。

二、行政指导性案例的发布

《关于案例指导工作的规定》及其实施细则并没有详细规定指导性案例的遴选频次和发布方式。从案例指导制度运行十余年的实践情况来看,各个批次的指导性案例在发布时间上并没有确定的规律,各批次之间的间隔时间不尽相同。这种较为随机的发布方式并不利于对案例指导制度形成稳定的预期,需要在案例指导制度规范运行中进行完善。在经历了十余年的探索之后,案例指导制度应当在发布时间上形成较为固定的频率,对于行政指导性案例的发布来说也不例外。

除了发布频次应较为固定,专题式发布应当持续成为行政指导性案例发布的主要方式。最初批次的指导性案例都是混合了各个审判领域的具体案例,如2012年第2批指导性案例首次发布了2件行政案例,同批次中还有2件民事案例;第17批指导性案例包括4件行政案例和1件知识产权案例;第18批指导性案例包括1件刑事案例、1件行政案例和2件民商事案例;第19批指导性案例包括1件刑事案例、3件民事案例和1件行政案例。从2018年开始,这种拼盘式的发布方式逐渐被专题式的发布方式

---

[1] 参见李昌超、詹亮:《行政案例指导制度之困局及其破解——以最高法院公布的11个行政指导性案例为分析样本》,载《理论月刊》2018年第7期。

所取代。最高人民法院在特定批次中确立相应的主题,并发布若干此主题下的指导性案例,逐渐形成了专题发布的做法。例如,第 20 批共 5 件为依法严惩网络犯罪指导性案例,第 21 批为涉"一带一路"建设专题,第 23 批为执行工作专题,第 24 批为生态环境保护专题,第 25 批为弘扬社会主义核心价值观专题,第 28 批为知识产权保护专题,第 29 批为企业实质合并破产专题,第 32 批为保护劳动者合法权益专题,第 35 批为公民个人信息的刑事保护专题,第 36 批为仲裁司法审查专题。在以上这些专题中,部分案件为行政指导性案例,但是以行政法为专题的指导性案例批次尚未发布,有待最高人民法院集中遴选和发布。例如,在前述行政机关发布的指导性案例中,行政处罚案件的比例非常高,规范行政处罚行为可以成为行政指导性案例的专题批次主题。

从指导性案例的发布历程来看,最初拼盘式的发布方式较为零散,不利于后续的集中宣传,而特定专题的发布方式有很多优势。在同一主题下发布多个指导性案例,相关但不相同的多个案例之间形成聚沙成塔的效果,能够为法官全面展示特定专题中疑难问题的多种解决方式。由于我国法官尚未形成主动查询和适用指导性案例的工作习惯,以专题的方式发布特定批次的指导性案例更容易引起法官的关注和重视,推动法官了解、研习相应的指导性案例,从而提高指导性案例被援引的可能性,进而也提升了案例指导制度的积极效果。

更重要的是,对于行政指导性案例来说,其受众范围不仅限于涉案的行政机关和当事人,也应当包括具有类似职权范围的行政机关。如果能以专题的方式集中发布若干行政指导性案例,那么这些行政指导性案例能够成为行政机关规范和约束自身行为的良好素材和依据,可以给行政机关带来良好的宣传效果。已经有实证研究表明,在援引行政指导性案例的裁判文书中,行政机关也会将指导性案例所确立的裁判规则作为行政行为的重要参考依据。[1] 这种情况说明行政指导性案例有明显的外溢效果,开始引起了行政机关的注意。通过对专题行政指导性案例的学习,行政机关不仅能够借鉴这些指导性案例解决自身职权范围内行政执法过程中的疑难问题,还能够了解法官对待行政权规范行使的宏观态度和具体规则,这对于推动依法行政、建设法治政府而言都是十分有益的。

三、行政指导性案例的参照适用

指导性案例的遴选和发布是后续参照适用的前提和基础,数量越多和

---

[1] 参见王东伟:《行政诉讼指导性案例研究》,载《行政法学研究》2018 年第 1 期。

质量越高的指导性案例,在审判活动中被援引的可能性也越高。如前所述,现有行政指导性案例的数量不足,类型较少,这种情况不利于法官在行政案件中援引行政指导性案例。在数据方面表现为,仅有半数行政指导性案例在裁判文书中得到援引,而援引的总次数尚不及民事指导性案例24号单个案件。除了规范行政指导性案例的遴选和发布,要提高行政指导性案例的参照比例,提升行政指导性案例对行政审判的积极效果,还需要结合行政诉讼的特点从多个方面入手。

为了满足形式合法性的要求,各种具体行政行为总要以特定的抽象行政行为或者法律法规作为依据。这就意味着,在行政诉讼过程中,法官需要经常面对行政机关所制定的规范性文件,行政机关在实施具体行政行为的过程中会对其行为所具有的合法性基础进行解释,法官也需要面对这种解释,并作出相应的评价。从比较法的角度来说,司法审查要对行政机关的解释予以尊重,在美国被称为"谢弗林尊重"。"谢弗林尊重"要求联邦法院对行政机关依据听证等特定程序作出的行政解释保持一定的谦抑性。当法律规范中蕴含的国会政策倾向不明晰时,行政机关有权根据社会实际情况的需要,依据自身的专业判断形成或者选择政策,司法机关应避免干涉。如果联邦法院认为国会对该问题立场含糊或没有明确表态,则应判断行政解释是否合理,若该解释是合理的,联邦法院则不能以自己的解释代替行政机关的解释。[①] 换言之,在立法者没有明确表态的情况下,司法机关首先要尊重行政机关所作出的政策性选择,以及由此体现的解释结论,而不能直接代替行政机关作出解释结论。在这类案件中,对行政机关作出的解释进行合理性评价是法官的核心工作。在现有的部分行政指导性案例中,也有关于行政机关具体行为的合理性判断问题,比较典型的是指导性案例90号。该案例被称为全国首例"斑马线之罚"案,强调的是机动车应当履行礼让行人的义务。该案的裁判理由专门强调了对"正在通过人行横道"这一概念的合理性判断问题,认为"应当以特定时间段内行人一系列连续行为为标准,而不能以某个时间点行人的某个特定动作为标准,特别是在该特定动作不是行人在自由状态下自由地做出,而是由于外部的强力原因迫使其不得不做出的情况下……处于强势地位的机动车在行经人行横道遇行人通过时应当主动停车让行,而不应利用自己的强势迫使行人停步让行,除非行人明确示意机动车先通过"。可以说,针对行政相对人的

[①] 参见曾哲、李轩:《美国行政解释的司法审查特点》,载《人民法院报》2020年3月20日,第8版。

辩解,法官通过以上裁判理由的论述支持了交管部门的解释结论,认可了该行政机关作出具体行政行为(行政处罚)的合理性,这与"谢弗林尊重"是内在一致的。当然,由于专业分工的不同,行政机关对自身的业务范围较熟悉,相应的合理性判断更为准确,这也是出现"谢弗林尊重"的重要原因。一旦涉及更为复杂的合理性判断问题,法官也必须进行同样复杂的分析和论证。例如,指导性案例113号"乔丹案",涉及外国自然人特殊姓名被注册为商标的合理化判断问题,该问题既涉及商标法,还涉及民法(包括民法总则、民法通则和侵权责任法等),而且此类案件并不多见,属于典型的疑难案件。该案的主审法官用较大篇幅论证了保护姓名权的法律依据、姓名权所保护的具体内容、乔丹公司对于争议商标的注册是否存在明显的主观恶意等诸多核心争议问题,进而作出妥当的合理性判断。该案被遴选为指导性案例,能够为后续类似案件的处理提供有效的参照。从以上涉及合理性判断的指导性案例可以看到,后案法官要准确参照这些指导性案例,必须对相关行政机关及其具体行为的实践有充分的了解,不能仅局限于抽象规则的规定。这一点类似于民事案件的法官需要全面把握案件的法、理、情等综合内容,才能实现法律效果和社会效果的统一。在行政诉讼中,行政机关处于明显的强势地位,而且相当数量的涉案具体行政行为的依据正是由行政机关制定或进行解释的。后案法官需要充分了解这些具体行政行为运行的实践方式,才能确定待决案件与相应的指导性案例足够相似,进而参照相应的指导性案例作出判决。

　　法官对行政行为合理性判断需要具备综合素质,而对行政行为合法性基础的判断则更多地侧重于使用体系解释方法。具体行政行为所依据的规范性文件之间可能存在复杂的效力关系,这些关系不限于上位法与下位法、新法与旧法、一般法与特别法等。涉案的规范性文件都有特定的制定主体、制定时间和制定程序等效力因素,如何把握这些静态的效力因素需要借助体系性思考和分析,在具体操作层面上体现为体系解释方法。该方法将所有的法律规范视为统一完整的构成性体系,站在整个法律规范体系的视角上,审视涉案规范性文件条款之间的具体关系。体系解释方法是文义解释方法的扩展和延伸,是在各个条款基本文义的基础上梳理涉案条款的准确关系。比较典型的案件是指导性案例5号,该案涉及的法律法规和其他行政规范性文件(地方规章)包括《行政许可法》、《行政处罚法》、《行政诉讼法》、《立法法》、《江苏省〈盐业管理条例〉实施办法》、《关于改进工业盐供销和价格管理办法的通知》(原国家计委、原国家经贸委)、《关于禁止在市场经济活动中实行地区封锁的规定》(国务院)、《盐业管理条例》

(国务院)等。苏州盐务局作出行政处罚的直接依据是《江苏省〈盐业管理条例〉实施办法》,主审法官细致梳理了该实施办法与其他法律法规之间的关系。无论是基于上位法优于下位法,还是新法优于旧法的理由,《江苏省〈盐业管理条例〉实施办法》中涉案的具体条款都不具备相应的效力,应当被清理,[1]不能成为苏州盐务局作出行政处罚的合法依据。从这一案件的裁判理由可以看到,判断具体行政行为合法性根据,需要充分利用体系解释方法,准确判断涉案规范性文件之间的效力关系。同时,后案法官需要全面掌握规范性文件及其具体条款效力位阶关系的基本原理和《立法法》相关规定,才能有效参照相应的行政指导性案例作出裁判。

另外,参照行政指导性案例判断特定规范性文件不合法之后,根据《行政诉讼法》第64条的规定,该规范性文件不作为认定行政行为合法的依据,法官向制定机关提出处理建议。法院的这一建议职能是合法性判断的后续延伸阶段,也是行政诉讼独有的内容。在向制定机关提出处理建议时,法官可以将参照的特定行政指导性案例作为重要依据或理由,提醒相应制定机关对相关条款的规定进行修改,这也是参照适用行政指导性案例的一种特殊方式。

结语:关注行政诉讼特殊性,推进案例指导制度的规范运行

案例指导制度包含多个部门法的指导性案例,最高人民法院能够在一般意义上制定该制度规范运行的通行规则。如果能够考虑相应部门法审判领域的特殊性,将有助于提升案例指导制度的实际效果。刑事指导性案例重点关注罪刑法定原则的具体落实,民事指导性案例侧重于处理平等当事人之间的人身和财产关系。在目前"一府两院"的权力结构下,行政指导性案例需要考虑行政诉讼案件的特殊性:遴选环节注重吸收行政机关发布的指导性案例;发布环节强调专题方式以引起行政机关的重视;参照适用阶段对法官进行合理性和合法性判断提出更高要求,甚至还包括提出司法建议等扩展内容。可以说,行政诉讼案件的特殊性也贯穿行政指导性案例的全部运行环节,充分吸收和贯彻行政诉讼案件的特殊性有助于提升行政指导性案例的数量和质量,不仅能推动案例指导制度的规范运行,而且能够促进行政机关规范行政权力的行使,加速法治政府的有效建设。

---

[1] 参见郑磊、卢炜:《"旧"下位法的适用性——以第5号指导性案例、第13号行政审判指导案例为焦点》,载《政治与法律》2014年第7期。

第十二章　环境法指导性案例的主要优势及其扩展完善

【本章提要】最高人民法院通过第 24 批指导性案例，集中展示了指导性案例对环境治理的推进作用。从形成裁判结果的角度来说，环境法指导性案例的基本特点体现在定性分析和定量分析两种方式之中，前者具体包括扩张解释法律规范和准确推定案件事实，后者则体现为精确定量和模糊定量的结合。环境法指导性案例在推进环境治理方面有独特的价值和优势：在总结个案的基础上与时俱进地提供环境法裁判规则或者审判思路；特别关注环境治理的实际效果，包括当前效果和预期效果；有效凸显和实现环境法基本原则和立法目的；通过零敲碎打的方式精准处理环境审判疑难问题。以此为基础，要继续提升通过指导性案例推进环境治理的效果，最高人民法院还应当采取多种完善措施：根据环境治理的特点，提高发布环境法指导性案例的频次；提供更加丰富多样的环境法指导性案例类型及其处理方式；通过细致编辑环境法指导性案例的文本，有效阐释裁判要点和裁判理由之间的关系；引入多种论据对既有的环境法规范进行创造性扩展、细化和补充。

生态文明建设在现代国家中占据十分重要的地位，环境治理是其中的基本内容，需要借助立法、司法和执法等多种法治治理手段。相比立法，司法治理需要动态处理有限的法律规定与无限丰富的案件事实之间的关系，这一点对于环境治理而言尤其突出。2020 年年初，中共中央办公厅、国务院办公厅发布的《关于构建现代环境治理体系的指导意见》在健全环境治理监管体系部分专门强调要完善监管体制，加强司法保障。在司法治理的诸多方式中，案例指导制度是比较新的方式，最高人民法院可以通过发布指导性案例的方式为处理类似案件提供抽象规则或者审判思路。从 2010 年年底的《关于案例指导工作的规定》开始，最高人民法院逐渐积累指导性案例的发布数量。但是，在前 126 个指导性案例中，仅有指导性案例 75 号为环境法案例。在 2019 年年底，最高人民法院集中发布了第 24 批共 13 个环境法指导性案例，全面展示了指导性案例在环境治理方面所发挥的作用及其方式。

本章将以涉及环境治理的指导性案例为对象开展相应的分析,主要是基于以下几个方面的考虑。(1)在环境法发展的对策研究中,诸多学者都热切呼唤发挥指导性案例的作用。以最高人民法院集中发布环境法指导性案例为契机,对此进行深入分析可以展示相应指导性案例中包含的审判技术和方法。(2)在我国环境审判日益专业化、专门化的背景下,很多相应的环保审判机构从最高人民法院到地方都已经设立。但是,审理环境法案件的法官在业务能力和素质方面还需要进一步提高,指导性案例能够在这个方面以生动活泼直接的方式提供重要帮助。(3)虽然最高人民法院意图通过指导性案例来推进环境问题的司法治理,但现有这些指导性案例还存在一定缺陷,需要引起相应的重视,为将来发布更多更优质的指导性案例积累经验,以期实现环境问题的有效治理。(4)基于环境问题的高度复杂性及其对特定地理的依赖性,环境法审判活动与传统的民事、刑事和行政审判有较大不同,利用传统的司法分析工具未必能完全有效对其展开研究。在国内现有相关研究成果较少的情况下,集中分析具有代表性的环境法指导性案例能够为司法理论研究的本土化提供重要参考。综上所述,本章将首先梳理相关指导性案例如何具体论证裁判理由并最终形成裁判结论,其后再分析指导性案例在推进环境治理方面的优势,最后提出相应的改进和完善方向。

第一节　环境法指导性案例的基本特点

案例指导制度的运作全程包括指导性案例的遴选、发布、参照适用等阶段,其中参照适用的情况直接反映了指导性案例参与环境治理的效果。从既有的实际效果来看,指导性案例从发布到被裁判文书直接参照适用,往往需要一个较长的过程。[①] 首个环境法指导性案例75号于2016年年底发布,直接援引该指导性案例的裁判文书屈指可数。当然,审判实践中存在大量隐性参照的情况,法官在实质意义上参考了相应的指导性案例却并没有在裁判理由部分明示。[②] 这种方式难以准确揭示指导性案例的实效,并不值得提倡。第24批指导性案例为环境法专题批次,细致分析这些环境法指导性案例的裁判思路、风格、技术和方法,不仅能够看到最高人民法院将其遴选为指导性案例所包含的意图,更可以为将来在类似案

---

① 参见北大法律信息网:《最高人民法院指导性案例司法应用研究报告》(第2版),北京大学出版社2019年版,第9—12页。
② 参见孙海波:《指导性案例的隐性适用及其矫正》,载《环球法律评论》2018年第2期。

件中进行准确的参照适用做好充分准备,进而有效发挥指导性案例对环境治理的推动效果。对于环境法案件审判的个案而言,总体步骤可以分为定性和定量两个阶段,前者确定后者的基础和方向,后者是前者的细化和落实。

一、定性方式:扩张解释规范与准确推定事实

虽然我国已经在环境立法方面展现了巨大成就,但是,现有的法律规范仍然不能与复杂的环境治理问题完全对接,过于宏观、模糊、粗糙、滞后、矛盾甚至空白之处给法官处理个案带来了不少困难。面对这些审判实践中的疑难问题,最高人民法院通过发布指导性案例的方式提供了很多直接的裁判规则或者审理思路。

例如,在指导性案例75号中,原告绿色发展基金会(以下简称绿发会)的起诉资格问题是整个案件的焦点之一。《环境保护法》第58条对此有专门规定,最高人民法院《关于审理环境民事公益诉讼案件适用法律若干问题的解释》第4条细化了相应的判断标准,即"社会组织章程确定的宗旨和主要业务范围是维护社会公共利益"。虽然原告绿发会的章程中并没有直接提及维护社会公共利益,但是指导性案例75号的裁判理由认为:"对于社会组织宗旨和业务范围是否包含维护环境公共利益,应根据其内涵而非简单依据文字表述作出判断。"进而,法官肯定了原告的起诉资格。最高人民法院案例指导工作办公室对此解读也认为:"从实践情况看,社会组织章程所规定的宗旨和业务范围往往涵盖面较广,如果要求社会组织只能从事维护环境公共利益的活动,标准过于严苛,不利于充分发挥环境公益诉讼的制度功能。"[①]质言之,指导性案例75号并没有局限于《关于审理环境民事公益诉讼案件适用法律若干问题的解释》第4条关于社会组织自身章程表述的规定,而是将其扩展到实际参与环保公益事务的范围,不仅审查原告的章程规定,更注重其实际行动。

又如,在指导性案例127号中,被告主张对于其排放的污水所包含的铁含量,并没有专门的国家标准来确定是否构成污染损害。对此,该案的裁判理由认为,虽然现行的《渔业水质标准》和《海水水质标准》对海水水质的评价标准中的确不包含铁物质,但是这些标准已经长期未修订,无法有效涵盖现有的污染物类型;同时,基于《海洋环境法》和《侵权责任法》的

---

① 王旭光等:《〈中国生物多样性保护与绿色发展基金会诉宁夏瑞泰科技股份有限公司环境污染公益诉讼案〉的理解与参照——社会组织是否具备环境民事公益诉讼原告主体资格的认定》,载《人民司法(案例)》2018年第23期。

概括性规定,裁判理由部分并没有将铁物质排除污染物范围之外。因此,法官最终判决被告败诉。虽然专门处理海水污染的两部下位法都没有直接将铁物质纳入污染物之中,但是指导性案例127号却直接适用了上位法的概括性规定,将水质污染物的范围进行了与时俱进地扩展。该案例曾经在2017年6月被最高人民法院评为环境资源刑事、民事、行政十大典型案例。审理该案件的二审法院"分别通过对法律条文的目的性解释、对环境标准内容与效力的动态评价、对证据证明力的辩证分析等严谨的方法,得出了具有公信力的结论"[1]。与之类似的是指导性案例137号。实践中,一些环境法律规范针对行政机关的职责缺乏明确规定,如《排污许可管理办法(试行)》第52条就没有明确究竟哪些情形属于"不依法履行监督职责或者监管不力",导致对相应人员的责任追究落空。[2] 而指导性案例137号则明确了审查行政机关是否履行法定职责的标准,对《森林法》及其实施细则中的不明之处进行了有效填补,实质上也是对现有的法律规范进行细化和扩展。

以上对特定法律规范的含义进行扩张解释,在其他指导性案例中也有所表现。例如,指导性案例6号,将案件所涉及的"没收较大数额的财产"纳入《行政处罚法》第42条的"等"字之中,作为应当告知听证权利的行政处罚事项。[3] 这种做法也是在实质上扩张了相应法律规范的含义。从法律适用方法的角度来说,能够形成扩张解释效果的方法是"目的性扩张",总体上属于针对法律漏洞适用的具体方法。"目的性扩张,系透过其包括作用,将原须涵盖的部分并入,使该法律无形中达到原规范意旨之目的。"[4]这种方法强调的是基于相关的法律目的而对特定法律规范进行扩张解释。例如,针对指导性案例6号对"等"字的处理,最高人民法院认为:"对相对人产生重大影响的行政处罚决定当然不仅限于行政处罚法第四十二条所明文列举的三种,还应该包括其他与该三种行政处罚类似且对相对人权利义务产生重大影响的行政处罚。其实这也是行政处罚法设立听证程序的立法本意所在。"[5]具体到环境治理而言,指导性案例75号的直接目的是降低环保公益诉讼原告的认定标准,使更多社会组织参与环保公益

---

[1] 《环境资源刑事、民事、行政典型案例(二)》,载《人民法院报》2017年6月24日,第3版。
[2] 参见谢伟:《论我国排污许可证的执行》,载《法学论坛》2018年第6期。
[3] 参见孙光宁:《法律规范的意义边缘及其解释方法——以指导性案例6号为例》,载《法制与社会发展》2013年第4期。
[4] 杨仁寿:《法学方法论》,中国政法大学出版社1999年版,第155页。
[5] 姚宝华:《指导案例6号〈黄泽富、何伯琼、何熠诉成都市金堂工商行政管理局行政处罚案〉的理解与参照》,载《人民司法》2012年第15期。

诉讼;指导性案例127号的直接目的是与时俱进地将更多造成污染的物质纳入污染物的范围;指导性案例137号的直接目的是准确认定环保行政部门履行法定职责的标准。以上诸多指导性案例的最终目的仍然是通过司法的方式有效推进环境治理。对于环境法的目的,指导性案例132号直接在裁判理由部分强调了《环境保护法》第1条、第4条和第5条的规定,用于明确作出裁判的原则性法律依据。

除了进行目的性扩张解释,对于环境法律规范所确定的各种要件事实,相应的指导性案例还通过推定的方式进行有效确定。例如,在指导性案例135号中,被告无法说明污染物的去向,法官基于原告提供的有力证据最终判决被告按照全部污染物数量进行相应赔偿。这一结论的主要依据是《关于审理环境民事公益诉讼案件适用法律若干问题的解释》第13条中关于"推定"的规定。在此条款实际应用不多的背景下,指导性案例135号的独特之处在于"顶格"处理,为以后裁判类似案件的法官提供了重要依据甚至信心。

与此同时,聚焦于环境治理的指导性案例还利用推定的方式明确了污染者的主观状态。例如,在指导性案例130号中,具有排污许可证的被告藏金阁公司将排污业务委托给另一被告首旭公司,案件的焦点问题是如何认定两被告之间具有共同侵权的故意。该指导性案例的裁判理由从以下几个方面推定了共同侵权故意的存在:(1)藏金阁公司在近两年时间内未对首旭公司进行监管,此项法定义务不能基于二者之间的民事协议而免除;(2)藏金阁公司改造废水调节池时未封闭暗管且无合法合理理由,首旭公司通过该暗管非法排污;(3)藏金阁公司知道自身需要排污的废水量,且通过缴纳排污费而知道合法排污量,进而了解两个数据之间的差距即为首旭公司偷排废水量,但继续委托后者排污,形成了默契。以上几个方面,两被告无法举出有力反证。因此,指导性案例130号认定存在共同侵权故意。认定主观状态是环境侵权案件中棘手的问题之一,难以通过直接证据获得有效证明。法官在指导性案例130号中通过大量间接证据形成完整的证据链,共同指向最终肯定的结论。这种证明方式已经达到民事诉讼中高度盖然性的证明标准,虽然比较繁复,却能够帮助后案法官确定共同侵权故意。

针对难以直接确定的主观状态,其他指导性案例中也有所表现,比较典型的是指导性案例68号。在本案中,法官通过众多与普通商业交易习惯大相径庭的行为(包括人员、资金往来、借款的时间和目的等)以及对第三人的不利后果,确定了原告、被告之间的主观状态为恶意串通。指导性案例 68 号和 130 号都列举了大量的间接证据,为形成有效推定提供了坚实的基础,同时也对主审法官提出了更高的要求。

二、定量分析:精准定量与模糊定量的有效结合

在为案件确定基本性质的基础上,如何准确(甚至是精确)计算出相应的赔偿或者补偿数额,对于审理环境法案件的法官来说也是经常遇到的困难。因为环境因素带有很强的复杂性和不确定性,而且会随着相关科学认知的变化而变化,即使是业内专家也未必有把握提供准确的数据,遑论作为环境科学外行的法官。这种情况意味着,现有的正式法律规范所提供的诸多计算方法大多是一种参考,法官在如何计算相关数额方面拥有较大的自由裁量权,也迫切需要以指导性案例为代表的多种资料的辅助。

在第 24 批的 13 个环境法指导性案例中,130 号、131 号、133 号、135 号等在案件事实或者裁判理由部分专门提供了精确的计算公式。特别是指导性案例 133 号提供了多个计算公式,为最终判决赔偿酸洗危险废物处置费、生态损害修复费等数额提供了精确的依据。除了在微观层面上使用计算公式,聚焦环境治理的指导性案例还普遍采用了"虚拟治理成本法"。

"虚拟治理成本是指工业企业或污水处理厂治理等量的排放到环境中的污染物应该花费的成本,即污染物排放量与单位污染物虚拟治理成本的乘积。单位污染物虚拟治理成本是指突发环境事件发生地的工业企业或污水处理厂单位污染物治理平均成本(含固定资产折旧)……利用虚拟治理成本法计算得到的环境损害可以作为生态环境损害赔偿的依据。"[①]虚拟治理成本法是《环境损害鉴定评估推荐方法(第Ⅱ版)》收录的正式计算方法,在司法实践中获得了广泛的认可和接受。《关于虚拟治理成本法适用情形与计算方法的说明》确定的主要计算公式为:污染物排放量×污染物单位治理成本×受损害环境敏感系数。在第 24 批指导性案例中,明确使用虚拟治理成本法的案例包括从 130 号到 135 号的 6 个案例,占比首屈一指。比较典型的是指导性案例 131 号,针对涉案的污染物——二氧化硫、氮氧化物和烟粉尘,分别计算了虚拟治理成本。在经济分析方法在法学研究中获得重要认可的背景下,环境法案件应用这种成本收益分析的方法也很容易得到明显的重视。虚拟治理成本法更加关注如何对已经造成的环境破坏进行治理,如何保持环境安全的长久维护,与传统意义上民法的赔

[①] 环境保护部政策法规司编:《新〈环境保护法〉及配套文件汇编》,中国环境出版社 2015 年版,第 167 页。

偿原则存在很大差异,显示出环境法案件的特殊之处。借助精确的公式,法官在以上指导性案例中确定了多种费用(尤其是治理费用)的数额,经常超越既存损害的数额,体现了环保法一直强调的保护和发展并重的原则。其中诸多公式的运用尤其是相关比例系数的确定,以具体直接的方式给审理类案的法官提供了可参照、可复制的样本。

虽然在环境法案件中需要精确计算,但这种计算也经常带有个案色彩,环境法的指导性案例还提供了另外更具普遍性的计算方式——模糊计算。这种计算方式强调的是在案件性质基本确定的基础上,对特定的污染主体所应当承担的相应法律责任数额进行"适当"的倾向性调整。例如,指导性案例132号针对污染者主动投入巨资更新设备进行污染防治、降低污染及其风险的行为,在综合考虑的基础上确定减轻其赔偿责任,这一判决结论充分体现了环境法的预防作用和导向作用。与之相反,在指导性案例133号中,虽然被污染水域具有自净功能,会逐渐恢复水质,但是法官认定污染者所应当承担的责任并不能因此而减轻。这种正反两个方面的案例展示,说明指导性案例在参与环境治理方面会在全面考虑行为的性质、后果以及相关的因果关系之后作出评价。当然,其中"适当"减轻或者增加并没有严格的公式,难以进行十分精确的计算,主要是法官根据个案情况在自由裁量权范围内酌情决定。简言之,精确计算的优势在于明确基本的法定数额,而模糊计算则可以在此基础上结合个案情形进行妥当浮动,二者的结合能够在环境法案件中既保证合法性基础,又增加了灵活和机动。

从以上分析中可以看到,涉及环境法的指导性案例在技术层面上运用了多种法律适用方法,比较全面地展示了参与环境治理的司法实践。需要说明的是,虽然前述分析是分别论述了定性分析和定量分析,但实际上,同一个环境法指导性案例往往综合运用了两种分析方法,在明确是非曲直的基础上准确核定涉案数额和处理方式。以上所列举的仅是环境法指导性案例中比较具有普遍性和代表性的法律适用方法,另外还有一些其他法律适用方法。例如,在指导性案例128号中,在光污染问题缺乏明确的法律规定的情况下,法官通过组织当事人现场感受、咨询专家等方式,综合考虑了大众的认知规律和切身感受、专家意见、日常生活经验法则等因素,形成了最终的裁判结论。这种法律适用方式已经不属于扩张解释,而带有一定的造法因素,虽然没有直接提供抽象规则,但是提供了审判此类问题的思路,为将来涉及光污染问题的细致立法规定积累了十分有益的司法经验。

第二节　环境法指导性案例的主要优势

在推进案例指导制度方面,最高人民法院总体上采取了一种比较审慎和稳妥的方式。在2010年年底《关于案例指导工作的规定》公布之后将近一年,才发布第一批指导性案例。鉴于环境治理问题的复杂、多样和长期,最高人民法院在案例指导制度运行十余年时才集中发布了专题批次的环境法指导性案例,这也是以上审慎和稳妥方式的延续和展现。虽然集中出现的时间较晚,但是,这些环境法指导性案例却很具有代表性,涉及与环境治理相关的多种诉讼类型,也兼顾多种法律责任形式,还覆盖了对多种自然资源的保护。更重要的是,这些环境法指导性案例有独特的、同时具有普适性的法律适用方法,对于推进环境治理也有重要优势。

首先,环境法指导性案例具有鲜明的及时性,在总结司法个案经验的基础上能够与时俱进地提供裁判规则或思路。《关于案例指导工作的规定》及其实施细则并没有规定发布指导性案例的固定时间,从现有的实际情况来看,只要是经过正常的遴选程序,最高人民法院可以随时发布指导性案例,在数量上也不会作出限制。环境治理具有复杂多变的特点,相应的环境法适用也需要根据特定的环保形势进行调整,通过指导性案例的方式就能够在时间上及时跟进环境治理的现实需要。相比制定抽象规则所需要的系统和完整,聚焦于个案或者特定问题的指导性案例在发布频次上更加自由和灵活,无须经历漫长的积累和探讨。作为首个环境法指导性案例,指导性案例75号出现的背景是相关诉讼法的修改降低了对社会组织提起环保公益诉讼的门槛。从环境治理的普遍经验来看,引入非政府组织的社会力量能够大大提升治理效果。"生态文明建设既然需要公众参与,就不应当对提起公益诉讼的主体资格作过多限制……应当降低对社会组织的限制,只要是依法成立的专职从事环境保护公益工作的组织,都应当能够作为原告。"[1]指导性案例75号的出现正是顺应了这一趋势,通过"观其言、查其行"的方式降低了提起环保公益诉讼的原告资格标准。"法治历史比较悠久的西方工业发达国家一直把公民环境诉讼的活跃程度和法院适用环境法判决案件的多少作为判断环境法实施程度的标志……环境公益诉讼的发展,不仅给环境NGO组织提出了参加和推动环境公益诉讼

---

[1] 魏胜强:《论绿色发展理念对生态文明建设的价值引导——以公众参与制度为例的剖析》,载《法律科学(西北政法大学学报)》2019年第2期。

的新任务,也使环境 NGO 组织找到了参与环境资源生态保护、维护环境公众利益的有效武器和有效途径。"①指导性案例 75 号最初为最高人民法院直接提审的案件,这一案例进一步明确了《关于审理环境民事公益诉讼案件适用法律若干问题的解释》中社会组织主体资格的审查标准,是环境公益诉讼主体范围不断扩大的重要表现。② 虽然该指导性案例被裁判文书直接援引的次数不多,但其示范作用和宣传效果是非常值得肯定的。指导性案例 130 号、131 号、132 号、134 号的原告或者共同原告都是社会组织,这已然说明赋予更多社会组织以原告的资格所取得的积极效果。在发布指导性案例 75 号之后,最高人民法院又发布了多个环境治理的典型案例,更加注重环境诉讼的特殊性,并在实质上推动了其类型化的进程,具体来说主要表现在以下几个方面:环境民事案件的裁判要素更加明确,环境行政案件的样态趋于清晰,环境刑事案件的类型更为细致,矿业权纠纷凸显环境资源案件特性,环境公益诉讼规则不断完善。③ 这些典型案件及其影响为后续发布的正式指导性案例进行了有效铺垫,有些典型案例直接被遴选为指导性案例,继续推动环境治理的进程。有实证研究表明,以环保法庭为代表的环境司法专门化改革能够推动环境纠纷司法处理水平的提升,弥补污染治理中环境司法不力的"短板"。并且,环境法治强化能够提高地方政府的治污努力和公众的环保参与。④ 换言之,目前阶段,审理环境案件的法官更需要在环境法的具体适用问题上获得帮助,而第 24 批环境法专题指导性案例就能够在这个方面提供有效帮助。

其次,环境法指导性案例特别注重环境治理的实际效果,包括当前效果和预期效果。环境问题的复杂多变使现代环境法越来越"臃肿",具体的环境立法数量不断增加。但即便如此也难以有效跟进最新的环境问题,其中的弊端日益明显,一种为环保法"做减法"的倾向开始初步显现。这种"环境法减法时代"旨在通过法典高度的简约性、便捷的适用性、严密的逻辑性和适度的稳定性,来消解环境法律复杂化及其附带的复杂性机能障

---

① 蔡守秋:《从综合生态系统到综合调整机制——构建生态文明法治基础理论的一条路径》,载《甘肃政法学院学报》2017 年第 1 期。
② 参见江必新:《中国环境公益诉讼的实践发展及制度完善》,载《法律适用》2019 年第 1 期。
③ 参见吕忠梅、张忠民:《环境司法专门化与环境案件类型化的现状》,载《中国应用法学》2017 年第 6 期。
④ 参见范子英、赵仁杰:《法治强化能够促进污染治理吗?——来自环保法庭设立的证据》,载《经济研究》2019 年第 3 期。

碍。① 在既有的环境法律规范已经比较概括和笼统的情况下，对其进行精简将赋予法官更多的自由裁量权。法官不能只满足于实现合法性的底线裁判要求，更要关注环境治理的合理性和实际效果。与传统部门法审判优先考虑法律效果不同，环境法案件的裁判更推崇在环境治理方面实际产生或者将要产生的实际效果，这一点在现有的环境法指导性案例中有明显表现。例如，前述指导性案例128号处理光污染问题，就特别强调原告、被告双方都在现场的具体感受，在正式文本中有"即使还未出现可计量的损害后果，即应承担相应的侵权责任"这样的表述。又如，指导性案例129号，针对污染者需要逐步展开污染处理，法官并没有要求污染者一步到位地承担生态环境损害责任，而是允许其提供担保后分期支付赔偿费用。这种循序渐进的方式能够更加稳妥地推动污染者积极履行环保义务，不至于被一次性的高额赔偿费用过度消耗，无力完成全部环境治理工作。与之类似，在指导性案例134号中，在污染者已经停止侵害的背景下，法官不允许污染者复工生产，必须等待相关文件的审批和设备的验收。这种判决可以防止出现有治理能力的污染者"边生产、边污染"的情况，其正式文本中甚至直接出现"防患于未然"的表述。而指导性案例137号则直接将是否有效保护了国家利益或者社会公共利益，作为对环保行政部门是否切实履行职责的审查标准。同样是行政法案件，指导性案例139号处理了两部环保法规定之间的责任竞合情形，否定了污染者提出适用较轻处罚的请求，肯定了环保部门作出较重行政处罚，更有利于保护大气环境。在以上这些指导性案例中，法官所给出的并不是"唯一正确答案"，在符合相应环保法律规定的基础上存在很多裁判方案或者结论。但是，注重环境治理的实际效果或者预期效果，是所有这些指导性案例裁判结果所特别考虑的内容。

再次，环境法指导性案例能够有效凸显和实现环境法的基本原则和立法目的。在环境法的具体规则存在空白或者疏漏的情况下，回溯或者递归到环境法原则是裁判特定个案的重要途径，在处理疑难问题时表现得尤其突出。如前所述，很多指导性案例对法律规范进行扩张解释，背后的重要指向就是环境法的基本原则，在更深层次上是为了实现环境法的立法目的。《环境保护法》第1条规定了环境法中的基本立法目的，在整体上侧重于保护社会公众的环境利益。"社会环境公共利益，具体表现为适合人们生产和生活活动的良好自然环境……关系人类维系生存和发展的根本利

---

① 参见何江：《为什么环境法需要法典化——基于法律复杂化理论的证成》，载《法制与社会发展》2019年第5期。

益,是人类生存和发展不可或缺的物质基础或基本条件,不仅与当代人的根本利益,并且与后代人的根本利益密切相关。其重要性明显大于其他社会公共利益。"①有学者甚至主张应当以"法益"为中心重构我国环境损害救济逻辑。② 可以说,对社会环境公共利益的维护,也是环境治理的基本目标。但是这一目标并没有通过司法治理得以理想的实现。"环境污染受害人在维权时面临过高的交易成本,包括无法获得充分的赔偿,难以停止侵害行为导致污染持续存在,诉讼耗时过长导致救济失去意义等。这些负面感受必然影响到当事人及社会公众对司法体系的感知与信任,导致司法公信力不彰。"③而针对具体疑难问题的指导性案例,则能够在一定程度上有效提升处理以上利益关系的积极效果。在环境法基本原则和立法目的的指引下,审理环境案件的法官在实践中对具体规则的运用进行大量扩展、细化和延伸,其中相对成功的个案被遴选为指导性案例,以扩展成功经验的普遍效果。比较明确的例证就是指导性案例132号和134号都在裁判理由部分直接援引了立法目的作为论证理由("出于对重点环境保护目标的保护及公共利益的维护"),而指导性案例131号和137号更是在裁判要点部分直接出现了"社会公共利益"的表述。环境侵权的复杂性及环境利益的损失,加大了环境损害范围确定及损害结果的计算难度,是环境权益保护的特殊性对传统司法理论的重大挑战。④ 对社会环境利益的保护,可以通过利益衡量的方法在指导性案例中得到具体展现。"针对审判实践中面临的生态利益衡量难题,研究生态环境利益和价值纳入案件衡量之后带来的利益平衡困难、裁判标准难以把握等问题,坚持环境资源案件审理的环境保护优先原则,重新确立不同利益冲突的优先顺位和衡量标准,通过司法解释、指导案例逐步推进环境资源案件裁判标准的统一,向社会集中展示环境司法的价值理念和目标追求。"⑤每个环境法案件都是在处理复杂的利益问题,而法官必须秉持社会环境利益的基本立场才能准确适用环境法。应从生态利益与经济利益的冲突、生态利益诉求层次拓展的司法

---

① 王树义:《论生态文明建设与环境司法改革》,载《中国法学》2014年第3期。
② 唐瑭:《环境损害救济的逻辑重构——从"权利救济"到"法益救济"的嬗变》,载《法学评论》2018年第5期。
③ 陈海嵩:《环境侵权案件中司法公正的量化评价研究》,载《法制与社会发展》2018年第6期。
④ 参见钭晓东、黄秀蓉:《论中国特色社会主义环境法学理论体系》,载《法制与社会发展》2014年第6期。
⑤ 吕忠梅、刘长兴:《环境司法专门化与专业化创新发展:2017—2018年度观察》,载《中国应用法学》2019年第2期。

回应两个方面展开利益衡量。①"司法的一个基本面向是通过司法技艺固定处理特殊问题的方式,并将之一般化,形成价值调适和利益平衡的操作清单。所以,基于个案的指导和司法解释是推动治理型环境司法走向精细化、一体化的必要程式。"②在立法层面确定的环境法基本原则带有明显的理想色彩,虽然不能完美地在实践中满足,但是借助法官在司法案件中的持续贯彻,还是能够推动环境治理的。而相关指导性案例的发布和适用,是加快和提升这一进程的重要手段。

最后,环境法指导性案例能够针对环境审判中的疑难问题进行准确处理,通过零敲碎打的方式实现以点带面的效果。在前述环境法的基本原则与立法目的指引下,每一个指导性案例独立针对具体疑难问题展开,虽然涉及的范围较小,但是却能明显突出"精准打击"的特点,能够适应环境审判的实际需要。每个指导性案例最初都是地方法院审理的普通案件,包含法官来自环境审判实践的经验和智慧;最高人民法院将这些普通案件遴选为指导性案例,充分尊重并在更大范围内扩展了这些经验和智慧。这种地方法院和最高人民法院的"合作",体现了环境治理中的司法能动主义。"大量生态法律空白、法律漏洞、法律宽泛和法律模糊问题需要法官依据法律原则、法律规则、自身经验甚至道德原则作出能动性解释或新规定创设建议,以增强每个案件审判的合理性和公正性。"③能动不是乱动,法院审判环境案件并不能过于能动和灵活,否则会产生不少弊端。④ 法官在审判环境案件时发挥司法能动主义需要基于规范的依据,指导性案例就是其中之一。指导性案例目前已经成为司法过程中补充法律漏洞的重要方式之一,⑤能够针对审判中的不少疑难问题统一法律适用。例如,最高人民法院在评论指导性案例 21 号时就承认"本指导案例的指导意义就在于堵塞法律漏洞,约束建设单位在建设保障性住房时依法修建防空地下室,防止其逃避法定义务"⑥。具体到环境问题的司法治理来说,环境审判涉及大量公私利益的混合状态,现有的诉讼类型从各自机制出发处理公益和私

---

① 参见张璐:《环境司法专门化中的利益识别与利益衡量》,载《环球法律评论》2018 年第 5 期。
② 杜辉:《环境司法的公共治理面向——基于"环境司法中国模式"的建构》,载《法学评论》2015 年第 4 期。
③ 黄爱宝:《司法机关应对政府生态责任追究的职能解析与优化》,载《东南大学学报(哲学社会科学版)》2019 年第 4 期。
④ 参见方印:《人民法院环境司法能动论纲》,载《甘肃政法学院学报》2015 年第 4 期。
⑤ 参见刘作翔:《司法中弥补法律漏洞的途径及其方法》,载《法学》2017 年第 4 期。
⑥ 石磊、阎巍:《〈内蒙古秋实房地产开发有限责任公司诉呼和浩特市人民防空办公室人防行政征收案〉的理解与参照》,载《人民司法》2014 年第 6 期。

益,二者之间存在不少龃龉之处。"面对同一环境侵害引发的环境公私益损害,简单的依照公私益保护分野原理一分为二式分离诉讼,使环境问题未能有实质性的交互整合,这不仅有悖于环境问题一体化解决原则,且对生态整体保护主义也是一种疏离……公私益概念描述基础上的环境民事公私益诉讼分离模式和现实生活事实不相契合。近年来,我国法院不乏针对案件事实,将环境公益诉请和私益诉请合并进行审理实例,其处理效果也很好。"①指导性案例130号和136号就是其中比较有代表性的案例:在前一案例中,行政机关和社会组织分别提起生态环境损害赔偿诉讼和环境公益诉讼,二者针对的是相同的污染行为和同一污染者,诉求也非常相似,因此合并审;在后一案例中,人民检察院针对同一污染行为提起环境行政公益诉讼和环境民事公益诉讼,采取了分别立案、一并审理、分别判决的处理方式。在同时涉及公共利益和私人利益的复杂关系时,法官应秉持环境治理中的整体主义立场。这些指导性案例在现有诉讼类型还没有相关细致明确规定的背景下,合并处理的方式非常符合这一立场,在很大程度上弥补了现有法律的漏洞,取得了较好的社会效果。质言之,即使面对法律规范中的漏洞,指导性案例都能够提供有针对性的抽象规则或者审判思路,帮助法官解决实际困难,遑论法律规范过于概括或者存在矛盾的问题。加之现在逐步推广的类案检索机制,一旦检索结果中出现相应的指导性案例,法官就有强义务去参照指导性案例形成裁判结论。当众多环境审判中的疑难问题逐渐被指导性案例解决的时候,环境审判的整体效果就会明显提升,这就是以点带面形成的结果。简言之,在推进环境治理方面,指导性案例既能够遵循和体现环境法的基本原则和立法目的,又能够在其指引下准确处理具体审判难题,具有将宏观理念和微观处理相结合的优势。

第三节 环境法指导性案例的扩展完善

在案例指导制度出台之前,来自理论界和实务界的呼唤声音早已存在,但是,被寄予厚望的案例指导制度并没有全面实现其应然价值。在制度初创的几年中,指导性案例不仅在裁判文书中很少被直接援引,在司法实务部门的影响力也十分有限。通过案例指导制度的运行状态可以预见,环境法指导性案例从发布到全面发挥环境治理的实际影响,很可能面临类似的经历。而最近两年中指导性案例被援引参照的频次逐渐上升,法官对

---

① 张旭东:《环境民事公私益诉讼并行审理的困境与出路》,载《中国法学》2018年第5期。

指导性案例更加认可和接受,在很大程度上说明案例指导制度的实效正在改善,这种背景也有助于加快环境法指导性案例推进环境治理的速度。在明确了指导性案例的特点和优势之后,最高人民法院应当采取多种措施,继续扩展和完善环境法指导性案例推进环境治理的效果,具体来说至少应当包括以下几个重要方向。

首先,最高人民法院应当根据环境治理的特点,加大及时发布环境法指导性案例的力度。遴选和发布是指导性案例被参照和援引的前提条件,也是发挥环境治理功能的起点。最高人民法院在案例指导制度运行十余年的情况下仅发布了200余个指导性案例。在生态文明建设相当紧迫、环境治理亟待司法发挥作用的背景下,以上的发布频次显得过于保守。进言之,没有相当数量上的积累,指导性案例就无法形成规模效应进而成为法官审判环境案件的路径依赖。由于环境审判中的新问题层出不穷,整体立法难以随时跟进,所以,聚焦特定具体难题的指导性案例更应当有所作为。虽然最高人民法院集中发布了第24批环境法指导性案例,但对于随时会发现新问题的环境案件审判工作来说,仍然远远不够。在第24批指导性案例出现之前,最高人民法院已经发布了多个相关典型案例,但是这些案例存在不少问题,包括格式并不统一、代表性不足、系统性考量欠佳以及编写相对粗糙等。① 更重要的是,典型案例并不具有指导性案例那样的正式效力,对环境治理的推进作用是非常有限的。从现有环境法指导性案例发布频次来看,最高人民法院仍然不习惯于通过案例指导的方式予以回应,对于司法实践中的迫切需要,更多的还是通过司法解释或者其他规范性文件的方式回应。例如,针对新冠肺炎疫情期间的防控工作,最高人民法院出台了多个文件,内容涵盖在线诉讼、审判执行、保障医务人员安全和维护医疗秩序、妨害防控违法犯罪等。另外,最高人民法院发布了若干典型案例,但是没有通过发布指导性案例的形式为疫情期间的审判工作提供参照。相比而言,最高人民检察院则迅速及时地推出多批"全国检察机关依法办理妨害新冠肺炎疫情防控犯罪典型案例",在一定程度上发挥了案例指导的作用。就环境治理来说,最高人民检察院早在2017年年初和2018年年底分别公布了第8批和第13批检察机关指导性案例,都是环境法专题批次,比最高人民法院更早使用集中发布的方式;这些批次的指导性案例推进了公益诉讼检察工作,集中反映了公益诉讼检察工作的新理念,回

---

① 参见张忠民:《典型环境案例的案例指导功能之辨——以最高人民法院公布的23个典型环境案例为样本》,载《法学》2015年第10期。

应解决了公益诉讼中的法律适用疑难问题,通过以案释法的方式开展了普法宣传教育。① 从以上情况可以看到,最高人民法院在及时公布指导性案例方面很大程度上没有满足环境案件审判的实际需要,与有效推进环境治理的目标还有不少差距。在各地环境审判的专业化程度越来越高的背景下,指导性案例有非常充分的来源,只要通过正常的推荐和遴选程序,针对环境审判疑难问题的案件就能够成为指导性案例。最高人民法院应当更加关注这种必要性与可能性,以第 24 批指导性案例为契机,更加及时地发布相应的指导性案例。

其次,环境法指导性案例在基本类型和处理方式上应当更加丰富和多元。由于环境诉讼经常涉及多种利益关系,相应地经常通过多种诉讼类型来全面处理,前述指导性案例 130 号和 136 号的合并审理就是典型例证。但是,现有的环境法指导性案例大多是以民事诉讼和行政诉讼的形式展现的,很少直接涉及刑事诉讼。包括指导性案例 75 号和第 24 批指导性案例,其中仅有指导性案例 130 号涉及污染环境罪,但是其裁判要点和裁判理由主要围绕对共同侵权的故意展开,几乎没有对定罪量刑方面展开分析。在以往的刑事指导性案例中,也仅有指导性案例 13 号涉及环境治理问题,该案例聚焦氰化钠是否属于《刑法》第 125 条第 2 款规定的"毒害性"物质。法官给出了肯定的答案,主要理由是氰化钠"易致人中毒或者死亡,对人体、环境具有极大的毒害性和极度危险性,极易对环境和人的生命健康造成重大威胁和危害"。与本章第一部分列举的定性裁判方式类似,指导性案例 13 号也是基于特定法律规范的条款目的,对毒害性物质的范围进行了扩张。因此,该案例对"促进危险化学品的依法安全生产、经营和管理,防范和遏制安全事故发生,防治环境污染,保障社会公共安全,具有重要现实意义"②。据统计分析,生态司法的刑事管辖涵盖危害公共安全、破坏社会主义市场经济秩序、侵犯财产、妨碍社会管理秩序、渎职五类犯罪中涉及林木、野生动植物、土地、矿产资源等犯罪,涵盖 41 个罪名、29 条刑法条款。近年来,国家通过立法解释、司法解释为生态刑事司法专门化提供法律支撑,不断加强打击生态犯罪的力度。③《关于构建现代环境治理体系的指导意见》也强调:"强化对破坏生态环境违法犯罪行为的查处侦办,加大对破坏生态环境案件起诉力度,加强检察机关提起生态环境

---

① 参见万春等:《最高人民检察院第十三批指导性案例解读》,载《人民检察》2019 年第 3 期。
② 吴光侠:《指导案例 13 号〈王召成等非法买卖、储存危险物质案〉的理解与参照》,载《人民司法》2013 年第 15 期。
③ 参见姚毅奇:《生态司法专门化下之司法权与行政权关系分析》,载《海峡法学》2017 年第 2 期。

公益诉讼工作。""生态法益作为人对生态环境具有正当合理需求的权利或利益,是环境犯罪所侵害的实质客体。建设生态文明保障的刑法机制,需在刑事立法机制与刑事司法机制两个主要方面着力。"① 换言之,涉及环境治理的指导性案例类型中,刑事诉讼偏少,并不符合现有刑事立法对生态犯罪的重视程度,也不利于通过司法的方式遏制环境污染,促进环境质量的改善。另外,在定量分析方面,现有的环境法指导性案例也仅使用了虚拟治理成本法这一种方法,显得过于单一。在《环境损害鉴定评估推荐方法(第Ⅱ版)》中,生态环境损害评估方法包括替代等值分析方法和环境价值评估方法,而虚拟治理成本法仅是后者的一种具体方法,后者包括的其他具体方法还有内涵资产定价法、避免损害成本法等。近年来一些比较热点的环境法案例基本上都没有优选替代等值分析方法,大多都选择虚拟治理成本法,而且并没有严格按照要求对案件情况是否符合该方法的适用前提进行说明。更重要的是,以上这些方法与传统民事理论对民事责任的理解都有一定的差距;即便只考虑环境损害的评估技术,直接适用虚拟治理成本法的做法也是不够规范合理的。② 从现有的部分案例分析中可以看到,虚拟治理成本法存在一定的局限性,包括生态修复费用的确定过多依赖专家意见,虚拟治理成本与实际治理成本存在冲突,法官在"敏感系数"的确定上存在较大的自由裁量权等。③ 甚至来自官方的解读也认为该方法存在一定的不足。④ 对于环境案件,"法官应当审慎地对待各种技术方案、评估报告,对其进行合法性审查,在妥当衡量其技术性与法律性的关系后再加以采纳"⑤。从以上分析可以看到,虚拟治理成本法并不应当成为环境审判中的唯一测算方法,现有指导性案例过于偏重这一方法会对实务中类似案件的处理带来一些不当影响。环境法指导性案例应当提供更加多样和丰富的审理方式方法来应对相应的疑难问题。

再次,环境法指导性案例应当注重正式文本的编辑,细致阐释裁判要点与裁判理由之间的关系,以提升审判环境案件的能力与素质。前已述及,裁判要点是法官在裁判文书中唯一可以直接援引的指导性案例体例部分,这就明显突出了裁判要点的地位。但是,从内容上来看,裁判要点为法

---

① 焦艳鹏:《生态文明保障的刑法机制》,载《中国社会科学》2017 年第 11 期。
② 参见林潇潇:《论生态环境损害治理的法律制度选择》,载《当代法学》2019 年第 3 期。
③ 参见孙洪坤、胡杉杉:《环境公益诉讼中虚拟治理成本法律适用的认定》,载《浙江工业大学学报(社会科学版)》2017 年第 4 期。
④ 参见环境保护部环境应急指挥领导小组办公室编:《突发环境事件应急管理制度学习读本》,中国环境出版社 2015 年版,第 202 页。
⑤ 吕忠梅、窦海阳:《修复生态环境责任的实证解析》,载《法学研究》2017 年第 3 期。

官处理类似案件提供了直接概括的抽象规则,这一点与司法解释并没有实质意义上的区别。在司法解释已经在审判实践中占据明显优势的情况下,案例指导制度必须与之错位发展。指导性案例明显区别于司法解释的关键之处在于,裁判理由部分对案件事实与法律规范之间的关系进行了详细论述,而司法解释只是提供系统全面的抽象规则。通过裁判理由部分的详细阐释,后案法官不仅能够了解裁判理由部分如何展开对裁判要点的论述,更能够了解审判活动中疑难问题的来龙去脉。相比司法解释直接提供的答案,指导性案例还能够提供答案背后的原因,是一种"知其然也知其所以然"的过程。换言之,最高人民法院在编辑指导性案例的正式文本时,一定要细致地论证说理,尤其是要关注解释裁判理由部分与裁判要点之间的关系。在现有的环境法指导性案例中,正式文本的论证说理方面比较成功的例证如指导性案例 130 号,其针对鉴定报告书的内容认定是否准确和两被告是否构成共同侵权的问题,展开了丰富而细致的论述,尤其是对后者从四个方面详加分析。其他进行定量数据计算的多数指导性案例也详细说明了相关的计算方法和计算公式。但是,也有反面的例证,如指导性案例 137 号在裁判要点部分确定了审查行政机关是否履行法定职责的三方面标准,但是,仅有 500 余字的裁判理由几乎没有涉及对以上标准的评价,也没有涉及其在本案例中与案件事实之间的关系,裁判要点与裁判理由之间存在明显割裂。如前所述,指导性案例 137 号带有一定补充法律漏洞的色彩,涉及的是环境审判中亟须获得指导的疑难问题,依靠裁判要点只能获得初步的甚至是粗浅的认知。"在指导性案例的参照适用过程中,既要受到抽象裁判要点的拘束,但不能完全地为裁判要点所限,应当结合基本案情的描述和裁判理由的详尽展开,结合案情深入透彻地理解要点,尤其是要理解裁判理由的论证过程。"①案例指导制度在环境治理方面发挥最优效果,需要从遴选、编辑到参照适用的各个环节都进行细致设计和操作,正式文本的编辑连接着前后两个方面,起到承上启下的重要作用。从指导性案例文本的说理论证中,法官能够逐渐了解疑难问题的处理方式和方法,并在类似案件中进行参照。这个过程是法官将指导性案例的精神主旨和操作方法进行内化的过程,实质上同时提升了法官的业务素质和能力。"推进案例指导制度的发展和提高国家司法治理能力是可以结合在一起的,它们的交集就是要求法官以指导性案例为榜样,在疑难案件中进行必

---

① 林维:《刑事案例指导制度:价值、困境与完善》,载《中外法学》2013 年第 3 期。

要的说理,并将说理的成果总结为可以借鉴、参照和传承的法律规则。"①法官有效处理疑难案件并详细说理的能力并不是凭空产生的,而是需要经过长期的实践和研习获得,指导性案例及其说理就是非常理想的研习对象。简言之,无论是从方便法官透彻理解指导性案例的角度,还是从长远提升法官素质和能力的角度,都要求最高人民法院认真对待指导性案例文本的编辑,细致阐释裁判要点和裁判理由之间的关系。

最后,环境法指导性案例应当更具有创造性因素,综合引入多种论据对法律规范进行扩展、细化和补充。环境案件涉及多种利益,与科技因素密切相关,随时可能出现新情况新问题,与传统部门法案件有很大差异,难以完全套用既有的分析框架,这些都对法官形成妥当的裁判结论提出不小的挑战。《关于构建现代环境治理体系的指导意见》强调"在高级人民法院和具备条件的中基层人民法院调整设立专门的环境审判机构,统一涉生态环境案件的受案范围、审理程序等"。这种对各个层级的法院提出设置专门环境审判机构的要求也是基于以上原因考虑。指导性案例要真正发挥实际作用,不能定位为普通案件或者典型案件,而是应当体现出创造性。现有的指导性案例可以分为宣法型、释法型和造法型,后两种类型更能够解决环境审判中的疑难问题和满足环境治理的需要。具体来说,环境法指导性案例所针对的重点疑难问题应该包括:环境利益与经济利益的权衡与选择问题,举证责任倒置规则的适用问题,因果关系的认定和污染损失大小的衡量问题,责任的衡量与分担问题等。② 以上部分疑难问题可以通过现有的指导性案例解决,但是更多的疑难问题还有赖于后续的创新性指导性案例。出于案例指导制度运行初期的稳妥考虑,最高人民法院在指导性案例的创造性上并没有明显强调,很多指导性案例是对现有法律法规、司法解释或者实务界共识的重复。在环境治理问题日益复杂、对环境审判提出更多挑战的背景下,指导性案例的创新性必须得到进一步加强。仅依靠最高人民法院出台相应的规范性文件,并不能很好地推动法官参照适用指导性案例,迫于行政化压力产生的动力只能推动参照指导性案例上的"形式主义"。"强化指导性案例的形式效力,是以忽视指导性案例实质合理性为代价的,其难以满足我国地方性、差异化的司法需求,影响指导性案例的品质和供给,弱化其他具有指导意义案例的价值,进而造成指导性案例

---

① 李红海:《案例指导制度的未来与司法治理能力》,载《中外法学》2018 年第 2 期。
② 参见刘莉、焦琰:《环境司法中利益衡量的规范化进路——以中国特色案例指导制度为基点》,载《甘肃政法学院学报》2016 年第 4 期。

'适用难'的困境。"①质言之,要切实通过案例指导来提升环境治理的效力,归根结底还依赖于指导性案例自身的质量,也就是通过其对法律规则的创新来有效回应环境审判中的实际难题。环境审判的难题多是由于既有法律规范的模糊、概括、矛盾、空白或者滞后造成的,因此,指导性案例要解决这些难题就需要超越这些存在一定缺陷的法律规范,通过"法外求法"的方式获得相应的解决方案。《关于加强和规范裁判文书释法说理的指导意见》第13条对此有所提示:在抽象的法律规则之外能够作为论据加强论证的材料包括指导性案例;非司法解释性质的规范性文件;公理、情理、经验法则、交易惯例、民间规约、职业伦理;立法说明等立法材料;采取历史、体系、比较等法律解释方法时使用的材料;法理及通行学术观点;等等。前述分析的指导性案例128号就充分利用了多种论据(如公众容忍度、专家意见、现场感受、日常经验法则等)来论证裁判结论。"指导性案例需要对现有的环境法律和环境法律原则进行正确的解释,只有符合正确适用法律,又有解决环境立法规定不清的新方法的案件才能成为指导性案例……既符合立法原意,又能解当下司法实践的燃眉之急。"②即使以"解释"为名,只要能够结合多种材料对现有法律规则进行创新,满足司法实践的需要,这种指导性案例就能够真正发挥推动环境治理的作用。

结语:作为公共产品的指导性案例

现代社会中,最高司法机关普遍都带有公共政策的功能,我国的最高人民法院也不例外,而指导性案例则是其发挥公共政策功能的重要方式。③ 时任最高人民法院院长周强也认为:"人民法院审理各类案件形成的案例,是向社会提供的公共服务产品,是人民法院适用和解释法律的鲜活载体和历史记录,具有重要的法治、文化和史料价值。推进司法案例研究,深入发掘案例的法治价值,充分发挥案例的指导作用,是完善中国特色案例指导制度,促进中国特色社会主义司法制度发展进步的重要方面。"④就本章主题而言,良好的生态环境是一种特殊的公共产品,通过指导性案例的方式推进环境治理,表明两种公共产品之间并非此消彼长或者非此即

---

① 刘克毅:《论指导性案例的效力及其体系化》,载《法治现代化研究》2017年第5期。
② 孙洪坤、胡杉杉:《环境公益诉讼案例指导制度研究》,载《山东法官培训学院学报》2019年第5期。
③ 李超:《指导性案例:公共政策的一种表达方式》,载《法律适用》2014年第6期。
④ 周强:《构建司法案例研究大格局 开创司法案例应用新局面》,载《法律适用》2017年第16期。

彼的竞争关系。虽然环境治理并不仅依靠指导性案例,但是,作为一种新的司法治理形式,指导性案例在推进环境治理方面具有独特的价值和优势,值得引起实务界的高度关注;最高人民法院也应当在多个方面继续完善案例指导制度,尽可能提升指导性案例在推进环境治理方面的积极效果。

参考文献

一、著作

1.《大清律例》,田涛、郑秦点校,法律出版社1999年版。

2. 马建石、杨育棠主编:《大清律例通考校注》,中国政法大学出版社1992年版。

3. 北大法律信息网组织编写:《最高人民法院指导性案例司法应用研究报告(2017)》,北京大学出版社2018年版。

4. 卜元石:《德国法学与当代中国》,北京大学出版社2021年版。

5. 陈杭平:《统一的正义:美国联邦上诉审及其启示》,中国法制出版社2015年版。

6. 陈林林:《法律方法比较研究:以法律解释为基点的考察》,浙江大学出版社2014年版。

7. 陈树森:《我国案例指导制度研究》,上海人民出版社2017年版。

8. 陈兴良主编:《中国案例指导制度研究》,北京大学出版社2014年版。

9. 董皞:《司法解释论》,中国政法大学出版社1999年版。

10. 董茂云:《比较法律文化:法典法与判例法》,中国人民公安大学出版社2000年版。

11. 傅显扬:《大数据领域不正当竞争行为的法律规制》,武汉大学出版社2021年版。

12. 高尚:《德国判例使用方法研究》,法律出版社2019年版。

13. 郭成伟主编:《大清律例根原》,上海辞书出版社2012年版。

14. 国家法官学院案例开发研究中心编:《中国法院2017年度案例·行政纠纷》,中国法制出版社2017年版。

15. 郝铁川:《论法治:中国依法治国的难点、重点和特点》,上海人民出版社2015年版。

16. 何帆:《积厚成势:中国司法的制度逻辑》,中国民主法制出版社2023年版。

17. 河南省高级人民法院课题组:《司法裁判弘扬社会主义核心价值观

研究》，人民法院出版社2020年版。

18. 何勤华等:《中华法系之精神》，上海人民出版社2022年版。

19. 何主宇编著:《英美法案例研读全程指南》，法律出版社2007年版。

20. 胡宁生编著:《公共政策学:研究、分析和管理》，南京大学出版社2016年版。

21. 胡兴东:《中国古代判例法运作机制研究:以元朝和清朝为比较的考察》，北京大学出版社2010年版。

22. 胡玉鸿主编:《法律原理与技术》，中国政法大学出版社2002年版。

23. 环境保护部环境应急指挥领导小组办公室编:《突发环境事件应急管理制度学习读本》，中国环境出版社2015年版。

24. 环境保护部政策法规司编:《新〈环境保护法〉及配套文件汇编》，中国环境出版社2015年版。

25. 黄茂荣:《法学方法与现代民法》，中国政法大学出版社2001年版。

26. 黄韬:《公共政策法院:中国金融法制变迁的司法维度》，法律出版社2013年版。

27. 孔祥俊:《法律规范冲突的选择适用与漏洞填补》，人民法院出版社2004年版。

28. 雷磊等:《德国判例制度研究》，法律出版社2023年版。

29. 李红海:《普通法的历史解读——从梅特兰开始》，清华大学出版社2003年版。

30. 李培锋:《英美司法方法释义》，知识产权出版社2018年版。

31. 梁慧星:《裁判的方法》，法律出版社2003年版。

32. 林乾:《治官与治民:清代律例法研究》，中国政法大学出版社2019年版。

33. 刘士国:《科学的自然法规与民法解释》，复旦大学出版社2011年版。

34. 刘树德:《无理不成"书":裁判文书说理23讲》，中国检察出版社2020年版。

35. 刘树德、孙海波主编:《类案检索实用指南》，北京大学出版社2021年版。

36. 刘作翔:《我之法学观:刘作翔文章选》，湘潭大学出版社2008年版。

37. 米健:《比较法学导论》，商务印书馆2013年版。

38. 泮伟江:《一个普通法的故事:英格兰政体的奥秘》，广西师范大学出版社 2015 年版。

39. 彭春:《法官行为、信息资源和司法效率》,法律出版社 2023 年版。

40. 瞿同祖:《瞿同祖法学论著集》,中国政法大学出版社 1998 年版。

41. 沈大明:《〈大清律例〉与清代的社会控制》,上海人民出版社 2007 年版。

42. 苏亦工:《明清律典与条例》,中国政法大学出版社 2000 年版。

43. 孙笑侠:《司法的特性》,法律出版社 2016 年版。

44. 孙佑海等:《司法解释的理论与实践研究》,中国法制出版社 2019 年版。

45. 王彬:《案例指导与法律方法》,人民出版社 2018 年版。

46. 王红建主编:《行政指导性案例实证研究》,法律出版社 2022 年版。

47. 王军、高建学:《美国侵权法》(英文版),对外经济贸易大学出版社 2012 年版。

48. 王莉君:《比较法学基础》,群众出版社 2009 年版。

49. 王利明:《裁判说理论——以民事法为视角》,人民法院出版社 2021 年版。

50. 王志强:《法律多元视角下的清代国家法》,北京大学出版社 2003 年版。

51. 韦森:《社会制序的经济分析导论》,上海三联书店 2001 年版。

52. 吴君霞:《检察案例指导制度研究》,东南大学出版社 2021 年版。

53. 杨力:《法律思维与法学经典阅读:以哈特〈法律的概念〉为样本》,上海交通大学出版社、北京大学出版社 2012 年版。

54. 杨仁寿:《法学方法论》,中国政法大学出版社 1999 年版。

55. 杨万明主编:《〈中华人民共和国人民法院组织法〉条文理解与适用》,人民法院出版社 2019 年版。

56. 杨桢:《英美法入门:法学资料与研究方法》,北京大学出版社 2008 年版。

57. 姚小林:《法律的逻辑与方法研究》,中国政法大学出版社 2015 年版。

58. 尹超:《法律文化视域中的法学教育比较研究:以德、日、英、美为例》,中国政法大学出版社 2012 年版。

59. 于同志:《案例指导研究:理论与应用》,法律出版社 2018 年版。

60. 于同志:《刑法案例指导:理论·制度·实践》,中国人民公安大学出版社 2011 年版。

61. 张杰:《检察指导案例理论与实践》,中国检察出版社 2021 年版。

62. 张晋藩:《中国法律的传统与近代转型》,法律出版社 1997 年版。

63. 张妮、蒲亦菲:《计算法学导论》,四川大学出版社 2015 年版。

64. 张文显主编:《法理学》(第 5 版),高等教育出版社、北京大学出版社 2018 年版。

65. 张晓东:《中国现代化进程中的道德重建》,贵州人民出版社 2002 年版。

66. 赵钢主编:《民事诉讼法学:制度·学说·案例》,武汉大学出版社 2013 年版。

67. 郑延谱:《刑法规范的阐释与改造》,中国人民公安大学出版社 2015 年版。

68. 最高人民法院民事审判第二庭编著:《〈全国法院民商事审判工作会议纪要〉理解与适用》,人民法院出版社 2019 年版。

69. 最高人民法院司法改革领导小组办公室编:《最高人民法院关于加强和规范裁判文书释法说理的指导意见理解与适用》,中国法制出版社 2018 年版。

70. 最高人民法院司法改革领导小组办公室编:《〈最高人民法院关于全面深化人民法院改革的意见〉读本》,人民法院出版社 2015 年版。

71. [奥]恩斯特·A.克莱默:《法律方法论》,周万里译,法律出版社 2019 年版。

72. [德]罗伯特·阿列克西:《法律论证理论》,舒国滢译,中国法制出版社 2002 年版。

73. [德]K.茨威格特、[德]H.克茨:《比较法总论》,潘汉典等译,中国法制出版社 2017 年版。

74. [德]迪特尔·梅迪库斯:《德国民法总论》,邵建东译,法律出版社 2013 年版。

75. [德]赫尔曼·康特洛维茨:《为法学而斗争 法的定义》,雷磊译,中国法制出版社 2011 年版。

76. [德]卡尔·恩吉施:《法律思维导论》,郑永流译,法律出版社 2014 年版。

77. [德]卡尔·拉伦茨:《法学方法论》,陈爱娥译,商务印书馆 2003 年版。

78. [德]克劳斯-威廉·卡纳里斯:《法律漏洞的确定:法官在法律外续造之前提与界限的方法论研究》(第 2 版),杨旭译,北京大学出版社

2023 年版。

79. [德]亚当·考夫曼:《类推与事物本质——兼论类型理论》,吴从周译,学林文化事业有限公司 1999 年版。

80. [德]克劳斯·罗克辛:《德国刑法学 总论》(第 1 卷),王世洲译,法律出版社 2005 年版。

81. [德]约阿希姆·吕克特、[德]拉尔夫·萨伊内克主编:《民法方法论:从萨维尼到托依布纳》(第 3 版),刘志阳等译,中国法制出版社 2023 年版。

82. [德]托马斯·M. J. 默勒斯:《法律研习的方法:作业、考试和论文写作》(第 9 版),申柳华等译,北京大学出版社 2019 年版。

83. [德]托马斯·M. J. 默勒斯:《法学方法论》(第 4 版),杜志浩译,北京大学出版社 2022 年版。

84. [法]菲利普·热斯塔茨、[法]克里斯托弗·雅曼:《作为一种法律渊源的学说:法国法学的历程》,朱明哲译,中国政法大学出版社 2020 年版。

85. [美]盖多·卡拉布雷西:《制定法时代的普通法》,周林刚等译,北京大学出版社 2006 年版。

86. [美]迈尔文·艾隆·艾森伯格:《普通法的本质》,张曙光等译,法律出版社 2004 年版。

87. [美]约翰·V. 奥尔特:《正当法律程序简史》,杨明成、陈霜玲译,商务印书馆 2006 年版。

88. [美]E. 博登海默:《法理学:法律哲学与法律方法》,邓正来译,中国政法大学出版社 2004 年版。

89. [美]史蒂文·J. 伯顿:《法律和法律推理导论》,张志铭、解兴权译,中国政法大学出版社 1998 年版。

90. [美]艾伦·法恩思沃斯:《美国法律体系》(第 4 版),李明倩译,上海人民出版社 2018 年版。

91. [美]本杰明·卡多佐:《司法过程的性质》,苏力译,商务印书馆 2000 年版。

92. [美]艾德华·H. 列维:《法律推理引论》,庄重译,中国政法大学出版社 2002 年版。

93. [美]罗斯科·庞德:《普通法的精神》,曹相见译,上海三联书店 2016 年版。

94. [美]凯斯·R. 孙斯坦:《法律推理与政治冲突》,金朝武等译,法律出版社2004年版。

95.［美］鲁格罗·亚狄瑟:《法律的逻辑:法官写给法律人的逻辑指引》,唐欣伟译,法律出版社2007年版。

96.［日］大木雅夫:《比较法》,范愉译,法律出版社1999年版。

97.［日］寺田浩明:《权利与冤抑:寺田浩明中国法史论集》,王亚新等译,清华大学出版社2012年版。

98.［英］尼尔·麦考密克:《法律推理与法律理论》,姜峰译,法律出版社2005年版。

99.［英］沙龙·汉森:《法律方法与法律推理》(第2版),李桂林译,武汉大学出版社2010年版。

100.［英］迈克尔·赞德:《英国法:议会立法、法条解释、先例原则及法律改革》,江辉译,中国法制出版社2014年版。

二、期刊论文

1.安晨曦:《最高人民法院如何统一法律适用——非正规释法技艺的考察》,载《法律科学(西北政法大学学报)》2016年第3期。

2.白斌:《论法教义学:源流、特征及其功能》,载《环球法律评论》2010年第3期。

3.柏桦、于雁:《清代律例成案的适用——以"强盗"律例为中心》,载《政治与法律》2009年第8期。

4.北京知识产权法院课题组:《在先案例在知识产权审判中的运用情况调研——以北京知识产权法院为样本》,载《中国应用法学》2018年第3期。

5.卜元石:《德国法律评注文化的特点与成因》,载《南京大学学报(哲学·人文科学·社会科学)》2020年第4期。

6.蔡高强、唐燚婷:《国际货物买卖合同根本违约的认定——蒂森克虏伯冶金产品有限责任公司与中化国际(新加坡)公司国际货物买卖合同纠纷案评述》,载《法律适用》2019年第14期。

7.蔡守秋:《从综合生态系统到综合调整机制——构建生态文明法治基础理论的一条路径》,载《甘肃政法学院学报》2017年第1期。

8.曹志勋:《论指导性案例的"参照"效力及其裁判技术——基于对已公布的42个民事指导性案例的实质分析》,载《比较法研究》2016年第6期。

9.陈春龙:《中国司法解释的地位与功能》,载《中国法学》2003年第

1期。

10.陈福才、何建:《我国案例指导制度的检视与完善》,载《中国应用法学》2019年第5期。

11.陈海嵩:《环境侵权案件中司法公正的量化评价研究》,载《法制与社会发展》2018年第6期。

12.陈金钊:《批判性法理思维的逻辑规制》,载《法学》2019年第8期。

13.陈景辉:《同案同判:法律义务还是道德要求》,载《中国法学》2013年第3期。

14.陈林林、许杨勇:《司法解释立法化问题三论》,载《浙江社会科学》2010年第6期。

15.陈悌:《建构与自发之间——对刑事案例指导制度之质疑与反思》,载《福建警察学院学报》2017年第2期。

16.陈为:《法理知理智理——将社会主义核心价值观融入知识产权裁判文书释法说理》,载《人民法院报》2021年4月30日,第5版。

17.陈小洁:《中国传统司法判例情理表达的方式——以〈刑案汇览〉中裁判依据的选取为视角》,载《政法论坛》2015年第3期。

18.陈新宇:《〈大清新刑律〉编纂过程中的立法权之争》,载《法学研究》2017年第2期。

19.陈幸欢:《生态环境损害赔偿司法认定的规则厘定与规范进路——以第24批环境审判指导性案例为样本》,载《法学评论》2021年第1期。

20.陈兴良:《案例指导制度的法理考察》,载《法制与社会发展》2012年第3期。

21.陈兴良:《案例指导制度的规范考察》,载《法学评论》2012年第3期。

22.陈兴良:《正当防卫如何才能避免沦为僵尸条款——以于欢故意伤害案一审判决为例的刑法教义学分析》,载《法学家》2017年第5期。

23.陈煜:《略论〈大清律例〉的"确定化"》,载《中国政法大学学报》2012年第4期。

24.陈煜:《明清司法的新趋势》,载《江苏社会科学》2018年第4期。

25.承上:《论我国行政判例制度的构建——基于美国行政判例法与制定法互动之启示》,载《上海政法学院学报(法治论丛)》2014年第6期。

26.程啸:《受害人特殊体质与损害赔偿责任的减轻——最高人民法院第24号指导案例评析》,载《法学研究》2018年第1期。

27.崔雅琼:《论临时保护期内他人使用发明专利侵权问题的体系解

释——以指导案例20号为例》，载陈金钊、谢晖主编：《法律方法》(第25卷)，中国法制出版社2018年版。

28. 崔永华：《中国古代判例法成因及经验教训》，载《求是学刊》1998年第2期。

29. 董凡、李青文：《我国知识产权指导性案例司法适用的现实考察与完善进路》，载《电子知识产权》2022年第5期。

30. 董皞、贺晓翊：《指导性案例在统一法律适用中的技术探讨》，载《法学》2008年第11期。

31. 董史统等：《检察指导性案例在刑事办案中的应用》，载《人民检察》2021年第15期。

32. 钭晓东、黄秀蓉：《论中国特色社会主义环境法学理论体系》，载《法制与社会发展》2014年第6期。

33. 杜辉：《环境司法的公共治理面向——基于"环境司法中国模式"的建构》，载《法学评论》2015年第4期。

34. 杜军强：《法律原则、修辞论证与情理——对清代司法判决中"情理"的一种解释》，载《华东政法大学学报》2014年第6期。

35. 范子英、赵仁杰：《法治强化能够促进污染治理吗？——来自环保法庭设立的证据》，载《经济研究》2019年第3期。

36. 方乐：《指导性案例司法适用的困境及其破解》，载《四川大学学报(哲学社会科学版)》2020年第2期。

37. 方印：《人民法院环境司法能动论纲》，载《甘肃政法学院学报》2015年第4期。

38. 冯尔康：《国法、家法、教化——以清朝为例》，载《南京大学法律评论》2006年第2期。

39. 付玉明、汪萨日乃：《刑事指导性案例的效力证成与司法适用——以最高人民法院的刑事指导性案例为分析进路》，载《法学》2018年第9期。

40. 高尚：《德国判例结构特征对中国指导性案例的启示》，载《社会科学研究》2015年第5期。

41. 高永周：《清算义务人承担连带清偿责任的法理逻辑——评最高人民法院指导案例9号案》，载《中南大学学报(社会科学版)》2014年第5期。

42. 耿利航：《公司解散纠纷的司法实践和裁判规则改进》，载《中国法学》2016年第6期。

43. 顾培东:《判例自发性运用现象的生成与效应》,载《法学研究》2018 年第 2 期。

44. 顾培东:《我国成文法体制下不同属性判例的功能定位》,载《中国法学》2021 年第 4 期。

45. 顾培东、李振贤:《当前我国判例运用若干问题的思考》,载《四川大学学报(哲学社会科学版)》2020 年第 2 期。

46. 郭锋:《〈民法典〉实施与司法解释清理制定》,载《上海政法学院学报(法治论丛)》2021 年第 1 期。

47. 郭锋等:《〈〈关于案例指导工作的规定〉实施细则〉的理解与适用》,载《人民司法》2015 年第 17 期。

48. 郭兰君:《刑事指导性案例"应当参照"的困境与出路——以刑事法律适用的统一性为思考方向》,载《海峡法学》2016 年第 1 期。

49. 郭叶、孙妹:《最高人民检察院指导性案例司法实践研究》,载《中国检察官》2022 年第 5 期。

50. 郭叶、孙妹:《最高人民法院指导性案例 2018 年度司法应用报告》,载《中国应用法学》2019 年第 3 期。

51. 郭叶、孙妹:《最高人民法院指导性案例 2019 年度司法应用报告》,载《中国应用法学》2020 年第 3 期。

52. 郭叶、孙妹:《最高人民法院指导性案例 2020 年度司法应用报告》,载《中国应用法学》2021 年第 5 期。

53. 郭叶、孙妹:《最高人民法院指导性案例 2021 年度司法应用报告》,载《中国应用法学》2022 年第 4 期。

54. 郭叶、孙妹:《最高人民法院指导性案例司法应用年度比较分析报告——以 2011—2018 年应用案例为研究对象》,载《上海政法学院学报(法治论丛)》2019 年第 6 期。

55. 郭叶、孙妹:《最高人民法院指导性案例司法应用情况 2017 年度报告》,载《中国应用法学》2018 年第 3 期。

56. 韩波:《论虚假诉讼的规制方式:困扰与优化》,载《政法论丛》2020 年第 4 期。

57. 韩骏等:《以微信抢红包形式进行网络赌博的定性》,载《人民司法(案例)》2017 年第 20 期。

58. 何海波:《司法判决中的正当程序原则》,载《法学研究》2009 年第 1 期。

59. 何江:《为什么环境法需要法典化——基于法律复杂化理论的证

成》,载《法制与社会发展》2019年第5期。

60. 何敏:《清代私家释律及其方法》,载《法学研究》1992年第2期。

61. 何敏:《清代注释律学特点》,载《法学研究》1994年第6期。

62. 何勤华:《明清案例汇编及其时代特征》,载《上海社会科学院学术季刊》2000年第3期。

63. 何勤华:《清代法律渊源考》,载《中国社会科学》2001年第2期。

64. 贺志军、莫凡浩:《涉"刷单"网络假冒注册商标犯罪数额之推定证明——以最高人民法院第87号指导性案例为切入点》,载《中国刑警学院学报》2019年第3期。

65. 侯欢:《司法解释与案例指导制度关系之辨》,载《北方法学》2019年第3期。

66. 侯猛:《纪要如何影响审判——以人民法院纪要的性质为切入点》,载《吉林大学社会科学学报》2020年第6期。

67. 侯学宾:《司法批复衰落的制度竞争逻辑》,载《法商研究》2016年第3期。

68. 胡嘉金、胡媛:《论指导性案例的效力证成与完善》,载《中国应用法学》2017年第4期。

69. 胡敏洁:《行政指导性案例的实践困境与路径选择》,载《法学》2012年第1期。

70. 胡仕浩、刘树德:《裁判文书释法说理:规范支撑与技术增效——〈关于加强和规范裁判文书释法说理的指导意见〉的理解与适用(下)》,载《人民司法(应用)》2018年第31期。

71. 胡伟新:《德国葡萄牙法院案例在指导审判和保证法律统一适用方面的作用》,载《法律适用》2011年第2期。

72. 胡兴东:《中国古代法律形式结构研究》,载《北方法学》2014年第3期。

73. 胡岩:《司法解释的前生后世》,载《政法论坛》2015年第3期。

74. 胡云腾:《打造指导性案例的参照系》,载《法律适用(司法案例)》2018年第14期。

75. 胡云腾:《关于案例指导制度的几个问题》,载《光明日报》2014年1月19日,第16版。

76. 胡云腾:《关于参照指导性案例的几个问题》,载《人民法院报》2018年8月1日,第5版。

77. 胡云腾:《谈指导性案例的编选与参照》,载《人民法院报》2011年

7月20日,第5版。

78. 胡云腾等:《〈关于案例指导工作的规定〉的理解与适用》,载《人民司法》2011年第3期。

79. 胡云腾、吴光侠:《〈关于编写报送指导性案例体例的意见〉的理解与适用》,载《人民司法》2012年第9期。

80. 胡云腾、吴光侠:《指导性案例的编选标准》,载《人民司法》2015年第15期。

81. 黄爱宝:《司法机关应对政府生态责任追究的职能解析与优化》,载《东南大学学报(哲学社会科学版)》2019年第4期。

82. 黄金兰:《我国司法解释的合法性困境及其应对建议》,载《法商研究》2020年第3期。

83. 黄锴:《"目的性限缩"在行政审判中的适用规则——基于最高人民法院指导案例21号的分析》,载《华东政法大学学报》2014年第6期。

84. 黄琳、王惠:《刑事政策视野下正当防卫制度的适用——以"两高"指导性案例、典型案例为例》,载《人民检察》2021年第1期。

85. 黄雄义:《清代因案修例的现象还原与性质界定——兼论其对完善案例指导制度的启示》,载《政治与法律》2020年第2期。

86. 黄亚英:《构建中国案例指导制度的若干问题初探》,载《比较法研究》2012年第2期。

87. 黄忠:《论民法典后司法解释之命运》,载《中国法学》2020年第6期。

88. 纪海龙:《法教义学:力量与弱点》,载《交大法学》2015年第2期。

89. 季卫东:《法解释学大有发展》,载《东方法学》2011年第3期。

90. 贾宇:《案例指导制度的思考和选择——以刑事案件为例》,载樊崇义教授70华诞庆贺文集编辑组编:《刑事诉讼法学前沿问题与司法改革研究》,中国人民公安大学出版社2010年版。

91. 江必新:《司法对法律体系的完善》,载《法学研究》2012年第1期。

92. 江必新:《中国环境公益诉讼的实践发展及制度完善》,载《法律适用》2019年第1期。

93. 江平:《〈民法总则〉评议》,载《浙江工商大学学报》2017年第3期。

94. 江勇、陈增宝:《应赋予指导性案例参照的效力》,载《人民法院报》2008年1月16日,第5版。

95. 姜启波等:《人民法院组织法修改的解读》,载《人民司法》2019年第 1 期。

96. 姜远亮:《指导性案例与司法解释的关系定位及互动路径——以刑事审判为视角》,载《法律适用》2019 年第 8 期。

97. 焦宝乾:《法教义学的观念及其演变》,载《法商研究》2006 年第 4 期。

98. 焦宝乾:《逻辑与修辞:一对法学范式的区分与关联》,载《法制与社会发展》2015 年第 2 期。

99. 焦艳鹏:《生态文明保障的刑法机制》,载《中国社会科学》2017 年第 11 期。

100. 金振豹:《法律适用模式的比较考察——以德国和美国为例》,载舒国滢主编:《法学方法论论丛》(第 1 卷),中国法制出版社 2012 年版。

101. 雷槟硕:《指导性案例适用的阿基米德支点——事实要点相似性判断研究》,载《法制与社会发展》2018 年第 2 期。

102. 雷磊:《从"看得见的正义"到"说得出的正义"——基于最高人民法院〈关于加强和规范裁判文书释法说理的指导意见〉的解读与反思》,载《法学》2019 年第 1 期。

103. 雷磊:《德国判例的法源地位考察》,载《社会科学研究》2022 年第 3 期。

104. 雷磊:《法的渊源理论:视角、性质与任务》,载《清华法学》2021 年第 4 期。

105. 雷磊:《论德国判例的运用方式》,载《国家检察官学院学报》2022 年第 3 期。

106. 雷磊:《什么是法教义学?——基于 19 世纪以后德国学说史的简要考察》,载《法制与社会发展》2018 年第 4 期。

107. 雷磊:《指导性案例法源地位再反思》,载《中国法学》2015 年第 1 期。

108. 雷蕾:《最高法院发布第 22 至 24 批指导性案例》,载《人民司法》2020 年第 4 期。

109. 雷娜:《刑事指导性案例裁判援引的考察与反思》,载《政法学刊》2020 年第 1 期。

110. 李昌超、詹亮:《行政案例指导制度之困局及其破解——以最高法院公布的 11 个行政指导性案例为分析样本》,载《理论月刊》2018 年第 7 期。

111. 李超:《指导性案例:公共政策的一种表达方式》,载《法律适用》

2014年第6期。

112. 李凤梅:《法律拟制与法律类推:以刑法规范为视角》,载《法学杂志》2006年第1期。

113. 李凤鸣:《清代重案中的成案适用——以〈刑案汇览〉为中心》,载《北京大学学报(哲学社会科学版)》2020年第2期。

114. 李红海:《案例指导制度的未来与司法治理能力》,载《中外法学》2018年第2期。

115. 李佳欣:《论刑事指导性案例对刑法解释功能的补足》,载《当代法学》2020年第5期。

116. 李金升:《最高人民法院指导性案例对房产中介公司的现实影响》,载《中国房地产》2012年第6期。

117. 李萍:《对最高人民法院20号指导案例的思考》,载《电子知识产权》2016年第2期。

118. 李清池:《公司清算义务人民事责任辨析——兼评最高人民法院指导案例9号》,载《北大法律评论》2014年第1辑。

119. 李森:《刑事案例指导制度的中国问题与德国经验——以"癖马案"为视角》,载《湖南社会科学》2016年第3期。

120. 李森:《刑事指导性案例同司法解释的关系——补充说的证成》,载《齐鲁学刊》2017年第3期。

121. 李守良:《律典之失与律学吸纳:明清私家律学与清代的法典编纂》,载《江汉论坛》2018年第5期。

122. 李守良:《明清私家律学如何影响清朝立法》,载《检察日报》2019年1月30日,第3版。

123. 李涛、范玉:《刑事指导性案例的生成、适用障碍以及制度突破》,载《法律适用》2017年第4期。

124. 李相森:《当前案例指导制度存在的若干问题及其完善——以民国判例制度为参照》,载《东方法学》2016年第1期。

125. 李友根:《论企业名称的竞争法保护——最高人民法院第29号指导案例研究》,载《中国法学》2015年第4期。

126. 李友根:《司法裁判中政策运用的调查报告——基于含"政策"字样裁判文书的整理》,载《南京大学学报(哲学·人文科学·社会科学)》2011年第1期。

127. 李振林:《对刑法中法律拟制正当性质疑之辨析》,载《法学杂志》2015年第6期。

128. 李忠夏:《功能取向的法教义学:传统与反思》,载《环球法律评论》2020 年第 5 期。

129. 栗铭徽:《清代法律位阶关系新论——以〈大清律例〉和〈户部则例〉的关系为例》,载《华东政法大学学报》2017 年第 3 期。

130. 梁凤云、石磊:《〈张道文、陶仁等诉四川省简阳市人民政府侵犯客运人力三轮车经营权案〉的理解与参照——行政许可应当遵循正当程序告知行政许可期限》,载《人民司法》2021 年第 17 期。

131. 梁根林:《防卫过当不法判断的立场、标准与逻辑》,载《法学》2019 年第 2 期。

132. 梁慧星:《〈民法总则〉重要条文的理解与适用》,载《四川大学学报(哲学社会科学版)》2017 年第 4 期。

133. 林维:《刑事案例指导制度:价值、困境与完善》,载《中外法学》2013 年第 3 期。

134. 林潇潇:《论生态环境损害治理的法律制度选择》,载《当代法学》2019 年第 3 期。

135. 凌斌:《什么是法教义学:一个法哲学追问》,载《中外法学》2015 年第 1 期。

136. 刘传稿:《台湾地区刑事判例制度对大陆刑事案例指导制度的启发》,载《南京社会科学》2015 年第 8 期。

137. 刘笃才:《律令法体系向律例法体系的转换》,载《法学研究》2012 年第 6 期。

138. 刘风景:《司法解释权限的界定与行使》,载《中国法学》2016 年第 3 期。

139. 刘金妫:《法院适用指导性案例规则研究》,载《上海政法学院学报(法治论丛)》2012 年第 4 期。

140. 刘静坤:《通过裁判释法说理践行司法公正的核心价值》,载《人民法院报》2021 年 3 月 17 日,第 2 版。

141. 刘克毅:《论指导性案例的效力及其体系化》,载《法治现代化研究》2017 年第 5 期。

142. 刘李明、冯云翔:《法律诚信与道德诚信辨析》,载《学术交流》2003 年第 7 期。

143. 刘莉、焦琰:《环境司法中利益衡量的规范化进路——以中国特色案例指导制度为基点》,载《甘肃政法学院学报》2016 年第 4 期。

144. 刘树德:《"裁判依据"与"裁判理由"的法理之辨及其实践样

态——以裁判效力为中心的考察》,载《法治现代化研究》2020 年第 3 期。

145. 刘树德:《最高人民法院司法规则的供给模式——兼论案例指导制度的完善》,载《清华法学》2015 年第 4 期。

146. 刘思萱:《论政策的司法回应——以 1979 年以来我国企业改革政策为例》,载《社会科学》2012 年第 4 期。

147. 刘宪权、李振林:《论刑法中法律拟制的法理基础》,载《苏州大学学报(哲学社会科学版)》2014 年第 4 期。

148. 刘向宁、梁丽娜:《未成年人保护视域下的异质授精之亲子关系——兼评最高人民法院第 50 号指导性案例》,载《青少年研究与实践》2016 年第 3 期。

149. 刘亚东:《民法案例群方法适用的中国模式》,载《环球法律评论》2021 年第 1 期。

150. 刘艳红、刘浩:《社会主义核心价值观对指导性案例形成的作用——侧重以刑事指导性案例为视角》,载《法学家》2020 年第 1 期。

151. 刘颖:《〈民法总则〉中英雄烈士条款的解释论研究》,载《法律科学(西北政法大学学报)》2018 年第 2 期。

152. 刘志勇:《清代刑部对"因公科敛"案件的处理——以〈刑案汇览〉收录案件为例》,载《贵州社会科学》2008 年第 10 期。

153. 刘作翔:《案例指导制度:"人民群众"都关心些什么?——关于指导性案例的问与答》,载《法学评论》2017 年第 2 期。

154. 刘作翔:《"法源"的误用——关于法律渊源的理性思考》,载《法律科学(西北政法大学学报)》2019 年第 3 期。

155. 刘作翔:《司法中弥补法律漏洞的途径及其方法》,载《法学》2017 年第 4 期。

156. 刘作翔:《中国案例指导制度的最新进展及其问题》,载《东方法学》2015 年第 3 期。

157. 龙卫球:《中国民法典的有为和有所不为》,载《中国法律评论》2020 年第 3 期。

158. 卢鹏:《法律拟制正名》,载《比较法研究》2005 年第 1 期。

159. 路诚、马蓓蓓:《〈张那木拉正当防卫案〉的理解与参照——使用致命性凶器攻击他人要害部位严重危及人身安全的行为应认定为特殊防卫》,载《人民司法》2022 年第 14 期。

160. 陆幸福:《最高人民法院指导性案例法律效力之证成》,载《法学》2014 年第 9 期。

161. 罗丽、张莹:《环境公益诉讼案例指导制度的司法适用困境与完善》,载《法律适用》2022 年第 12 期。

162. 罗书臻:《"巡回法庭要当司法改革排头兵"——访最高人民法院审委会专职委员、第二巡回法庭庭长胡云腾》,载《人民法院报》2015 年 2 月 1 日,第 4 版。

163. 罗霞、石磊:《〈山东登海先锋种业有限公司诉陕西农丰种业有限责任公司、山西大丰种业有限公司侵害植物新品种权纠纷案〉的理解与参照——侵害植物新品种纠纷中同一性的认定》,载《人民司法》2021 年第 17 期。

164. 吕丽:《例以辅律 非以代律——谈〈清史稿·刑法志〉律例关系之说的片面性》,载《法制与社会发展》2002 年第 6 期。

165. 吕丽:《例与清代的法源体系》,载《当代法学》2011 年第 6 期。

166. 吕忠梅、窦海阳:《修复生态环境责任的实证解析》,载《法学研究》2017 年第 3 期。

167. 吕忠梅、张忠民:《环境司法专门化与环境案件类型化的现状》,载《中国应用法学》2017 年第 6 期。

168. 马翔:《刑事案例指导制度的实证研究》,载《山东审判》2015 年第 6 期。

169. 孟融:《我国法院执行公共政策的机制分析——以法院为"一带一路"建设提供保障的文件为分析对象》,载《政治与法律》2017 年第 3 期。

170. 苗炎:《司法解释制度之法理反思与结构优化》,载《法制与社会发展》2019 年第 2 期。

171. 牟绿叶:《论指导性案例的效力》,载《当代法学》2014 年第 1 期。

172. 牛克乾:《1997 年刑法修订以来规范性刑法解释状况述评》,载《法律适用》2015 年第 4 期。

173. 潘中义:《论发明专利临时保护的法律效力——兼评最高人民法院(2011)民提字第 259-262 号判决》,载中华全国专利代理人协会编:《发展知识产权服务业 支撑创新型国家建设——2012 年中华全国专利代理人协会年会第三届知识产权论坛论文选编》,知识产权出版社 2012 年版。

174. 泮伟江:《法教义学与法学研究的本土化》,载《江汉论坛》2019 年第 1 期。

175. 泮伟江:《中国本土化法教义学理论发展的反思与展望》,载《法商研究》2018 年第 6 期。

176. 彭宁:《最高人民法院司法治理模式之反思》,载《法商研究》2019

年第 1 期。

177. 彭中礼:《司法判决中的指导性案例》,载《中国法学》2017 年第 6 期。

178. 彭中礼:《最高人民法院会议纪要研究》,载《法律科学(西北政法大学学报)》2021 年第 5 期。

179. 齐子鉴:《行政指导性案例的应用探索》,载《实事求是》2010 年第 3 期。

180. 钱宁:《刑事案例指导制度:困境与优化进路》,载《合肥工业大学学报(社会科学版)》2021 年第 1 期。

181. 钱文杰、程丹丹:《行政案例指导制度:问题、出路与展望》,载《福建行政学院学报》2015 年第 3 期。

182. 乔文进、沈起:《案例指导制度与司法解释制度功能区分刍议》,载《行政与法》2019 年第 4 期。

183. 乔文心:《最高人民法院相关部门负责人就征集人民法院案例库参考案例有关问题答记者问》,载《人民法院报》2023 年 12 月 23 日,第 3 版。

184. 秦宗文、严正华:《刑事案例指导运行实证研究》,载《法制与社会发展》2015 年第 4 期。

185. 秦宗文:《案例指导制度的特色、难题与前景》,载《法制与社会发展》2012 年第 1 期。

186. 阮齐林:《刑事司法应坚持罪责实质评价》,载《中国法学》2017 年第 4 期。

187. 沈岿:《司法解释的"民主化"和最高法院的政治功能》,载《中国社会科学》2008 年第 1 期。

188. 沈振甫:《论刑事指导性案例裁判规则的生成》,载《中国刑警学院学报》2020 年第 6 期。

189. 深圳市中级人民法院:《关于完善案例指导制度促进类案同判的调研报告》,载姜启波主编:《中国案例指导》(总第 7 辑),法律出版社 2019 年版。

190. 石磊:《人民法院司法案例体系与类型》,载《法律适用(司法案例)》2018 年第 6 期。

191. 舒洪水:《建立我国案例指导制度的困境和出路——以刑事案例为例》,载《法学杂志》2012 年第 1 期。

192. 宋玲:《清代律学转型举隅——以吴翼先〈新疆条例说略〉为中

心》,载《中央民族大学学报(哲学社会科学版)》2019年第5期。

193. 宋晓:《裁判摘要的性质追问》,载《法学》2010年第2期。

194. 宋晓:《判例生成与中国案例指导制度》,载《法学研究》2011年第4期。

195. 宋亚辉:《公共政策如何进入裁判过程——以最高人民法院的司法解释为例》,载《法商研究》2009年第6期。

196. 宋亚辉:《经济政策对法院裁判思路的影响研究——以涉外贴牌生产案件为素材》,载《法制与社会发展》2013年第5期。

197. 宋远升:《精英化与专业化的迷失——法官员额制的困境与出路》,载《政法论坛》2017年第2期。

198. 苏力:《司法解释、公共政策和最高法院——从最高法院有关"奸淫幼女"的司法解释切入》,载《法学》2003年第8期。

199. 苏亦工:《论清代律例的地位及其相互关系(上)》,载《中国法学》1988年第5期。

200. 孙光宁:《案例指导制度在弘扬社会主义核心价值观中的独特优势》,载《光明日报》2020年2月11日,第16版。

201. 孙光宁:《法理在指导性案例中的实践运用及其效果提升》,载《法制与社会发展》2019年第1期。

202. 孙光宁:《法律规范的意义边缘及其解释方法——以指导性案例6号为例》,载《法制与社会发展》2013年第4期。

203. 孙光宁:《法律解释方法在指导性案例中的运用及其完善》,载《中国法学》2018年第1期。

204. 孙光宁:《反思指导性案例的援引方式——以〈《关于案例指导工作的规定》实施细则〉为分析对象》,载《法制与社会发展》2016年第4期。

205. 孙光宁:《"两高"指导性案例的差异倾向及其原因——基于裁判结果变动的分析》,载《东方法学》2015年第2期。

206. 孙光宁:《漏洞补充的实践运作及其限度——以指导性案例20号为分析对象》,载《社会科学》2017年第1期。

207. 孙光宁:《"末位淘汰"的司法应对——以指导性案例18号为分析对象》,载《法学家》2014年第4期。

208. 孙光宁:《目的解释方法在指导性案例中的适用方式——从最高人民法院指导性案例13号切入》,载《政治与法律》2014年第8期。

209. 孙光宁:《内部公示:案例指导制度的程序完善》,载陈金钊、谢晖主编:《法律方法》(第22卷),中国法制出版社2017年版。

210. 孙光宁:《区别技术在参照指导性案例之司法实践中的应用及其改进——以指导性案例第 24 号为分析对象》,载《法学家》2019 年第 4 期。

211. 孙光宁:《司法实践需要何种指导性案例——以指导性案例 24 号为分析对象》,载《法律科学(西北政法大学学报)》2018 年第 4 期。

212. 孙光宁:《正当程序:行政法指导性案例的基本指向》,载《行政论坛》2018 年第 2 期。

213. 孙光宁:《指导性案例对完善政府信息公开的探索及其优势》,载《行政论坛》2020 年第 2 期。

214. 孙光宁:《指导性案例推进环境治理的方式及其完善》,载《山东法官培训学院学报》2022 年第 3 期。

215. 孙海波:《类似案件应类似审判吗?》,载《法制与社会发展》2019 年第 3 期。

216. 孙海波:《指导性案例的隐性适用及其矫正》,载《环球法律评论》2018 年第 2 期。

217. 孙海波:《指导性案例退出机制初探》,载《中国法律评论》2019 年第 4 期。

218. 孙海龙、吴雨亭:《指导案例的功能、效力及其制度实现》,载《人民司法》2012 年第 13 期。

219. 孙航:《全面加强生态环境公共利益司法保护——最高人民法院发布环境公益诉讼专题指导性案例》,载《人民法院报》2023 年 1 月 12 日,第 1 版。

220. 孙航:《依法严惩网络犯罪最高人民法院发布第 20 批指导性案例》,载《人民法院报》2018 年 12 月 26 日,第 1 版。

221. 孙航:《走好贯彻实施民法典的"关键一步"——代表委员谈贯彻实施民法典全面完成司法解释清理和首批司法解释新闻发布会》,载《人民法院报》2021 年 1 月 8 日,第 2 版。

222. 孙洪坤、胡杉杉:《环境公益诉讼案例指导制度研究》,载《山东法官培训学院学报》2019 年第 5 期。

223. 孙洪坤、胡杉杉:《环境公益诉讼中虚拟治理成本法律适用的认定》,载《浙江工业大学学报(社会科学版)》2017 年第 4 期。

224. 孙鹏:《"蛋壳脑袋"规则之反思与解构》,载《中国法学》2017 年第 1 期。

225. 孙谦:《援引法定刑的刑法解释——以马乐利用未公开信息交易案为例》,载《法学研究》2016 年第 1 期。

226. 孙万怀:《判例的类比要素:情景、中项与等值以刑事裁判为视角》,载《中外法学》2020 年第 6 期。

227. 孙万怀:《刑事指导案例与刑法知识体系的更新》,载《政治与法律》2015 年第 4 期。

228. 孙笑侠:《司法权的本质是判断权——司法权与行政权的十大区别》,载《法学》1998 年第 8 期。

229. 孙笑侠、褚国建:《论司法批复的解释论证功能及其局限》,载《浙江大学学报(人文社会科学版)》2009 年第 6 期。

230. 孙跃:《指导性案例何以作为法律渊源?——兼反思我国法源理论与法源实践之关系》,载《南大法学》2021 年第 1 期。

231. 孙跃:《指导性案例与抽象司法解释的互动及其完善》,载《法学家》2020 年第 2 期。

232. 唐瑭:《环境损害救济的逻辑重构——从"权利救济"到"法益救济"的嬗变》,载《法学评论》2018 年第 5 期。

233. 汤文平:《中国特色判例制度之系统发动》,载《法学家》2018 年第 6 期。

234. 梼杌:《加强涉外案例指导 为一带一路建设提供司法保障》,载《中国对外贸易》2019 年第 4 期。

235. 屠凯、张天择:《论执纪执法指导性案例的参照适用问题——与最高人民法院指导性案例比较的视角》,载《山东大学学报(哲学社会科学版)》2022 年第 2 期。

236. 万春等:《最高人民检察院第十三批指导性案例解读》,载《人民检察》2019 年第 3 期。

237. 王炳军:《清代未成年人杀人案审理中"恤幼"律例的适用——兼论"非规则型法"》,载《青少年犯罪问题》2020 年第 1 期。

238. 王成:《〈民法典〉与法官自由裁量的规范》,载《清华法学》2020 年第 3 期。

239. 王成:《最高法院司法解释效力研究》,载《中外法学》2016 年第 1 期。

240. 王东伟:《行政诉讼指导性案例研究》,载《行政法学研究》2018 年第 1 期。

241. 王侃、吕丽:《明清例辨析》,载《法学研究》1998 年第 2 期。

242. 王利明:《论全面贯彻实施民法典的现实路径》,载《浙江社会科学》2020 年第 12 期。

243. 王利明:《我国案例指导制度若干问题研究》,载《法学》2012年第1期。

244. 王琳:《论我国指导性案例的效力——基于实践诠释方法论的思考》,载《四川师范大学学报(社会科学版)》2016年第6期。

245. 王若时:《清代成案非"司法判例"辩》,载《华东政法大学学报》2020年第1期。

246. 王绍喜:《指导性案例的政策引导功能》,载《华东政法大学学报》2018年第5期。

247. 王树义:《论生态文明建设与环境司法改革》,载《中国法学》2014年第3期。

248. 王肃之:《规范指导视域下类案检索的智慧化》,载《法律适用》2021年第9期。

249. 王夏昊:《从法教义学到法理学——兼论法理学的特性、作用与功能局限》,载《华东政法大学学报》2019年第3期。

250. 王学辉、邵长茂:《"指导性案例"在行政诉讼中的效力——兼论案例分类指导制度之构建》,载《行政法学研究》2006年第2期。

251. 王志强:《"非规则型法":贡献、反思与追问》,载《华东政法大学学报》2018年第2期。

252. 王志强:《清代成案的效力和其运用中的论证方式——以〈刑案汇览〉为中心》,载《法学研究》2003年第3期。

253. 魏胜强:《论绿色发展理念对生态文明建设的价值引导——以公众参与制度为例的剖析》,载《法律科学(西北政法大学学报)》2019年第2期。

254. 吴欢:《明清律典"例分八字"源流述略——兼及传统律学的知识化转型》,载《法律科学(西北政法大学学报)》2017年第3期。

255. 吴建斌:《公司纠纷指导性案例的效力定位》,载《法学》2015年第6期。

256. 吴建斌:《指导性案例裁判要点不能背离原案事实——对最高人民法院指导案例67号的评论与展望》,载《政治与法律》2017年第10期。

257. 吴香香:《请求权基础思维及其对手》,载《南京大学学报(哲学·人文科学·社会科学)》2020年第2期。

258. 吴学斌:《我国刑法分则中的注意规定与法定拟制》,载《法商研究》2004年第5期。

259. 吴英姿:《谨防案例指导制度可能的"瓶颈"》,载《法学》2011年第 9 期。

260. 武善学:《论电商平台专利侵权中有效通知的法律要件——兼评最高人民法院第 83 号指导案例》,载《知识产权》2018 年第 1 期。

261. 夏勇、沈振甫:《论刑事指导性案例与条文化司法解释的关系》,载《广西大学学报(哲学社会科学版)》2021 年第 2 期。

262. 肖志珂:《论目的解释在刑事指导案例中的运行规则》,载《政法学刊》2019 年第 4 期。

263. 解亘:《日本的判例制度》,载《华东政法大学学报》2009 年第 1 期。

264. 谢海定:《法学研究进路的分化与合作——基于社科法学与法教义学的考察》,载《法商研究》2014 年第 5 期。

265. 谢红星:《"典例法律体系"形成之前夜:元代"弃律用格例"及其法律史地位》,载《江西社会科学》2020 年第 3 期。

266. 谢晖:《古典中国法律解释的哲学智慧》,载《法律科学(西北政法大学学报)》2004 年第 6 期。

267. 谢晖:《"应当参照"否议》,载《现代法学》2014 年第 2 期。

268. 谢伟:《论我国排污许可证的执行》,载《法学论坛》2018 年第 6 期。

269. 谢潇:《法律拟制的哲学基础》,载《法制与社会发展》2018 年第 1 期。

270. 熊静波:《由内在态度决定的权威——对指导性案例规范性的再评估》,载《法学评论》2016 年第 6 期。

271. 徐伟:《〈民法典〉中网络侵权制度的新发展》,载《法治研究》2020 年第 4 期。

272. 徐忠明:《内结与外结:清代司法场域的权力游戏》,载《政法论坛》2014 年第 1 期。

273. 徐忠明:《清代司法的理念、制度与冤狱成因》,载《中国法律评论》2015 年第 2 期。

274. 徐忠明:《清代中国司法类型的再思与重构——以韦伯"卡迪司法"为进路》,载《政法论坛》2019 年第 2 期。

275. 徐忠明:《写诗与读律:清代刑部官员的法律素养——与〈《抱冲斋诗集》所见清代刑官生涯志业〉作者商榷》,载《上海师范大学学报(哲学社会科学版)》2019 年第 3 期。

276. 许德风:《法教义学的应用》,载《中外法学》2013 年第 5 期。

277. 薛玮、杨奕:《人行横道前机动车礼让义务的认定——贝某诉海宁市公安局交警大队行政处罚案》,载《中国法律评论》2016年第3期。

278. 杨彩霞、张立波:《社会主义核心价值观融入刑事裁判文书的适用研究——基于2014—2019年刑事裁判文书的实证分析》,载《法律适用》2020年第16期。

279. 杨力:《中国案例指导运作研究》,载《法律科学(西北政法大学学报)》2008年第6期。

280. 杨炼:《社会主义核心价值观如何入法——基于168部法律的实证研究》,载《湖南行政学院学报》2021年第1期。

281. 杨临萍:《最高人民法院发布第31批指导性案例(生物多样性保护专题)新闻发布会稿》,载杨万明主编:《中国案例指导》(总第14辑),法律出版社2023年版。

282. 杨明:《从最高人民法院第20号指导案例看发明专利的临时保护制度》,载《北京仲裁》2013年第4期。

283. 杨楠:《指导性案例与规范性司法解释关系的实证考察——以刑事司法为例》,载《华中科技大学学报(社会科学版)》2019年第2期。

284. 杨思影:《论指导性案例对行政诉讼受案范围的探索和拓展》,载《辽宁公安司法管理干部学院学报》2021年第1期。

285. 杨雄:《刑事案例指导制度之发展与完善》,载《国家检察官学院学报》2012年第1期。

286. 杨一凡:《论事例在完善明代典例法律体系中的功能》,载《暨南学报(哲学社会科学版)》2019年第4期。

287. 杨一凡:《明代典例法律体系的确立与令的变迁——"律例法律体系"说、"无令"说修正》,载《华东政法大学学报》2017年第1期。

288. 杨一凡:《质疑成说,重述法史——四种法史成说修正及法史理论创新之我见》,载《西北大学学报(哲学社会科学版)》2019年第6期。

289. 杨知文:《指导性案例裁判要点的法理及编撰方法》,载《政法论坛》2020年第3期。

290. 杨治:《困境与突破:刑事案例指导制度的实践运行样态及功能实现》,载《法律适用(司法案例)》2017年第6期。

291. 姚旸:《"例"之辨——略论清代刑案律例的继承与创新》,载《故宫博物院院刊》2010年第1期。

292. 姚毅奇:《生态司法专门化下之司法权与行政权关系分析》,载《海峡法学》2017年第2期。

293. 叶良芳、申屠晓莉:《论理解释对文理解释的校验功能——"两高"指导性案例马乐利用未公开信息交易案评释》,载《中国刑事法杂志》2018年第1期。

294. 应向健等:《指导案例83号〈威海嘉易烤生活家电有限公司诉永康市金仕德工贸有限公司、浙江天猫网络有限公司侵害发明专利权纠纷案〉的理解与参照——网络服务提供者未对权利人有效投诉及时采取合理措施的应当承担相应的侵权责任》,载姜启波主编:《中国案例指导》(总第6辑),法律出版社2017年版。

295. 尤陈俊:《不在场的在场:社科法学和法教义学之争的背后》,载《光明日报》2014年8月13日,第16版。

296. 余地:《论法律的命名修辞——以"视为"规范为视角》,载《人民论坛·学术前沿》2019年第19期。

297. 袁明圣:《公共政策在司法裁判中的定位与适用》,载《法律科学(西北政法大学学报)》2005年第1期。

298. 曾哲、李轩:《美国行政解释的司法审查特点》,载《人民法院报》2020年3月20日,第8版。

299. 詹王镇:《完善我国案例指导制度的对策》,载《甘肃日报》2019年2月27日,第9版。

300. 湛中乐:《论行政诉讼案例指导制度》,载《国家检察官学院学报》2012年第1期。

301. 张伯元:《〈大明律集解附例〉"集解"考》,载《华东政法大学学报》2000年第6期。

302. 张辰:《谈刑事裁判中类比论证的有效应用——以"马乐案"再审判决书为视角》,载《法律适用》2020年第24期。

303. 张弓长:《中国法官运用类推适用方法的现状剖析与完善建议——以三项重要的合同法制度为例》,载《中国政法大学学报》2018年第6期。

304. 张海燕:《"推定"和"视为"之语词解读?——以我国现行民事法律规范为样本》,载《法制与社会发展》2012年第3期。

305. 张建伟:《"指导性案例"的功能定位与判例化前景》,载《光明日报》2014年1月29日,第16版。

306. 张晋藩:《中国古代司法官的选任与培养》,载《人民法治》2019年第11期。

307. 张开骏:《刑事案例指导制度的困境与展望》,载《广西大学学报

(哲学社会科学版)》2015年第4期。

308. 张力、黄琦:《环境行政公益诉讼中"行政机关是否履行法定职责"的司法审查——第137号指导性案例裁判要旨司法适用规则的构建》,载《山东法官培训学院学报》2021年第4期。

309. 张璐:《环境司法专门化中的利益识别与利益衡量》,载《环球法律评论》2018年第5期。

310. 张牧遥:《法教义学的法律思维与司法形式主义》,载《天府新论》2015年第2期。

311. 张骐:《论裁判规则的规范性》,载《比较法研究》2020年第4期。

312. 张骐:《论类似案件的判断》,载《中外法学》2014年第2期。

313. 张骐:《论类似案件应当类似审判》,载《环球法律评论》2014年第3期。

314. 张骐:《论寻找指导性案例的方法 以审判经验为基础》,载《中外法学》2009年第3期。

315. 张骐:《再论类似案件的判断与指导性案例的使用——以当代中国法官对指导性案例的使用经验为契口》,载《法制与社会发展》2015年第5期。

316. 张骐:《再论指导性案例效力的性质与保证》,载《法制与社会发展》2013年第1期。

317. 张倩:《刑事指导性案例司法适用问题研究》,载《法律适用》2014年第6期。

318. 张仁善:《清朝前期"律"和"例"维护父权效用之考察》,载《南京大学法律评论》2000年第1期。

319. 张生:《中国律例统编的传统与现代民法体系中的指导性案例》,载《中国法学》2020年第3期。

320. 张双根:《指导案例制度的功能及其限度——以指导案例8号的引用情况为分析样本》,载《清华法学》2017年第3期。

321. 张田田:《试论〈大清律例〉律目的局限》,载《探索与争鸣》2017年第12期。

322. 张祥宇:《刑事案例指导制度的困境与出路》,载《公安学刊(浙江警察学院学报)》2020年第4期。

323. 张晓江等:《刑事检察指导性案例的具体运用》,载《人民检察》2021年第15期。

324. 张旭东:《环境民事公私益诉讼并行审理的困境与出路》,载《中国法学》2018 年第 5 期。

325. 张阳:《向度与纬度:刑事指导案例的再思考》,载《中国人民公安大学学报(社会科学版)》2018 年第 1 期。

326. 张友连:《论指导性案例中的公共政策因素——以弱者保护为例》,载《法学论坛》2018 年第 5 期。

327. 张友连:《论最高人民法院公共政策创制的形式及选择》,载《法律科学(西北政法大学学报)》2010 年第 1 期。

328. 张友连、陈信勇:《论侵权案件裁判中的公共政策因素——以〈最高人民法院公报〉侵权案例为分析对象》,载《浙江大学学报(人文社会科学版)》2013 年第 1 期。

329. 张玉光:《判例法在传统中国社会的历史变迁》,载《社会科学家》2005 年第 6 期。

330. 张志铭:《与个案对接 使法律周延 法律解释学大有可为》,载《人民日报》2016 年 3 月 28 日,第 16 版。

331. 张忠民:《典型环境案例的案例指导功能之辨——以最高人民法院公布的 23 个典型环境案例为样本》,载《法学》2015 年第 10 期。

332. 章程:《继受法域的案例教学:为何而又如何?》,载《南大法学》2020 年第 4 期。

333. 章程:《论指导性案例的法源地位与参照方式——从司法权核心功能与法系方法的融合出发》,载《交大法学》2018 年第 3 期。

334. 章卫明:《发明专利临时保护的时效性 与最高法院指导案例第 20 号裁判商榷》,载《中国律师》2015 年第 4 期。

335. 赵丽、蔡颖:《分立抑或统一:"两高"刑事指导性案例的比较研究——兼论"两高"指导性案例同类联合发布模式》,载贺荣主编:《尊重司法规律与刑事法律适用研究(上)——全国法院第 27 届学术讨论会获奖论文集》,人民法院出版社 2016 年版。

336. 赵莉晓:《创新政策评估理论方法研究——基于公共政策评估逻辑框架的视角》,载《科学学研究》2014 年第 2 期。

337. 赵万一、石娟:《后民法典时代司法解释对立法的因应及其制度完善》,载《现代法学》2018 年第 4 期。

338. 赵一单:《民法总则对司法解释的吸纳:实证分析与法理反思》,载《法治研究》2017 年第 6 期。

339. 赵雨迪、孟鸿志:《类案同判的证成逻辑与进路》,载《盐城师范学院学报(人文社会科学版)》2023 年第 1 期。

340. 郑超:《论法律拟制思维在刑法中的重要性》,载《西南政法大学学报》2011年第6期。

341. 郑磊、卢炜:《"旧"下位法的适用性——以第5号指导性案例、第13号行政审判指导案例为焦点》,载《政治与法律》2014年第7期。

342. 郑智航:《中国指导性案例生成的行政化逻辑——以最高人民法院发布的指导性案例为分析对象》,载《当代法学》2015年第4期。

343. 姜启波等:《〈关于依法适用正当防卫制度的指导意见〉的理解与适用》,载《人民司法》2020年第28期。

344. 周光权:《判决充分说理与刑事指导案例制度》,载《法律适用》2014年第6期。

345. 周光权:《刑事案例指导制度:难题与前景》,载《中外法学》2013年第3期。

346. 周光权:《刑事案例指导制度的发展方向》,载《中国法律评论》2014年第3期。

347. 周加海等:《〈于欢故意伤害案〉的理解与参照——正当防卫、防卫过当的认定》,载《人民司法》2021年第17期。

348. 周建达:《道义救助危机的过程叙事、实践反思及制度重构——基于延伸个案的分析进路》,载《法律科学(西北政法大学学报)》2016年第3期。

349. 周强:《充分发挥案例指导作用 促进法律统一正确实施》,载胡云腾主编:《中国案例指导》(总第1辑),法律出版社2015年版。

350. 周强:《构建司法案例研究大格局 开创司法案例应用新局面》,载《法律适用(司法案例)》2017年第16期。

351. 周强:《最高人民法院关于加强刑事审判工作情况的报告》,载《人民法院报》2019年10月27日,第1版。

352. 周强:《最高人民法院关于人民法院加强民事审判工作依法服务保障经济社会持续健康发展情况的报告》,载《人民法院报》2020年10月18日,第1版。

353. 周强:《最高人民法院关于知识产权法院工作情况的报告》,载《人民法院报》2017年9月2日,第2版。

354. 朱芒:《论指导性案例的内容构成》,载《中国社会科学》2017年第4期。

355. 朱桐辉、余薇:《"两高"刑事指导性案例的文本分析及改进》,载《昆明理工大学学报(社会科学版)》2014年第2期。

356. 朱晓喆:《比较民法与判例研究的立场和使命》,载《华东政法大学学报》2015 年第 2 期。

357. 朱晓喆:《第三人惊吓损害的法教义学分析——基于德国民法理论与实务的比较法考察》,载《华东政法大学学报》2012 年第 3 期。

358. 资琳:《指导性案例同质化处理的困境及突破》,载《法学》2017 年第 1 期。

359. 自正法:《"民告官"受案范围扩大趋势探析》,载《理论探索》2016 年第 1 期。

360. 邹海林:《指导性案例的规范性研究——以涉商事指导性案例为例》,载《清华法学》2017 年第 6 期。

361. 左卫民:《如何通过人工智能实现类案类判》,载《中国法律评论》2018 年第 2 期。

362. 陈龙业:《〈林方清诉常熟市凯莱实业有限公司、戴小明公司解散纠纷案〉的理解与参照》,载《人民司法》2014 年第 6 期。

363. 丁伟利、李兵:《〈李某、郭某阳诉郭某和、童某某继承纠纷案〉的理解与参照——双方同意人工授精所生子女视为婚生子女》,载《人民司法(案例)》2016 年第 26 期。

364. 李兵:《指导案例 2 号〈吴梅诉四川省眉山西城纸业有限公司买卖合同纠纷案〉的理解与参照》,载《人民司法》2012 年第 7 期。

365. 郎贵梅、吴光侠:《〈深圳市斯瑞曼精细化工有限公司诉深圳市坑梓自来水有限公司、深圳市康泰蓝水处理设备有限公司侵害发明专利权纠纷案〉的理解与参照》,载《人民司法》2014 年第 6 期。

366. 石磊、阎巍:《〈内蒙古秋实房地产开发有限责任公司诉呼和浩特市人民防空办公室人防行政征收案〉的理解与参照》,载《人民司法》2014 年第 6 期。

367. 石磊:《〈魏永高、陈守志诉来安县人民政府收回土地使用权批复案〉的理解与参照》,载《人民司法》2014 年第 6 期。

368. 石磊:《〈李健雄诉广东省交通运输厅政府信息公开案〉的理解与参照——行政机关内部处理程序不能成为信息公开延期理由》,载《人民司法》2015 年第 12 期。

369. 王旭光等:《〈中国生物多样性保护与绿色发展基金会诉宁夏瑞泰科技股份有限公司环境污染公益诉讼案〉的理解与参照——社会组织是否具备环境民事公益诉讼原告主体资格的认定》,载《人民司法(案例)》2018 年第 23 期。

370. 吴光侠:《〈天津中国青年旅行社诉天津国青国际旅行社擅自使用他人企业名称纠纷案〉的理解与参照——有商号作用的企业名称简称应视为企业名称》,载《人民司法》2015年第12期。

371. 吴光侠:《指导案例3号〈潘玉梅、陈宁受贿案〉的理解与参照》,载《人民司法》2012年第7期。

372. 吴光侠:《指导案例13号〈王召成等非法买卖、储存危险物质案〉的理解与参照》,载《人民司法》2013年第15期。

373. 吴光侠:《〈孙银山诉欧尚超市有限公司江宁店买卖合同纠纷案〉的理解与参照——消费者明知食品不符合安全标准而购买可十倍索赔》,载《人民司法》2015年第12期。

374. 吴光侠:《〈臧进泉等盗窃、诈骗案〉的理解与参照——利用信息网络进行盗窃与诈骗的区分》,载《人民司法》2015年第12期。

375. 吴颖超、吴光侠:《〈上海欧宝生物科技有限公司诉辽宁特莱维置业发展有限公司企业借贷纠纷案〉的理解与参照——虚假民事诉讼的审查与制裁》,载《人民司法(案例)》2018年第2期。

376. 阎巍、石磊:《〈宣懿成等18人诉浙江省衢州市国土资源局收回国有土地使用权案〉的理解与参照——行政机关作出具体行政行为未引用具体法律条款,且在诉讼中不能证明符合法律的具体规定,视为没有法律依据》,载《人民司法(案例)》2016年第20期。

377. 姚宝华:《指导案例6号〈黄泽富、何伯琼、何熠诉成都市金堂工商行政管理局行政处罚案〉的理解与参照》,载《人民司法》2012年第15期。

378. 最高人民法院案例指导工作办公室:《指导性案例38号〈田永诉北京科技大学拒绝颁发毕业证、学位证案〉的理解与参照——受教育者因学校拒发毕业证、学位证可提起行政诉讼》,载颜茂昆主编:《中国案例指导》(总第3辑),法律出版社2016年版。

379. 最高人民法院案例指导工作办公室:《指导性案例69号〈王明德诉乐山市人力资源和社会保障局工伤认定案〉的理解与参照——程序性行政行为的可诉性问题》,载颜茂昆主编:《中国案例指导》(总第5辑),法律出版社2017年版。

380. 最高人民法院案例指导工作办公室:《指导性案例73号〈通州建总集团有限公司诉安徽天宇化工有限公司别除权纠纷案〉的理解与参照——破产程序中建设工程价款别除权的认定》,载颜茂昆主编:《中国案例指导》(总第5辑),法律出版社2017年版。

381. 最高人民法院案例指导工作办公室:《指导性案例78号〈北京奇

虎科技有限公司诉腾讯科技(深圳)有限公司、深圳市腾讯计算机系统有限公司滥用市场支配地位纠纷案〉的理解与参照——互联网领域相关市场界定及滥用市场支配地位行为的分析方法》,载姜启波主编:《中国案例指导》(总第6辑),法律出版社2017年版。

382.[德]罗伯特·阿列克西、[德]拉尔夫·德莱尔:《德国法中的判例》,高尚译,载《中国应用法学》2018年第2期。

383.[德]德特勒夫·雷讷:《鉴定式案例分析法的基础与技术》,黄卉编译,载《法律适用》2021年第6期。

384.[美]罗格·I.鲁茨:《法律的"乌龙":公共政策的意外后果》,刘呈芸译,载《经济社会体制比较》2005年第2期。

385.[日]小口彦太:《清代中国刑事审判中成案的法源性》,载杨一凡、[日]寺田浩明主编:《日本学者论中国法制史论著选·明清卷》,中华书局2016年版。

后　　记

本书是 2023 年国家社科基金后期资助项目"案例指导制度的规范运行研究"（项目批准号 23FFXB012）的最终成果。继前两项国家社科基金项目"指导性案例在统一法律适用中的运用方法研究"和"案例指导制度的实践经验与发展完善研究"之后，本项目的最终成果沿袭了本人对案例指导制度的长期关注。

案例指导制度承继了中国法制史上的历史传统，融合了大陆法系和英美法系中判例制度的特点，同时面向中国司法实践的现实问题，具有重要的应然价值。虽然目前我国指导性案例的数量偏少、被引用率不高，但是，案例指导制度的影响力正在逐渐上升，越来越多的司法实务工作者关注并适用了指导性案例。更重要的是，案例指导制度能够顺应数智时代的现实要求，在法典化背景下与抽象制定法形成良性互动，针对法律适用中的疑难问题提供及时的裁判规则或者思路，并为将来相关法律规范的立法修正积累实践经验。从地方法院到最高人民法院都在从不同方面推动着案例指导制度的实践进展与效果提升。从这个意义上来说，案例指导制度在未来审判实践中仍然大有可为，需要对其持续关注和深入研究。

在总结案例指导制度运行经验的基础上，最高人民法院于 2024 年 2 月正式上线运行了"人民法院案例库"，进一步扩展了案例指导的广度和深度。案例指导制度与人民法院案例库能够在数量、质量和效力等方面相互补充和配合，二者的协同运作有深厚的现实基础和重要的实践意义。加之提供程序保障的类案检索机制、收录海量案件数据的中国裁判文书网和在法院系统中上传下达的法答网等，中国特色的司法案例制度已经拥有了众多核心制度与配套资源。案例指导制度在实践的丰富程度和效力位阶方面均居于首位，将引领各类司法案例制度持续改进和完善，为进一步实现司法公正和提高司法效率发挥更加积极的作用。